걸리 드링크

Girly Drinks

걸리 드링크

인류사 뒤편에 존재했던
위대한 여성 술꾼들의 연대기

맬러리 오마라 지음 | 정영은 옮김

RHK
알에이치코리아

여성과 술에 관한 역사책이 한 권도 없다고 불평하는 나를 향해

그럼 한 권 써버리라고 말해준 로렌에게

허튼수작 부리지 마, 넌 절대 날 못 이겨.
육군도 해군도 덤비라고 해, 믿을 건 나와 나의 진뿐이지.

― 베시 스미스

뱃속으로 보드카가 넘어가는 느낌은 신기했다.
차력사가 칼을 삼키면 이런 느낌일까?
강한 사람이 된 것 같은, 신이 된 것 같은 기분이었다.

― 실비아 플라스

편한 신발과 독한 술, 그 외에 여자에게 뭐가 더 필요하겠어요?

― 2013년 뉴햄프셔주 맨체스터의 술집 '스트레인지 브루'에서 만난
녹색 원피스를 입은 여성

수천 년에 걸쳐 술을 만들고, 팔고, 마셔 온 여자들의 이야기는 생생한 역사이자 드라마면서 짜릿한 누아르고 무엇보다 절절한 로맨스다. 영화처럼 흥미진진한 이 이야기들을 단숨에 읽고는 너무 신이 났다. 앞으로 술자리에서 샴페인을, 위스키를, 럼을, 맥주를 마실 때마다 이 술의 역사에 어떤 여성들이 있었는지 말할 수 있게 됐기 때문이다. 대담하고 진취적인 그녀들에게서 배운 지혜를 덧붙이면서 말이다. "침묵과 겸손? 개나 줘버리고 여기 독한 걸로 한 잔 더!"

___**미깡**, 웹툰〈술꾼도시처녀들〉작가

나는 원래도 술꾼으로 정평이 나 있었지만, 드라마 〈술꾼도시여
자들〉 집필을 마치고 확연히 달라진 것들이 있다. 예를 들면, 어느
술집에 가나 타이틀을 대면 술 한 병이라도 공짜로 얻어먹는다는
것과 눈살을 찌푸리는 주사를 부려도 '술꾼 작가이니 그럴 수 있
다'는 식의 주변인들의 관대함이 늘어났다는 것.

다소 불편해진 것은 으레 술자리에 가면 진정한 술꾼으로서의
면모를 기대(?)하는 듯한 눈빛들이 느껴지면서 술에 있어서 좀 더
전문가가 되어야만 할 것 같은 부담감이 자리 잡았다는 것인데, 그
런 의미에서 『걸리 드링크』는 내게 여러 의미로 유익했다. 이 책
한 권만 마스터하면 평생 술자리에서 떠들어 댈 수 있을 만큼 술에
관한 모든 전문 지식들이 가득했기 때문인데, 심지어 다 읽고 난
후에는 단순한 잘난 척을 넘어 '술'과 관련한 어떤 철학이나 지론
이 정립된 기분이었다.

책을 읽는 내내 너무나 끔찍해서 적어도 이걸 읽는 동안에는 입
에 술을 대지 않았다(그러니까 대략… 반나절?).

내가 만약 함무라비 법전 시대에 태어났더라면, 여사제인 내가
단지 술을 먹었다는 이유로 감옥살이를 하다가 "그나저나 오늘, 술

먹고 드러눕기 참 좋은 날이 아니오?"라는 말로 입방정을 떨다가… 끝내 화형에 처해졌을 테니.

내가 만약 송나라 시대에 태어났더라면, 술과 욕망을 주제로 글을 썼다는 이유로 부끄러움을 모른다며 비난을 받아야 했던 이청조의 시를 보자마자 '구독'과 '좋아요' 천만 번을 날리고 '이청조의 시를 국회로!'라는 댓글을 달았다가… 끝내 화형에 처해졌을 테니.

내가 만약 증류주가 금기시됐던 시기에 태어났더라면, '여자가 술을 많이 마시면 배에서 남자의 성기가 자라게 될 것이다'라는 담배 경고 문구보다 무시무시한 협박을 받고 "나는 내일 지구가 멸망하더라도 뱃속에 증류주 한잔을 털어넣을 것이다!"라고 외치다가… 결국 화형에 처해졌을 테니.

내가 만약 '술집 방문, 바지 착용, 흡연, 과음, 사업 운영'이라는 이유로 범죄자가 되었던 메리 프리스가 살던 시대에 태어났더라면, 바지를 입고 흡연을 하면서 술을 마시는 그녀를 보고 뭐부터 화를 내야 할지 모르겠다며 비난하는 남자들을 향해 "(다리가 잘 찢어지는 바지를 착용하고 공중 날아 차기를 하며) 너희가 술맛을 알아? (담배 연기를 내뿜으며) 우쥬 플리즈 꺼져줄래?"라고 말한 후 "(메리 프리스를 향해 멋지게 다가가서는) 시대를 원망하지 마. 널 만나기 위해 수백 년을 거꾸로 날아온 내가 있으니, (촉촉한 눈으로 잔을 들며 가열차게) 적시자!"라고 외치다가… 결국, 화형에 처해졌을 테니.

고로 이 책을 읽는 내내 나는 몇 번을 죽었다가 살아났는지 모른다. 더불어 오늘 내가 마시는 이 한 잔의 술이 얼마나 감사한 것인지, 나의 드라마 속 주인공들이 무려 회장님 앞에서 신고 있던 하이힐로 시원하게 병맥주를 따고, 현란한 손놀림으로 샴페인 소맥을 미친 듯이 발사하는 오늘이 오기까지 얼마나 많은 편견의 세월과 설움, 그리고 투쟁이 있었는지 이 책을 읽지 않았더라면 몰랐을 것이다.

나는 언젠가 술꾼 친구들과 술집을 차리는 게 꿈인데, 이제 계획 하나를 더 보태게 되었다. 주류 업계에서 가장 영향력 있는 여성에게 수여하는 상을 받고 "업계에서 일하는 모든 여성들에게 찬사를 보낸다"고 말했던 조이만큼 멋지게는 아니더라도, 열심히 대충 살다가 어느 날 좋은 날 주류 축제에 놀러 가서 양손에 술을 끼고 "일단 적시자!"를 외치는 것.

_**위소영**, 드라마〈술꾼도시여자들〉작가

스키니 마가리타, 애플티니, 코스모폴리탄, 케이크나 휘핑크림처럼 달콤한 칵테일, 또는 케이크나 휘핑크림을 곁들인 칵테일, 새빨간 마라스키노 체리와 고운 파스텔 빛깔의 미니 우산 장식…… 이쯤 되면 어떤 술에 대한 묘사인지 다들 알아챌 것이다. 소위 말하는 여자들을 위한 술, 여성스러운 술. 이런 술은 진짜 술 대접을 받지 못한다. 맥주나 스카치 위스키 정도는 되어야 제대로 된 술로 쳐준다. 왜일까? 그야 대체로 남자가 마시는 술이니까.

아니, 잠깐만. 음주라는 행위에 누가 성별을 가져다 붙인 거지? 대체 언제부터 특정 종류의 술만 존중하게 된 걸까? 어디서, 왜, 그리고 어떻게 이런 일이 벌어진 걸까?

인간은 오랜 세월 술을 마셔왔다. 특정 유형의 술에 분홍색 리본을 붙이고 여자들이나 마시는 술이라고 깔보기 시작한 때는 언제부터일까? 애초에 '여성스러운 술'이라는 분류 자체가 왜 부정적인 의미를 지녀야 할까? 사실 모든 술은 여자들의 술이기도 하다. 알코올이 발명된 이래 남성뿐 아니라 여성도 술을 마셔왔고, 나아가 술을 빚고 제공하는 역할을 수행해왔기 때문이다.

나는 술을 즐기는 편이다. 이 책을 집어든 것으로 보아 아마 당신도 그럴 것이다.

내 최초의 음주 경험은 여느 사람들과 비슷하다. 어린 시절 부모님이 살짝 맛만 보여준 것 말고 진짜로 처음 마셔본 술은 십 대 시절 친구네 집 차고 파티에서 맛본 미적지근한 내추럴 아이스Natural Ice(저렴한 맥주의 대명사로, 종종 최악의 맥주로 선정되기도 함—옮긴이)였다. 마시자마자 든 생각은 '너무 맛없다'였다. 그 생각은 지금도 변함이 없다.

하지만 그때는 아무에게도 속내를 들키고 싶지 않았다. 맥주도 못 마시는 찌질한 사람이 될 수는 없었다. 나는 쿨하고 싶었다. 당시 내게 맥주는 대표적인 남자들의 술이었다. 그들은 멀쩡히 마시는 술을 감당 못하는 여자애가 되기는 싫었다. 하지만 지금 생각해도 내추럴 아이스는 땀에 찌든 양말을 시궁창에서 썩힌 맛이었다. 아무리 애써도 그 고약한 맛에는 익숙해질 수 없었고, 나는 살아가는 동안 음주라는 행위를 지속하기 위해서는 다른 술을 찾아야겠다는 결론에 이르렀다. 남들이 '진짜 술'이라고 말하는 맥주는 아무래도 안 되겠고, '여성용 술'을 찾아야 했다.

그리하여 남은 십 대 시절 내가 택한 술은 보드카가 들어간 스미노프 아이스Smirnoff Ice, 탄산이 강한 마이크스 하드 레모네이드 Mike's Hard Lemonade, 그리고 '매드 독Mad Dog'이라는 별명으로 더 잘 알려진 와인 MD 20/20 블루 라즈베리 맛 등이었다. 물론 몰래 마시는 입장이니 맛을 따져 가며 고르지는 못했다. 누군가의 형이나 오빠가 사다 주는 술이라면 뭐든 간에 감지덕지였다. 남자애들은 대개 값싸고 맛없는 맥주를 마셨고 여자애들은 다디단 청량음료 같은 술을 마셨다.

마침내 합법적으로 음주가 가능해진 연령이 된 후에는 성숙한 입맛을 갖추기로 결심했다. 그렇게 나는 이십 대 초반 내내 파티에서도, 망한 데이트에서도 주구장창 라임을 곁들인 보드카 소다를 마셨다. 사람들이 마시는 다양한 칵테일을 보며 호기심이 일긴 했지만 모험은 하지 않았다. 괜히 감당도 못할 독한 칵테일을 시켰다가 취해서 실수라도 할까 봐 두려웠다. 그때까지 내게 위스키는 남자들만이 마시는 술이었다. 레드와 화이트만 간신히 구분하는 걸 들킬까 봐 와인을 시킬 수도 없었다. 그렇게 나는 보드카와 인연을 맺었다.

이후 뉴욕으로 이주하며 지금의 단짝 친구인 로렌을 만났다. 칵테일에 관심이 많은 로렌은 처음 같이 한잔하기로 한 날 나를 고급 칵테일 바에 데리고 갔다. 도무지 뭘 주문해야 할지 알 수가 없었다. 알코올 무식자에 가까웠던 내게 그곳의 메뉴판은 해독 불가였고, 결국 아무거나 시켜버렸다. 잠시 후 잔에 담겨 도착한 술에 나는 완전히 반해버렸다. 그날 마신 스모키한 풍미의 진한 럼 칵테일은 정말 맛있었다. 무엇보다 그 술은 흥미로웠다. 술잔에는 특별한 재능이, 연금술과도 같은 마법이 담겨 있었다. 이전에는 술의 종류나 다양한 풍미에 대해 크게 관심을 가져본 적이 없었다. 내게 술이란 그저 알코올을 섭취하기 위한 수단이었을 뿐이다. 그러나 우아한 쿠페 잔에 담겨 있던 그 칵테일에서는 단순한 보드카 맛과 단맛을 넘어선 풍미가 느껴졌다. 그 풍미 덕에 나는 술이라는 존재가 생각보다 더 흥미로울 수 있다는 사실을 깨달았다.

그로부터 몇 년 후 나는 로스앤젤레스로 이주했다. 로렌은 집들이 선물이라며 셰이커, 바 스푼, 믹싱 글라스 등 칵테일 도구 일체가 담긴 홈 바텐딩 세트와 칵테일 책을 가져왔다.

나는 칵테일의 과학과 음주의 역사에 눈을 떴고, 끓어오르는 호기심을 주체할 수 없었다. 그저 맛만 보는 것을 넘어 크래프트 칵테일(전문 바텐더가 만든 완성도 높은 칵테일-옮긴이)에 대해 더 깊이 알고 싶었다. 술과 음주의 역사는 인류학, 사회학, 경제학, 정치학, 과학을 모두 아우른다. 나는 닥치는 대로 관련 도서들을 읽어나가며 틈틈이 책 속에 등장하는 칵테일을 직접 만들어보았다.

그러나 책을 찾아 읽을수록 왠지 실망감이 들었다. 그 많은 책의 저자 중 여자를 찾아보기 어려웠고, 책에 소개된 인물들 또한 거의 남자들이었다. 여성과 관련된 역사가 등장하는 경우도 있었지만, 그마저도 한 줄 정도의 짧은 언급이 다였다. 그러던 중 어느 책을 읽다가 미국에서 여성이 최초로 바에서 술을 마실 수 있게 된 시기가 금주법 시대였다는 사실을 알게 되었다. 당시 바는 어차피 불법인 주류를 밀매하는 장소였고, 금주법 시대는 온갖 사회적 규범이 전복되는 시기였으니 여성의 술집 출입도 가능했던 것이다. 그 내용을 읽자마자 나는 속으로 외쳤다. *이거야! 바로 이런 걸 알고 싶다고!*

여기저기 흩어진 짧은 문장들을 엮은, 여성과 술에 대한 역사의 조각들을 모은 그런 책을 읽고 싶었다. 하지만 어디서도 찾을 수 없었다. 나를 칵테일의 길로 이끈 스승이자 친구인 로렌에게도 물어봤지만 답을 찾을 수 없는 건 마찬가지였다. 여성 저자가 쓴 칵테일 레시피 책이나 주류 업계에 대한 개인 차원의 회고록은 몇 권 있었지만, 전체적인 역사를 다룬 책은 없었다.

나는 직접 정보를 모으기 시작했다. 흩어진 역사의 조각을 모으고, 새로운 조각을 발굴하고 싶었다. 다양한 시대를 살아간 전 세계의 여성들이 어디에서 어떻게 어떤 술을 마셨는지 알고 싶었다. 애초부터 음주라는 행위에 성별을 따졌는지, '여성용 술'이라는 개념이 어쩌다 생겨난 것인지도 궁금했다.

얼마 지나지 않아 나는 금주법 시대의 여성 위스키 증류업자들 이전에도 수많은 여자들이 술의 역사에 기여해왔다는 사실을 알 수 있었다. 세상에는 여성 위스키 증류업자뿐 아니라 맥주 양조업자, 바텐더도 존재해왔다. 더 중요한 것은 알코올이 탄생한 순간부터 지금까지 전 세계에 여성 음주자들이 존재해왔다는 사실이다.

수천 년 알코올의 역사에 여성은 언제나 존재해왔다. 맥주를 양조하고 술 취한 여신을 숭배한 고대의 여성들, 먼 옛날 일본의 사케를 만든 여자들, 샴페인의 세계에 혁명을 몰고 온 미망인들이 있었다. 러시아에서 밀주를 만들던 할머니도, 클래식 칵테일을 발명하고 칵테일 업계에 영감을 준 유명인도 여성이었다. 바텐더로서, 또 고객으로서 현재 크래프트 주류의 르네상스를 이끌며 선봉에 선 이들도 여성이다. 이렇듯 여자들은 모든 시대의 술과 음주 문화에서 결정적인 역할을 해왔다. 그리고 나는 이 책에서 그들의 이야기를 해보고자 한다.

이 책은 열다섯 개의 이야기에 집중한다. 각기 다른 시간, 다른 장소에 살았던 여성들이 자신이 살았던 시대 속으로 독자들을 안내할 것이다. 이들 중에는 클레오파트라나 예카테리나 2세처럼 유명한 인물도 있다. 반면 서니 선드Sunny Sund나 거트루드 리스고Gertrude Lythgoe 같이 일부러 세간의 주목을 피했던, 그 결과 상대적으로 알려지지 않은 인물도 있다.

책을 쓰기 위해 연구를 진행하면서 여성의 음주를 허용하는 문화와 여성의 자유를 허용하는 문화가 강하게 연결되어 있다는 점을 알 수 있었다. 이 책을 통해 독자들은 여성 음주의 역사에 대해서도 알게 되겠지만, 그 음주가 언제 어떤 이유로 금지되었는지도 알게 될 것이다. 가부장적 억압과 여성 혐오적인 사회의 기대가 음주 문화에 가장 큰 영향을 끼친다. 술을 마시는 여성이 직면하는 이중 잣대는 여성을 통제하려는 남성의 욕구, 그리고 소유물이 아닌 인간으로 행동하려는 여성에 대한 남성의 두려움에 그 깊은 뿌리를 두고 있다.

한 사회가 여성을 대하는 태도를 알고 싶다면 술잔의 밑바닥을 들여다보면 된다. 수천 년 동안 여자가 술잔을 드는 행위는 전복적인 행동으로 여겨져 왔으며, 여전히 많은 곳에서 그렇게 인식한다. 하지만 평균적으로 더 낮은 임금을 받으며 더 많은 사회적 억압과 싸워야 하는 것도 서러운데, 술이라도 마음 편하게 마실 수 있어야 하지 않겠는가?

차 례

1장

술 취한 원숭이가
발견한 알코올

태고의 시간

버번이 있기 전, 맥주가 있기 전, 와인이 있기 전에, 상한 과일이 있었다.

최초의 술은 유리잔이나 맥주잔에 담겨서 나오지 않았다. 그것은 살짝 상한 채 숲의 바닥에 떨어져 있었다. 모든 일은 호모 사피엔스의 먼 조상이 과숙하여 발효된 과일을 주워 맛있게 먹은 순간 시작되었을 것이다. 인간이 알코올에 끌리는 것은 전혀 새로운 현상이 아니다. 이 끌림의 역사는 수백만 년 전 우리의 영장류 선조까지 거슬러 올라간다.

캘리포니아 대학교 버클리 캠퍼스의 로버트 더들리 Robert Dudley 교수는 인간이 알코올에 끌리는 이유를 설명하며 술 취한 원숭이 가설을 제시했다. 알코올에 대한 끌림은 인류의 털북숭이 조상이 발효된 과일을 주된 식량으로 삼았던 데서 기인한다는 주장이다.

과일이 지나치게 익으면 당 함량이 높아지며 자연스럽게 발효가 일어난다. 효모가 이 당을 분해하며 다양한 물질을 생성하는데, 그 중 하나인 에탄올은 술의 화학적 근간이 되는 물질이다.

칼로리 계산용 식단 관리 애플리케이션을 사용해본 적이 있다면 알코올의 열량이 높다는 사실은 익히 알고 있을 것이다. 다이어트 중인 사람에게는 짜증 나는 일이지만, 오직 생존만이 최대의 목적이었던 수백만 년 전의 영장류에게는 더없이 고마운 일이었다.

천만 년 전, 인류는 이족 보행을 비롯한 중대한 생리학적 변화와 더불어 에탄올 처리 능력에 있어서도 큰 변화를 겪었다. 유전자의 한점 돌연변이single point mutation로 인간의 에탄올 대사 능력은 스무 배 증가했다. 이것이 의미하는 바는 무엇일까? 바로 나무 위에서 생활하며 가지에 달린 싱싱한 과일을 따 먹던 선조들이 어느 순간 나무 밑으로 내려와 숲 바닥에 지천으로 깔려 있는 발효된 과일을 발견했다는 의미다. 발효된 과일은 가지에 달린 과일들과 미묘하게 다른 냄새를 풍겼고 이러한 냄새에 끌렸던 본능이 선조들의 생존 확률을 높여주었다. 샷 잔으로 한 잔 정도인 순수 에탄올 1온스의 열량은 224칼로리다. 힘은 덜 들이고 더 높은 열량을 얻을 수 있다니! 이렇게 섭취한 높은 열량은 포식자를 피해 달아날 때 써먹기 아주 유용했다.

요지는 우리의 선조들이 에탄올에 끌림으로써 얻은 진화적 이점이 매우 컸다는 사실이다. 알코올의 향정신성이 알려진 것은 훨씬 나중의 일이다. 애초에 발효된 과일을 먹어서 취할 만큼 많은 알코올을 섭취하는 것도 불가능했다. 취하기 위한 알코올 섭취는 훨씬 뒤에 나타난 현상이다.

여기까지가 발효된 과일을 먹었던 선조들의 이야기다. 그 후 꽤 오랫동안 알코올의 세계에는 별다른 변화가 없었다. 그러니 몇 십만 년 정도는 빨리 감기로 넘어가도 무방하다.

▼ ▲ ▼

알코올은 발명됐다기보다는 발견된 것에 가깝다. 정확한 기록이 남아 있지 않기 때문에 누가 언제 어떻게 발견했는지는 알 수 없지만 아마도 우연이었을 가능성이 높다. 과일이나 곡물, 꿀 등 특정 음식을 일정 시간 외부에 두면 효모가 모여들기 시작한다. 움막 밖 그릇에 놓아둔 과일의 당분을 효모가 먹어대기 시작하면 발효가 시작된다. 그러다 비가 오고 그릇에는 빗물이 고인다. 며칠이 지나고 방치된 과일 곤죽은 알코올이 함유된 과일 곤죽, 술이 되는 것이다. 그러던 어느 날 누군가 용기를 내어 이 우연히 탄생한 음료를 한번 마셔본다. 그리고 생각한다. '이거 나쁘지 않은데?'

알코올의 발견 시점에 대한 기록은 없지만, 선조들이 언제부터 술을 마시기 시작했는지에 대한 기록은 존재한다. 프랑스 도르도뉴 지방의 로셀Laussel 절벽에서 발견된 조각은 술 마시는 사람을 묘사한 가장 오래된 작품 중 하나다. 약 2만 5천 년 전 만들어진 것으로 추정되는 이 작품 속 여인은 벌거벗은 채로 한 손은 배에 얹

아름다움을 한껏 드러낸 로셀의 비너스*

고 다른 한 손에는 술잔으로 보이는 뿔을 들고 있다. 이 멋진 여성
은 로셀의 비너스라는 이름으로 알려져 있으며, 이 조각은 음주를
표현한 인류 최초의 예술 작품으로 추정된다.

　뿔잔에 든 술은 벌꿀 술인 미드*mead*였을 가능성이 높다. 미드는
꿀을 발효시켜 만든 벌꿀 와인이다.** 인류 최초의 술을 가리키는
'미드'라는 단어는 알코올과 관련된 가장 오래된 단어다. 아마도

---

*　많은 역사학자가 볼록한 배를 임신으로 해석한다. 어찌 보면 정말 무례한 일 아닌가?

**　엄밀히 말해 와인보다 미드가 먼저 탄생했으니 미드를 벌꿀 와인이라 부를 것이 아
　니라 와인을 포도 *미드*라고 부르는 게 맞지만 왠지 입에 착 붙지 않으니 그냥 넘어
　가도록 하자.

빗물이 고인 벌집을 발견한 누군가가 그 안의 액체를 마셔보면서 시작됐을 것이다. 이 원시의 벌꿀 술에서는 꿀맛이 났을 테고, 마신 사람은 살짝 들뜨는 기분을 느꼈을 수도 있다.

이렇듯 시작은 발효된 과일에 함유된 알코올이나 우연히 찾아낸 벌꿀 술이었지만, 시간이 흐르면서 인간은 술을 직접 만들기 시작했다. 정착 생활과 농경이 자리 잡자 비로소 양조에 필요한 자원을 갖추게 됐다. 여기서 말하는 자원이란 양조에 쓸 수 있는 전용 토기와 시간을 뜻한다. 인류는 유목 생활을 접고 정착한 덕에 발효를 기다릴 수 있는 시간을 가지게 됐다. 중국 북부의 한 무덤에서 출토된 토기의 잔존 물질을 화학적으로 분석한 결과 인간은 기원전 7천 년경부터 일부 음식으로 술을 만들었음이 밝혀졌다.

메소포타미아 지역의 경우 좀 더 본격적이었는데 술을 빚기 위한 작물을 별도로 재배하기 시작했던 증거가 현재 '비옥한 초승달 지대'라고 불리는 티그리스강과 유프라테스강 사이의 지역에서 발견되기도 했다.

당시 메소포타미아에서 여성으로 사는 삶은 그리 나쁘지 않았다. 많은 측면에서 여성은 남성과 꽤 동등한 지위를 누렸다. 주요 역할은 아내와 엄마였지만 사업과 장사 같은 일에도 종사했다. 길에서 물건을 팔고 음식을 만드는 여성 상인이나 사업가를 어렵지 않게 찾아볼 수 있었다. 신을 모시는 사제가 되어 권력을 누릴 수도 있었다. 매춘, 즉 성 노동을 하는 여성에 대한 낙인도 없었다. 귀족이나 부유층 여자아이들은 남자아이들과 똑같이 사제나 서기관이 운영하는 학교에 다녔다.

▼ ▲ ▼

기원전 6천 년에서 5천 년 사이 비옥한 초승달 지대의 작은 농업 정착지들은 마을과 도시로 성장했다. 메소포타미아, 그중에서도 티그리스강과 유프라테스강의 합류 지점에 위치한 수메르(현재의 이라크)에서는 급속도로 문화가 발달했다. 기원전 4500년부터 1900년까지 존재한 수메르 문명은 인류 최초의 문명으로 알려져 있다. 수메르에서는 문자와 예술, 양조 문화가 꽃폈다. 맥주 양조법을 정량화하고 제조 과정을 기록하기 위해 문자가 발명되었다는 증거도 존재한다. 농작물을 술로 만들기 시작하며 이를 체계적으로 기록하고 관리할 시스템이 필요해졌던 것이다.

우르크는 수메르 문명의 주요 도시였다. 우르크인들은 맥주를 정말 좋아해서 남녀노소 할 것 없이 맥주를 즐겼다.* 그럼 여기서 맥주가 무엇인지 잠시 알아보자.

맥주는 간단히 말해 곡물을 발효해 만든 알코올 음료다. 모든 종류의 과일로 과실주, 즉 와인을 만들 수 있듯 맥주 또한 다양한 곡물로 만들 수 있다. 오늘날 맥주는 일반적으로 보리, 특히 보리

---

* 모두가 그렇게 마셔대는데 사회가 어찌 유지됐는지 궁금할 수도 있지만 걱정할 필요는 없다. 수메르의 맥주는 현대의 맥주에 비해 알코올 함량이 매우 낮았다.

맥아로 만든다. 맥아는 물에 불리고 볶은 곡물을 말한다. 경우에 따라 허브 등을 첨가해 풍미를 더하기도 하지만 기본적으로는 물과 곡물이 전부다. 따라서 영양가가 높은 맥주는 초기 문명 사회에서 계층을 불문한 모든 이들의 주식主食 역할을 했다. 에너지원으로 쓸 수 있는 열량과 탄수화물 함량이 높았고, 칼슘이나 비타민 B6를 비롯한 미네랄도 소량 함유되어 있었다.

수메르 사람들은 맥주를 '카시 *kash*'라고 불렀다. 모두가 즐기는 음료를 충분히 공급하기 위해 우르크의 여성들은 맥주를 대량으로 양조했다. 당시 수메르에는 보리로 만든 맥주가 여덟 가지, 밀로 만든 맥주가 여덟 가지, 다양한 곡물을 혼합하여 만든 맥주가 세 가지 존재했다. 비옥한 초승달 지대는 문명과 농경의 발원지일 뿐 아니라 대규모 술 생산이 시작된 곳이기도 하다.

예술이 꽃피면서 당시 술의 역할을 보여주는 작품들도 만들어졌다. 식생활의 필수 요소로 자리 잡은 맥주는 문화적인 중요성도 지니게 되었고, 이는 예술 작품에도 반영되었다. 술은 생물학적으로도 중요했지만, 종교적·사회적으로도 중요성을 지녔다. 고대 세계에서 술은 신이나 영혼, 죽은 조상과 소통할 수 있게 해주는 주요 수단이었다.

메소포타미아인들은 찬양할 때 남신이 아닌 여신에게 술잔을 바쳤다. 이들이 섬긴 술의 여신의 이름은 닌카시Ninkasi였다. 맥주를 관장했던 수메르의 여신 닌카시는 즐길 줄 아는 신이었다. 메소포타미아인들은 맥주에 닌카시의 영혼이 깃들어 있다고 믿었다.

그들은 맥주를 몇 잔 마셨을 때 찾아오는 알딸딸하고 기분 좋은 고무감을 닌카시의 정수로 여겼다(물론 나 같이 술이 약한 사람은 첫 잔을 채 다 마시기도 전에 닌카시의 정수를 느끼곤 한다).*

닌카시는 즐길 줄도 알았지만 일도 똑 부러지게 할 줄 아는 양조의 신이기도 했다. 맥주는 닌카시가 인간에게 준 선물로 여겨졌기에 종교 의식의 일부로 사원에서 제조했다. 수메르 최초의 대규모 양조는 닌카시 사원 여사제들의 몫이었다. 여사제들은 급여를 맥주로 받았는데, 그 양은 한 번에 2리터가량이었다고 한다.

닌카시가 남긴 가장 중요한 유산은 당시 여성들이 맥주를 만들면서 불렀다고 알려진 '닌카시 찬가'다. 이 찬가는 신에게 바치는 연가이자 맥주에 대한 찬사, 그리고 양조의 각 과정을 상세히 기록한 지침서였다. 대부분의 메소포타미아인이 글을 읽을 수 없었던 점을 감안하면, 기억하기 쉬운 노래를 통해 맥주 제조법을 나누는 것은 좋은 아이디어였다. 여사제들 외에도 많은 이들이 축제나 종교 의식에서 닌카시를 찬양하며 이 노래를 불렀다(매일 식사와 함께 맥주를 마시며 흥이 오른 이들도 마찬가지였을 것이다). 다음은 고대 수메르어 전문가 미겔 시빌Miguel Civil이 해독한 닌카시 찬가의 일부다.

* 닌카시라는 이름은 *입을 채워주는 여인*이라는 의미다. 메소포타미아인들에게 맥주를 마시는 일은 문자 그대로 신을 마시는 행위였다.

닌카시여, 맥아를 항아리에 담그는 여신이여…
맥아와 뜨거운 물을 섞어 커다란 삿자리에 펼치는 여신이여…
닌카시여, 그대가 수집통에 가득 찬 맥주를 따라낼 때면,
티그리스강과 유프라테스강의 강물처럼 맥주가 힘차게 흐르네.

양조의 첫 과정은 바피르bappir라고 부르는 두 번 구운 보리빵을 만드는 것이었다. 잘 구운 바피르를 잘게 조각내 꿀과 대추야자를 넣고 섞은 후 듣기만 해도 군침이 도는 이 혼합물을 물에 담가 용기에 넣고 발효시켰다. 발효를 마친 걸쭉한 액체는 수집통에 모은 후 다시 항아리에 옮겨 담았다. 닌카시 찬가가 수집통의 맥주 따르는 모습을 '티그리스강과 유프라테스강의 강물처럼' 힘차게 흐른다고 한 것은 맥주가 마시는 이에게 생명력을 가져다준다고 믿었기 때문이다.

인류 역사상 최초의 시인으로 알려진 이는 엔헤두안나Enheduanna라는 여성이었다. 기원전 2286년에 태어난 엔헤두안나는 수메르의 우르라는 도시의 대제사장이었다. 그녀는 점토판에 수메르의 모든 신과 신전을 찬양하는 찬가를 썼고, 현재까지 전해지는 마흔두 개의 점토판은 세계 최초의 문학 작품집이 되었다. 동시에 세계 최초로 작가의 서명이 들어간 작품이기도 하다. 엔헤두안나는 남녀를 통틀어 처음으로 스스로를 일인칭으로 칭하고 작품 속에서 자신의 모습을 드러냈다. 아마 그녀 또한 현대의 작가들이 흔히 하듯 축배를 들며 자신의 문학적 성취를 축하했을 것이다.

꼭 종교 의식이 아니더라도 메소포타미아의 여성들은 그저 마시고 싶어서 술을 마시기도 했다. 모두가 맥주를 마셨고, 음주에 대한 낙인은 없었다(단, 술을 이기지 못하는 것은 꼴불견으로 보았다. 술이 약한 것은 닌카시의 잘못이 아닌 음주자 본인의 잘못이었다). 사람들은 행복감을 높여줄 뿐 아니라 고통을 덜고 긴장을 완화하는 등 삶의 많은 어려움을 덜어주는 술을 찬양했다. 시름을 잊게 해주는 음주는 고대 메소포타미아인, 특히 노인들에게 중요한 권장사항이었다. 평균 수명이 채 마흔 살이 되지 않았던 여성들도 술을 마시며 마음을 달랬을 것이다(남성의 평균 수명은 10년가량 더 길었다).

기원전 2600~2300년 사이에 살았던 것으로 추정되는 수메르의 푸아비 Puabi 왕비의 왕릉에서는 맥주를 담았던 은 항아리가 출토됐다(평민 여성에게는 하루 1리터가, 왕비에게는 6리터가 할당됐다). 그 외에도 잔, 빨대, 주전자 등 맥주를 마시기 위한 도구가 함께 발견됐는데, 빨대까지도 금과 은으로 만든 것이었다. 쉰 명이 넘는 수행원의 유골 또한 함께 발견됐는데, 이 불행한 이들은 내세에서 왕비의 시중을 들기 위해 매장된 것으로 추정된다.*

그런데 맥주를 마실 때 왜 빨대가 필요했을까? 당시의 맥주 양조 방식은 꽤나 조악했다. 현재 우리가 아는 맥주와는 달리 여과되지 않은 걸쭉한 음료였고, 불순물을 거르기 위해서는 빨대를 사용

---

* 증거에 따르면 순장된 수행원들은 자의 또는 타의에 의해 음독 후 왕비의 저승길에 동행한 것으로 보인다.

해야 했다(걸쭉한 맥주라니 썩 내키지는 않지만, 그래도 내추럴 아이스보다는 맛있을 것 같기도 하다).

계급제의 끝에 있는 여성들도 맥주를 만들고, 마시고, 팔았다. 수메르의 술집들 또한 여성들이 소유하고 경영했다. 아마도 접객업이 여성의 일이라는 오랜 생각은 이러한 전통에서 생겨난 것인지도 모른다. 술집 주인들은 대개 경제적·사회적으로 지위가 낮았고, 가게를 찾는 남성 손님이나 매춘부들의 비위를 맞춰야 했다. 그러나 적어도 상업 활동에서만큼은 남성과 동등한 법적·경제적 권리를 누렸던 것으로 보인다. 사람들에게 맥주를 제공하는 일은 빵을 제공하는 일만큼이나 중요했다.

문명이 시작한 이래 술의 생산과 판매는 전 세계 가정 경제에서 큰 비중을 차지해왔다. 양조는 노동 집약적인 산업이었고 대부분 여성들이 도맡았다. 이 노동력이 고대 세계의 산업과 교역을 형성했다. 술을 빚는 기술, 그리고 술과 관련된 문화의 기초는 모두 여성들의 손으로 다져졌다. 음주를 묘사한 최초의 작품은 여성의 모습을 담아냈고, 술과 관련된 최초의 신 또한 여신이었다. 기독교인들이 포도주를 마시기 수천 년 전에, 그리스인들이 디오니소스를 포도주의 신으로 숭배하기 수천 년 전에, 수메르의 여자들은 맥주를 만들고 마시며 닌카시를 숭배했다.

닌카시는 혼자가 아니었다. 같은 시기 이집트에는 닌카시의 정신적 자매라고 불릴 만한 여신이 있었다.

술 취한 여신이라고도 불렸던 이집트의 하토르Hathor는 맥주를 무척 좋아했다. 하토르는 하늘, 다산, 사랑, 그리고 가장 중요한 음주의 여신이었다. 이집트에서는 매년 나일강 범람 시기에 맞춰 '하토르의 만취Drunkenness of Hathor'라는 축제가 열렸다. 신화에 따르면 하토르는 암사자 세크메트Sekhmet의 모습으로 지상에 내려와 무시무시한 살육을 벌였다. 태양신 라Ra가 말려도 살육을 멈출 줄 몰랐고, 라는 궁리 끝에 들판을 붉은 맥주로 채워 세크메트를 유인했다. 세크메트는 붉은 맥주를 인간의 피로 착각하여 모두 마셨고, 인류 멸망 따위는 잊은 채 행복하게 잠들었다고 한다(술에 취해 할 일을 잊고 잠드는 이야기라니, 매우 공감이 간다).

고대 이집트인들 또한 열렬한 맥주 애호가였다. 이집트에서는 맥주를 헤크hek라고 불렀다. 이집트인들은 이시스Isis 여신이 인간에게 맥주 제조 비법을 전해줬다고 믿었으며, 양조를 신성한 행위로 여겼다. 최초의 헤크는 여성들이 가정에서 조금씩 생산했다. 그 과정은 잘게 부순 보리빵을 항아리에 넣는 것으로 시작됐다. 물을 부어 발효시킨 후 항아리 속의 걸쭉한 액체를 걸러서 마셨다.

세계에서 가장 오래된 양조장 유적은 이집트에 위치해 있다. 이 양조장은 기원전 3400년경 운영됐던 것으로 보인다. 맥주 양조는 이집트에서도 여성의 일이었으나 규모에 따라 남성 노예를 쓰는 곳도 있었다. 이 양조장에서는 하루 300갤런(약 1,136리터)가량의 맥주를 생산했던 것으로 추정된다. 고대 이집트 맥주의 알코올 함량Alcohol by Volume, ABV은 지금과 비슷한 5퍼센트 정도였다.* 노동자에게는 하루에 1과 1/3갤런(약 5리터)가량의 맥주가 배급됐다. 고대 이집트의 예술 작품에는 노동자 계급 여성들이 상의를 벗고 팔뚝까지 맥주에 담근 채 술을 빚는 모습이 등장한다(이 얼마나 꿈 같은 모습인가).

　고대 이집트인의 삶은 대부분 상류층 위주로만 알려져 있다. 상의를 벗은 채 맥주를 만들던 농민 여성의 일상에 대해서는 별다른 기록이 남아 있지 않다. 그러나 이들이 맥주를 즐겨 마셨다는 점, 남자들을 취하게 만드는 것을 좋아했다는 점은 알려져 있다. 음주와 성性은 밀접하게 연관되어 있었다. 히라티안크흐Chratiankh 라는 이름의 한 여성은 자신의 무덤에 다음과 같은 비문을 남겼다. *나는 만취의 연인으로서 즐거운 날들을 사랑했고, 몰약*(감람과 나무에서 얻은 방향성 수지로 향이 좋아 향료 등으로 이용됨 – 옮긴이)*과 연꽃 향수를 바른 채 잠자리를 기대했노라*(이 여성의 출생과 사망 시기는 알려져 있지 않다). 남아 있는 정보는 이 비문뿐이지만, 그것으로 충분하지 않은가?

　이집트와 메소포타미아의 또 다른 공통점은 술의 여신에 대한 열광적인 숭배였다. 신분에 상관없이 모든 이집트 여성이 하토르

---

* ABV는 술에 함유된 알코올의 양을 나타내는 표준 측정 단위다. 대개 맥주의 경우 5퍼센트, 와인은 13퍼센트가량이며, 증류주는 40퍼센트 내외다.

술을 빚는 고대 이집트 여성

축제를 사랑했다. 축제가 다가오면 가장 좋은 옷과 장신구로 치장하고 정성스레 화장을 했다. 그러고는 화관을 쓴 채 하토르의 신전으로 내려갔다. 모두가 술을 진탕 마시고 토해댔지만, 이는 전혀 흉이 되지 않았다. 특정 성별의 만취를 탐탁지 않게 보는 시선은 아직 존재하지 않았다. 고대 이집트 무덤에서 발견된 벽화에는 한 여성이 "포도주를 열여덟 잔 주시오. 나는 취하고 싶소. 목이 지푸라기처럼 바싹 말랐소"라고 말하는 장면이 그려져 있다. 닌카시와 하토르의 축제에는 성별과 관계 없이 모든 사람이 참여했다. 한 번에 이삼 주씩 이어진 이 축제에서 모두가 음악과 진수성찬, 춤과

고대 이집트인들이 빨대로 맥주를 마시는 장면을 그린 벽화

연극, 섹스와 폭음을 즐겼다.

이 시기 이집트에서 맥주는 노동 계급을 위한 술이었다. 노동 계급 여성들은 자신들이 양조한 맥주를 마셨다. 그러나 신분이 높은 이들은 포도주, 즉 와인을 원했다. 와인은 상류층을 위한 술이었고, 동시에 특권이었다. 이집트의 부유한 여성들은 하토르 여신에게 맥주가 아닌 와인을 바쳤다. 와인은 맥주보다 훨씬 구하기 힘들었으며, 그러한 연유로 훨씬 비싸고 사치스러운 술이었다. 피와 꼭 닮은 붉은 빛깔의 레드 와인은 종교 의식에도 사용됐다. 와인 수요가 점점 늘자 이집트인들은 레드 와인과 화이트 와인을 자체적으로 생산하기 시작했다.

메소포타미아인들은 기원전 3천 년경부터 와인을 만들었다. 최초의 와인은 신석기 시대인 기원전 9천 년부터 4천 년 사이에 처음 만들어진 것으로 보인다(추정 시기가 많이 광범위하기는 하지만, 이 정도가 역사학자들이 현재까지 내놓은 최선이다). 밝혀진 바에 따르면, 최초의 와인 생산지는 현재의 아르메니아와 이란 북부에 해당하는 자그로스산맥 부근이다. 이 시기의 항아리에서 발견된 잔여 물질을 분석한 결과 당시 사람들이 포도즙을 의도적으로 발효했다는 사실이 밝혀졌다. 현재까지 알려진 가장 오래된 와인 양조장 유적도 이 지역에서 발견됐는데, 기원전 4100년경으로 추정하고 있다.

메소포타미아와 이집트의 여성들에게는 또 다른 공통점이 있었다. 바로 그들이 누린 자유였다. 이 시기 이집트 여성에게는 경제적 제약이 없었다. 그들은 재산과 사업체를 소유할 수 있었으며, 상당 부분 남성과 동등한 법적 권한을 누렸다. 술 마시는 여성이 살기에 꽤나 괜찮은 시대였던 것이다.

그러다 한 인물이 등장하면서 이집트와 메소포타미아는 전혀 다른 길을 걷게 되었다.

▼ ▲ ▼

바빌론의 함무라비 왕은 메소포타미아 전역을 지배하는 통일 왕국을 세우고자 했다. 통일에 성공한 그는 기원전 1754년 함무라비 법전을 내놓았다. 법전은 상업 거래에 대한 규정이나 각종 범죄에 대한 처벌을 정한 282개 조항으로 이루어져 있었다. 함무라비 법전은 '눈에는 눈' 개념에 기초한 사법 제도의 기반이 됐다. 많은 이가 함무라비 법전의 등장을 문명의 긍정적 전환점으로 본다. 그러나 사실 이는 여성들에게는 나쁜 소식이었다. 가부장제를 확립하면서 여성이 남성의 소유물이라는 생각을 굳힌 것이 바로 이 법전이기 때문이다.*

이 법전은 *보호*라는 명목하에 여성의 수많은 권리를 빼앗고 그들을 아버지나 남편의 소유물로 만들었다. 여성은 가정을 벗어나 경제 활동을 할 수 없게 됐다. 또한 여성에 대한 학대를 금했지만 *그래도 마땅한* 여성에 대한 학대는 허용했다. 함무라비 법전은 남성에게 여성의 신체를 통제하고 나아가 성적 권리를 통제할 권한을 주었다. 이 법전이 메소포타미아 전역에 적용되면서 점점 여성의 삶은 통제받았고 권리는 축소됐다. 함무라비 법전은 여성의 경제적·성적 자유에 대한 치명타였다(수천 년이 지난 지금까지도 그 치명타를 완전히 회복하지는 못했다).

여성들은 지위 하락과 함께 양조 산업에 대한 주도권도 잃게 되었다. 메소포타미아 전역에서 양조 산업은 남성의 손에 넘어갔다. 그 이후로 상황은 악화되기만 했다.

함무라비 법전 도입 이후 메소포타미아에서 소위 착한 여성, 경건한 여성은 선술집에 가지 않았다. 법전의 282개 조항 중에는 여

---

* 이러한 규정들은 거대한 남근 모양의 돌에 끌로 새겨졌다. 이 얼마나 대단한 우연의 일치인가?

사제가 술집에 들어가 술을 마시면 *화형*에 처한다는 항목도 있었다. 한때 양조를 담당하고 문화를 주도했던 이들이 맥주를 만들 수도 마실 수도 없게 된 것이다.

술의 성별화는 이렇게 시작됐다.

이제 여성의 음주에는 도덕적 낙인이 찍혔다. 그뿐 아니라 일부 여성들에게 음주는 법적 처벌을, 그것도 사형이라는 무서운 결과를 불러올 수 있는 행위가 됐다.

함무라비 법전이 등장하기 이전, 술의 양조와 판매는 여성의 영역이었다. 맥주를 바치며 숭배한 술의 신 또한 여신이었다. 그러나 함무라비 법전은 술 마시는 여성을 나쁜 여성, 타락한 여성, 불명예스러운 여성으로 규정했다. 동시에 메소포타미아의 경제, 문화, 종교에서 핵심적인 역할을 한 양조라는 산업을 여성들에게서 빼앗아 남성들의 손에 넘겨주었다.

함무라비 법전이 문명에 미친 이 같은 영향은 세상에서 가장 강력했던 여성 한 명을 무너뜨리는 데도 일조하게 된다.

2장

클레오파트라의 '흉내 낼 수 없는 간'

고대 세계

클레오파트라는 고대 세계사에서 가장 유명한 여성이다. 이집트의 마지막 위대한 통치자였으며, 고대 세계에서 단독으로 왕국을 통치한 두 여왕 중 한 명이었다. 동시에 가장 많은 오명을 지닌 인물이며, 이 오명은 지금까지도 이어지고 있다. 클레오파트라를 강력한 통치자이자 정치 세력으로 보는 이들도 있지만, 많은 이들에게 그녀는 여전히 뻔뻔한 바람둥이 또는 사악한 요부의 상징이다. 그녀에 대한 의견은 갈릴 수 있지만, 중요한 건 수천 년이 지난 지금까지도 우리가 그 이름을 기억하고 있다는 사실이다.

클레오파트라는 기원전 50년경부터 30년경까지 이집트 왕국을 다스렸다. 통치 기간 중 절정기 때는 지중해 동부 연안 전체를 지배하기도 했다. 당시 동시대의 그 누구보다도 많은 부와 명성을 누렸다.

하지만 오늘날 클레오파트라라고 하면 많은 이들은 그저 과장된 성적 매력부터 떠올린다. 아마 이 책을 읽는 독자 중에도 클레오파트라를 연기한 배우 엘리자베스 테일러의 모습을 떠올린 이가 많을 것이다. 너구리도 울고 갈 만큼 짙은 아이라이너를 그린 채 새하얀 리넨 드레스 차림으로 대리석 기둥 주위를 미끄러지듯 걷는 그 모습 말이다. 아니면 영웅들을 유혹한 일화나 죽음을 둘러싼 신화를 떠올리는 이들도 있을 것이다. 양탄자에 몸을 숨겨 몰래 카이사르를 만나러 간 이야기나 안토니우스를 유혹한 이야기, 독사를 이용한 자살 장면은 여전히 흥미를 돋운다.

고대 세계에서도 현대 사회에서도 클레오파트라는 위험인물로 보일 수밖에 없다. 모두가 경계하는 힘 있는 여성이라는 위치에 있었기 때문이다. 로마의 지도자들은 다양한 중상모략으로 클레오파트라를 깎아내렸고, 그 작전은 지금까지도 성공적으로 그녀의 이미지에 흠집을 내고 있다. 우리는 클레오파트라를 명석하고 강력한 군주가 아닌 사악하고 음란하며 제멋대로인 여성으로 기억한다. 어쩌다 이런 날조된 오명들을 뒤집어쓰게 됐을까? 아마 그녀가 술을 좋아하는 여성이었다는 사실도 크게 작용했을 것이다.

클레오파트라는 고대 이집트의 정신과 미학을 상징하는 인물이다. 그러나 그녀가 태어난 알렉산드리아는 실제로는 그리스에 가까웠다. 고대 그리스는 음주와 밀접하게 연관된 또 다른 문화권이다. 토가와 포도덩굴은 와인이 넘치는 디오니소스의 주연酒宴을 연상케 한다.

안타깝게도 디오니소스의 주연에는 모두가 초대받지 못했다. 기원전 9천 년경 고대 문화가 형성되던 시기, 그리스는 인근 메소포타미아의 영향으로 여성의 음주를 부정적으로 보는 함무라비의 생각을 그대로 받아들였다. 고대 그리스인들은 와인을 사랑했다. 문명과 교양의 상징이었던 와인만 있다면 만사가 다 괜찮았다. 하지만 이는 남성에게만 해당되는 일이었다. 고대 그리스 사회는 다른 모든 활동과 마찬가지로 여성의 음주도 제약했다.

우리는 학교에서 고대 그리스가 민주주의의 발상지이자 살기 좋은 곳이었다고 배웠다. 올림포스산과 그곳에 사는 여러 신, 다양한 괴물들이 등장하는 신화는 또 얼마나 흥미진진한가! 쟁쟁한 철학자와 사상가, 발명가들 또한 빼놓을 수 없다. 모두가 토가를 입고 와인을 마셔대며 새로운 개념을 창시하는 곳, 이것이 우리가 고대 그리스에 대해 지닌 생각이다.

그러나 실상 살기에 썩 좋은 곳은 아니었다. 고대 그리스의 민주주의가 말하는 자유는 오직 소수에게만 허락됐으며, 사회는 노예제에 의해 유지됐다. 여성의 지위는 고대 세계에서 거의 최악의 수준이었다. 공적인 기록에서 여성의 흔적은 거의 찾아볼 수 없다. 학교에서 배우는 고대 그리스 신화에는 아테나를 비롯한 온갖 강하고 멋진 여신들이 등장한다. 하지만 신화에 등장하는 여성들의 모험과 실제 그리스 여성들의 삶을 혼동해서는 안 된다. 현실 속 그리스 여성에게는 아무런 권력도 주어지지 않았고 일부 종교 의식을 제외하고는 그 어떤 행사에도 참여할 수 없었다.

고대 그리스 남성들에게 술을 마시는 여성은 속박을 거부하는 두려운 여성이었다. 그들은 와인이 여자를 난폭하고 위험하며 부도덕한 존재로 만든다고 생각했다.

▼ ▲ ▼

상류층만 모인 특별한 공간에서 이루어진 향연, 즉 심포지엄은 그리스 문화의 정수였다. 심포지엄은 특권층 남성들이 모여 즐기던 점잖고 지적인 술자리 모임이었다(이 특권층은 전체 인구의 약 5분의 1에 불과했다). 와인은 심포지엄의 필수 요소였다. 심포지엄에서는 와인을 큰 그릇에 담아 물에 희석해서 마셨는데, 그대로 마시는건 야만적이라 여겼기 때문이다.* 당시 와인 원액을 마시는 것은 요즘으로 치면 보드카를 병째로 마시는 것과 비슷한 행위였다. 와인을 희석할 때는 맹물 또는 소금물을 썼고 풍미를 더하기 위해 꿀, 소금, 향신료, 허브, 향유 등을 섞기도 했다.

소금물까지 타서 마셔야 했던 것을 보면 당시의 와인이 딱히 고급스러운 맛은 아니었음을 짐작할 수 있다. 그리스에서는 와인의 품질을 따질 때 신맛이 강한 와인은 낮은 평가를 받았고, 단맛이 강해야 맛있는 와인으로 쳤다. 당시 주로 마셨던 와인으로는 레드

---

* 희석 시에는 물을 정말 많이 섞었다. 물과 와인을 일대일로 섞는 경우 독한 술로 여겨졌다.

와인, 화이트 와인, 호박색을 띠는 앰버 와인이 있었다.**

심포지엄 때가 아니어도 남성 시민의 음주는 흉이 아니었다. 오히려 술을 마시지 않는 것이 흉이 될 때는 있었다. 와인은 군인의 술, 사상가의 술이었다. 그리스의 남성들은 도시를 약탈할 때도, 맹세를 할 때도 와인을 마셨다. 와인과 함께한 맹세는 더 진중하고 굳건한 것으로 보았다. 중요한 의식에도 빠지지 않았는데 와인이 진실을 말하게 한다고 믿었기 때문이다. 몇몇 연설가는 술에 취한 상태에서만 연설을 하기도 했다.

시간이 지나며 그리스의 와인 애호가들은 점점 젠체하며 까다롭게 굴기 시작했다. 좀 마신다는 사람들은 와인의 종류와 빈티지를 따졌다. 부유층이라면 누구나 와인을 마셨기 때문에 그 안에서 더 돋보일 방법을 찾아야만 했다. 기원전 4세기 직전부터는 오래된 와인을 마시는 것이 지위의 상징이 됐다.

여성은 심포지엄의 공식 참가자가 될 수 없었으며, 흥을 돋우는 무희, 악사, 접대부 등으로만 참여할 수 있었다.*** 그리스 문화의 핵

** 앰버 와인은 양조 과정에서 청포도의 껍질과 씨앗을 제거하지 않고 함께 발효하여 만든다. 이렇게 양조한 와인은 진한 오렌지색을 띠어 오렌지 와인이라고도 불리는데, 요즘 다시 유행하고 있다.

*** 남성 참가자의 애인이나 접대부는 심포지엄에 참가하고 술도 마실 수 있었다. *헤타이라*hetaera라고 불린 이들은 남성들과 함께 희석한 와인을 마셨지만 지위는 보잘것 없었다. 헤타이라에게는 어떤 권한도 없었으며, 심포지엄에서 그들의 안위는 전적으로 함께 참가한 남성의 선의에 달려 있었다.

심이라고도 볼 수 있는 장소에 여성은 공식적으로 들어갈 수 없었던 것이다. 이렇듯 여성의 음주를 금지하는 행위는 여성의 신체뿐 아니라 사회적 영향력까지 통제했다. 그리스 사회는 여성에게 정숙함을 요구했고, 여성은 공공장소에서 베일을 착용해야 했다.

의사들은 온갖 헛소리를 동원해 술과 관련된 여러 편견을 정당화했다. 임신 기간 중 술을 멀리해야 한다는 것은 충분히 이해할 만한 얘기다. 그런데 아기를 '만드는' 중에도 여성은 술을 마시지 말아야 한다고 주장했다. 다시 말해 섹스를 하는 동안 반드시 맨정신이어야 한다는 의미였다. 의사들은 여성이 성행위 시 술을 마시면 영혼에 이상한 환영이 생겨 태아에게 전해진다고 믿었다. 그런데 사실 이런 식의 생각은 당시로 치면 차라리 진보적인 축에 속했다. 아리스토텔레스 같은 영향력 있는 사상가도 여성에겐 아예 영혼이 없다고 주장했으니 말이다.

모유 수유 또한 여성의 음주를 금지하는 이유가 됐다. 아이에게 젖을 먹이는 유모들은 와인을 마시기는커녕 섹스를 해서도 안 됐다. 당시 의사들은 수유부가 섹스 같이 방종한 행위를 하면 돌보는 아이에 대한 애정이 떨어지고 젖의 흐름도 막혀 모유가 오염된다고 믿었다.

적어도 이론적으로는 그랬다는 얘기다. 온갖 억압적인 규칙과 규율, 잘못된 믿음에 굴하지 않는 여성들도 있었다. 이들은 "됐고, 난 한잔 마셔야겠어!"라고 외쳤다.

대부분의 가정에서 와인 저장고는 남자 노예가 관리했다. 주인의 엄격한 명령을 받은 이들은 여성들이 와인에 접근할 수 없도록 막았다. 하지만 몰래 빠져나가 *카펠레이온*kapeleion이라는 동네 술집에서 한잔씩 마시는 것까지 막을 수는 없었다. 도시 전역에 존재했던 카펠레이온은 대부분의 동네에 한 곳씩은 있었다. 이러한 술집을 찾는 손님은 거의 평민이었고, 가끔은 여자 노예가 술을 마시는 모습이 목격되기도 했다. 억압적인 그리스 사회가 많은 여성을 은밀한 술꾼으로 만들었다.

그런데 일 년에 단 한 번, 여성이 드러내놓고 술을 마실 수 있는 때가 있었다.

고대 그리스에서 와인의 신이었던 디오니소스는 인간 본성의 길들여지지 않은 면을 대표했다. 디오니소스는 육욕, 혼돈, 쾌락의 상징이었다. 억압받는 사회에서 여성들이 디오니소스를 가장 좋아했던 것은 당연한 일이다. 디오니소스는 여성이 경험할 수 없는 모든 것을 상징했다.

디오니소스의 여성 추종자들은 *마에나드* maenad라고 불렸는데, 이는 *미쳐버린 여자*라는 뜻이다. 물론 이러한 명칭은 남성들이 붙인 것이었다. 여성들 스스로는 *한 번쯤은 자유를 누리고 싶었던 여자들*이라고 부르고 싶지 않았을까?

디오니소스 축제 기간은 여성의 음주가 허용되는 유일한 기간이었다. 그리스에서는 이 축제에 참가하는 여성들을 두고 *디오니소스에게 스스로를 바친다*고 표현했다. 음주가 허용된 유일한 축제에서조차 여성이 남성 신에게 자신을 바쳐야 했다는 점이 애꿎다.

여성의 음주에 대해 편협했던 그리스인들은 이웃에 위치한 에트루리아(현재의 이탈리아 중부)를 지독히도 싫어했다. 그리스인은 에트루리아인을 타락한 인종으로 보았고, 특히 여성들의 도덕적 타락이 심각하다고 여겼는데 증거로 든 것이 바로 음주였다. 에트루리아에서는 여성도 저녁 식사나 연회에 자유롭게 참석하여 술을 마실 수 있었는데, 그리스 남성들이 이를 보고 충격을 받은 것이다. 여성이 건배를 제의하는 경우도 많았고 개인 술잔을 지닌 이들도 있었다. 완전하지는 않았지만 어느 정도의 자유와 음주를 즐겼던 에트루리아 여성들은 그리스 여성들에 비해 훨씬 큰 자율성을 누렸다. 성명 미상의 한 그리스 여행자는 에트루리아 여성들을 두고 "엄청난 주당이며 놀랍도록 아름답다"는 기록을 남겼다. 지금 생각해보니 이 책의 부제로 썼어도 좋을 만한 표현이다.

▼ ▲ ▼

클레오파트라는 그리스인이었지만 억압적인 그리스 문화권에서 자라지는 않았다. 그녀는 이집트를 근 삼백 년 동안 지배한 프톨레마이오스 왕조의 마지막 군주였다.

기원전 69년 프톨레마이오스 12세의 딸로 태어난 클레오파트라는 알렉산드리아 도서관의 학자들로부터 수준 높은 교육을 받았다. 어린 시절부터 대중 연설 교육을 받은 클레오파트라는 자신의 생각을 간결하고 명료하게 전달하는 데 능했다. 클레오파트라는 스스로의 의사를 또렷하게, 그것도 여러 언어로 밝힐 수 있었다. 또한 그녀는 대대로 그리스어를 써온 프톨레마이오스 왕조에서 이집트 현지어를 구사한 최초의 군주였다. 그 덕에 백만 명에 이르는 백성들과 더 원활하게 소통할 수 있었다.

이집트에서도 여성 교육이 보편적이지는 않았지만, 그리스의 경우보다는 흔했다.[*] 이집트 여성은 술을 마실 수 있었을 뿐 아니라 결혼과 이혼을 결정할 수 있었고, 유산을 상속받거나 재산을 소유할 수도 있었다. 또한 남편의 통제에 무조건 복종할 필요도 없었다.

군주의 자리에 오른 클레오파트라에겐 우러러볼 만한 수많은 강력한 여성 지도자들이 있었다. 그녀 이전에 이집트를 통치한 여왕들이었다. 이들은 통치자로서 군사 작전을 펼치고 함대를 만들었으며, 사원을 건설하고 와인도 마셨다.

이집트인들은 포도뿐 아니라 무화과, 석류, 대추야자 등 여러 과일로 와인을 만들었다.[**] 와인 양조의 첫 번째 과정은 포도 수확이었다. 여성 노동자들은 남성, 어린이들과 함께 늦여름에 포도를 수확했다. 이들은 손으로 딴 포도를 고리버들 바구니에 모았다. 그런

---

[*] 이는 물론 상류층에만 해당되는 이야기다. 현재까지 전해지는 고대 사회의 기록은 대부분 상류층의 삶에 대한 것이다. 노예나 하층민들은 이와는 무척 다른 삶을 살았을 것이다.

[**] 이 책에서 말하는 *와인*은 포도로 만든 와인을 뜻한다. 오늘날 누군가 우리에게 와인을 한 잔 내민다면 대부분 포도로 만든 와인을 떠올릴 것이다. 그러나 앞 장에서 언급한 바와 같이 와인은 거의 모든 과일로 만들 수 있다.

후 수확한 포도를 커다란 통에 모아 발로 밟아 즙을 냈다. 믿거나 말거나, 발로 밟는 것은 포도즙을 추출하는 가장 효과적인 방법이었다. 돌로 된 압착기를 쓰면 효율은 높일 수 있었지만 포도의 씨앗과 줄기가 같이 으깨져 쓴맛이 났다. 그래서 사람들은 포도가 담긴 큰 통에 들어가 맨발로 신나게 밟아댔다. 큰 통에 고인 포도즙은 배수구를 통해 작은 통으로 흘러 들어갔다. 작은 통 속의 포도즙을 큰 린넨 천에 거르고, 남은 찌꺼기에서도 즙을 짜냈다. 이렇게 모은 포도즙은 항아리에 담아 숙성했다. 며칠을 숙성하면 가벼운 와인이 되고, 몇 주 숙성하면 진한 와인이 됐다. 완성된 와인은 밀봉 후 라벨을 붙였다. 포도를 밟아 으깨는 부분만 빼면 오늘날에도 와인은 기본적으로 이와 유사한 방식으로 만들어지고 있다.

그리스 문화에 뿌리를 둔 로마 제국은 기원전 500년경부터 성장하기 시작했다. 로마 문명은 사회적 신념, 신화, 음주 문화 등 많은 측면에서 그리스 문화를 차용했다.

로마인들 또한 희석하지 않은 와인을 마시는 일은 야만적이라 여겼다.* 로마의 상류층에게 와인은 식생활 문화의 필수 요소였다.

---

* 그리스·로마인들에게 *야만*barbaric은 최악을 뜻했다. 고대 그리스어에서는 알아들을 수 없는 소리를 *바르 바르 바르*bar bar bar라고 표현했다. 그리스어를 못 하는 외국인이 말하는 소리를 이렇게 썼는데, 이것이 야만인을 뜻하는 *바바리안*barbarian이라는 단어의 어원이 됐다. 그리스인들에게 북쪽의 게르만 부족은 야만인의 전형이었다. 게르만족이 맥주를 좋아했기에 그리스인들은 이를 야만적인 음료로 여겼다. 맥주는 그리스에서 인기를 얻지 못했으며, 빈곤층이나 노예조차도 잘 마시지 않았다. 그리스에서 맥주는 열등한 인간이 마시는 열등한 술이었다.

로마에서 문화적으로 중요성을 지녔던 다른 모든 것과 마찬가지로 부유층만을 위한 것이었다. 로마인들은 여성의 음주에 대한 생각 또한 그리스의 견해를 그대로 물려받았다.

이집트 여성에게는 장점이었을 결단력, 대담함 등은 로마 여성에게는 단점이 됐다. 로마에서는 술에 취한 여성, 자기 생각이나 욕구를 표현하는 여성, 성욕을 감추지 않는 여성은 경멸의 대상이 됐다. 여성으로서 지켜야 할 행동의 한계를 넘어서는 일이라고 여겼기 때문이다.

그리스의 영향이 미치기 전인 초기 로마에서는 성별에 관계 없이 음주 자체를 탐탁지 않게 생각했다. 로마는 금주의 제국이었다. 실제 초기 로마인들은 술을 불신했고, 디오니소스 숭배 의식을 금하기도 했다. 여성의 경우는 더 심각했다. 여성의 음주는 그냥 탐탁지 않은 정도가 아닌 불법이었다. 심한 경우 죽임을 당할 수도 있었다.

전해지는 이야기에 따르면, 술을 마시다 들킨 여성을 사형에 처할 수 있다는 법을 처음 만든 인물은 로마의 초대 왕인 로물루스 Romulus라고 한다. 당시에는 남성이나 친척들이 여성에게 키스하여 술 냄새가 나는지 확인하는 관습도 있었다. 여성은 와인과 관련된 그 어떤 일도 할 수 없었으며, 심지어 종교 의식에서 신에게 술을 바치는 것도 금지됐다. 초기 로마법에서 남성은 아내의 음주를 이유로 이혼할 수 있었으며, 구타나 살해 또한 법적으로 허용됐다. 로마에서 아내의 음주를 사유로 한 이혼은 기원전 194년을 마지막으로 사라졌다.

그러나 로마가 발전하고 수십 년이 흐르자 술에 대한 시각이 바뀌기 시작했다. 변화의 배경에는 경제적인 요인이 있었다. 로마가 주요 와인 생산지로 자리 잡으며 술이 나쁘기만 한 것은 아니라는 생각을 하게 된 것이다. 이렇게 술에 대한 인식이 바뀌며 로마에도 음주 문화가 탄생했다.

기원전 1세기 중반 무렵부터 로마에서 음주는 단순한 용인 수준을 넘어 찬양의 대상이 됐다. 로마인들은 그리스의 디오니소스를 받아들여 바쿠스Bacchus라는 이름을 붙이고 숭배하기 시작했다. 바쿠스를 위한 축제 또한 생겼다. 바카날리아Bacchanalia라고 불린 이 축제는 모두가 질펀하게 술을 마시는 난장판이었다.

디오니소스와 마찬가지로 바쿠스에게도 여성 추종자가 있었다. 이들이 축제에서 한 행동에 대해서는 다양한 목격담이 존재한다. 여성들이 술에 취해 시끄러운 소리로 떠들었다는 이야기도 있고, 술에 취한 여성들의 무리가 옷을 찢어발긴 광란의 상태로 시골을 배회하며 눈에 띄는 사람을 죽이거나 그들과 섹스를 했다는 이야기도 있다. 바카날리아의 여성들이 실제로 어느 정도까지 자신을 표출했는지는 알 수 없다. 그러나 한 가지 알아둬야 할 것은 대부분의 목격담은 남성에게서 나왔고, 상당히 왜곡됐을 가능성이 있다는 사실이다. 여성이 공공장소에서 술에 취해 흥청거리는 광경은 그 자체로 로마 남성에게는 충격이었을 테고, 충격에 빠진 그들의 눈에는 폭력적이고 흥분한 폭도들로 보였을 가능성이 높다.

로마인들이 음주를 문화의 일부로 받아들이면서 그리스의 심포지엄에 해당되는 콘비비움convivium이 탄생했다. 제국이 강성하고 부유해지자 로마인들에게는 과시욕이 생기기 시작했다. 특권층의 술 파티는 과시욕을 표출하기에 완벽한 수단이었다. 심포지엄과 거의 동일한 콘비비움은 토론과 와인이 중심이 되는 지적인 사교 모임이었다. 참가자들은 식전, 식중, 식후에 와인을 마셨다. 로마에는 음주 문화가 도입되기 전에도 남성만 참가할 수 있는 문학 연회가 있었다. 콘비비움은 그러한 연회에 술을 더한 것이었다.

술에 대한 인식이 바뀐 시기 즈음하여 여성과 술에 대한 법 또한 바뀌었다. 여성의 음주는 이제 불법이 아니었다. 심포지엄과 콘비비움에는 한 가지 큰 차이가 있었다. 처음에는 금지했지만, 나중에 가서는 콘비비움에 여성도 공식적으로 참가할 수 있게 되었다는 점이다. 현재 남아 있는 로마 시대 기록은 상당 부분 남성의 시각으로 작성된 것이기 때문에 콘비비움을 비롯한 연회에 여성이 정확히 어떤 방식으로 참가했는지 파악하기란 쉽지 않다. 여성 참가자에 대한 환대의 정도는 주최자의 성향과 참가 여성의 사회적 지위에 따라 달랐을 것으로 보인다.

이렇게 여성도 술을 곁들인 연회에 참여할 수 있게 됐지만, 남성과 동등한 지위를 가지게 된 것은 아니었다. 법 자체는 예전에 비해 느슨해졌지만, 사회적 제약은 여전히 강하게 남아 있었다. 여성은 남성보다 술을 적게 마셔야 했으며, 남성과 다른 종류의 술을 마셔야 했다. 콘비비움에서 여성은 건포도로 만든 *파숨*passum이라는 와인을 마셨는데, 남성이 마시는 와인보다 알코올 함량이 낮고 단맛이 더 강했다. 파숨은 세계 최초의 여성용 술이었다.

술의 성별화가 시작된 순간이었다. 이처럼 남성용 술과 여성용 술을 구분한 것은 통제를 위한 행위였다(이는 지금도 마찬가지다). 오직 권력을 가진 남성만이 원하는 술을 마실 수 있었고, 남의 눈치를 보지 않고 취할 수 있었다. 로마의 여성들은 남성이 마시는 와인을 흉내 내어 약하게 만든 음료를 맛이나 볼 수 있을 뿐이었고, 그나마도 상류층 신분일 때만 가능했다. 로마 남성들은 남자들끼리 마시는 술이 남성성과 연관되어 있다는 그리스의 생각을 고스란히 받아들였다.

▼ ▲ ▼

로마의 지도자 카이사르는 클레오파트라가 스물한 살 때 그녀의 연인이 되었다. 흔히들 잘못 알고 있지만, 클레오파트라는 자신의 의지로 카이사르를 만나 연인 관계가 되었다. 당시 로마에서는 상상도 할 수 없었던 일이다. 클레오파트라는 카이사르를 만나기 전 이미 절대 군주로서 이집트를 통치하고 있었다. 기원전 51년, 부왕 프톨레마이오스 12세가 사망하며 클레오파트라는 남동생과 함께 공동으로 왕위에 올랐다. 남매는 단독 집권을 위해 공개적인 내전을 벌였고, 승리는 클레오파트라에게 돌아갔다.

클레오파트라는 위대한 통치자들의 연인으로 널리 알려져 있지만, 잊지 말아야 할 사실이 있다.* 바로 클레오파트라 자신이 위대한 통치자였다는 점이다. 클레오파트라는 여왕으로서 군대를 지휘하고 재판을 주관했으며 경제를 관리했다. 다른 나라들과 능숙히 협상했으며, 뛰어난 실용주의로 국가를 번영으로 이끌었다. 날카로운 지적 능력의 소유자였던 클레오파트라는 의학과 미용, 산부인과, 측정 체계에 대한 서적을 편찬하기도 했다. 당대의 한 학자는 그녀를 두고 '현자이자 철학자'라고 묘사하기도 했다. 이집트에서 클레오파트라는 여왕이자 대사제였으며, 판관이자 최고의 상인이었다. 백성들에게는 살아 있는 여신이었다.**

기원전 48년 카이사르를 연인으로 삼은 것은 클레오파트라의 계산된 행동이었으며, 둘 모두에게 전략적인 선택이었다. 카이사르에게는 이집트의 힘이 필요했고, 클레오파트라에게는 로마의 힘이 필요했기 때문이다.

그런데 바로 그게 문제였다. 로마에서 여성의 권력이라는 것은 말 그대로 이질적인 개념이었다. 로마 여성에게는 참정권도 없었다. 로마인들에게는 클레오파트라를 통치자로 보는 것이 애초에

---

* 카이사르가 여색을 밝히기로 유명했다는 점 또한 지적하고 싶다. 카이사르는 당시 로마인으로서는 드물게 술을 마시지 않았으며, 대신 섹스를 왕성하게 즐겼다. 카이사르는 수많은 애인을 둔 것으로 유명하다.

** 정치 감각이 뛰어났던 클레오파트라는 자신을 이시스 여신의 모습으로 연출했다. 이러한 행보는 그녀가 이집트를 다스릴 운명을 타고난 것인지에 대한 의문을 잠재웠다.

불가능했다. 그들의 눈에 그녀는 그저 카이사르의 부도덕한 이국의 연인일 뿐이었다(당시 카이사르에게는 아내가 있었다).*

로마인들을 더 당혹스럽게 한 것은 클레오파트라가 당시 기준으로는 전형적인 미인이 아니었다는 사실이다. 클레오파트라라고 하면 오늘날 우리는 자동적으로 짙은 눈 화장을 한 요염한 미녀를 떠올리지만, 실제 그녀의 외모에 대해서는 정확히 알려진 바가 없다. 한 가지 확실한 것은 동시대의 작가들이 끊임없이 부정적으로 묘사한 가장 유명한 인물이라는 점이다. 플루타르코스Plutarchos는 클레오파트라에 대해 "실제 미모가 아주 특출나지는 않았지만… 만났을 때의 존재감은… 압도적이었다"는 기록을 남겼다.

어쨌든 카이사르가 클레오파트라에게 매료됐던 것은 맞는지, 클레오파트라는 곧 그의 아들을 임신했다. 그녀는 아이를 출산한 후 카이사르를 만나러 로마로 향했는데, 결과적으로 이 방문은 둘 모두에게 부정적으로 작용했다.

클레오파트라는 로마의 이상적인 여성상과 정반대의 인물이었다. 그녀는 자신의 의견을 거침없이 밝히는 강한 여성이었다(키케로는 이런 그녀를 두고 "오만하고 무례하다"며 비난했다). 게다가 클레오파트라는 술을 좋아했다. 그녀는 시리아나 이오니아 산 달콤한 와인을 즐겼고, 꿀이나 석류즙을 섞어서 마시는 것을 좋아했다. 또한 알렉산드리아 왕실 출신답게 자신의 부를 거침없이 과시했다. 알

* 로마는 일부일처제를 원칙으로 했지만, 남성들은 이를 흔히 어기곤 했다.

렉산드리아에서는 압도적이고 사치스러운 과시야말로 진정한 권력의 표출이라고 여겼다. 반면 카이사르 시대의 로마는 사치를 혐오하다시피 했고, 부를 과시하는 이들은 엄청난 비난에 시달렸다. 남성의 경우도 그랬는데 하물며 여성이 부를 과시하다니, 감히 꿈도 못 꿀 일이었다.

클레오파트라의 모습이 새겨진 은화

　로마인들은 클레오파트라가 지닌 위험한 영향력을 경계했다. 권력을 가진데다 술까지 좋아한다니, 너무나도 위험한 존재였다. 로마의 여성들이 그녀를 보고 불순한 생각이라도 품으면 어쩐단 말인가!

　로마 남성들은 바쿠스 축제에서 여성이 술에 취해 남성과 다를 바 없이 행동하는 모습을 보고 경악했다. 축제에 참가한 여성들은 남성과 똑같이 술을 마셔댔다. 술 취한 여성들은 남성과 똑같이 소란스럽고 대담했다. 이들은 밤늦게까지 거리를 돌아다니며 몸싸움을 하고, 성욕을 표출하는가 하면 토하기까지 했다(부디 이 모든 것을 동시에 한 것은 아니길). 로마 원로원은 바쿠스 축제와 그 참가자들을 규탄하며 "참가자 중 상당수가 여성이었는데, 술에 취해 이성을 잃고 미친 듯이 춤을 추는 모습이 남자나 다름없었다"고 말했다. 이들은 소유물이 아닌 인간처럼 행동하는 여성을 원하지 않

고대 세계

았다. 자신들의 소유물이 술에 취해 난동을 부리는 모습은 특히 더 원하지 않았다.

여성의 음주는 가부장적 사회에 대한 도전이다. 그런 의미에서 술 마시는 여성은 가부장제가 확고하게 자리 잡은 로마 사회에서 불청객이었다.

클레오파트라와의 연인 관계는 카이사르 암살을 불러온 한 가지 요인이었다. 이집트 여왕에게 빠진 카이사르를 두고 그의 정적들은 이것이 카이사르의 마음속에 로마적 가치관이 없다는 명백한 증거라고 주장했다. 카이사르가 암살당한 뒤 클레오파트라는 다시 이집트로 돌아갔다. 그 후 삼 년 동안 이집트를 단독으로 통치하며 독립을 지키기 위해 고군분투했다.

한편 로마에서는 모두가 전쟁을 준비하고 있었다. 카이사르 휘하의 장군이자 그의 지지자, 절친한 친구였던 마르쿠스 안토니우스는 카이사르 사망 후 그의 공적을 기리고 로마가 그의 정적들의 손에 넘어가는 것을 막고자 했다. 그런데 추모를 앞세워 로마를 장악하려던 안토니우스의 계획에는 한 가지 문제가 있었다. 바로 카이사르가 안토니우스가 아닌 조카 손자 옥타비아누스를 후계자로 임명했다는 사실이었다. 그리고 옥타비아누스는 클레오파트라를 극도로 싫어했다.

클레오파트라는 로마의 정세를 살피며 나름의 전쟁 준비에 들어갔다. 그녀로서는 안토니우스를 지지하는 것이 가장 유리했다. 안토니우스가 승리하여 지도자의 자리에 오른다면 로마와의 관계가 안정되고 권력의 안위를 보장받을 수 있었기 때문이다. 스물여덟의 클레오파트라는 함대를 이끌고 지원에 나섰다.*

안토니우스는 카이사르의 정적들을 물리친 후 클레오파트라를 소환했지만 그녀는 만남을 거절했다(과연 기싸움의 달인이다). 네 차례의 소환 끝에 마침내 클레오파트라는 만남을 수락했지만, 자신이 가지 않고 그에게 와줄 것을 요청한다. 그렇게 안토니우스는 화려하게 치장된 이집트 왕실의 배 위에서 클레오파트라와 처음 대면하게 된다. 그녀는 이집트의 온갖 산해진미가 차려진 배 위에 신 같은 자태로 앉아 있었다. 클레오파트라에게 반한 안토니우스는 그녀의 연인, 더 중요하게는 정치적인 파트너가 되었다. 카이사르가 그랬듯 안토니우스 또한 이집트와의 동맹이 가져올 경제적 이득을 생각했다. 카이사르와 마찬가지로 당시 안토니우스도 이미 결혼을 한 상태였다.

▼ ▲ ▼

안토니우스는 강인함을 부각하기 위한 방편으로 스스로를 바쿠스의 화신으로 꾸몄다. 사실 무리한 전략은 아니었다. 안토니우스는 이미 파티의 왕자로 알려져 있었고 유흥과 음주, 연회와 도박에

---

* 결과적으로 심한 폭풍 때문에 다시 알렉산드리아로 철수해야 했지만, 여전히 멋진 전략임엔 틀림없다.

대한 그의 끝없는 탐닉은 명성이 자자했기 때문이다. 안토니우스를 연인으로 택한 이상 클레오파트라는 그의 끝없는 탐닉을 함께해야 했다. 둘은 측근 몇 명과 함께 '흉내 낼 수 없는 간Inimitable Livers'*이라는 이름의 음주 모임을 만들었다. 기록에 따르면 이들은 정기적으로 와인과 음식, 도박과 사냥을 즐겼다. 가끔은 변장을 하고 성 밖으로 나가 백성들에게 짓궂은 장난을 치기도 했다(당시에는 이 모임이 은밀하게 바쿠스 축제에 잠입했다는 소문도 돌았으나 이를 뒷받침할 증거는 없다). 클레오파트라에게는 이집트어로 술에 취함를 의미하는 *메테*methe라는 단어가 새겨진 자수정 반지까지 있었다.

클레오파트라는 술을 좋아했지만 과음을 하지는 않았다. 고주망태가 되어 사고를 치는 쪽은 안토니우스였다. 사실 이집트인들에게는 어느 쪽이든 상관없었다. 이집트에서 음주는 남녀 모두에게 허용된 행위였기 때문이다. 그러나 로마는 달랐다. '흉내 낼 수 없는 간'의 활약상을 접한 로마인들은 안토니우스가 아닌 클레오파트라를 비난했다. 로마에서 남성의 과음은 이해하고 넘어갈 만한 일이었지만, 여성이 대놓고 술을 밝히는 것은 용서할 수 없는 행동이었기 때문이다. 옥타비아누스는 클레오파트라와 안토니우스가 개최한 행사를 두고 '동양의 음란한 여자가 이끄는 질펀한 술

---

* 놀랍게도 당시는 아직 간의 기능이 밝혀지기도 전이었고, 클레오파트라는 간이 알코올을 해독한다는 사실을 알지 못했다. 이집트에서 간은 영혼이 머무는 곳이자 신체의 생명력이 탄생하는 곳으로 여겨졌다.

클레오파트라의 '흉내 낼 수 없는 간'   64

잔치'라고 깎아내렸다.

한편 로마를 차지하려는 옥타비아누스와 안토니우스의 정치적 갈등은 점점 고조됐다. 그러던 중 안토니우스의 부인이 세상을 떠났고, 안토니우스는 일종의 평화 협정으로 옥타비아누스의 누나 옥타비아와 결혼했다. 그러나 결혼 후에도 안토니우스는 클레오파트라와 연인 관계를 이어갔다.

클레오파트라는 안토니우스의 군사 작전에 자금과 식량, 보급품과 함대를 지원하는 대가로 과거 이집트가 통치했던 영토(현재의 시리아, 요르단, 레바논)를 돌려받았다.** 경제적으로 풍요로웠던 이집트는 무리 없이 원정을 지원할 수 있었고, 클레오파트라는 드디어 제국의 영토를 넓혔다는 생각에 흥분했다. 그러나 로마의 영토를 조금도 내어줄 생각이 없었던 옥타비아누스는 이 거래에 격분했다. 비난의 화살은 영토를 내어준 안토니우스보다는 그에게 영향력을 행사한 클레오파트라에게 향했다. 안토니우스의 원정이 실패로 돌아간 후 옥타비아누스는 클레오파트라와 안토니우스를 정치적으로 무너뜨릴 기회를 잡았다.

클레오파트라 치하의 이집트는 거대한 로마 공화국과 거의 동급으로 여겨질 만큼 번성했다. 그녀의 명석함과 정치적 전략 덕에 이집트는 힘을 잃지 않았고, 로마의 보호하에 있으면서도 독립을

** 클레오파트라는 안토니우스의 원정에 한동안 동행했으나 쌍둥이를 임신한 사실을 알고 본국으로 돌아갔다.

유지할 수 있었다. 이집트 백성에게 클레오파트라는 신이었지만 옥타비아누스는 그녀를 사악하고 술에 취한, 남자의 피를 빨아먹는 매춘부로 그렸다.

옥타비아누스는 클레오파트라를 상대로 대대적인 비방전을 펼쳤다. 그는 클레오파트라를 마녀로 규정하고 그녀의 음주에 대한 과장된 소문을 퍼뜨리는 한편 안토니우스가 클레오파트라의 "노예"가 되었다고 한탄했다. 옥타비아누스는 "그 어떤 여성도 남성과 동등해지지 못하게 하겠다"고 선언했다.

원로원 의원들과 정치가들도 비방전에 합류했다. 그들은 클레오파트라가 로마를 멸망시키려 한다며 증오에 공포를 더했다. 수사학자 율리우스 플로루스Julius Florus는 "이집트 여자가 애정의 대가로 술 취한 장군에게 로마 제국을 요구했다"며 "안토니우스뿐 아니라 그에게 영향을 주는 모든 사람을 미혹하여 조종하더니 이제 로마인까지 다스리려 한다"고 개탄했다. 그렇게 이집트의 여왕은 로마 제국의 주적이 됐다. 로마인들의 눈에 클레오파트라는 부자연스러운 존재, 천박하고 비도덕적인 포식자가 됐다.

▼ ▲ ▼

옥타비아누스의 비방전이 만들어낸 클레오파트라의 이미지, 즉 사악한 유혹자이자 음탕한 술꾼이라는 이미지는 수천 년간 세상이 그녀를 보는 방식을 형성했다. 고전 학자 W. W. 탄W. W. Tarn은 다음과 같은 말을 남겼다. "그 어떤 국가도 민족도 두려워한 적 없는 로마였지만, 단 두 명에 대해서는 예외였다. 한 명은 한니발(포에니 전쟁에서 로마와 호각으로 맞서 싸운 아프리카 카르타고의 장군 – 옮긴이), 다른 한 명은 어느 여성이었다."

원로원은 온갖 수사를 동원하여 클레오파트라를 비난했다. 그들은 안토니우스가 정치적인 문제에 클레오파트라를 끌어들인 것에 대해, 특히 군사 원정을 준비하며 그녀의 지원을 받은 것에 대해 격분했다. 안토니우스는 원로원의 반대에도 불구하고 보급품 확보 문제, 함대 창설 문제 등 모든 측면에서 클레오파트라의 지혜를 구했다. 클레오파트라는 안토니우스의 군사 회의에도 관여했다. 안토니우스의 충신들조차도 그가 카이사르처럼 이미지에 타격을 입게 될 것이라며 말리고 나섰다. 하지만 안토니우스는 주변의 말을 무시하고 클레오파트라를 계속 곁에 두었다.

온갖 정치 드라마가 휘몰아치는 가운데 안토니우스와 옥타비아의 결혼 생활은 파국을 맞았다.* 이혼 소식을 들은 옥타비아누스는 공동 집정관이었던 안토니우스를 파면하고 이집트에 선전 포고를 했다. 옥타비아누스는 로마군이 충성심 때문에 안토니우스와 싸우지는 못해도 클레오파트라를 상대로는 싸우리라는 것을 알았다.

---

* 안토니우스와 카이사르는 클레오파트라와 결혼하지 않았다. 로마에서는 외국인과의 결혼을 법으로 금하고 있었다. 클레오파트라가 결혼을 원했는지에 대해서는 단정할 수 없다. 알려진 명성과는 달리 클레오파트라는 평생에 걸쳐 안토니우스와 카이사르, 두 명의 연인만 두었다.

안토니우스와 클레오파트라의 운명은 정해졌다. 둘은 육상에서도 해상에서도 패하고 말았다. 클레오파트라는 병력을 모으고 반격을 계획하며 버티려 했지만, 안토니우스는 침울하게 실의에 빠져 있을 뿐이었다. 안토니우스가 나서지 않으니 옥타비아누스에게 대항할 방법은 없었다.

패배를 목전에 두고 클레오파트라와 안토니우스는 '흉내 낼 수 없는 간' 모임을 부활시켰다. 모임의 이름은 '죽음의 동지 Partners in Death'로 바뀠다. 클레오파트라는 절망을 밀어내고자 안토니우스에게 마지막 파티를 선사했다. 이 역시 다른 모든 행보와 마찬가지로 계산된 행동이었다. 클레오파트라는 마지막까지 나약한 모습을 보이지 않고 음주와 파티로 모두의 사기를 북돋우려 했다.

기원전 30년, 패배가 확실해지자 안토니우스는 스스로 목숨을 끊었다.* 클레오파트라는 포로로 잡히기 전에 모든 것을 불태우리라는 심정으로 영묘靈廟로 들어갔다. 클레오파트라를 생포하고 보물을 약탈하려는 로마군이 들이닥친 순간 그녀 또한 자결했다. 그때 그녀의 나이는 서른아홉 살이었다.

옥타비아누스는 클레오파트라가 죽은 후 그녀의 형상이 담긴 모든 것을 파괴했다. 그는 클레오파트라의 역사적·정치적 정당성

---

* 안토니우스는 옥타비아누스의 침공 후에 클레오파트라가 자결했다고 생각했다. 안토니우스가 칼에 몸을 던진 순간 클레오파트라가 아직 살아 있다는 소식을 들었고, 친구들은 피 흘리는 그를 클레오파트라에게 데려다주었다. 안토니우스는 클레오파트라의 품에서 숨을 거뒀다. 『로미오와 줄리엣』이 떠오르는 장면이었다.

을 박탈했다. 클레오파트라를 본 적도 없는 로마의 작가들이 그녀에 대한 이야기를 써내려가기 시작했다. 그녀의 권력에 대한 이야기에는 늘 미모와 유혹과 사치와 관련된 이야기가 따라붙었다. 클레오파트라는 그렇게 쾌락과 죄악의 상징이 되어 '왕들의 여왕'으로만 알려졌다.

그러나 클레오파트라는 그냥 여왕이었다.

그녀는 뛰어난 철학자이자 학자였고, 실리주의적인 군사 지도자였다. 그리고 술을 마시는 여성이었다. 클레오파트라는 가부장제 사회에서 술 마시는 여성이 상징하는 모든 것, 즉 두려움의 대상이자 환상의 대상이었다. 가부장제의 남성들은 자유분방한 여성을 원하지만, 자신의 통제 안에서만 자유롭기를 원한다. 남성들은 여성의 음주가 자신에게 도움이 될 경우에만 용인한다.

클레오파트라는 그러한 제약을 단호히 거부했다. 마지막까지 그녀는 자신의 권력과 즐거움을 위해 싸웠다. 클레오파트라는 원하는 모든 일을 했다. 그리고 그 대가로 모든 것을 빼앗겼다. 옥타비아누스와 원로원은 통제를 거부하는 클레오파트라를 파괴했다. 그녀의 무덤은 알렉산드리아에 닥친 지진과 해일로 인해 지중해에 잠겨 사라졌다. 현재는 그 위치조차 알려져 있지 않다.

옥타비아누스의 승리로 이집트는 로마의 속국이 됐다. 로마는 여성적이고 야생적이고 관능적인 동양을 남성적이고 문명적이고 지적인 서양이 정복해야 할 대상으로 보았다. 로마는 한때 실로 최강의 힘을 자랑하는 군사 대국이었다. 그러나 노예제 위에 세워진 로마 사회는 여성 혐오와 계급주의, 외국인 혐오와 인종주의가 만연했다.

로마의 권세도 영원할 수는 없었다. 세상은 변하고 있었고, 술 또한 변하고 있었으니까.

3장

힐데가르트 수녀의
일용할 맥주

중세 초기

홉 향이 확 풍기는 쌉쌀한 맥주를 생각하면 일반적으론 멋진 수염을 기른 힙스터 남자가 맥주잔을 들고 있는 모습이 떠오를 수 있다. 남자는 바에 기댄 채 당신에게 크래프트 맥주와 IPA에 대해 장황하게 설명하고 있을지도 모른다. 혹시 핑계를 대고 화장실로 피신한 후 창문을 통해 도망갈 생각을 하고 있는가? 그렇다면 자리를 뜨기 전 당당하게 설명해주자. 지금 손에 든 그 홉 향 진한 맥주를 처음 만든 것도, 술의 세계를 혁신한 홉을 대중화한 것도 사실 한 여성이었다고 말이다. 그 여성이 수녀였다는 말까지 해주면 금상첨화다.

힐데가르트 폰 빙엔Hildergard von Bingen은 기독교 역사상 가장 유명한 여성 중 하나다. 수많은 저작과 작품을 남긴 작가이자 작곡가로 잘 알려진 동시에 이 명석한 수녀는 맥주 애호가이기도 했다.

클레오파트라와 힐데가르트는 옷 입는 스타일은 정반대였지만 술에 대한 애정만큼은 같았다. 힐데가르트는 맥주 산업의 흐름을 바꾸며 술의 역사에서 핵심적인 역할을 했다.

힐데가르트가 태어난 서기 1098년, 로마 제국은 분열을 거쳐 사라진 지 오래였다. 376년부터 시작된 내전과 북쪽 게르만족의 침략으로 로마 제국의 경제적·사회적 구조는 붕괴됐다. 결국 패권은 맥주나 마시는 야만인 취급을 받던 게르만족에게 넘어갔다. 로마 제국을 하나로 묶던 단일성은 사라졌다. 제국이 있던 곳에는 서로 다른 언어와 문화를 지닌 영토들이 생겨났고, 이들 지역은 현재 우리가 아는 잉글랜드와 웨일스, 유럽이 되었다. 서양은 그렇게 중세라는 새로운 시대로 진입했다.

중세는 우리가 현재 즐기는 중세 테마의 레스토랑과는 모든 면에서 달랐다. 먹음직스럽게 구운 칠면조 다리 대신 뻥 뚫린 노천 화장실만 즐비한 곳이었다. 중세 시대의 음주에 대해 이해하려면, 그 시기 인간이 마실 수 있는 모든 것이 비위생적이고 조잡했다는 사실을 알아야 한다. 물도, 와인도, 맥주도, 모두 마찬가지였다. 로마 시대에 비해 한 가지 큰 발전이 있기는 했다. 바로 여성도 술을 마실 수 있게 됐다는 점이었다. 사실 '마실 수 있었다'기 보다 선택의 여지가 없었기에 어린아이들도 술을 마셔야 했다.

대부분의 와인과 맥주는 품질이 낮고 맛도 별로였지만, 세균이 득실거리는 중세의 물은 마시기에 더 위험했다. 당시 대부분의 음료에는 알코올이 함유되어 있었다. 물을 마셨다가는 설사병에 걸릴 수 있으니 다른 선택의 여지는 없었다. 그냥 물을 마시는 것은 (정말 찢어지게 가난한) 빈곤층이나 몇몇의 수도승뿐이었다. 커피나 무나 차나무는 아직 전해지기 전이었고, 우유는 식탁에 올리는 음료가 아니었다. 주스 같은 것은 꿈도 꾸지 못했다.

벌꿀주나 사과주도 존재하기는 했지만, 꿀은 쉽게 구할 수 없는 귀한 식재료였다. 결국 가장 흔히 마실 수 있는 음료는 맥주였다. 대부분의 중세 사람들은 생존을 위해 영양가가 풍부한 맥주를 마셨다. 아침을 포함한 매 끼니마다 도수가 약한 맥주를 한 잔씩 곁들였다. 힐데가르트 또한 자라면서 매일 맥주를 마셨을 것이다.

독일 남서부 지역의 뵈켈하임에서 태어난 힐데가르트는 어린 나이에 부모님에 의해 인근 디지보덴베르크의 베네딕트 수도원에 맡겨졌다. 당시 경제적으로 여유가 있는 집에서 딸을 수도원에 보내는 건 흔한 일이었다. 수도원에 들어간 여자 아이들은 라틴어와 교회 예배 의식에 대한 교육을 받았고, 경우에 따라 산술이나 천문학, 음악 등 고급 과목을 배우기도 했다.

중세 초기 유럽에서 여성은 단 세 부류 즉 처녀, 아내, 과부로만 구분됐다. 대부분의 여성은 아버지의 보호하에 생활하다가 결혼과 함께 남편의 보호 아래로 들어갔다. 남편이 죽으면 아들에게 기대거나 남편이 남긴 사업이 잘되기를 바랄 수밖에 없었다. 그런데 그나마 약간의 여지가 있는 네 번째 부류가 있었다. 바로 수녀들이었다. 신과 결혼한 것과 다름없는 수녀들은 인간과 결혼한 다른 여성들보다는 결과적으로 더 많은 자유를 누릴 수 있었다.

힐데가르트는 수도원 생활 초기부터 일종의 환시에 시달렸다. 그녀는 자신이 본 것을 "밝은 빛, 동심원, 별똥별, 그리고 천상의 도시 성벽을 닮은 밝은 선들"이라고 묘사했다. 현대의 학자 중에는 힐데가르트의 환시가 편두통의 전조 증상이었다고 믿는 이도 많다. 힐데가르트가 남긴 방대한 자전적 기록으로 판단할 때, 그녀의 건강이 좋지 않았던 이유는 편두통 때문이었을 확률이 높다. 그러나 힐데가르트와 베네딕트회 수녀들은 그것을 신이 보낸 계시라고 믿었다. 힐데가르트는 가깝게 지내던 한 수도사의 제안으로 환시의 내용을 기록하기 시작했다. 그러고는 이 기록을 성직자들에게 보내 신으로부터 받은 것이 맞는지 확인을 받고자 했다. 힐데가르트의 기록을 살펴본 수도회의 수도사들은 그녀가 본 것들을 신의 계시로 인정했다.

이 일을 계기로 힐데가르트의 삶이 바뀌었고, 이는 결과적으로 맥주 산업에도 큰 변화를 가져왔다.

▼ ▲ ▼

중세 시대 수녀원에 들어가고 싶지는 않지만 조금이나마 자율성을 누리고 싶은 여성들에게는 또 다른 길이 있었다. 바로 맥주를 만드는 것이었다. 다만 당시에는 맥주beer가 아닌 *에일ale*이라고 불렸다(에일에 홉을 첨가한 경우에만 맥주라고 불렀다. 이는 후에 중요한 구분이 된다). 에일은 보통 보리, 밀, 귀리, 또는 이 세 가지 곡물을 조합하여 만들었다. 에일을 만드는 여성을 *에일와이프*alewife라고 불렀는데, 아쉽게도 맥주와 결혼한 여성을 이르는 말은 아니었다. 맥주 만드는 여성은 양조를 뜻하는 *브루*brew라는 단어에 여성형 어미 *스터-*ster를 붙여 브루스터brewster라고도 불렀다.

모든 마을에 에일와이프가 있었고 보통은 여러 명인 경우가 많았다. 에일은 당시 사람들의 식생활에서 빵만큼이나 중요한 역할을 했다. 그러나 빵을 만드는 밀가루는 엄격한 통제의 대상이었다. 밀가루를 비롯한 거의 모든 산업이 남성의 독점적인 지배를 받고 있었다.

그러나 양조 산업은 조금 달랐다. 에일을 만들고 간판을 달면 누구나 에일와이프로서 *에일하우스*alehouse를 열 수 있었다. 에일을 만들려면 큰 가마솥이 필요하긴 했지만, 가마솥은 이미 대부분의 가정에 있었으므로 가난한 여성들도 별다른 준비 없이 에일을 만들 수 있었다.

에일을 양조하는 과정은 다음과 같았다. 우선 빵은 귀리나 보리, 밀로 맥아를 만든 후 뜨거운 물을 붓는다. 이 혼합물을 하룻밤 동안 숙성시킨다. 다음 날 내용물을 걸러 자신만의 레시피에 따라 효모와 허브를 첨가한다. 에일와이프들이 활용하는 허브는 지역에 따라 달랐다. 가장 흔한 향료는 에일에 강한 쌉쌀함을 더하는 들버드나무였다. 들버드나무의 쌉쌀한 풍미는 에일의 원래 맛을 덮어 줬다. 중세 시대 에일은 대개 떫고 퀴퀴한 냄새가 났다. 톡 쏘는 맛으로 서양고추냉이라고도 불리는 호스래디시가 인기 향료였다는 사실만 봐도 맛이 얼마나 거칠었는지 짐작할 수 있다.

에일은 대개 이십사 시간 정도 발효하면 바로 마실 수 있었고, 이후 닷새 안에는 소진해야 했다. 만든 직후에도 썩 훌륭한 맛은 아니었지만, 시간이 지나면 상태가 빠르게 나빠졌다. 중세의 한 작가는 잉글랜드의 에일을 두고 "그 맛도 모양도 끔찍하기 짝이 없다"라고 묘사하기도 했다.* 에일은 제조 후 일주일 정도가 지나면 시큼해졌는데 에일와이프들은 상하기 직전 감미료나 향료를 섞어 하루나 이틀 정도 수명을 늘리기도 했다.

귀족이나 부유층은 와인을 선호했다. 경제적 여유만 있다면 좋은 와인을 구할 수 있었지만, 지역에 따라서는 큰돈을 들여 통 단위로 수입해야 했다. 기후 때문에 포도 재배가 어려웠던 영국의 경우는 귀족들조차 감미료나 향신료를 첨가해야 그나마 마실 만한 저급 와인에 만족해야 했다.

대부분의 사람들, 즉 평민들은 주로 에일하우스를 찾았다. 에일이 준비되면 에일와이프들은 빗자루를 문 앞에 내다 걸었다. 수평으로 길게 걸린 빗자루는 오늘날로 치면 '영업 중'이라고 쓴 네온사인이었다. 준비한 에일이 모두 팔리면 에일와이프는 빗자루를 내렸다. 영업에 야심이 있는 에일와이프는 이목을 끌기 위해 더 긴

---

* 에일의 겉모습 또한 크게 구미를 돋우지는 않았지만 다행히 당시에는 투명한 유리잔이 드물어 대부분 자기가 마시는 음료를 자세히 보지 못했다. 에일은 주로 나무잔이나 유약을 바른 도자기잔에 담아서 마셨다. 투명한 유리잔을 쓰는 사람들은 주로 성 안에서 와인을 마셨다.

빗자루를 걸기도 했다. 가끔은 통행에 방해가 될 만큼 긴 빗자루를 거는 경우도 있었다. 런던에서는 빗자루 길이 경쟁이 지나치게 치열해지자 1375년 그 길이를 7피트(213센티미터)로 제한하는 칙령이 등장하기도 했다.

손님들이 에일을 마시는 장소는 주로 에일하우스의 부엌이었다. 당시에는 아직 술을 팔고 마시는 전용 공간인 술집이나 펍이 존재하지 않았다. 여성들은 대부분 집에서 마실 용도로 에일을 양조했고, 남으면 빗자루를 내걸고 팔았다. 에일하우스의 시초는 말 그대로 에일ale을 마시는 집house이었던 것이다.

에일하우스를 찾는 손님들을 위해 간단한 테이블과 의자를 준비하는 경우도 있었다. 긴 의자를 놓았을 수도 있다(바 형태의 긴 카운터는 없었다. 그러한 형태의 술집은 몇 세기 후에 등장했다). 운영은 에일와이프가 직접 했고, 손님은 주로 가까운 이웃이나 노동을 끝내고 한잔 마시러 오는 사람들이었다. 가끔은 마을을 지나는 여행자가 들르기도 했고, 인근 성에서 일하는 하인들이 찾아와 귀족들에게 시달리는 고단한 삶을 달래기도 했다. 심지어 십 대들도 에일하우스에서 맥주를 마실 수 있었다(당시에는 음주 연령 제한이 없었다).

중세의 손님들도 오늘날 우리가 술집에서 하듯 술을 마시고 노닥거리며 즐거운 시간을 보냈다. 가끔은 도박판이 열리기도 했고 누군가 소란을 피우기도 했지만 대개는 그저 이웃끼리 모여 함께 에일을 마시는 게 다였다.

에일하우스를 찾는 손님들 중 여성은 소수였다. 집 밖에서 술

거대한 빗자루를 내걸고 호객 행위를 하는 에일와이프

취한 모습을 보이는 것은 꿈도 꿀 수 없는 일이었기에 취할 만큼
마시지는 않았지만, 여성들도 에일하우스에 가기는 했다. 자기 집
에서 쓸 에일을 사러 오기도 했고, 남성과 함께 방문하여 일종의
데이트를 즐기기도 했다. 혼자 술을 마시는 광경은 드물었고, 축하
할 일이 있을 때 기혼 여성이나 미혼 여성 여럿이 에일하우스를 찾
는 일은 종종 있었다.

그런데 에일와이프가 에일하우스를 열기 전에 반드시 해야 할
일이 있었다. 바로 주류 검사관의 허가를 받아야 했다.

주류 검사관은 에일의 품질을 판단하고 가격을 감시하는 관리
였다. 이 시기 유럽과 잉글랜드는 장원 제도를 바탕으로 통치됐고,
농촌 지역의 경제권은 장원의 영주가 쥐고 있었다. 남성만 참석할
수 있는 장원 회의에서 주류 검사관이 선출됐다. 대개 남성이 맡았
지만, 가끔은 여성이 선출되는 경우도 있었다. 주류 검사관은 여성
이 맡을 수 있는 유일한 관직이었는데, 양조가 여성이 주도한 유일

힐데가르트 수녀의 일용할 맥주

한 산업이었기 때문이다.

에일와이프들은 에일의 도수가 너무 약하거나 양을 속인 경우 벌금을 내기도 했다. 꽤나 엄격하게 들리지만, 사실 에일 양조는 가장 규제가 없는 산업 분야 중 하나였다. 에일와이프가 자기 집 부엌에서 하는 장사를 일일이 감시하는 게 여간 어려운 일이 아니었기 때문이다. 이런 연유로 에일 양조는 영주가 독점하기 힘든 산업이 됐다.

지역 주류 검사관의 승인을 거치지 않은 에일을 파는 경우에도 벌금이 부과됐다. 극빈층 여성들은 승인을 받지 않은 에일을 팔다가 적발되면 아이들을 먹여 살리려면 어쩔 수 없었다고 탄원했다. 이 방법은 재판관들을 설득하는 데 효과적이었다. 이런 일은 꽤나 자주 발생했는데, 그만큼 많은 수의 가난한 여성들이 에일와이프로 일했다는 의미기도 했다.

중요한 것은 에일 양조가 찢어지게 가난한 여성도 할 수 있는 일이었다는 점이다. 그리고 중세 여성은 대부분 가난했다. 당시 맥주 양조는 딱히 전문성이 필요한 일이 아니었다. 여성들은 집안일을 하고 아이들을 돌보며 부엌에서 에일을 만들 수 있었다. 미혼 여성이나 과부들도 생계를 이어가기 위해 에일와이프가 됐다. 에일을 만들어 판매함으로써 독립성을 가지고, 때에 따라 조금이나마 삶의 질을 높일 수도 있었다. 양조는 여성들이 나아갈 수 있는 유일한 분야였다. 다른 분야에서 일하는 여성들은 남성이 받는 돈의 4분의 3, 심지어 절반가량만 받을 수 있었다. 에일 생산과 판매는 여성이 주도했기 때문에 이러한 격차가 없었다. 많은 중세 여성에게 에일와이프가 되는 것은 자신과 가족을 부양하기 위한 최선의 선택이었다.

아일랜드의 여성들 역시 에일을 양조했다. 로마의 직접적인 지배를 받지 않은 아일랜드는 와인에 한눈을 팔지 않고 맥주에 대한 애정을 쭉 이어갔다. 4세기경 작성된 문헌에는 이들이 만들고 마셨던 열 가지 이상의 다양한 맥주 종류가 기록되어 있다. 5세기부터는 로마 문명이 영향을 떨치기 시작했고, 아일랜드는 기독교를 받아들였다.

▼ ▲ ▼

사실 기독교는 이미 수백 년에 걸쳐 유럽에서 퍼져나가고 있는 중이었다. 서기 380년 로마의 테오도시우스Theodosius 황제가 기독교를 국교로 선포하며 본격적으로 전파됐다. 아일랜드 또한 토속 신앙을 버리고 기독교를 받아들였으나 맥주에 대한 애정만큼은 변하지 않았다. 아일랜드의 성녀와 성인들의 일화 중 맥주에 관련된 기적도 종종 등장하는데, 대표적인 것이 브리지다Brigid 성녀의 일화다. 전설에 따르면 브리지다 성녀는 몇 번이나 물을 술로 바꿨다 (예수에게만 있는 초능력은 아니었나 보다). 나환자촌의 목욕물을 붉은 맥주로 바꿨다는 일화와 함께, 부활절을 앞두고 신도들에게 대접할 맥주가 없어 곤란해 하다 맥주 통을 앞에 두고 기도했더니 맥주가 생겨났다는 일화도 있다. 그 양이 너무나 많아 부활절 주간이 끝나고도 한참을 더 마셨다고 하니 아멘을 외치지 않을 수가 없다.[•]

기독교 성인들은 와인도 좋아했다. 예수의 붉은 피를 상징하는 포도주를 마시는 기독교 성찬식은 로마 제국 몰락 후 유럽의 포도 재배가 유지되는 데 중요한 역할을 했다. 교회에서 필요로 했기 때문에 와인은 사회적·이념적으로 중요성을 지니게 되었고, 이는 유럽 대륙 내 와인 유통에도 영향을 미쳤다.

중세 초기 유럽에서 수녀와 수도사들은 포도 재배의 명맥을 잇는 중요한 역할을 했다. 와인을 필요로 했던 크고 작은 수도원은 주요 생산자가 됐다. 기독교 교회들은 종교적 목적으로 포도주를 구매했지만, 대부분은 성찬식에 사용하려는 용도가 아니었다. 사실 5세기 기독교인은 영성체를 거의 하지 않았다. 교회가 구매하는 와인의 대부분은 수녀나 수도사들이 마시거나 여행자를 대접하는 데 쓰였다. 중세 유럽의 수도원 중에는 수녀들이 운영하는 포도원이나 양조장을 가지고 있는 곳이 많았다. 양조 수녀라고도 불렸던 이 성스러운 음주자들은 스몰 *small* 맥주라고도 불렸던 도수가 낮은 맥주를 만들기도 했다. 수도원에서 생산하거나 조달받는 주종에 따라 수녀들은 하루분의 맥주나 와인을 할당받았는데 하루

• 아일랜드에는 시인과 대장장이, 치유자들의 수호 성인인 브리지다에게 봉헌된 교회가 여전히 많다. 브리지다 성녀에 대해서는 5세기 후반의 인물이라는 점, 남성과 여성을 모두 받아들이는 수도원을 창설했다는 점, 그리고 정말 맛있는 맥주를 만들었다는 점 외에 크게 알려진 바가 없다.

평균 1.5리터 가량의 와인이나 맥주를 마셨다.

힐데가르트 또한 매일 할당되는 맥주를 남기는 법 없이 마셨다. 사실 힐데가르트는 맥주를, 그중에서도 홉이 들어간 맥주를 좋아했다.

홉은 후물루스 루풀루스 *Humulus lupulus*라는 식물이 피우는 작은 솔방울 모양의 꽃이다. 강한 쓴맛을 내는 홉은 오늘날 주로 맥주의 향료로 쓰이며, 우리가 말하는 '홉 향'을 담당한다. 힐데가르트는 홉 향이 강한 맥주를 좋아했다. 그녀는 또한 맥주에 홉을 넣으면 좋은 성분이 우러나와 마시는 이를 건강하게 한다고도 믿었다. 홉에 대한 그녀의 생각은 하마터면 수녀원 안에만 머물 뻔했으나, 일

계시를 받는 힐데가르트

련의 특별한 사건들 덕분에 세상 밖으로 나와 맥주 산업을 바꿔놓을 수 있었다.

힐데가르트는 신이 계시를 통해 자신에게 예언 능력과 작곡 등의 창작 능력을 부여했다고 확신했다. 한 가지 확실한 것은 이 모든 확신이 수도원 내에서 그녀의 영향력을 높여주었다는 점이다. 신의 계시를 받은 수녀의 말에 누가 토를 달 수 있겠는가? 그렇게 영향력을 높여가던 힐데가르트는 1136년 베네딕트회 수녀들의 지도자인 원장 수녀로 선출됐다.

그로부터 몇 년 후 마흔두 살이 되던 해 힐데가르트는 강렬한 환시를 경험했다. 그녀는 자신이 그날 본 강렬한 환시와 이후 나타난 몇 개의 환시를 기록하여 『길을 알지어다Scivias』라는 저작을 내놓았다. 이 문서는 디지보덴베르크의 수도사들과 성직자들의 손을 거쳐 당시 교황이었던 에우제니오 3세에게까지 보고됐다. 교황은 힐데가르트의 환시를 신에게서 온 계시로 인정하고 그녀를 교회의 예언자로 선포했다.* 교황의 인정을 받은 힐데가르트는 교인들에게 강론을 펼칠 자격을 얻게 됐다. 수녀들이 침묵을 미덕으로 삼아야 했던 중세 교회에서 전례 없는 권한이 주어진 것이다.

교황의 인정을 받은 힐데가르트는 성공가도를 달렸다. 그녀는 독일 전역을 네 번이나 순회하며 신의 말씀을 전했고 수도원에 머무는 동안에는 각지에서 순례자들이 찾아와 조언을 구했다. 힐데

---

* 교황청에서 별 다섯 개짜리 리뷰를 받은 것과 마찬가지였다.

중세 초기

85

가르트는 1148년 받은 또 다른 계시에 따라 라인강 주변의 빙엔 근처에 새로운 수녀원을 설립했다. 디지보덴베르크에서는 힐데베르크가 떠나는 것을 탐탁지 않아 했으나, 신의 계시에 따라 움직이는 힐데가르트를 잡을 수는 없었다.

빙엔의 새로운 수녀원은 예전 수도원만큼 풍족하지는 않았다. 대신 힐데가르트는 상당한 자유를 누릴 수 있었다. 수도사들의 감시에서 벗어난 힐데가르트는 *자신의* 방식대로 대담하게 수녀원을 운영했다. 중세 시대 여성이 자율성과 권위를 지니는 일은 극히 드물었다. 둘 모두를 누리는 흔치 않은 여성이었던 힐데가르트는 그 자율성과 권위를 아낌없이 활용했다.

힐데가르트가 운영하는 수녀원의 수녀들은 축일에 머리카락을 드러낼 수 있었다. 중세 유럽 여성들은 고대 그리스 여성들과 마찬가지로 남들 앞에서 머리카락을 가려야 했다. 공주도, 수녀도, 평범한 농민도 예외는 없었다. 그러나 힐데가르트의 수녀들은 머리칼을 풀 수 있었다. 사실 이들 수녀들에게 풀어헤칠 머리카락이 있다는 사실 자체도 논란의 여지가 있었다. 당시 수녀들은 보통 일 년에 네 번 머리를 깎았기 때문이다. 머리카락을 드러내는 것은 권위를 지닌 사람만이 할 수 있는 행위였다. 여성은 침묵과 겸손의 미덕을 지켜야 했으며, '그리스도의 신부'인 수녀에게 이런 미덕은 더더욱 중요했다. 교회는 그것이 여성이 신을 공경하는 방식이라고 여겼다. 힐데가르트의 대담함은 곧바로 성경 속 이브의 행동에 비유됐다.˙

힐데가르트의 수녀들은 축일 행사에서 황금관을 쓰고 비단옷을 입었다. 모두 베네딕트회의 복장 규정에 정면으로 위배되었다. 힐데가르트는 복장에 관한 비판을 받으면 그러한 규정은 수녀가 아닌 기혼 여성에게 적용되는 것이라 답했다. 수녀들은 일반 여성들이 따르는 규칙 바깥의 모호한 공간에 존재했다.

힐데가르트 수녀원의 수녀들도 전형적인 수녀원의 일과를 따랐다. 수녀들은 매일 여덟 시간씩 자고 새벽에 일어났다. 하루에 서너 시간은 기도를 하고 네 시간은 공부를 했으며, 여덟 시간은 육체노동을 했다. 노동 시간 대부분은 수녀들의 식생활에서 중요한 부분을 차지했던 맥주 양조에 쓰였다. 수녀들의 식단은 대개 채소와 빵, 맥주로 구성됐다. 수녀들은 매일 맥주를 마셨지만 술에 취해 난동을 부렸다는 기록은 없다.

권력의 자리에 안착한 힐데가르트는 저술 작업에 몰두하며 수많은 책을 남겼다. 중세 시대에는 글을 쓸 줄 아는 여성이 드물었고, 여성이 쓴 글을 누군가 읽는 일은 더욱 드물었다. 힐데가르트의 원고는 사본으로 생산되어 널리 읽혔다. 그녀는 자신의 영향력을 십분 활용했다. 이 시기 힐데가르트는 작가로서 왕성한 활동을 펼쳤으며, 음악 작품, (교황과 주고받은 서신을 포함한) 서한, 시집, 과

---

* 힐데가르트는 당시로서는 매우 진보적인 인물이었으나, 동시에 극도로 계급주의적인 면도 지니고 있었다. 그녀는 서로 다른 계급이 어울려서는 안 된다고 믿었고, 부유한 가정 출신만 수녀원에 입회시켜야 한다고 주장했다(자신이 운영하던 파격적인 수녀원의 운영 자금을 조달하기 위해서였을 수도 있다). 이러한 계급주의적인 측면은 당시에도 비판의 대상이 됐다.

학책 등 다양하고 훌륭한 작품을 끊임없이 생산해냈다. 힐데가르트는 현존하는 저작물을 지닌 최초의 여성 의사이자 과학자이기도 하다.* 그녀의 글 중에는 심지어 여성의 오르가슴을 다룬 것도 있다(힐데가르트는 오르가슴을 매우 긍정적인 것으로 보았다). 그녀에게 여성의 성은 본질적으로 악하거나 부끄러운 것이 아니었다.

힐데가르트의 첫 과학서 『자연학Physica』은 그녀가 남긴 가장 중요한 저서에 속한다. 일종의 의학 백과사전이라고도 볼 수 있는 이 책은 장별로 금속, 파충류, 조류, 어류, 동물, 나무, 돌, 식물, 원소 등에 대한 내용을 다루고 있다. 항목별로 해당 주제에 대한 일반적인 정보와 함께 각 물질이 지닌 치유 속성에 대해 서술했다. 『자연학』은 독일 최초의 자연사 서적이기도 하다. 물론 의학적 지식과 함께 마법, 성경에 대한 이야기가 혼재하므로 순수한 자연사 교과서라고 볼 수는 없다. 그러나 이 책은 12세기의 의료 관행과 민간요법을 비교적 잘 보여주며 거의 사백 년 가까이 영향력을 유지했다. 알로에의 진정 효과와 캐모마일의 안정 효과 등 당시 힐데가르트가 주장한 내용 중에는 오늘날까지도 유효한 내용이 다수 존재한다. 대체 의학계는 힐데가르트의 방식 중 일부를 여전히 활용하기도 한다.

맥주 원료들이 지닌 식물성 효능에 대한 힐데가르트의 생각 역시 정확했다. 그녀는 보리가 위와 장을 비롯한 소화기를 건강하게

---

* 수녀들은 지역 여성들을 위해 산파나 간호사 역할을 하곤 했다.

한다고 생각하여 관련 글을 광범위하게 썼다. 본인이 가장 좋아하는 첨가물에 대해서도 글을 썼는데, 이는 맥주 산업의 미래에 아주 중요한 역할을 하게 됐다. 술집에서 턱수염을 기른 남자가 홉을 논하기 천 년도 전에 힐데가르트는 이 세상에 홉의 효능을 알렸다.

중세 시대 많은 의사들은 히포크라테스 학파의 4체액설을 믿었다. 이 이론은 인간의 몸이 행동을 조절하는 네 가지 체액 즉 혈액, 황담즙, 흑담즙, 점액으로 이루어져 있다고 믿었다. 힐데가르트는 『자연학』에서 홉이 체내의 흑담즙을 증가시킨다고 주장했다(흑담즙이 지나치게 분비되면 우울함을 느낄 수도 있다). 힐데가르트는 최초로 홉에 대해 과학적인 글을 썼으며, 그녀의 주장은 옳았다. 현대에 이르러 밝혀진 바에 따르면, 홉은 신경계를 이완시키고 진정 효과를 발휘하여 숙면을 돕기도 한다.

한편 맥주 속의 홉에게는 더 중요한 역할이 있었다. 힐데가르트는 홉에 대해 다음과 같이 썼다. "홉을 첨가하면 그 쓴맛이 음료의 변질을 어느 정도 방지하여 더 오래 보관할 수 있다." 이 주장도 옳았다. 힐데가르트는 홉의 보존성에 대해서도 최초로 과학적인 글을 남겼다. 홉의 이 같은 방부 효과는 닌카시 찬가 이래 맥주 양조업계에 가장 큰 혁신을 가져왔다.

▼ ▲ ▼

중국에서 여성 음주에 대한 인식은 시대마다 차이가 있었다. 역대 왕조 중 여성 애주가가 살기에 가장 좋았을 시대를 고르라면 아마 당나라였을 것이다. 618년부터 907년까지 존재한 당나라 왕조는 여성에게는 황금기였던 것으로 알려져 있다.* 여성들은 정부 관리로 일하는가 하면 장군의 자리에 오르기도 했고, 격구击鞠(말을 타고 막대로 공을 치며 즐기는 공놀이의 일종으로 서양의 폴로 경기와 비슷함–옮긴이)를 즐기기도 했다. 여성들은 교육의 기회와 사회적 자유를 누렸는데, 상류층의 경우 더욱 그랬다.

도시에 사는 상류층 여성들은 주점에서 술을 거나하게 마시고 큰 소리로 노래를 부르며 즐겼다. 귀족 여성들 사이에서 술에 취한 듯한 홍조를 내기 위해 뺨에 불그스름한 화장을 하는 것이 유행했다. 당나라에서 여성의 음주는 그저 가능한 일이 아니라 매력적인 일이었다.

술은 모든 축제와 연회의 필수 요소였고, 식사와 주요 종교 의식의 일부였다. 일반 행사와 종교 행사를 떠나 술은 모든 행사의 문화적 핵심이었다. 귀족들은 사후에도 술을 마시기 위해 전용 술잔과 함께 묻히기도 했다. 기녀들은 단순히 술을 마실 줄 아는 게 아니라 술 마시기 대결에서 승자가 되어야 인정받았다. 음주를 위한 놀이를 몇 가지 알고 있다면 금상첨화였다.

이 시기 중국에는 맥주도 존재했으나 귀족들은 와인을 선호했

---

* 중국 유일의 여황제 측천무후가 통치했던 690년부터 705년까지는 무주武周라는 국명을 썼다.

다. 잉글랜드와 달리 중국 일부 지역은 기후적으로 포도 농사에 적합했다. 곡물인 수수나 쌀로 만든 술도 있었지만, 중국에서 가장 유명하고 아름다운 여성이 제일 좋아한 술은 포도로 만든 와인이었다.

양귀비는 중국 4대 미인 중 한 명으로 알려져 있다.** 당 현종은 후궁인 양귀비의 매력에 푹 빠져 나랏일을 제대로 돌보지 못할 정도였다고 한다(양귀비에게 빠진 사이 왕조 전체가 무너졌다). 클레오파트라처럼 양귀비도 수많은 시와 연극, 전설 속에 등장하지만 실제 외모에 대해서는 정확히 알려진 바가 없다. 그나마 알려진 것은 양귀비가 길고 검은 머리카락과 검은 눈동자, 그리고 풍만한 체형을 가졌다는 점이다. 양귀비의 아름다움은 당대의 유행을 선도했다. 궁내의 여성들은 양귀비의 옷차림과 머리 모양을 따라했다.***

그녀는 높은 자리에 오른 후궁답게 음주가무에 능했고 리치라는 과일과 포도주를 좋아했다.**** 겸양과는 거리가 있었던 양귀비는 보석으로 장식한 화려한 술잔에 포도주를 담아 마시곤 했다.

** 양귀비의 '귀비'는 이름이 아니라 후궁 중 가장 높은 서열의 직함명이다. 양귀비의 이름은 양옥환이었다.

*** 하루는 말을 타고 가던 양귀비가 말에서 떨어지며 올림머리가 한쪽만 풀어져 헝클어졌다. 이를 지켜본 궁궐의 여인들이 모두 말에서 방금 떨어진 듯한 스타일을 앞다투어 연출했다는 일화가 있다.

**** 리치는 동남아시아에서 주로 재배되는 여름 과일로, 작은 분홍색에 과즙이 풍부해 칵테일 재료로도 어울린다. 실제로 양귀비에게 영감을 받아 리치를 넣은 칵테일이 여러 가지 존재한다.

양귀비는 술과 연회를 즐기는 화려하고 관능적인 여성이었다. 그녀는 당나라 여성들이 누린 자유를 상징하는 인물이기도 하다. 양귀비는 서기 756년 사망했지만, 수백 년이 흐른 후 무라사키 시키부라는 여성이 쓴 세계 최초의 소설『겐지 이야기』의 영감의 원천이 되었다.[*] 안타깝게도 당나라 이후 중국 여성들이 다시 주류 음주 문화에 복귀하기까지는 꽤 오랜 세월을 기다려야 했다.

▼ ▲ ▼

서양에서는 사케라는 명칭으로 알려진 쌀 술은 기원전 4800년경 중국 양쯔강 계곡에서 처음 만들어졌다. 현재는 사케라고 하면 대부분 일본을 떠올리곤 한다. 쌀 술, 또는 사케는 인류가 소비하는 술 중 가장 오래된 술에 속한다. 영어로 사케를 '라이스 와인rice wine'이라고 번역하기도 하지만, 사실 사케는 과일이 아닌 곡물로 만든 것이니 과실주를 뜻하는 와인보다는 맥주에 가깝다. 쌀 술 또한 와인이나 맥주처럼 원래는 종교 의식을 위해 생산됐다. 일본의 사케는 토속 종교 신토神道의 다양한 신에게 바치는 공물로 만들어졌다.

일본에서 사케는 처음에는 입에 넣고 *씹다*라는 의미로 쿠치카

---

[*] 양귀비와 마찬가지로 무라사키 시키부 역시 진짜 이름이 아니며, 작가의 본명은 알려져 있지 않다.

미*kuchikami*라고 불렸다. 서기 300년경 일본인들은 쌀이나 밤 등을 입에 넣고 씹어 큰 나무통에 뱉은 것들로 사케를 만들었다. 나무통 속의 내용물은 며칠 동안 발효시킨 후 먹었다.

일본 최초의 역사서 『고사기』와 『일본서기』에 따르면 쌀을 직접 씹고 발효시켜 술을 만드는 양조법은 코노하나노 사쿠야히메 여신이 만들었다고 전해진다. 일본에서도 사케 양조가 시작된 초창기부터 꽤 오랫동안 양조는 오직 여성의 일이었다. 특히 젊은 여성의 일, 그중에서도 처녀의 몫인 경우가 많았다.

주먹밥을 씹어 나무통에 뱉는 역할을 한 것은 주로 십 대의 소녀들이었다. 수확제 같은 종교 의식에 쓸 만큼 충분한 양을 만들려면 턱이 아프도록 밥을 씹어야 했다. 이 불쌍한 소녀들은 신의 매개체인 무녀였고 이들이 만들 술은 미인주美人酒, 즉 '아름다운 여인의 술'이라 불렸다.

이 술은 알코올 함량이 그리 높지 않았고 액체라고 하기에도 무리가 있었다. 아직 양조에 여과 과정이 도입되지 않았던 이 시기의 술은 소화되다 만 밥 덩어리가 둥둥 떠다니는 걸쭉한 형태에 가까웠다. 음료라기보다는 죽에 가까워 젓가락으로 먹어야 했다. 듣기에는 영 별로일지 몰라도 인간의 음주에 대한 욕망은 강렬해서 처음에는 종교적 목적으로만 사용되던 것이 점차 일반 대중에게 퍼져 일 년 내내 일상적으로 즐기는 술이 되었다.

서기 794년 시작된 헤이안 시대에도 여성들은 사케 생산에서 주된 역할을 했다. 천황의 궁 안에 있는 왕실 양조장에서 여성들이 다양한 종류의 사케를 만들었다. 그중에는 기존의 걸쭉한 술을 걸러 더 묽게 만든 백주白酒와 나무를 태운 재를 섞어 향을 입힌 흑주黑酒도 있었다. 안타깝게도 양조 과정에 대한 자세한 기록이 존재하지 않아 몇 가지 종류의 사케를 만들었는지, 흑주는 정확히 어떤 방식으로 양조했는지 등을 지금은 알 수 없다.

일본의 왕족이나 상류층 여성은 연회나 잔치에 참석해 남성과 같이 맑은 사케를 마셨다. 농민들은 여전히 기존의 걸쭉한 스타일의 사케를 만들어 마셨다. 이렇듯 계급에 따라 마시는 사케의 종류는 달랐지만, 걸쭉한 술이든 맑은 술이든 당시 모든 계급의 여성에게 음주는 꽤 보편적인 일이었다.

▼ ▲ ▼

인도의 여성들도 쌀을 원료로 한 술을 즐겼으나 다행히 쌀을 직접 씹는 고생은 피할 수 있었다.

인도에는 쌀이나 보릿가루를 발효하여 만든 수라 *sura*가 있었다. 키칼라 *kikala* 역시 곡물로 만들었지만 단맛이 좀 더 강했다. 향신료를 더한 포도주 마이레야*maireya*. 물과 발효된 쌀, 허브와 향신료, 꿀과 포도즙을 원료로 하는 메다코*medako*도 있었다. 프라산나 *prasanna*의 경우 밀가루와 향신료, 푸트라카 나무의 열매와 수피를 섞어 만들었다. 아사바*asava*는 코끼리사과와 설탕, 꿀로 만들어 계피 등의 향신료로 풍미를 더한 술이었고 아리스타*aristha*는 물, 당밀, 꿀, 버터, 후추를 섞어 만들었다. 쌀로 만든 맥주도 널리 마셨으며, 다른 나라에서 들여온 와인도 함께 즐겼다.

서기 320년경부터 인도는 술을 대량으로 생산하고 소비했다. 일부 역사학자들은 굽타 제국이 대부분의 지역을 지배한 이 시기를 인도의 황금기라고 부르기도 한다. 이 시기 인도는 과학, 정치, 예술, 문화 등 다양한 방면에서 발전했다.

술집들이 생겨났고, 연회와 축제에 많은 이들이 모여 술을 즐겼다. 일부 여성들은 똑바로 걷지도 못할 만큼 만취해 서로를 붙잡고 의지한 채 겨우 집에 갔다는 기록도 있다. 단, 힌두교에서 가장 높은 카스트에 속하는 브라만 여성은 술을 마실 수 없었다. 브라만 여성이 술을 마시면 내세에서 남편과 함께하지 못한다는 믿음이 있었기 때문이다. 심한 경우 거머리나 굴로 환생할 수도 있다고 믿었기 때문에 그 두려움이 더 컸다. 다른 카스트에 속한 여성들은 자유롭게 술을 마실 수 있었다.

향신료를 넣은 포도주 마이레야는 불교 신자들에겐 음주가 금지될 정도로 인기가 많았다. 그럼에도 불구하고 설탕을 넣어 단맛과 점도를 높인 마이레야는 술집에서 제일 잘 팔리는 술이었다. 당시 인도에서는 술이, 그중에서도 특히 마이레야가 여성에게 특별한 매력을 선사한다고 믿었다. 사람들은 여자가 마이레야를 마시면 얼굴에 장밋빛 홍조가 돌며 교태가 는다고 생각했다. 따지자면 마이레야는 고대 로마의 파숨을 잇는 고대 인도의 여성용 술이자 로제 와인이었다.

▼　▲　▼

　한편 에일의 짧은 유통기한은 모든 에일와이프의 가장 큰 고민이었다. 에일은 양조 후 너무 금방 상해서 빨리 팔아치우거나 마셔버리는 수밖에 없었다. 짧은 유통기한 때문에 에일하우스 인근에만 판매할 수 있었고, 에일와이프들은 쉴 새 없이 에일을 만들어야 했다.

　힐데가르트의 홉이 이 문제를 해결했다.

　홉은 미생물 증식을 억제해 에일의 신선도 유지를 도왔다. 에일의 보관 기간이 늘어나고 이동 범위가 넓어지니 수출까지 가능해졌다. 홉의 쌉쌀한 풍미는 에일의 맛도 향상시켰는데, 떫은맛을 가리는 한편 거품의 유지력 또한 높여줬다. 맥주 위에 형성된 거품층은 한결 근사한 향을 만들어냈다. 게다가 홉이 열리는 후물루스 루풀루스 덩굴은 모든 기후에서 잘 자라 전 세계 어디서나 재배할 수 있었다.

　홉은 에일을 맥주로 만들어주었다. 홉이 들어간 맥주는 맛과 향이 더 뛰어났고, 작은 동네를 벗어나 더 먼 곳까지도 내다 팔 수 있었다. 힐데가르트가 대단한 일을 해낸 것이다.

　힐데가르트는 독일에서 계속 글을 썼고, 그녀의 저서는 점점 더 많은 독자들이 찾았다. 아홉 권으로 구성된『자연학』은 유럽 전역에서 읽는 책이 됐다. 그녀의 권위와 영향력 덕분에 맥주의 보존성을 높이는 홉에 관한 지식은 유럽 전역에 전파됐다. 힐데가르트의 글들이 술의 역사상 대혁명을 불러오는 데 기여했다.

힐데가르트는 1179년 9월 자신이 아끼던 수녀원에서 세상을 떠났다. 사망 당시 나이는 여든한 살로, 당시 여성 평균 수명의 두 배에 달했다. 아마도 수녀원에서 배급받던 홉 향 가득한 맥주가 건강의 비결이었을지도 모르겠다.

힐데가르트는 유명한 수녀원장이자 예언가, 과학자, 작곡가였고 수많은 저서를 낸 작가였다. 한 가지 더하자면 그녀는 맥주를 사랑한 사람이었다. 힐데가르트와 수녀들에게 술은 악덕이 아닌 미덕이었다. 맥주라는 일용할 양식은 수녀들의 삶을 유지시키고 필요한 영양을 공급했다. 스스로 맥주를 양조할 수 있는 능력은 수녀들에게 독립성과 자립심을 심어주었고, 그들이 누린 독특한 자유의 원동력이 됐다.

힐데가르트와 수녀들이 교회를 매개로 자율성과 독립성이라는 권력을 누렸듯, 에일와이프들은 양조를 통해 같은 일을 해냈다. 여성은 토지를 소유할 수 없었던 그 시절, 에일와이프들은 양조로 생계를 이어갔다. 장사 수완이 좋았던 일부 에일와이프의 사업은 번성했다.

사업을 시작하기 위해서든, 지역 사회에서 영향력을 높이기 위해서든, 아니면 그저 아이에게 먹이기 위해서든, 양조는 중세 여성이 의지할 수 있는 유일한 일이었다. 또한 부엌에 있는 도구로 돈을 벌 수 있는 가장 좋은 방법이었다. 다른 선택지가 없었던 에일와이프들에게 음주의 도덕성에 대한 고민은 사치였다. 에일은 돈

벌이의 수단이자 영양가 있는 음식이었고, 가족을 먹여 살릴 유일한 방편이었다. 그 후 천 년 동안, 그리고 지금도 여전히 전 세계의 여성들은 비슷한 처지에 놓여 있다. 가난한 여성에게 술은 죄가 아닌 생존의 문제다.

그러나 안타깝게도 에일와이프들은 곧 이에 동의하지 않는 경쟁자를 맞닥뜨리게 된다.

4장

최초의 여류
'주류' 시인 이청조

중세 중기

역사학자들은 서로마 제국 멸망 이후의 시기를 암흑 시대라 부르곤 했다.

암흑 시대라는 비하적인 용어를 처음 사용한 이탈리아의 학자 페트라르카Petrarca는 그리스·로마 문화라는 문명의 빛이 꺼진 후 유럽이 암흑에 빠졌다고 주장했다. 그러나 대부분의 현대 학자들은 페트라르카의 주장이 '헛소리'라는 데 동의한다. 적어도 술에 있어서는 그리스·로마의 음주 문화도, 그들이 즐기던 물 탄 와인도 사라져서 얼마나 다행인지 모른다.

로마 제국 없는 서양은 더 나은 곳이 되었지만 음주를 즐기는 여성이나 에일와이프들의 미래는 더 어두워질 참이었다. 이는 동양에서도 마찬가지였다. 새롭게 들어선 송나라는 여성들의 사회적 자유를 제약했고, 그에 따라 음주의 자유 또한 줄어들었다. 여성들이 주점에 모여 왁자지껄 술을 마시는 모습은 드문 광경이 됐다.

그러나 이 시기 모든 중국 여성 음주자들의 빛이 되어준 한 인물이 있었다. 이 여성은 문학계의 판도 또한 바꿔놓았다. 술과 시의 수호자라고 하면 작가 찰스 부코스키 Charles Bukowski를 떠올릴 사람도 많겠지만, 술 마시고 쓴 시의 원조는 누가 뭐래도 송나라의 이청조李淸照 다.

1084년 산동성 제남의 부유한 집안에서 태어난 이청조는 중국의 위대한 시인 중 하나로 손꼽힌다. 중국 역사상 여성으로서는 유일하게 살아생전에 정식으로 시인 지위를 획득한 인물이다. 송나라 시대 여성의 글이 주류 문학에 끼는 것은 결코 쉬운 일이 아니었다(사실 당나라를 제외한 거의 모든 시대가 그랬다). 이청조가 특별했던 이유는 또 있다. 그녀는 당시 자신에게 금기시되었던 주제로 글을 썼다. 이청조가 즐겨 썼던 주제 중 하나는 바로 음주였다.

송나라 시대에 여성이 글을 배우거나 작가가 되는 것은 그리 드문 일이 아니었다. 그러나 여기에는 뿌리 깊은 문화적 양면성이 존재했다.* 여성이 글을 쓰는 것은 괜찮았지만, 작품집을 내거나 유통하려고 하는 순간 극복 불가능한 편견에 직면해야 했다.** 송나라

---

* 물론 이는 상류층 여성에게만 해당한다. 하층 계급 여성들은 교육받을 기회가 거의 없었다.

** 중국에서는 송나라 시대 때부터 인쇄가 널리 보급됐다. 유럽에서는 14세기 무렵이 되어서야 보편화됐다.

에서 여성들은 가정, 즉 사적인 영역에 속한 존재였다. 고대 그리스와 마찬가지로 남성들만 국가의 업무를 비롯한 공적 영역에 속했다. 여성이 글을 쓰는 것까지는 그렇다 쳐도, 그 글을 인쇄하여 퍼뜨리는 것은 문화적 규범에 대한 도전으로 여겨졌다.

학자와 관리를 다수 배출한 사대부 집안에서 태어난 이청조는 어려서부터 자연스럽게 글에 눈을 떴다. 이청조의 아버지는 문인이자 조정의 고위 관료였으며, 어머니 또한 시문에 능했다. 이청조는 어린 나이에 글을 쓰기 시작해 십 대 시절 이미 자신의 시로 명성을 얻었다. 열여덟 살에는 역시 시문에 능했던 조명성趙明誠과 결혼했는데, 둘의 사이가 매우 좋았다고 알려져 있다.

이청조는 유행하는 노래 곡조에 노랫말을 붙이는 사詞라는 형태의 중국 고전시를 주로 썼다. 그녀는 제한된 글자 수 내에서 엄격한 운율 체계를 따라야 하는 사의 거장이었다. 그러나 동료 문인과 비평가들은 뛰어난 글솜씨보다는 그녀가 주로 다룬 주제에 더 큰 관심을 보였다.

한편 1125년 북쪽의 금나라가 남쪽의 송나라를 침입하며 전쟁이 벌어졌다. 중국 전역을 휩쓴 전란 속에 이청조와 조명성의 집이 불타버렸고, 둘은 남경으로

이청조를 그린 그림

피난을 떠났다. 그로부터 일 년이 채 지나지 않아 조명성이 관직에 임명되어 다른 도시로 가던 중 이질에 걸려 사망했다. 이청조는 남편의 죽음이 준 정신적 충격에서 끝까지 헤어나오지 못했다. 전쟁과 조명성의 죽음은 이청조가 쓰는 시의 소재를 영원히 바꿔놓았다. 그녀는 남편의 죽음 이후 당시 여성으로서는 생각지도 못했던, 금기시되었던 주제로 글을 쓰기 시작했다.

이청조는 전쟁에 대해 격하게 분노했다. 이러한 분노는 조정의 정책과 관리들을 강하게 비판하는 작품으로 나타났다. 또한 그녀는 남편의 죽음을 애도하며 욕망과 슬픔, 외로움에 대한 글을 썼다. 술과 음주에 대한 시도 썼다. 문인들의 눈에 이러한 주제는 남성들만 다룰 수 있는 주제였다. 슬픔과 술, 욕망이 남성에게만 허락되던 시대였다. 여성에게는 침묵만이 강요됐다. 그랬던 시대였으니, 여성 시인이 술과 성에 대한 작품을 쓴다는 것은 유례가 없는 일이었다.*

1979년 링 청Ling Chung과 케네스 렉스로스Kenneth Rexroth가 영어로 번역한 이청조의 작품집에는 「어가오漁家傲」를 비롯한 놀라운 작품이 여럿 수록되어 있다.

---

* 포도주를 사랑했던 양귀비 또한 이청조의 작품에 등장한다. 이청조는 작품 속에서 양귀비의 '포도주를 마시고 붉어진 뺨'을 묘사한다. 당나라 현종은 술에 취한 양귀비의 홍조 띤 뺨을 특히 좋아했던 것으로 유명하다.

……조물주가 아마도 만든 뜻이 있는 듯하다
그래서 명월에게 땅을 영롱하게 비추게 했지
금 술잔에 가득 찬 푸르스름한 술을 함께 즐기니
취하기를 사양하지 마오
이 꽃은 평범한 꽃들과 비교할 수 없으니

「성성만聲聲慢」 또한 놀라운 작품 중 하나다.

……두세 잔의 술로
어찌 이겨낼 수 있으랴
저녁에 불어오는 세찬 바람
기러기가 날아가니
마음이 아프네

송나라 시대에 여성이 이런 주제로 글을 쓴다는 것은 상상도 할 수 없는 일이었다. 술잔을 손에 든 시인 이청조는 중국 시의 세계를 완전히 뒤집어놓았다.

▼ ▲ ▼

한편 유럽에서는 홉을 첨가하면 맥주의 보존 기간이 길어진다는 이야기가 서서히 전파되면서 사람들은 술로도 큰돈을 벌 수 있다는 사실을 깨닫기 시작했다. 사실 국가는 이미 양조 산업에서 돈을 벌어들이고 있기는 했다. 에일 관련 규제로 국가가 벌어들이는 세금과 수수료는 그 규모가 이미 작지 않았다. 그러나 맥주 수출이 가능해지면서 유럽 전역과 잉글랜드의 정부와 사업가들이 좀 더 본격적으로 양조 산업에 주목하기 시작했다. 맥주가 상품화될 시기가 다가온 것이다.

양조 산업에서 홉의 출현은 에일와이프들의 사업에도 크게 기여할 수 있는 사건이었다. 더 맛있는 에일을 저렴한 비용으로 생산할 수 있게 된 데다 저장과 운반까지 쉬워졌으니 잘만 이용하면 사업이 번창하는 것은 시간문제였다. 홉의 첨가는 그야말로 획기적인 신기술이었다. 그러나 새로운 흐름이 인기를 끌자 역사학자 조앤 서스크Joan Thirsk가 말한 현상이 나타났다. "사업이 번성하면 서서히 여성이 사라진다." 양조 산업에 홉이 등장하면서 맥주가 만들어지는 방법뿐 아니라 맥주를 만드는 *주체* 또한 바뀌게 되었다. 그렇게 생업으로 양조를 하던 에일와이프들의 생계가 위태로워졌다.

위태로워진 것은 또 있었다. 바로 에일와이프들의 영혼이었다.

12세기, 유럽의 각 도시와 마을에 자리 잡은 기독교 교회는 또 다른 성장 산업이었다. 교회는 주민들의 주일 예배 참석을 방해하는 주된 경쟁자로 에일하우스를 지목했다. 양조의 상업화와 교회의 합동 공격은 에일와이프들에게 재앙과 같은 결과를 낳았다.

1300년 무렵 양조는 소규모 지역 산업에서 상업적인 거대 산업으로 변모하기 시작했다. 규모가 커지며 규제는 많아졌고, 전문성에 대한 요구 또한 커졌다. 별다른 전문성 없이도 시작할 수 있다는 점 때문에 에일을 만들어 팔던 에일와이프들은 그렇게 서서히 부유한 사업가들에게 밀려났다.

에일 가격은 일 년에 한 번 주류 검사관에 의해 결정됐다. 곡물 가격의 등락에 따라 에일와이프들도 잘만 하면 꽤 괜찮은 수입을 올릴 수 있었다. 내가 대학을 다닌 매사추세츠주의 작은 마을에서 2달러면 마시던 맥주를 로스앤젤레스 같은 대도시에서는 터무니없이 비싼 가격에 팔던 것처럼 큰 도시의 에일와이프는 시골에 비해 비싼 가격을 책정해 더 많은 돈을 벌 수 있었다. 또한 도시의 에일와이프는 운이 좋으면 성이나 귀족 가문에 술을 납품할 수도 있었고, 장이 설 정도로 규모가 큰 도시라면 시장에서도 판매할 수 있었다.

양조는 별도의 교육이나 견습 과정 없이도 누구나 시작할 수 있다는 점에서 비숙련 노동이었지만, 실제 장사를 하는 데는 적지 않은 기술이 요구됐다. 에일와이프들은 에일을 만드는 일 외에도 지역 주류 검사관이나 곡물 공급상, 맥아 판매상, 물 배달상, 하인들, 그리고 손님들과 끊임없이 협상해야 했다. 성공적인 에일하우스 운영을 위해서는 숙련된 사업가, 장인, 판매원의 역할을 동시에 수행해야 했던 것이다.

독신 또는 사별한 에일와이프들은 기혼 여성들처럼 남편의 도움을 받을 수 없다는 점에서 불리했지만 세금이나 수수료 측면에서는 조금 유리했다. 기혼 여성들은 적어도 이론상으로는 남편의 통제에 따라야 했다. 남편은 아내가 에일을 만드는 방식부터 판매 대상까지 결정할 수 있었고, 원한다면 아내가 벌어들인 수익도 가져갈 수 있었다. 그러나 양조는 여성이 주도권을 가진 유일한 산업이었고, 실제로 여성들이 더 큰 힘을 발휘했다. 드문 경우였지만 여성들은 함께 힘을 모으기도 했다. 1317년 잉글랜드 엑서터의 에일와이프들은 지역 주류 검사관이 정한 터무니없는 에일 가격에 격분하여 조정을 요구하며 다 함께 생산과 판매를 중단해버리기도 했다.

드물게 여성이 주류 검사관으로 임명되는 경우도 있었지만, 대부분의 경우 양조라는 여성 산업을 남성 검사관이 감독하는 형태였다. 실제 맥주를 만드는 것은 여성이었고, 당연히 산업에 대한 이해도도 높았다. 검사관의 자리에도 더 많은 여성이 임명되어야 마땅했다. 그러나 여성들의 실질적인 경험보다 법적 관습, 즉 성차별적 전통이 지닌 힘이 더 강했다. 양조는 당시 여성이 남성보다 더 잘 아는 거의 유일한 분야였다.

에일와이프들은 생산뿐만 아니라 판매에 있어서도 문제에 부딪쳤다. 성 노동자가 실제로 있든 없든 술집은 천여 년의 세월 동안 '성적인 분위기(도덕적 관점에 따라서는 '성이라는 어두운 그림자')'와 결부되어왔다. 술은 언제나 낭만적인 만남과 성적인 접촉을 촉진하는 윤활제 역할을 해왔다. 에일하우스는 구애나 외도가 벌어지는 단골 장소기도 했다. 술집은 일정 부분 사회적 규범이 느슨해지는 장소였고, 손님들은 평소보다 조금은 자유롭게 행동했다. 가끔

그 자유가 지나친 경우도 있었다.

술을 파는 여성들은 늘 주변을 경계해야 했다. 에일와이프나 술 시중을 드는 여성들은 손버릇이 나쁜 손님이 있는지, 난동을 부리는 손님이 있는지 늘 신경을 곤두세워야 했다. 에일하우스에서 벌어지는 성적 방종의 책임은 일을 저지르는 손님이 아닌 에일와이프에게 전가됐다. 술에 취해 집적대거나 폭력을 휘두르는 것은 남성 손님들이었지만, 잘못은 늘 이들을 상대하는 에일와이프의 몫이었다. 에일와이프가 성적인 요구를 거절하면 남성들은 화풀이를 했고, 분노한 손님이 일으키는 문제들 또한 에일와이프가 모두 감수해야 했다.

아마 여성 바텐더나 서버라면 에일와이프가 넘나들어야 했던 그 미묘한 선의 고충을 이해할 것이다. 이들은 상냥하고 매력적이어야 하지만 *지나치게* 상냥하거나 매력적이어서는 곤란하다. 누군가 선을 넘는 행동을 하면 비난은 여성 바텐더나 서버의 몫이 된다. 손님의 행동이 초래한 갈등에 대처하는 일 또한 그들의 몫이 된다. 팔백 년 전에도 술 취한 남성과 그들의 행동은 에일와이프의 책임이었다. 이렇듯 술 취한 진상은 칵테일용 각얼음과 실내 화장실, 작은 그릇에 담긴 짭짤한 기본 안주가 발명되기 전에도 존재했다.

남성들은 에일와이프들의 태도가 다른 여성에게도 전파될까 봐 두려워했다. 에일하우스가 '불복종'이라는 전염병의 진원지라도 되는 양 생각한 것이다. 남성들은 자유분방한 에일와이프들이 다른 여성들의 반항을 부추길까 봐 걱정했다. 당시 유행한 민요에는 남편뿐 아니라 모든 남자 앞에서 제멋대로 구는 에일와이프를 비꼬는 내용이 심심찮게 등장한다. 〈친절하고 신실한 안주인The Kind Beleeving Hostess〉이라는 노래에는 다음과 같은 가사가 등장한다.

> 감히 말 한마디 못하는 불쌍한 사내
> 술집 안주인께선 신경도 안 쓰지
> 그저 벌컥벌컥 술을 들이켜고
> 신나게 웃기만 할 뿐
> 술집 안주인께선 사내가 화내도 겁내지 않는다네

　사람들은 양조 업계에서 벌어지는 성적 문제와 일탈을 여성의 존재와 연관시켰다. 그러한 생각의 경로를 거쳐 교회는 에일와이프를 마녀로 둔갑시켰다.

▼ ▲ ▼

　이 시기에는 에일와이프만 맥주를 만든 것이 아니었다. 많은 이들이 아메리카의 식민지 개척자와 이주민이 대륙에 술을 전파했다고 믿지만, 사실 일부 원주민 부족은 백인 이주민이 와서 모든 것을 망쳐놓기 수 세기 전부터 독자적으로 술을 생산하여 건전하게 즐기고 있었다.*

남서부 지역 부족들은 주로 사회적·영적 목적으로 술을 활용했다. 소노라 사막에 살던 오타마 부족과 토호노 오오담 부족의 여성들은 사와로 선인장(미국 남부와 멕시코에서 주로 자라는 키 큰 선인장—옮긴이)으로 *하렌 아 피타하야*haren a pitahaya라는 술을 담갔다. 늦여름이 되면 부족의 여성들은 긴 장대를 활용해 빨간 선인장 열매를 땄다. 열매는 15~30피트(4.5~9미터)까지 자라는 선인장의 꼭대기에 달려 있다. 처음 수확한 열매로는 주로 잼을 만들었고, 마지막 수확분은 술을 담그는 데 썼다.

토호노 오오담 부족의 새해는 늦여름이었는데, 하렌 아 피타하야는 이때 열리는 기우제에 사용했다. 부족의 모든 성인은 성별에 상관없이 기우제에 참가해 술을 마셨다. 이들은 술이 자신들을 적셔준 것처럼 비가 땅을 적셔주리라고 믿었다. 현재도 많은 토호노 오오담 부족 마을이 이 의식을 행하고 있다.

치리카와족 여성들도 다양한 종류의 술을 양조했다. 그중 *툴라파*tula-pah라고 불리는 독한 옥수수 맥주는 만들기가 극히 까다로웠다. 우선 옥수수를 발아시켜 건조한 후 각종 허브와 나무껍데기를 섞었다. 그다음 전체 혼합물을 몇 시간씩 끓이고 걸러 또다시 끓였다. 이렇게 만든 결과물을 열두 시간에서 스물네 시간가량 발

---

* 아메리카 원주민이 유전적으로 알코올 중독에 취약하다는 생각은 대량 학살을 정당화하기 위해 악용된 근거 없는 믿음에 불과하다. 모든 종류의 음주 문제는 문화적 맥락에서 이해해야 한다. 독자적으로 술을 만들어 마시던 부족은 유럽이 아메리카에 발을 들이기 전까지는 중독 문제를 겪지 않았다.

효하면 툴라파가 완성됐다. 잉글랜드의 에일처럼 툴라파 또한 쉽게 상해 빨리 마셔야 했다.

*티스윈 tiswin*이라는 또 다른 옥수수 맥주도 있었다. 토호노 오오담 부족 여성들은 옥수수 알갱이에 사와로 선인장 수액을 섞어 티스윈을 만들었는데, 툴라파와 마찬가지로 보관 가능 기간이 극히 짧았다.

부족의 여성들은 티스윈이나 툴라파를 대량으로 양조하여 모두 함께 마셨다. 양조가 끝나면 술을 만든 여성들이 다른 여성들에게 술을 나눠줬다. 술을 나눠주는 여성은 빙 둘러앉은 사람들에게 술이 담긴 바가지를 돌렸다. 양조된 술 중 가장 맛있고 달콤한 부분은 영예로운 일을 하는 이 여성의 몫이었다.

이러한 양조 모임에서는 일상의 사회적 제약이 어느 정도 느슨해지고 성별을 덜 따지는 분위기가 조성됐다. 여성들은 술을 마신 후 노래나 북 연주에서 전통적으로 남자가 맡는 역할을 수행했다. 부모가 엄격하지 않은 경우 십 대 소녀들도 참여할 수 있었다. 여성들에게 술이란 일반적으로 남성에게만 허락되었던 공간에 들어갈 수 있는 열쇠가 되어줬다.

이 시기 유럽과 아시아 대부분 지역에서 술 마시는 여성의 상황은 대개 암울했지만, 아시아 일부 지역의 여성은 음주의 횃불을 든 채 당당히 말을 달리기도 했다.

12세기 동아시아 몽골 부족에게 음주는 매우 중요한 일이었다. 술은 식생활적인 측면에서도 문화적인 측면에서도 핵심적인 요소였다. 유목민이었던 이들에게 이동 중 손쉽게 섭취할 수 있는 영양분과 알코올은 둘 다 중요했다. 그 둘을 함께 섭취할 수 있는 방법이 있다면? 그야말로 이상적이었다.

몽골족이 주로 마신 술은 쿠미스 *kumiss*라는 마유주로, 암말의 젖을 발효시켜 만든 영양가 높은 술이었다. 몽골 여성들은 말에서 얻은 마유를 거품이 일 때까지 휘저어서 분리된 기름으로 버터를 만들고 나머지 액체는 발효시켜 술을 빚었다. 뿌연 빛깔에 살짝 시큼한 맛이 나는 마유주는 하루종일 말을 타도 지치지 않을 만큼 열량이 높았다. 모든 부족원이 매일 엄청난 양을 마셔댔기 때문에 여성들은 쉴 새 없이 마유주를 만들었다.

몽골족에게 만취는 전혀 부끄러운 일이 아니었다. 오히려 취하는 것은 성별에 관계없이 명예로운 일이었다.

몽골 여성들의 음주량은 남성들과 비슷했으며, 축제와 연회에서 음주는 무엇보다 중요한 활동이었다. 연회에서는 남성과 여성이 따로 앉았는데, 종종 두 성별이 술 대결을 펼치기도 했다. 마유주를 와인으로 슬쩍 바꾸면 현대의 여느 결혼식 피로연장과 비슷한 풍경이기도 하다.

▼ ▲ ▼

이청조는 남편과의 사별 후 송나라의 새로운 수도 항주에 정착했다. 그녀는 항주에서도 글과 시를 계속 썼다. 이청조가 글과 술에서 위안을 얻었음은 다음의 시 「취화음醉花蔭」을 통해서도 알 수 있다.

> 동쪽 울타리에서 황혼이 지도록 술을 마시니
> 국화의 그윽한 향기 소매에 가득하구나
> 님 생각에 타는 심정 사라진다 하지 마오
> 주렴(구슬 따위를 꿰어 만든 발 - 옮긴이)은 서풍에 날리고
> 사람이 국화보다 더 시들어가네

많은 문인이 이청조를 괘씸하게 생각했다. 남성 비평가들은 여성이 어찌 술과 욕망을 글의 소재로 삼을 수 있냐며 부끄러움을 모른다고 비난했다. 그들에게 이청조는 비정상적인 존재, 붓과 술잔을 든 괴물이었다.

송나라의 주자朱子는 이청조의 시를 두고 "이러한 시구라니, 여성이 어떻게 이런 것을 떠올렸는가?"라고 평했다. 이렇듯 이청조의 작품에 대한 긍정적인 평가들도 "여자 치곤 꽤 괜찮네"라는 평으로 요약됐다. 하지만 세간의 평가와는 무관하게 이청조는 계속해서 글을 썼다.

이청조는 마흔아홉의 나이에 장여주張汝舟라는 사람과 재혼했지만, 몇 달 만에 이혼하고 말았다. 이청조의 이혼은 문단이 기다리던 구실이었다. 많은 비평가가 이혼한 이청조를 부도덕한 여성으로 몰았고, 작품과는 관련도 없는 그녀의 인생사를 비웃었다. 비

평가들은 이청조가 살아오며 겪은 비극, 음주, 이혼 등 모든 것을 조롱의 대상으로 삼았다. 그러나 그녀를 비난하던 비평가들도 재능만큼은 함부로 무시하지 못했다. 이청조의 창작 능력은 의심의 여지가 없이 뛰어났다. 남성이 모든 문학적 관습을 정립했던 시대에 이청조는 자신만의 목소리를 찾았고, 그들은 결코 그녀를 부정할 수 없었다.

이청조 등장 이전의 전통적인 시는 작자의 개인적 정체성을 강하게 드러내지 않았다. 대부분의 시는 화자의 성별을 모호하게 남겨두었다. 그러나 이청조의 시는 여성성을 강하게 드러냈다. 그녀의 시에 나타나는 화자는 독립적이고 자유분방하며 예측 불가능하다. 종종 술을 마시기도 한다. 때로는 자신을 거침없이 표현하고 때로는 언어를 거부하며 자족적인 모습을 보인다. 시의 화자들은 저마다의 깊이로 외로움과 비통함, 분노를 선명하게 표현한다.

이혼 후 이청조는 사방의 비난에서 벗어나고자 글을 썼다. 그녀는 계속해서 시를 썼고, 그 결과 사회적 존중 비슷한 것을 되찾을 수 있었다. 이청조에게는 그녀의 작품을 사랑하는 남녀 독자들이 있었다. 그러나 당시의 상류층 문화는 그녀를 수용하지 못했고, 대부분의 사람들은 그녀의 존재를 혼란스러워했다. 이청조의 작품들은 전통적으로 비여성적이면서도 한편으로는 지극히 여성적이었다. 그녀는 당당히 여성성을 드러냄으로써 남성이 지배하는 문학판과 음주 문화에 뛰어들었다. 그리고 이청조의 이런 행동으로 인해 그녀의 유산은 위태로워졌다.

한편 에일와이프들은 특유의 복장을 갖췄다.

붐비는 장터에서 눈에 잘 띄기 위해 뾰족한 긴 모자를 썼고, 자신의 에일을 알리기 위해 에일하우스 밖에는 긴 장대를 걸곤 했다.' 이 장대는 끝에 나뭇가지를 모아 묶은 막대, 빗자루였다. 이들은 에일을 양조할 때 커다란 가마솥을 썼다. 양조를 위해 쌓아둔 곡물 주변에는 쥐를 쫓는 고양이가 한두 마리 돌아다녔다.

뭔가가 떠오르지 않는가? 할로윈 코스튬 매장에서 판매하는 마녀 복장이 중세 에일와이프의 복장과 겹치는 것은 우연이 아니다. 13~14세기, 에일을 판매하는 남성을 비난할 때는 주로 사업 관행을 문제 삼는 경우가 많았다. 그러나 여성인 에일와이프에 대한 공격은 그 종류가 전혀 달랐다. 에일와이프에 대한 공격은 주로 외모와 성, 신앙심을 문제로 삼았다.

주일 예배에 오는 신도들을 두고 에일하우스와 경쟁 관계에 있던 서유럽 교회는 에일와이프를 적대시했다. 설교 중에 에일하우스를 "지독한 경쟁자"로 지목하기도 했다. 당시 교회에서는 "술집은 악마의 학교"라고 공공연히 말했다. 에일하우스를 운영하는 에일와이프는 악마를 위해 일하는 교사라는 뜻이었다.

＊ 이러한 모자 중에는 길이가 2피트(61센티미터)에 이르는 것도 있었다. 에일와이프의 높은 모자는 사람들이 찾기 쉽도록 눈에 띄기 위한 홍보 전략이었던 것으로 보인다.

손님을 끌기 위해 높은 모자를 쓴 에일와이프

　교회는 에일와이프를 신실한 남성을 죄악으로 이끄는 유혹자로
묘사했다. 에일와이프가 얄량한 경제적 권한과 독립성을 손에 쥐
고 남성을 좌지우지하려 한다는 두려움을 전파시켰다. 당시의 글
이나 예술 작품은 에일와이프가 술을 팔거나 마시는 모습을 음탕
하고 반항적이며 제멋대로라고 묘사했다. 종교적 그림에는 상반신
을 드러낸 채 지옥에서 흥청대는 에일와이프의 모습이 종종 등장
했다. 중세의 다양한 직업인 중 지옥불에 타는 모습으로 가장 자주
등장하는 단골은 에일와이프였다.

　영국의 풍자 시인 존 스켈턴John Skelton의 「엘리노어 러밍의 술
통The Tunning of Elynour Rummyng」이라는 작품에는 엘리노어라는 못

묘하게도 에일와이프를 닮은 목판화 속 마녀의 모습

생기고 술도 못 담그는 형편없는 에일와이프가 등장한다. 이 풍자시는 에일와이프에게 힘이 주어지면 여성이 세상을 지배하게 될지도 모른다고 경고한다. 또한 주술에 대한 암시도 담고 있는데, 특히 "그녀는 악마와 남매지간이라네"라는 구절에서 엘리노어를 마녀와 같은 존재로 그린다.

14세기 중반 즈음이 되자 양조업은 맥주를 산업화·상업화하고자 하는 남성 사업가들의 손에 넘어갔다. 새로운 규제가 생기면서 여성은 자본과 남편 없이는 양조업에 아예 발을 들일 수조차 없게 됐다. 법적으로 독립성이 없기에 계약서에 서명조차 할 수 없었으므로 잠재적인 여성 양조업자들은 업계 진입부터 차단됐다. 그렇게 양조업에서는 미혼 여성과 과부들이 가장 먼저 밀려났다. 이러한 상황은 교회가 부추긴 편견과 결합하여 에일와이프에게 사망

선고를 내렸다.

같은 시기 일본에서도 여성 사케 양조업자들이 비슷한 어려움을 겪었다. 불교와 민간신앙의 결합으로 여성을 부정한 존재로 보는 시각이 강화되며 여성들은 점점 양조업에서 밀려났다. 사케의 영혼 자체가 여성이기 때문에 양조장에 여성이 출입하면 질투에 빠진 사케가 노한다는 얘기까지 있을 정도였다. 결국 사케 양조장은 남성만의 공간이 됐고, 이러한 편견으로 인해 일본 여성은 오랜 세월 사케 산업에서 배제되어야 했다.

▼ ▲ ▼

하지만 이청조는 글쓰기를 멈추지 않았다. 그녀는 일흔 살 무렵인 1155년 생을 마감한 것으로 알려져 있다. 현재까지 전해지는 작품은 백 편이 채 되지 않는데, 그중 절반은 술이 주는 기쁨과 슬픔을 노래하고 있다. 역사학자들은 이청조의 성별과 작품의 주제가 현재까지 전해진 작품의 수에 영향을 주었다고 주장하기도 한다. 자신의 생각을 거침없이 표현하는 이청조의 능력은 남성 위주였던 문학계에 확실한 흔적을 남겼다. F. 스콧 피츠제럴드부터 찰스 부코스키까지 수많은 남성 작가가 술에 취한 감정을 작품으로 표현하면서 유명해졌다.

그러나 그들 이전에 이청조가 있었다.

이청조는 중세라는 시대에 술을 즐기는 여성이 상징했던 그 모든 것이었다. 그녀는 대담하고 독립적인, 그리고 주어진 것에 순응하지 않는 강한 여성이었다. 또한 두려움과 비난, 배척의 대상이 되었지만 누구도 그녀의 존재를 부정하지는 못했다. 이청조는 작품을 통해 여성의 내면도 강하고 아름다우며, 여성의 감정 또한 중요하다는 사실을 보여줬다. 남성의 영역으로 여겨지던 감정과 행동을 여성 또한 경험할 수 있음을 보여줌으로써 중국 시문학의 새로운 길을 개척했다. 그 모든 과정에서 술 한두 잔이 분명 도움이 됐을 것이다.

그럼 이제 더 대담한 방식으로 사회적 규범을 위반했던 다음 영웅을 만나볼 차례다. 이 여성은 남성의 술잔을 빼앗는 데서 그치지 않고 그들의 바지까지 가져간 무시무시한 인물이다.

5장

탕아 메리 프리스와
증류주의 등장

르네상스 시대

욕설, 남성복 착용, 절도, 주인 없음, '일탈적 즐거움', 여성에게 금지된 무대에서 공연하기, 장물 거래, 그리고 물론 음주.* 메리 프리스Mary Frith는 정말 다양한 죄목으로 고발당했으며, 일부에 대해서는 체포되거나 유죄 판결을 받기도 했다. 다양한 죄목이 보여주듯, 메리 프리스는 아주 흥미진진한 인물이었다.

　몰 커트퍼스Moll Cutpurse라는 이름으로도 알려진 메리 프리스는 1584년경 잉글랜드에서 태어난 것으로 전해지지만 정식으로 검증된 정보는 찾아보기 어렵다.** 그녀는 수많은 이야기의 소재가

---

*　'주인 없음masterlessness'는 미혼 상태를 이르는 말이었다.

**　'몰'은 16세기 평판이 나쁜 여성을 부르던 일반적인 호칭이며, '커트퍼스'는 소매치기를 의미한다.

된 전설적인 인물이자 범죄자였다.

메리 프리스가 실제로 최초의 여성 범죄자인지 확인할 수는 없다. 다만 중요한 것은 프리스가 범죄자의 길을 스스로 선택했다는 사실이다. 나날이 성장하던 대도시 런던은 일자리를 찾는 젊은 미혼 여성들을 자석처럼 끌어들였다. 이들이 도시에서 가질 수 있는 직업은 주로 청소나 요리와 관련된 일이었다. 한때 주도권을 쥐었던 양조업에서는 이미 밀려난 지 오래였고, 다른 직종의 길드에서는 여자 견습생을 거부했다.

1500년 무렵 에일와이프는 거의 찾아보기 힘든 존재가 됐다. 세계 최고의 인구 밀도를 자랑했던 런던에서 양조업자 길드 회원 중 여성은 단 1퍼센트였다. 고작 오십 년 전 여성 회원의 비율이 30퍼센트에 달했던 것을 생각하면 놀라운 감소였다. 양조업자 길드는 여성에게 개방된 유일한 길드였지만, 여성은 길드 사무국에서 어떤 직책도 맡을 수 없었다. 잉글랜드에서 기혼 여성은 남편과 사별한 후에도 양조업을 계속할 수 있었지만, 재혼을 원할 경우 일을 포기해야 했다. 1512년 해군 함대에 맥주를 공급하는 대규모 양조장이 잉글랜드 남부에 세워졌다. 맥주를 대량으로 소비하는 군대는 최고의 고객이었다.

그러나 런던의 양조장에는 여성 노동자를 위한 일자리가 별로 없었다. 메리 프리스는 청소나 요리를 업으로 삼을 생각도 없었다. 경제적 여유가 없는 여성이 가정부 외에 생계를 잇기 위해 택할 수 있는 길은 불법적인 활동뿐이었다. 사실 메리 프리스가 즐긴 모든 활동 즉 바지 착용, 흡연, 과음, 술집 방문, 사업 운영 등은 어차피 여자에게는 모두 범죄로 간주되는 일들이었다.

어쩌면 메리 프리스는 '어차피 다 범죄면 진짜 범죄에 뛰어들지 뭐'라고 생각했을 것이다. 소매치기와 날치기로 본격적인 범죄 행각을 시작한 메리 프리스는 사다리를 타고 점차 위로 올라갔다. 그녀는 장물 거래로 큰 성공을 거두어 많은 재산을 모았다.

메리 프리스는 술집을 좋아해서 대부분의 업무를 그곳에서 보았다. 술집을 찾은 이들은 바지 차림으로 파이프를 물고 맥주를 홀짝이는 프리스의 모습을 흔히 볼 수 있었다. 그 모습을 본 남자들은 그녀의 바지와 파이프, 맥주 중 무엇에 가장 화를 내야 할지 몰라 혼란스러워했다.

▼ ▲ ▼

당시 잉글랜드 전역, 특히 런던에는 *태번* *tavern*(술과 음식을 판매하고 때로는 숙박 시설의 기능도 겸하는 술집 – 옮긴이)이라고 불리는 술집이 빠르게 증가하고 있었다. 에일와이프가 운영하던 에일하우스는 먼 옛날의 일이 되었고, 남성 소유의 술집이 빠르게 인기를 얻었다. 에일하우스는 문 위에 빗자루를 걸고 부엌에 간이 의자 몇 개를 놓은 공간에 불과했지만, 새로 생겨나는 술집들은 공식적으로 술을 팔고 마시기 위해 계획되고 만들어진 공간이었다. 태번은 남성들만의 공간에 가까웠지만, 여성이 운영하는 곳도 일부 있었다.

1600년대 초 잉글랜드의 태번 중 5~10퍼센트는 여성이 운영했는데, 대개 양조업자의 미망인들이었다.

여성들은 남들 앞에서 술을 마시기는 했지만, 동네 에일하우스 시절처럼 여러 명이 모여서 함께 마시는 모습은 보기 드물었다. 잉글랜드와 유럽 전역에서 여성의 음주 문화가 집이라는 사적인 공간으로 옮겨가면서, 여성은 주로 주방에서 술을 마시게 됐다. 이 변화의 영향은 매우 컸고, 수 세기가 지난 지금까지도 세계 곳곳에서 여성 음주 문화의 중심은 주방이다.

여전히 술은 모든 계층의 삶에서 떼어놓을 수 없는 존재였다. 술은 모든 이들의 영양과 치료, 사회생활에서 중요한 위치를 차지했다. 여성들은 생리통과 산통을 완화시키기 위해 술을 마시기도 했다. 마을의 여성들은 분만이 시작되면 함께 모여 '산모용 자양 음료'를 준비했다. 따뜻한 와인이나 맥주에 설탕과 향신료를 섞은 것이었다. 이 술은 분만에 들어가는 여성의 기운과 사기를 돋우는 음료였지만, 자리에 있는 다른 여성들도 함께 마셨다.

출산을 축하하는 자리에서도 꽤 많은 술잔이 오갔다. 당시 의사들은 알코올이 출산 후 회복에 도움이 된다고 여겨 출산을 마친 산모에게 음주를 권장했다(물론 현재는 이것이 사실이 아님이 밝혀졌다. 분만실에서 술을 마시는 것 또한 당연히 말도 안 된다).

결혼 또한 술을 마실 만한 좋은 이유였다. 영국의 전통적인 '브라이드 에일bride-ale' 파티는 간단히 말해 신혼부부를 위한 기금 모금 행사 같은 것이었다. 예비 신부는 에일을 잔뜩 만들어 성대한 파티를 열고, 참석한 친지와 친구, 이웃이 모아준 돈으로 결혼식 자금과 가정을 꾸릴 밑천을 마련했다. 현대의 '브라이덜 샤워bridal shower'와 왠지 비슷하게 느껴지는가? 브라이덜bridal이라는 단어는 실제로 브라이드 에일bride-ale에서 유래됐다. 브라이덜 샤워는 브라이드 에일 샤워인 것이다.

여성들은 그냥 마시고 싶어서, 아니면 친구들과 즐거운 시간을 보내기 위해 술을 마시기도 했다. 이들은 이웃의 다른 여성들과 부엌에 모여 함께 맥주를 마시며 교류를 즐겼다. 이들은 부엌의 술자리에서 지역 정보와 흥미진진한 소문을 나누며 우정을 쌓았다. 하이힐을 신은 여성들이 아니라 중세 시대 머리 수건을 쓴 여성들이 둘러앉았을 뿐, 그 모습은 〈진짜 주부들The Real Housewives〉(일반 주부들의 일상을 다루는 미국의 인기 리얼리티 쇼-옮긴이)의 한 장면과 비슷했다. 가내에서 다양한 술을 만들고 마시는 것은 중세 여성 문화의 중요한 일부분이었다.

맥주 양조와 더불어 와인을 잘 고르고 보관하는 일 또한 주부의 필수적인 업무였다. 와인의 양을 늘리는 법, 상하기 직전의 와인을 살려내는 법, 맛없는 와인을 마실 만하게 만드는 법, 마실 수 없는 와인을 요리에 활용하는 법 등은 여성이라면 꼭 알아야 할 기술이었다.

전 세계적으로 책의 보급이 확산되면서 여성을 위한 요리법과 살림 요령을 담은 책들이 출간되기 시작했다. 저버스 마컴Gervace Markham이 1615년 출간한 『영국의 주부: 완벽한 여성이 갖춰야 할

내적 미덕과 외적 미덕 The English Hus-wife: Containing the Inward and Outward Vertues Which Ought to Be in a Compleate Woman』이라는 책에는 아내와 엄마를 위한 요리법과 민간요법이 가득했다. '완벽한 여성'이라면 술을 만들 줄도 알아야 했기에 이 책에는 맥주와 사과주 제조법도 소개됐다.

과거만큼은 아니었지만 여성들은 여전히 가끔씩은 술집에 모여 술을 마시곤 했다. 그러나 홀로 술집에 가는 일은 드물었다. 다른 사람이 보는 데서 여자가 혼자 술에 취한 모습을 보였다간 평판에 어떤 타격을 입을지 알 수 없었다. 다른 여성들과 함께 술집에 가지 못할 때는 남편이나 남자 형제, 또는 남성 가족 구성원과 동행했다. 아내가 남편과 함께 술집에 들러 음주와 도박을 즐기는 일은 꽤 흔했다.

꼭 평판 때문이 아니더라도 술집에 혼자 가는 것은 여성에게 꽤 위험한 일이 될 수 있었다. 술집은 남성 중심의 공간이었고, 그러한 공간에는 성적으로 공격적인 음주 문화가 존재했다. 여성 손님에게 술집은 위험한 장소가 될 수 있었다는 의미다. 당시 성폭행은 흔히 발생하는 사건이었다. 지금도 그때도, 여성들은 다른 여성과 함께 있는 편이 더 안전했다.*

1617년, 작가 에스터 사워넘 Ester Sowernam은 여성 음주에 대한 이중 잣대를 다음과 같은 글로 꼬집었다.

* 잘 알았다면 이제부터 여자들이 화장실에 같이 간다고 놀리지 말자.

사람들은 여성이 술에 취한 모습은 혐오스러워 하지만 남성의 만취는 그저 '사람 좋음'의 상징으로 본다. 따지고 보면 습관적으로 만취하는 남성이 여성보다 백 배는 많을 것이다. 모두가 여성의 만취를 끔찍이 싫어하니 여성들은 피할 수밖에 없지만, 남성들은 그저 웃어넘기며 농담거리로 여길 뿐이니 많은 이가 쉽게 만취한다.

아주 드물지만 술 마시는 여성들의 교류를 유쾌한 시선으로 그린 노래도 있었다. 〈네 명의 즐거운 수다쟁이들Fowre Wittie Gossips Disposed to Be Merry〉이라는 노래에는 "모든 여성이 술잔을 들게 하자"라는 가사가 등장한다. 〈펀치 한 사발과 선원의 아내들The Seamens Wives Frolick over a Bowl of Punch〉이라는 노래에는 다음과 같은 가사가 등장한다. 여기서 펀치는 술과 과일즙, 설탕, 향신료 등을 섞은 일종의 칵테일이다.

우리는 술이 좋아서 다 마셔버리지
우리는 가득 찬 잔이 좋다네
좋은 펀치는 보이는 대로 다 마셔버리지
그러고는 즐겁게 춤추며 방을 돌아다닌다네

16세기 잉글랜드의 왕족들 또한 술을 즐겼다. 헨리 8세와 잉글랜드 궁정은 술을 좋아하기로 유명했는데, 프랑스에서 온 손님들이 왕실 여자들이 마시는 술을 양을 보고 충격을 받았다고 전해진다. 이들은 화려한 드레스를 차려입고 궁중에서 열리는 공연이나 오락거리를 관람하며 와자지껄하게 와인을 마셔댔다.

메리 프리스 역시 술집을 찾을 때 언제나 일군의 여성들을 대동했다. 이들은 맥주를 마시며 용기를 북돋운 후 프리스를 따라 불법적인 모험에 나섰다. 여성으로만 이루어진 프리스의 일당은 남성복을 입고 '경거망동'을 하는 등 참으로 '사악한' 행동을 저질렀다. 일부는 절도나 날치기 같은 실제 범죄에 참여하기도 했다. 15세기 잉글랜드의 대중에게 술에 취한 여성들이 남자 옷을 입고 돌아다니는 광경은 그 자체로 큰 충격이었다. 어떤 이들은 프리스와 일행이 초자연적인 존재라고 주장했고, 심지어 그들이 변신을 한다고 주장하는 이도 있었다.

메리 프리스의 악명은 점점 더 높아졌다. 1611년 작가 토머스 미들턴Thomas Middleton과 토머스 데커Thomas Dekker가 그녀의 행적을 바탕으로 한 〈왈패 아가씨, 몰 커트퍼스The Roaring Girl, or Moll Cutpurse〉라는 희곡을 발표했다.* 한번은 메리 프리스가 공연을 관람한 후 무대 위로 뛰어올라 류트를 연주하며 관객 앞에서 음탕한 노래를 부른 일도 있었다. 이 연극이 흥행하면서 메리 프리스는 당대 대중문화계의 유명인으로 확고히 자리 잡았다.

---

* '왈패 아가씨roaring girl'라는 표현은 술을 진탕 마시고 싸움을 벌이며 범죄를 저지르는 젊은 남성을 뜻하는 '건달 청년들roaring boy'이라는 표현에서 차용한 것이다.

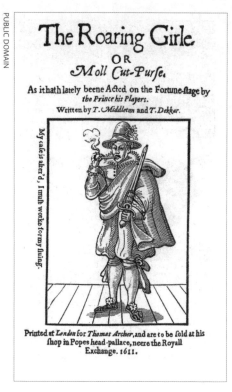

메리 프리스를 주인공으로 한 희곡의 포스터

　메리 프리스는 유명인사가 됐지만 당국의 단속을 피해 가지는
못했다. 그녀는 이듬해 남장을 했다는 이유로 체포됐다. 그런데 런
던 경찰은 가장 효과적이지 못한 처벌을 내리고 말았다. 연극을 좋
아하는 프리스에게 광장에 모인 대중 앞에서 죄를 고백하라는 처
벌을 내린 것이다. 사람들 앞에 선 프리스는 후회와 죄책감을 과장
되게 연기하며 자신의 나쁜 행실을 뉘우치고 앞으로 겸손한 사람
이 되겠다고 공언했다. 그러다 누군가 그녀가 술에 취해 있다는 사

실을 눈치 챘다. 사실 프리스에게는 만취하면 눈물을 글썽이며 감상적인 넋두리를 늘어놓곤 하는 버릇이 있었다.

프리스는 여러 번 체포됐지만 거의 매번 기소는 피할 수 있었다. 구치소에 갈 때마다 프리스는 상당한 뇌물을 주고 풀려났다. 그녀의 악명은 범죄 자체로 인한 것이 아니었다. 그녀는 살인자도 유괴범도 아니었다. 그렇다고 거창한 강도 사건을 벌인 것도 아니었다. 프리스는 주로 소매치기를 했고 그 장물을 팔았다. 그런 프리스를 전설로 만든 것은 그녀의 행동이었다.

앞서 살펴본 바와 같이 음주의 자유는 사회적 권력과 밀접하게 연관되어 있다. 메리 프리스는 당시의 억압적인 사회에서 다른 여성들도 할 수만 있다면 편한 바지를 입고 술집에 가서 술을 진탕 마시고 말썽을 피우고 싶어 했으리라는 사실을 모두에게 끊임없이 상기시켜주었다.

▼ ▲ ▼

1500년대가 되었을 때 잉글랜드와 유럽에서 에일와이프를 거의 찾아보기 어려웠지만, 세계 곳곳에는 여전히 술을 빚는 여성들이 있었다. 스코틀랜드 여성의 경우 맥주 산업에서 밀려나기까지 조금 더 오래 버텼다.

스코틀랜드의 에일와이프들은 16세기에도 맥주 업계를 주도했다. 1509년 스코틀랜드의 도시 애버딘의 양조업자는 전원이 여성이었다. 스코틀랜드에서도 맥주는 식생활의 필수 요소였다. 스코틀랜드 여성들이 양조를 택한 이유는 다른 나라의 여성들과 같았다. 별다른 훈련 없이도 시작할 수 있고, 다른 일과 병행하기에도 좋았기 때문이다. 16세기 초 스코틀랜드에 살았던 엘런 베사트Ellen Bessat라는 여성은 맥주 양조와 케이크 제빵을 했고, 중고 신발을 판매하며 장물도 취급했다(여성은 모든 걸 가질 수 없다는 말은 적어도 엘렌에게는 해당되지 않는 말 같다).

스코틀랜드 법률은 여성이 남편의 돈으로 가사용품 외의 물건을 사는 행위를 금했다. 당국은 이를 어기는 에일와이프의 양조 장비를 압수하고 망가뜨렸다. 심한 경우 일 년 하고도 하루 동안 양조 자체를 금지하기도 했다. 사정이 이렇다 보니 에일와이프들은 속임수에 능해졌다. 많은 이들이 품질 검사나 공식적인 승인을 거치지 않고 이웃과 친구에게 맥주를 팔았다. 세금을 내지 않았음은 물론이다. 이들은 스코틀랜드의 음성적인 술 거래에 깊이 관여되어 있었다.

스코틀랜드의 에일와이프들은 여자들끼리 공유하는 지식 네트워크를 적극 활용했다. 이들은 지역의 이웃들이 필요로 하는 것을 속속들이 알고 있었다. 여성들은 이러한 정보를 나누며 판매력을 높여갔다.

1530년 에든버러 의회는 미혼 여성조차 양조업에 자유롭게 종사하는 것은 바람직하지 않다며 문제를 제기했다(그게 양조업의 최대 장점이었는데 말이다). 의회는 이러한 관행을 불법으로 못박고자 했다. 전원 남성으로 구성된 의회는 양조업을 기혼 여성에게만 허가해야 한다고 주장했다. 여성이 맥주를 팔아 독립적으로 생계를 꾸리는 게 싫었던 것이다. 그들은 양조가 집안일의 일부가 되기를, 그럼으로써 가부장제에 도움이 되기를 바랐다.

결국 1546년 의회는 양조를 법으로 제한하기로 결정했다. 의회의 눈에 미심쩍은 독신 여성은 모두 마을을 떠나라는 명령을 받았다. 이제 맥주는 기혼 여성과 미망인들만이 만들 수 있었다. 추방을 면한 미혼 여성은 허가증을 받으면 양조한 맥주를 지역 시장에서 판매할 수 있었지만, 대부분 허가증 비용을 댈 수 없었다. 백 명이나 됐던 여성 양조업자의 수는 1655년이 되자 스무 명으로 급감했다. 규칙과 규제가 그들을 양조업계에서 몰아낸 것이다.

▼ ▲ ▼

한편 아프리카 여성은 여전히 거침없이 술을 빚고 있었다.

아프리카는 유럽의 식민 지배 시기보다 훨씬 앞서는 유구한 술의 역사를 가지고 있다. 여성이 맥주를 양조하는 뿌리 깊은 전통이 아프리카의 많은 지역에 존재했다. 아프리카 동부와 남부에서는 탁한 곡물 맥주가 식생활의 큰 부분을 차지했다. 수수로 만드는 이 맥주는 걸쭉하고 시큼했으며, 비타민 B를 비롯한 다양한 영양소를 풍부하게 지니고 있었다. 잉글랜드의 여성들과 마찬가지로 아프리카의 여성들은 식사를 할 때 맥주를 곁들여 필요한 영양소를 보충

했다.

그렇다고 맥주를 식사용으로만 섭취한 것은 아니다. 아프리카 대륙 서남부 끝자락에서는 단맛이 나는 수수 맥주를 각종 행사와 결혼식, 장례식, 모임, 종교 의식에 활용했다. 움콤보티 *umqombothi* 라고 불린 이 수수 맥주는 주로 대가족의 여성 가장이 자신만의 비법으로 빚었다. 움콤보티 제조법은 지역에 따라 달랐으며, 가족의 비법은 절대 남들과 공유하지 않았다. 대개 큰 통에 옥수수 맥아와 오래된 맥주, 수수로 쑨 죽을 섞어 만드는 게 일반적이었는데, 이 혼합물을 끓여서 식힌 후 며칠 동안 발효시켰다. 공기 중의 효모가 자연스럽게 번식하는 경우도 있었고, 혼합물이 식은 후 이전에 만들어놓은 맥주의 효모를 첨가하는 경우도 있었다. 어느 쪽이든 마지막에는 걸쭉한 갈색의 맥주가 완성됐다.

아프리카 남부 줄루족의 경우 양조한 맥주를 가장 먼저 맛보고 품질을 확인하는 사람은 여성이었지만, 취할 때까지 마시는 것은 남성에게만 허용된 특권이었다. 움콤보티는 알코올 함량이 낮아 취하려면 엄청난 양을 마셔야 했으며 보통 공용 호리병에 담아 마셨다. 줄루족의 민간 신앙에서 다산과 수확, 맥주를 돌보는 존재는 음바바 음와나 와레사 *Mbaba Mwana Waresa* 여신이었다. 줄루족은 닌카시와 마찬가지로 이 여신이 인간에게 맥주 양조법을 전수했다고 여겼다. 이 때문에 음바바 음와나 와레사는 줄루족이 모시는 신들 중 가장 큰 존경을 받았다.

현재 나미비아가 위치한 아프리카 남서부에는 유서 깊은 양조

양조 중인 줄루족 여성들

문화가 존재했고 지금도 그 전통이 이어지고 있다. 이 지역의 여성들은 가벼운 맥주에서 진한 맥주까지 다양한 맥주를 양조했으며, 복잡한 당화 과정을 개발했다. 아마도 매일 맥주를 양조하며 실험할 기회가 많았던 덕일 것이다. 맥주는 모든 가정의 식단에서 중요한 역할을 했기 때문에 안정적인 공급이 필수적이었다.

여성들은 맥주뿐 아니라 오마옹고omaongo라는 술도 만들었다. 잘 익은 마룰라 열매(신맛이 강한 노란색의 핵과)로 만드는 술인데, 열매가 땅에 떨어질 때가 되면 마을의 여성과 여자아이들이 열매를 모았다. 모은 열매의 즙을 짜서 발효시키면 술이 됐다. 오마옹고는 부족의 남성들을 위한 술이었다. 여성들은 오마옹고를 빚고 남은 과육과 씨앗에 물을 붓고 다시 며칠간 발효시켜 도수가 낮은 오신와이oshinway를 만들어 마셨다. 오신와이를 담은 잔에 종이 우산 장식을 얹으면 나미비아의 전통적인 여성용 술이 완성된다.

아프리카의 또 다른 지역에서는 야자와 바나나로 만든 맥주의 인기가 높았다. 탄자니아 킬리만자로 기슭에 주로 거주하는 차가족 여성들은 음베게mbege라는 바나나 맥주를 만들었다. 음베게를 만들기 위해서는 껍질을 벗긴 바나나로 죽을 쑤어 몇 시간 동안 끓여야 했다. 이렇게 끓인 바나나 죽을 며칠간 발효시켜 거른 후에는 기장을 발아시켜 만든 음소mso를 섞었다. 이렇게 만든 바나나 맥주는 불투명한 황갈색의 걸쭉한 음료였다. 음베게의 알코올 함량은 오늘날 우리가 마시는 맥주와 비슷했으며, 바나나의 단맛과 기장의 시큼한 맛이 섞여 있었다.

요루바어를 쓰는 나이지리아 여성들은 수수와 기름야자, 라피아야자로 우운무무u-un mumu라는 술을 만들었다. 우운무무는 요루바어로 '취하는 것'이라는 의미였다. 부족의 남자들이 야자나무 수액을 받아 오면 여자들은 그것으로 술을 빚었다. 발효한 지 며칠되지 않은 초기 술은 알코올 함량이 낮고 맛이 달아 주로 여자들이 마셨다. 숙성과 함께 맛이 묵직해지고 도수가 높아지면 남자가 마시는 술이 됐다.

유럽, 영국과 마찬가지로 아프리카에서도 양조는 가부장적 질서 내에서 거의 유일하게 여성들이 주도하는 영역이었다. 16~17세기까지는 양조업에 대한 여성의 지배력이 확고했으나, 백인 식민지 개척자들이 아프리카를 잠식해 들어오면서 그 지배력은 위협받기 시작했다.

▼ ▲ ▼

지금까지 우리는 벌꿀 술, 맥주, 와인, 사케 등에 대해 알아보았다.

역사상 이 시점까지는 발효 과정을 거쳐서만 술을 만들었다. 중세 시대에는 마티니나 마가리타가 존재하지 않았다는 얘기다. 그런데 유럽과 아시아의 여성들이 점차 양조업계에서 밀려나고 있던 시기를 즈음하여 새로운 유형의 술이 등장했다. 바로 증류주였다. 15세기 말, 세계 곳곳에서 증류라는 방식으로 술을 만들기 시작했다. 증류는 인류가 맥주나 벌꿀 술 만드는 법을 알아낸 이래 다시 한번 알코올 세계의 판도를 혁신적으로 바꿔놓았다.

그리고 이 혁명적 발견의 배후에는 한 명의 여성이 있었다. 잠시 시간을 되돌려보자.

서기 100~200년 사이 활동한 것으로 추정되는 마리아라는 위대한 연금술사가 있었다(정확한 시점은 알 수 없다). 스스로를 '유대인 마리아Maria the Jewess'라고 불렀던 이 여성은 『마리아 프락티카Maria Practica』라는 책을 비롯해 여러 중요한 연금술 서적을 집필했다.* 마리아는 알렉산드리아에 거주하는 시리아인이었던 것으로 추정되지만, 알려진 전기적 정보는 거의 없다.**

* 마리아는 최초의 여성 유대인 작가인 셈이다.
** 3세기 로마 황제 디오클레티아누스가 알렉산드리아의 연금술사들에 대한 조직적인 박해를 시작했고, 그로 인해 많은 서적의 원본 원고가 파괴됐다.

연금술은 체계적인 과학이라기보다 우주의 본질을 탐구하고자 하는 느슨한 개념들의 집합체에 가까웠으며, 연구는 주로 자연 원소를 관찰하는 방식이었다. 연금술사들은 일반 금속을 대상으로 여러 실험을 진행했는데, 납을 금으로 바꾸고자 했던 시도가 가장 잘 알려져 있다. 연금술사들의 원대한 목표 중 하나는 불로장생이나 영원한 젊음을 주는 신비의 묘약을 찾는 것이었다.

『마리아 프락티카』의 원본 원고는 사라졌지만, 책이 담고 있던 화학적 지식과 실험 장비의 작동 원리 등의 내용은 전해졌다. 마리아는 세 개의 증류관이 달린 *트리보코스tribokos*라는 장비를 발명했다.

트리보코스는 증류할 액체를 넣는 토기 용기, 세 개의 주입구에 연결된 정화 장치(수도꼭지가 달린 증기 응축 장치), 증류된 액체를 모으는 유리 용기로 구성됐다. 토기 용기 아랫부분에 열을 가하면 증기가 정화 장치로 올라가고, 그 안에서 냉각되어 유리 용기로 액체가 모이는 구조였다. 오늘날에는 이러한 구조의 장치를 *알렘빅 증류기alembic still*, 또는 줄여서 그냥 *증류기*라고 부른다.

마리아는 신비의 묘약을 찾는 과정에서 트리보코스를 발명했다.*** 마리아는 젊음의 묘약을 찾아내지는 못했다. 그러나 그녀의 발명은 또 다른 묘약, 즉 증류주의 발견으로 이어졌다.

*** 당시 마리아는 또 다른 여성 연금술사와 함께 일했던 것으로 보인다. 이 연금술사는 와인을 사랑했던 이집트 여왕을 따라 스스로를 클레오파트라라고 불렀다고 한다.

마리아의 발명이 바로 알코올 제조로 이어지지는 않았다. 그러다 8세기에 (화학의 아버지로도 알려진) 이라크의 과학자 자비르 이븐 하이얀Jabir Ibn Hayyan이 와인을 증류하는 실험을 하면서 술의 역사상 가장 중요한 사건 중 하나가 발생한다.

알코올의 끓는점은 화씨 173도(섭씨 78.4도)로 화씨 212도(섭씨 100도)인 물보다 낮다. 그래서 와인이나 맥주를 가열하면 알코올이 먼저 끓으며 증발한다. 증류기를 사용하면 그 증기를 모을 수 있다. 모은 증기를 냉각하면 다시 액체가 되는데, 이것이 바로 증류된 알코올이다. 아쿠아 비테aqua vitae, 즉 '생명의 물'이라 불린 이 액체는 우리가 오늘날 즐기는 모든 증류주의 기초가 됐다. 위스키, 테킬라, 보드카, 진, 럼, 그리고 작은 초콜릿 안에 들어 있는 체리 리큐르에 이르기까지, 모든 것이 증류를 거쳐 얻은 알코올로 만들어진다.

자비르는 실험을 통해 얻은 액체를 과학적으로 연구하기는 했지만 직접 마셔보지는 않았다. 자, 이제 다시 시간을 빨리 감기해보자.

증류주가 널리 퍼진 것은 1400년대에 이르러서였다. 이 시기 아시아와 유럽의 과학자들은 증류 기술을 실험하며 결과물을 마셔보고 자신들의 발견을 글로 쓰기 시작했다. 증류주가 가장 먼저 대중화된 곳은 독일이었는데, 대부분은 와인을 증류하여 만들었다. 초기의 증류주는 일종의 약으로 일반인들에게 판매됐다.

독일에서는 이 증류주를 '태운 와인gebrant wein'이라고 불렀고,

영국으로 건너간 태운 와인은 브랜디가 됐다. 사람들은 일종의 건강 음료처럼 브랜디를 소량씩 구매해서 마셨다. 사소한 치통부터 방광 질환에 이르기까지, 사람들은 온갖 병을 핑계로 브랜디를 한 잔씩 마셨다.

▼ ▲ ▼

백 년 후인 1500년대 초, 증류주는 마침내 주류主流 음주 문화 안으로 들어왔다. 과학자들이 아쿠아 비테라고 부른 액체는 유럽 전역으로 전파되어 각각의 나라에서 '생명의 물'을 뜻하는 이름을 얻었다.

그렇게 아쿠아 비테는 프랑스에서는 오드비 *eau de vie*가, 스칸디나비아 지역에서는 아쿠아비트 *aquavit*가, 러시아에서는 보드카 *vodka*가, 게일 지역에서는 어스퀘보 *usquebaugh*, 줄여서 우스키 *usky* 또는 위스키 *whiskie*가 됐다. 증류주는 통증 완화와 원기 회복 효과가 있어 이를 의학적으로 활용하기도 했는데, 사람들은 곧 다치거나 아프지 않을 때도 유사한 효과를 원하게 됐다. 사람들은 약으로써의 복용과 오락으로써의 음주 사이의 경계를 위태롭게 넘나들기 시작했다.

역사상 이 시점까지 인류가 마셔본 술은 발효주뿐이었다. 맥주의 알코올 함량은 5퍼센트가량이었고, 와인과 사케는 15퍼센트 내외였다. 그런데 증류주의 알코올 함량은 무려 30~65퍼센트에 달했다.* 아무도 증류주를 어떻게 얼마나 마셔야 할지 알지 못했다. 평생 맥주만 마시며 살다가 처음으로 보드카를 한 잔 마신다고 생각해보면 된다. 그런 연유로 당시에는 아무도 증류주 소비를 제한할 생각을 하지 못했다. 엘리자베스 1세는 백성이 원하는 만큼 '생명의 물'을 마셔야 한다고 선언하기도 했다.

증류주가 유행하자 여성들도 다시 알코올 생산에 뛰어들기 시작했다. 간단한 장비만 있다면 누구나 손쉽게 부엌에서 증류주를 만들 수 있었다. 잉글랜드에서 헝가리에 이르기까지, 증류기를 구입할 돈이 있는 상류층 여성들은 집에서 증류주를 만들었다. 1564년 기준 뮌헨의 증류업자 서른 명 중 절반이 여성이었다. 잉글랜드의 경우 여성 비율이 더 높았으며, 대부분의 증류주가 여성에 의해 생산됐다. 에일과 마찬가지로 증류주 생산 역시 소규모의 가내 산업으로 시작됐다. 이 무렵 에일와이프는 거의 자취를 감춘 후였지만, 그 자리를 증류업자들이 채웠다.

증류업은 날씨가 너무 추워 포도를 재배할 수 없는 국가에서 더 빠르게 확산됐다. 곡물로 만든 증류주는 값비싼 수입 와인의 대체

---

* 영국에는 술에 함유된 알코올의 양을 백분율로 표시하는 제도가 1980년에야 도입됐다. 증류주가 처음 인기를 끈 1500년대에는 간단한 '프루프proof' 검사로만 알코올의 양을 측정하고 세금을 부과했다. 프루프 검사란 술에 화약을 넣고 불을 붙였을 때 불이 붙으면 실제 증류주임이 '증명'되는 시험이었다. 이 시험을 통과하는 술은 '프루프'로, 통과하지 못하는 술은 '언더 프루프under proof'로 분류됐다. 문제는 프루프 증류주의 알코올 함량이 40~90퍼센트까지 다양했다는 점이다.

제로 인기를 얻었다. 16세기 아일랜드, 독일, 스코틀랜드, 러시아, 그리고 스칸디나비아 지역에서 증류주 붐이 일었다.

러시아에서는 보드카의 인기가 높아졌다. 만들기 쉬운데다 값도 싸고 매서운 추위를 견딜 수 있게 해줬기 때문이다. 1500년대초 보드카는 술집 메뉴판에서 당당히 맥주의 옆자리를 차지하게됐다. 러시아인에게는 일종의 음주 사이클이 있었는데, 많은 이들이 꽤 오래 술을 참다가 열심히 일한 후 찾아온 휴일이나 축제에서취하도록 마셨다. 여자 또한 남자와 함께 술을 마셨다. 17세기 독일의 아담 올레아리우스Adam Olearius라는 학자가 남긴 기록에는러시아 여성들이 남편과 마주 보고 앉아 술을 마신다는 내용이 담겨 있다. 이 기록에 따르면 여성들은 남편이 먼저 술에 취해 기절하면 그 위에 올라타고 다른 여성들과 건배하며 술을 계속 마셨다고 한다.

젊은 미혼 여성들도 마을 축제에서 보드카나 맥주를 마실 수 있었다. 이들은 가장 예쁜 옷을 차려입고 민요를 부르며 연회 한가운데에서 열리는 춤 공연에 참가했다. 축제에서는 대개 신화나 전설적인 괴물에 대한 노래를 불렀지만, 때로 보드카를 칭송하는 노래를 부르기도 했다.

> 맛 좋은 보드카, 나는 마시고 또 마셨네
> 컵도 아니고 유리잔도 아닌 양동이에 마셨지
> 문기둥을 붙잡고 겨우 서 있네

오, 문기둥아, 날 좀 잡아줘

술 취한 여자여, 취해서 비틀거리는 귀여운 악당이여[*]

증류주의 인기가 높아진 것은 여성들에게 희소식이기도 했다. 양조업에서 밀려나며 생긴 경제적 공백을 증류업이 채울 수 있었기 때문이다. 증류주에 대한 시장의 수요는 날로 높아졌고, 최소한의 장비와 교육만으로도 부엌에서 쉽게 만들 수 있었다.

그러나 좋지 않은 소식도 있었다. 여자를 마녀로 낙인찍는 또 다른 도구로 증류가 활용됐다는 사실이다.

16세기 중반에서 17세기 초 사이 유럽에서는 주술에 대한 박해가 최고조에 달했다. 부엌에서 민간 요법 약물을 만드는 여성들, 또는 지역 약초를 활용한 해박한 치료 지식을 지닌 여성들은 위험에 처할 수밖에 없었다. 에일을 양조하던 여성들과 마찬가지로 증류주를 만드는 여성들도 의심의 눈초리를 받았다.

마녀는 기독교적 가치관에 대한 전복을 상징했다. 중세 사회는 여성이 남편에게 순종하고, 신을 경외하고, 아이를 낳고, 집안을 돌보기를 원했다. 마녀는 그러한 여성의 대척점에 있는 존재였다. 마녀로 몰린 이들은 어머니의 모유를 마르게 하고, 여성을 불임으로

---

[*] 1906년 출간된 『유명 작가들의 눈에 비친 러시아 Russia As Seen and Described by Famous Writers』라는 책에 실린 레이디 버니 Lady Verney의 「러시아 농촌의 삶 Rural Life in Russia」이라는 글에서 발췌.

만들고, 남성을 발기부전으로 만들며, 아이들을 잡아다 죽인다고 지탄받았다(그 외에도 수많은 혐의에 시달렸다). 이러한 지탄은 가부장적 질서를 수호하고자 하는 욕망에서 비롯됐다. 가부장적 질서에서 벗어나는 일, 이를테면 여성이 집에서 만든 증류주를 팔아서 경제적으로 자립하는 일은 마녀로 의심받을 만한 행동이었다.

술 취한 여성은 선하고 순종적인, 신을 경외하는 여성의 대척점에 있었다. 술에 취해 음란한 노래를 불렀다는 이유로 마녀로 몰린 여성도 있었다. 16~17세기 마녀의 안식일을 표현한 예술 작품에는 술에 취해 흥청대는 여자가 등장하는 경우가 많다. 마녀의 안식일에 대한 남성들의 두려움은 먼 옛날 바쿠스의 여성 숭배자들에 대해 지녔던 두려움까지 거슬러 올라간다. 남자들의 제어를 벗어난, 통제 불가능한 여자들이 모여 함께 술을 마시는 모습은 중세 마녀 사냥꾼의 바지를 적시게 했을지도 모른다.

중세 시대에는 여성의 몸이 남성보다 더 차갑고 습한 성질을 지닌다고 믿었고, 때문에 증류주의 불 같은 특성에 더 민감하다고 여겼다. 술의 열기가 타고난 차가운 기질을 뜨겁게 만들어 여성적 특성을 없애버리고 자연의 질서를 어지럽힌다고 여긴 것이다. 반면 남성은 태생적으로 뜨거운 기질을 지녔기 때문에 술이 그 기질을 향상시키고 정력을 강화한다고 생각했다. 간단히 말해 이 시기의 과학자들은 말도 안 되는 생물학적 주장을 바탕으로 여성 억압에 일조했다. "숙녀 여러분, 증류주는 금물입니다. 남자만 마실 수 있다고요!"라고 외친 것이다. 당시에는 술을 많이 마신 여성의 배에서 남자의 성기가 자라 남성이 되었다는 얼토당토않은 이야기까지 있었다.*

▼ ▲ ▼

바지를 입고 다니고, 범죄를 저지르고, 사람들 앞에서 공공연히 만취하곤 했으니, 런던에서 메리 프리스를 두고 대소동이 일어난 것은 어찌 보면 당연한 일이다. 그녀는 당국의 감시를 피하기 위해 과감한 방법을 택했다. 무려 결혼을 한 것이다.

남성복 착용 혐의로 체포된 몇 년 후 메리 프리스는 루크너 마컴 Lewknor Markham이라는 남성과 결혼했다. 알려진 바는 별로 없지만, '완벽한 여성'이라면 맥주 양조법을 알아야 한다고 주장한 『영국의 주부』의 저자 저버스 마컴의 아들일 가능성도 있다. 둘의 결혼은 메리 프리스의 사업을 돕고 당국의 간섭을 피하기 위한 사기극이었을 가능성이 높다는 것이 일반적인 견해다. 프리스와 마컴은 함께 살지도 않았다고 한다.**

프리스는 결혼 이후 더 자유롭게 술집에서 활동하며 장물 거래 사업을 이어갔다. 런던 당국은 애는 썼지만 그녀를 막지 못했다. 1659년 사망 전까지 메리 프리스는 막대한 재산을 모아 친척들에

---

* 우스꽝스럽고 터무니없지만 동시에 매우 위험한 이야기로, 트랜스젠더 여성이 오랫동안 겪어온 여성 혐오를 반영하고 있다.

게 상속했다. 그녀는 런던 플리트가에 있는 세인트 브라이드 성당 묘지에 묻혔다. 목욕물을 붉은 맥주로 바꾼 아일랜드의 브리지다 성녀를 수호 성인으로 삼는 곳이었다(메리 프리스도 흡족해하지 않았을까?).

메리 프리스는 죽을 때까지 맥주를 마시고 바지 차림으로 파이프를 문 채 런던을 배회하며 말썽을 일으켰다. 그녀는 술이 남자의 전유물이 아니라는 사실을 끊임없이 일깨운 가부장제의 방해물이었다. 프리스가 술집에서 맥주 한 잔을 주문하는 행위는 가부장제에 대한 반항으로 해석됐다. 그녀는 모두의 눈앞에서 공개적으로 규칙을 무시했다. 여자는 집 안에서만 몰래 술을 마시라는 압박이 존재했던 시대에 프리스는 그것을 정면으로 거부했다.

시대는 여성에게 집 안에만 있으라고, 술을 마시지 말라고, 조용히 하라고, 순종하라고 요구했다. 메리 프리스는 이러한 요구를 거부한 최초의 여성도, 최후의 여성도 아니었다.

곧이어 산업화가 진행되면서 세계 곳곳에서 더 많은 여성이 메

●● 아마 지금쯤이면 메리 프리스의 성 정체성에 의문을 품는 독자도 있을 것이다. 여러 정황으로 볼 때 프리스는 아마도 성소수자 스펙트럼 어딘가에 속했을 가능성이 높다. 그러나 이에 관한 프리스의 직접적인 언급은 없으므로 확실히 알 수 있는 방법은 없다. 게다가 프리스에 대한 이야기에는 상당 부분 과장이 섞여 있었기 때문에 더더욱 확신할 수 없다(물론 프리스가 변신술사가 아니었다는 점은 거의 확실하다). 프리스가 사망하고 삼 년 후 그녀의 자서전으로 추정되는 책이 익명으로 출간됐지만, 프리스 자신이 쓴 책은 아니었다. 메리 프리스는 그저 편한 바지를 입고 술을 마시는 것을 좋아하는 여성이었을 뿐인지도 모른다. 나처럼 말이다.

리 프리스의 뒤를 따랐다. 그중에는 증류 기술에 숨겨진 경제적·정치적 힘을 활용해 자신의 제국을 공고히 한 여성도 있었다.

과연 메리 프리스의 마지막은 어땠을까?

그녀는 바지 차림으로 묘지에 묻혔다.

6장

예카테리나 대제의
보드카 제국

18세기

18세기가 시작되면서 주류 외의 분야에도 혁명적인 변화가 일어났다. 이 시기 산업화가 빠르게 번졌고, 유럽 국가들은 전 지구를 식민화하며 집어삼키고 있었다. 산업화와 식민주의는 세계 곳곳에서 여성의 음주 문화를 바꿔놓았다. 그런가 하면 역사상 가장 위대한 여성 통치자 중 한 명에게 제국 건설의 발판을 마련해주기도 했다. 증류주의 정치적 힘을 활용해서 자신의 제국을 강화한 인물이 나타났다.

러시아의 알코올 소비량은 언제나 전설적이었다. 1500년대 보드카가 등장한 이후, 수많은 여행자가 러시아인들의 경이로운 음주 능력에 대한 기록을 남겼다. 러시아를 방문한 여행자들은 남자와 똑같이 열성적으로 술을 마시는 여자들의 모습에 놀라움을 감추지 못했다. 상류층은 주로 와인을 즐겼고, 평민들은 맥주와 보드카를 마셨다.

얼마 지나지 않아 러시아 정부는 술로 벌어들일 수 있는 돈이 어마어마하다는 사실을 깨달았다. 이반 뇌제雷帝라는 별칭으로 더 잘 알려진 이반 4세는 국가가 직접 운영하고 규제하는 *카박* kabak이라는 국영 술집을 만들었다. 카박이 생기고 한 세기도 지나지 않아 정부는 술을 부분적으로 독점한다. 1648년 나라 곳곳에서 술을 생산하고 판매할 권리를 주장하는 농민 반란이 일어났지만, 결과는 성공적이지 않았다. 이듬해인 1649년 정부는 보드카와 맥주를 비롯한 모든 술의 판매와 유통, 생산에 대한 완전한 독점권을 확립했다. 18세기에 이르자 러시아 정부는 국민들의 엄청난 음주 덕에 막대한 수익을 올리고 있었다.

바로 이것이 예카테리나 대제가 통치할 러시아의 모습이었다.

예카테리나는 1729년 5월 2일 독일 슈테틴에서 태어났다. 결혼 전의 이름은 조피 Sophie였는데, 아버지는 작은 공국의 공작이었고 외가는 홀슈타인 공국을 통치했다. 막대한 부나 영토가 있지는 않았지만, 이들의 가족은 유럽의 여러 왕가들과 친밀한 관계를 맺고 있었다. 조피는 어린 나이부터 정치적 수완과 권력에 대한 애착을 보였다. 그녀는 훗날 남긴 글에서 "언젠가 내가 왕관을 쓰게 되리라는 생각이 노래의 곡조처럼 자연스럽게 머릿속에 떠올랐다"라고 회고하기도 했다. 조피는 맥주에 대해서도 일찍부터 애정을 보였다. 십 대 시절 모스크바를 방문했을 때 아버지에게 여행 중 몸이 좋지 않았다는 내용의 편지를 보내며 사실은 "맥주를 눈에 띄는 대로 다 마셔버린" 자기 탓이라고 고백하기도 했다.

조피는 어린 시절부터 모스크바를 자주 방문했다. 육촌인 표트르 3세와 약혼한 사이였기 때문이다. 조피는 표트르가 처음부터 마음에 들지 않았지만, 그는 러시아의 왕좌로 가는 황금 열쇠였다. 조피가 열다섯 살이 되던 1744년 둘은 결혼했다. 그녀는 훗날 일기에 "솔직히 말하자면 표트르보다는 러시아의 왕관에 끌렸다"고 적었다. 표트르는 아주 좋게 말해도 **별난** 사람이었다. 좀 더 정확히 표현하자면 미숙하고 거칠었으며, 참모들에게 폭군처럼 굴었다. 쓸데없고 성가신 망상으로 주변인들을 괴롭히기도 했다.

조피는 자신이 원하는 것에만 집중했다. 그녀는 매사에 거슬리는 남편을 견뎌가며 러시아에 동화되기 위해 애썼다. 러시아식 이름인 예카테리나로 개명하는 한편 종교도 러시아 정교로 개종하고, 언어와 문화를 빠르게 배워나갔다. 가장 중요한 것도 잊지 않았다. 예카테리나는 러시아 정치계에서 살아남는 방법을 터득해나갔다. 그녀는 대중의 인기를 얻어가며 강력한 정치적 동맹을 만들어냈다. 머지않아 반란을 계획했고, 예카테리나는 보드카를 활용하여 이를 성공으로 이끌었다.

▼ ▲ ▼

베트남 역사에서 술에 대한 최초의 언급은 1400년경 여자들이 쌀을 발효시켜 술을 만들었다는 기록에서 찾을 수 있다. 베트남에서도 오랜 기간 발효주를 즐겼으나 베트남 여성들은 17세기에 이르러 증류주와 사랑에 빠졌다.

1600~1700년대 베트남 농촌에서는 부엌에서 소규모로 증류를 하는 일이 흔했다. 일반적인 가정에서 증류는 남는 쌀을 활용할 수 있는 편리하고도 효과적인 방법이었다. 베트남에서는 쌀로 만든 증류주를 르어우_{rượu}라고 통칭했다(이 명칭은 현재도 쓰이고 있다). 베트남 여성들은 자신이 마시기 위해, 또는 친척에게 나눠주거나 지역 장터에서 팔기 위해 르어우를 만들었다. 누군가에게는 필요 없는 여분의 쌀이 누군가에게는 소중한 술이 됐다. 게다가 술을 만드는 과정에서 나온 찌꺼기는 돼지 사료로 그만이었다.

18세기 베트남에서 증류는 부엌과 밀접하게 연관되어 있었다. 베트남어 *나우*_{nấu}는 '술을 만들다'라는 의미와 '요리하다'라는 의미를 동시에 지니고 있다. 증류에 쓰이는 도구는 구하기 쉬웠고, 발효된 맥아즙을 끓일 가마솥은 이미 대부분의 부엌에 있었다. 르어우 증류는 여성들이 집안일을 돌보면서 동시에 할 수 있는, 육체적으로 많이 힘들지 않은 일이었다. 추운 계절에는 증류에 더욱 집중했다. 기온이 낮을수록 발효가 더 효율적으로 이루어졌고, 밖이 추워질수록 사람들은 독한 술을 찾았기 때문이다.

시간적 여유가 없을 땐 르어우가 완성되자마자 바로 마시거나 판매했다. 갓 만든 르어우를 마시면 목이 타는 듯했지만, 어쨌든 마실 수는 있었다. 그러나 대부분의 경우 유약을 바른 토기에 넣고 지하, 또는 어둡고 서늘하며 습한 곳에서 최소 한 달가량 숙성시켰다. 숙성 과정을 거친 르어우는 한결 부드러운 맛을 냈다. 르어우의 맛은 발효 시 사용한 용기, 발효 기간, 사용한 쌀과 효모의 종류에 따라 천차만별이었다. 당시 가장 널리 마신 술은 르어우 데_rượu đế_로, 쌉쌀하면서도 일본 사케와 유사한 부드러운 맛이었다.

그리 급할 것이 없고 더 질 좋은 술을 만들고 싶을 때는 르어우를 한 번 더 증류했다(우리가 현재 마시는 증류주는 대부분 최소 두세 번의 증류 과정을 거친다). 이렇게 하면 더 부드럽고 맑은 르어우를 얻을 수 있었다. 경우에 따라 재스민, 캐모마일, 장미꽃잎, 연꽃, 살구 등의 식물을 우려내 풍미를 더하기도 했다. 이렇게 추가적인 증류를 거치고 풍미를 입혀 맛과 향을 향상시킨 술은 더 비싼 값을 받을 수 있었다.

르어우는 대개 바우_bau_, 또는 로우_rou_라고 부르는 호리병이나 산_sanh_이라고 불리는 유약 바른 토기에 담아 저장하거나 판매했다. 용기의 입구는 바나나 잎을 말려 코르크처럼 압축한 마개로 밀봉했다. 르어우는 식생활의 필수품이자 결혼식과 새해 행사를 비롯한 각종 예식의 핵심이었고 의학적으로도 중요한 역할을 했다. 오늘날 소량의 레드 와인이 건강에 좋다고 믿듯, 당시에는 르어우를 조금씩 마시는 것이 건강에 도움이 된다고 믿었다.

그러나 베트남 사회에서도 절제는 중요한 가치였다. 유교와 불교는 겸손과 예의를 여성의 이상으로 여겼고, 이러한 종교적 신념이 널리 퍼지며 음주에 있어서 성별의 구분이 중요해지기 시작했다. 그러나 시골 지역에서는 이상과 현실이 항상 일치하지는 않았다.

농촌에서는 성별에 관계 없이 모든 사람이 술을 마셨다. 다만 공공 장소에서의 음주는 남성의 영역이었기 때문에 여성들은 대부분 집에서 술을 마셨다. 베트남 여성들의 음주 문화는 세계 곳곳의 다른 여성들과 마찬가지로 부엌을 중심으로 발달했다. 부엌 음주가 그나마 지닌 장점이라면 술이 보관된 장소와 가깝다는 점뿐이었다.

▼ ▲ ▼

수천 킬로미터 떨어진 곳에서는 유럽인들이 아메리카 대륙 북부와 남부를 침략하며 원주민들의 술 문화를 밀어내거나 약탈하고 있었다. 유럽인들은 원주민의 땅을 폭력적으로 강탈했고, 17세기에는 북아메리카 동부를 따라 잉글랜드인 정착지가 전염병처럼 빠르게 퍼져나갔다. 그리고 정착지가 있는 곳엔 술집이 있었다.

초기 미국의 술집은 영국의 술집과 매우 유사했다. 상류층을 대상으로 하든 하층민을 대상으로 하든, 술집은 전적으로 백인 남성의 공간이었다. 계층을 막론하고 여성이 술집에 들어가 술을 마시는 일은 거의 없었다. 술집에 발을 들이는 순간 여성의 평판은 심각한 위험에 처했다. 식민 초기 미국에 거주하던 대부분의 백인 여성은 기혼이었다. 이들은 남편을 따라왔거나 누군가의 아내가 되기 위해 보내진 이들이었다. 법적으로 이들은 배우자에게 속했고, 스스로 빚을 갚을 의무도 지지 않았다.

원주민 여성과 흑인 여성의 술집 출입은 아예 허용되지 않았다.

1687년 뉴잉글랜드에서는 원주민에게 술을 판매하는 일을 법으로 금지했다(물론 불법적인 경로를 통한 거래는 여전히 존재했으며, 원주민 여성들은 백인 업자에게서 럼이나 브랜디를 구매해 되팔곤 했다).

초기 미국의 술집은 오디너리 *ordinary* 라고 불렸다. 백인 남성이 아닌 손님이 드나드는 선술집은 소위 말하는 '무질서한' 술집이었다. 이들 술집은 건전한 음주 환경 조성에는 전혀 신경을 쓰지 않는, 요즘으로 치자면 '후줄근하고 수상한' 바였다. 하층민을 대상으로 하는 술집에는 여성이나 다른 인종의 손님들도 드나들었다. 당시 하인과 노예는 주인의 허가 없이는 술집에 출입할 수 없다는 법이 존재했다. 그러나 반항적인 술집들은 여성과 노예, 원주민까지 손님으로 받았기 때문에 정부에 대항하는 인사들을 은닉한다는 의심의 눈초리와 신고에 시달려야 했다. 지역 보안관은 주민들의 신고로 술집에 출동하는 일이 잦았다. 신고의 내용은 심한 소음부터 너무 늦게까지 영업을 한다는 것까지 다양했지만, 대부분은 '선량한 질서에 반하는 행위'를 이유로 들었다. 괜히 젠체하며 신고를 남발하는 사람은 꽤나 오래 전부터 있어왔던 모양이다.*

식민지 시대 미국에서 여성이 술집 면허를 취득하는 것은 어려운 일이었다. 여성은 난폭한 취객을 다루기에 육체적 · 정신적으로

---

* 식민 초기 미국의 고위층 전용 클럽은 상류층 백인 남성이 여성, 흑인, 가난한 손님 없이 술을 마시기 위해 마련된 공간이었다. 이러한 클럽 중에는 회원 구성 설명에 '다양'이라고 표기한 곳도 있었는데, 이는 다른 성별이나 인종이 아닌 다른 기독교 교파의 백인 남성을 의미하는 것이었다. 실로 엄청난 다양성이 아닐 수 없다.

너무 약하다고 여겼기 때문이다. 당시 미국에서는 사회 질서 유지가 가능한 믿음직한 사람만이 술집 운영을 맡을 수 있었다. 매사추세츠 등 일부 지역에서는 작은 마을의 술집 개수를 한 개로 제한하고, 지역의 저명한 백인 남성에게만 면허를 내주었다.

상당히 불리한 여건이었지만 상당수의 여성 술집 주인도 존재했다. 이는 알고 보면 경제적인 이유로 인한 선택이기도 했다. 선술집 면허를 신청하는 여성은 대부분 미혼 여성이거나 과부였는데, 마을 주민들로서는 이들을 경제적으로 부양하는 것보다 술을 팔게 하는 편이 이익이었기 때문이다.* 보스턴 등의 도시의 경우 여성에게는 하급 술집 면허만 내주었다. 이러한 술집에서는 비싼 증류주가 아닌 싸구려 맥주만 팔 수 있었고, 음식이나 숙박은 제공할 수 없었다. 여성이 증류주를 팔려면 노점상을 여는 수밖에 없었다.

* 앨리스 게스트Alice Guest라는 이름의 미망인은 자신의 상황을 잘 활용해 식민지 시대 미국에서 가장 독창적인 술집을 만들어냈다. 1685년에 남편과 사별한 앨리스는 극심한 경제적 어려움에 처해 필라델피아 델라웨어 강둑의 한 동굴에서 생활해야 했다. 그녀는 술집 면허를 신청하고 자신의 동굴을 선술집으로 단장했다. 동굴 술집이라니 꽤 거칠 것 같지만, 사실 앨리스의 동굴 술집은 배를 타고 도시에 도착한 선원과 이민자들을 맞기에 이상적인 위치였다. 앨리스의 선술집은 큰 성공은 거둬 나중에는 전용 선착장을 설치했고, 그녀는 제대로 된 집까지 구입했다. 동굴 선술집의 독특한 내부와 분위기 덕에 손님이 몰린다 생각했던 앨리스는 돈을 많이 번 후에도 가게를 다른 장소로 옮기지 않았다. 앨리스 게스트는 어쩌면 세계 최초의 테마 술집 운영자일지도 모른다.

여성들에게 술집 운영은 평판을 넘어 목숨을 위협받을 수도 있는 일이었다. 유럽과 마찬가지로 뉴잉글랜드의 여성 술 생산자와 판매자들도 마녀로 몰려 박해받기도 했다. 1692년 세일럼 마녀사냥의 첫 희생자는 다름 아닌 술집을 운영하던 세라 오스본Sarah Osborne이었다. 세라는 마을에서 가장 인기 있었던 '쉽Ship'이라는 술집의 소유자이자 경영자였다. 세라는 술집에서 발생하는 이익을 누가 가져가야 할지를 놓고 시댁 식구들과 갈등을 겪고 있었는데, 공교롭게도 그 직후 마녀 혐의를 받게 됐다. 인기 있는 술집의 주인이라는 위치는 마을 내에서 세라의 영향력을 높여주었지만, 동시에 괜한 의심을 사게 했다. 세라는 결국 집단 히스테리와 여성 혐오의 희생양이 되어 감옥에서 사망했다.

하지만 식민지 시대 미국 여성들도 분명 술을 마셨다. 그 시기 미국에서는 모든 이가 술을 마셨다. 마실 수 있는 음료 중 알코올이 함유되지 않은 것은 드물었다. 사람들은 여전히 그냥 물을 마시는 것을 불안해했고, 그럴 만한 이유가 충분했다. 그러니 여성들도 목이 마를 때면 맥주와 사과주, 럼이나 브랜디 중 하나를 골라서 마시는 게 일반적이었다. 아이들은 도수가 낮은 맥주인 스몰 맥주를 마셨다. 스몰 맥주는 이를테면 아동용 맥주였다.

뉴잉글랜드의 평균적인 백인 농가의 일 년 술 소비량은 100갤런(379리터) 이상이었다. 이는 맥주와 사과주, 증류주를 모두 포함한 양이었다. 양이 엄청나다고 느껴질 수도 있지만, 식민지 주민들에게 술은 반드시 필요한 열량 공급원이었다. 주부들의 아침 식사는 대개 맥주에 적신 작은 빵 몇 조각이었다. 이렇듯 술은 영양 보충을 위해서도 필요했지만, 사실 만취는 초기 근대 사회 사람들이 누릴 수 있는 몇 안 되는 즐거움이기도 했다.

당시 여성들은 대부분 글을 읽고 쓸 줄 몰랐기 때문에 식민지 시대 미국 여성들의 음주 문화에 대한 기록은 거의 찾아보기 어렵다. 한 가지 확실한 사실은 여성들이 실내에서 모여 함께 술을 마시는 경우가 많았으리라는 것이다. 바느질 모임 같은 일상적인 모임부터 출산이나 장례, 결혼 같은 큰 경조사까지 여성들은 실내에서 함께 모여 퀼트를 하거나 이야기를 나누며 먹고 마셨다.

여성들은 함께 모여 술을 마시기도 했지만, 술을 만들기도 했다. 가족을 위해 술을 만들지 않는 아내는 게으르고 쓸모없는 사람 취급을 받았다. 1600년대 중반 잉글랜드의 식민지 개척자 존 해먼드John Hammond는 "어떤 주부인지는 그들이 만든 술로 판단할 수 있다"고 말하기도 했다.

이 시대 여성들은 맥주를 양조하고 사과주를 압착했으며, 벌꿀주와 증류주도 제조했다. 증류 기술이 전파되면서 세계 곳곳의 여성들이 부엌에서 증류주를 만들기 시작했다. 미국에서는 정원의 과일과 각종 장과류로 증류주를 만들었다. 와인을 만들려는 시도는 하지 않았다. 이미 존재하는 수많은 실패 사례가 뉴잉글랜드의 기후가 포도 재배에 적합하지 않음을 보여줬기 때문이다.

비록 포도 농사는 별로였지만 사과는 정말 잘 자랐다. 뉴잉글랜드의 사과 재배에 대한 최초의 기록은 1623년인데, 이후 사과 재배가 본격적으로 확대됐다. 1635년에는 미국 최초의 이름 있는 품종 록스베리 러셋Roxbury Russet이 매사추세츠에서 재배됐다. 록스베리 러셋은 사과주를 만드는 데 적합하다고 알려졌다.*

사과가 흔했던 만큼 식민지 시대 여성들은 사과주를 많이 만들었다. 값비싸고 거대한 압착기를 소유한 집은 거의 없었기 때문에 대부분의 과정은 수작업으로 이루어졌다. 우선 사과를 커다란 나무통에 넣은 후 사정없이 빻고 으깼다(바라건대 그 과정에서 조금이라도 희열을 느꼈기를). 으깨고 압착하는 과정에서 나온 사과즙은 나무통 아래의 용기에 모으고 남은 과육은 자루에 옮겨 담았다. 과육이 담긴 자루는 별도의 통에 눌러 넣어 남은 사과즙을 짜냈는데, 이때 최소 하루 이상 나무 판이나 천으로 통을 덮어두었다. 마지막 즙까지 짜내기 위해서는 같은 과정을 몇 차례 반복해야 했는데, 시간이 꽤 걸리는 작업이었다. 이렇게 모은 사과즙은 나무 술통에 담아 발효시켰다.

같은 방식을 활용하면 다른 과일로도 술을 만들 수 있었다. 여성들은 복숭아와 감으로도 사과주와 비슷한 술을 만들었고, 옥수수, 당밀, 가문비나무, 자작나무를 활용한 맥주도 만들었다. 여성들

---

* 현재 널리 재배되는 품종은 아니다. 멋지게 활약하고 은퇴한 록스베리 러셋에게 경의를 표한다.

은 각종 술 제조법을 자신만의 요리 비법책에 담아 딸과 며느리에게 물려줬다. 이러한 요리책에는 증류주에 과일과 허브, 향신료 등을 첨가하여 만드는 코디얼cordial 또는 리큐르liqueur 제조법도 담겨 있었다. 코디얼은 냉장고가 발명되기 전 제철 과일을 보존하는 방법 중 하나였다. 건강에 문제가 있을 때 코디얼을 약으로 활용하기도 했다. 이러한 요리책은 여러 세대에 걸쳐 가족 내 여성들이 물려받는 가보로, 무척 소중한 것이었다.

▼ ▲ ▼

술을 양조하는 이는 여성이었지만, 만들어진 술은 남성 가장의 소유였다. 당시 여성은 법적으로 남편에게 종속되어 있었고, 이 때문에 실제로 사과주나 맥주 등을 만든 사람이 제대로 알려지지 못한 경우도 많다. 예를 들어 토머스 제퍼슨의 몬티첼로 농장에 있던 양조장은 명성이 자자했지만, 양조를 맡은 것은 그의 아내인 마사였다. 마사는 맥주 애호가였다. 마사는 몬티첼로 양조장의 설계와 건축 단계까지 참여할 정도로 열정적이었다. 후에는 같은 이름의 딸 마사가 경영을 물려받아 훌륭한 양조업자가 되었다.

딸 마사는 좋은 재료로 좋은 맥주를 만들었고, 그녀가 만드는 맥주를 맛본 손님들은 모두 감탄했다고 전해진다.* 양조장을 맡은

* 마사도 힐데가르트처럼 홉을 적극 활용했으며, 쌉쌀한 홉 향이 도는 맥주를 선호했다.

첫해에 마사는 무려 170갤런(644리터)에 달하는 맥주를 생산했다. 잔으로 따지면 1,800잔이 넘는 양이었다. 물론 모든 작업을 혼자 한 것은 아니고, 농장에서 일하는 노예들과 함께했다.

맛은 좋았을지 몰라도 사실 식민지 시대의 맥주는 보기에 먹음직스럽지는 않았다. 빛깔이 대체로 어둡고 탁했던 것을 생각하면 당시 아직 유리잔이 널리 보급되지 않았던 게 다행이다. 맥주를 마실 때는 대부분 합금의 일종인 백랍으로 만든 잔이나 나무잔을 썼다. 두꺼운 검은색 가죽에 왁스를 입히고 은으로 테두리를 댄 블랙잭blackjack이라는 맥주잔도 있었다. 이 시기 맥주의 알코올 함량은 6퍼센트가량으로 현대와 비슷했다(버드와이저가 5도가량이니까).

대규모 시설에서 양조를 하려면 노예의 노동이 필요했다. 초기 미국의 흑인 노예들에게도 고유의 음주 문화가 존재했으나, 이들이 자신의 역사를 기록할 수 없었던 만큼 신뢰할 만한 정보를 찾기는 어렵다. 당시 백인 작가들이 남긴 기록은 대부분 인종 차별적이어서 큰 가치가 없다. 확실한 사실은 휴일이나 행사 때는 노예들에게도 술이 종종 제공됐고 이런 자리에서는 음악, 춤, 음주를 즐길 수 있었다는 것이다.

농장주들은 수확을 비롯한 고된 노동을 마친 노예들에게 일종의 보상으로 럼이나 위스키를 제공하기도 했다(많은 농장주들이 비용 때문에 이런 관행을 싫어했다). 역사적 기록을 보면 노예 여성들 또한 가능한 경우 술을 만들었던 것을 알 수 있다. 젊은 흑인 여성들이 자신들에게 할당된 위스키에 물과 설탕, 허브류를 섞어 일종의 칵테일을 만들었다는 자료도 있다.

유럽인에 의해 노예나 식민지 주민이 된 사람들과 술의 관계는 복잡하다. 농장주와 식민지 개척자들은 술을 통해 노예와 원주민을 통제했지만, 또한 술은 억압받는 이들의 순간적인 반항을 가능케 하기도 했다. 작가이자 학자인 로라 세런트Laura Serrant는 2015년 발표한 논문 「우리 춤 안의 침묵The Silences in Our Dance」에서 카리브해 지역 흑인 여성의 복잡한 역사에 대해 다음과 같은 주장을 펼쳤다. "긍정적인 도피처로서의 술은 개인에게 '자기 보존 효과'의 가능성을 제공한다. 그런가 하면 집단에게는 일반적으로 기대되는 행동을 벗어난 존재 방식을 개발할 기회를 제공한다. ……이는 노예들이 사회 질서에 도전하고 '반항'할 수 있게끔 했다. 노예들은 술을 통해 주인이 용납하지 않는 말과 감정, 춤과 행동을 표출할 수 있었고 나아가 그들을 침묵시키려는 시도, 그들의 문화를 지우려는 시도에 저항할 수 있었다."

1700년대 노예 여성들은 음주를 통해 공동체를 형성했고, 백인 주인들이 무자비하게 말살하려고 했던 자신들만의 문화와의 핵심적이고도 위태로운 연결고리를 보존할 수 있었다.

▼ ▲ ▼

러시아의 국민과 근위대를 비롯한 거의 모든 이가 표트르를 싫어했다. 아마도 표트르를 좋아했던 사람은 그의 정부情夫가 유일할 것이다. 그럼에도 불구하고 그는 1761년 러시아 황제로 즉위했다. 예카테리나에게 황후 자리는 다음 단계로 나아가기 위한 디딤돌에 불과했다.

이 불행한 부부는 서로에게 냉담했다. 알려진 바에 따르면 둘은 결혼 후 구 년이 지나서야 처음으로 잠자리를 가졌다고 한다. 둘은 각각 정부를 두었는데, 특히 표트르는 연인과의 관계를 대놓고 과시했다. 그는 공개적으로 황후에게 거리를 두며 자신의 성적인 활동을 떠벌이고 다녔다. 표트르의 이런 행동은 몇 가지 이유로 심각한 위기를 불러왔다. 우선 정치력이 뛰어나고 자신의 매력을 활용할 줄 아는 예카테리나는 표트르와는 달리 인기가 높았다. 둘째로 예카테리나의 정부는 황실 근위대의 지도자 중 한 명으로, 표트르를 싫어하는 이들 사이에서 영향력이 높은 인물이었다. 곧 예카테리나와 그 연인은 그녀를 황제의 자리에 앉히기 위한 계획을 세운다.

반란을 일으키기로 한 날 밤, 예카테리나는 병사들에게 황제 폐위에 성공하면 엄청난 양의 보드카를 지급하겠다고 약속했다.* 병사들은 그 자리에서 예카테리나에게 충성을 맹세했다. 그녀는 새롭게 충성을 맹세한 군대를 이끌고 남편이 있는 곳으로 진격했다. 표트르는 몇 시간 후 체포됐고, 예카테리나는 러시아 최후의 여제로서 왕관을 썼다. 정치적 역량을 발휘하여 피 한 방울 흘리지 않

---

* 술을 좋아하는 대학생들에게 뭔가를 시키고 싶을 때도 이 방법은 효과적이다.

예카테리나 대제의 초상화

고 제국을 손에 넣은 것이다.

피는 흘리지 않았지만, 이 날 흘린 술의 양은 어마어마할 것이다. 예카테리나는 즉위를 마치자마자 모든 술집을 군대에 개방했다. 그리고 전 세계 공통으로 술집에서 가장 인기 있는 말을 했다. 바로 "술은 내가 쏜다!"는 말이었다.[•] 군인과 그 아내들은 와인이며, 샴페인, 맥주에서 벌꿀주까지 모든 술을 닥치는 대로 쓸어 담았다. 목욕통이고 맥주통이고, 채울 수 있는 모든 통을 술로 채웠다.

이렇게 예카테리나 대제가 탄생했다.[••]

예카테리나는 러시아 정교회와 러시아의 전통에 헌신하는 모습을 보이며 자신의 위치를 공고히 했다. 한편으로는 러시아의 군대를 지배하고 문화 부활에 앞장서기도 했다. 통치 초기 러시아를 위한 정부 구상을 밝힌 '칙령'을 내놓으며 명성을 높였다. 계몽주의

[•]   그로부터 삼 년이 지난 후까지도 러시아 왕실은 페테르부르크의 와인과 맥주 상인들에게 비용을 정산 중이었다.

[••] 그로부터 며칠 후 표트르는 사망한 채 발견됐다. 그의 죽음을 둘러싸고 혼란과 음모론이 난무했지만, 공식적으로는 뇌졸중으로 사망한 것으로 발표됐다. 증거는 없었지만 예카테리나(또는 그녀의 공모자)의 소행이라는 의혹이 많았다.

의 영향을 받은 예카테리나는 정부 관리와 세금 및 사법 제도, 경제에 있어서 도덕성을 강조했다. 보드카를 러시아의 영혼이 담긴 술로 보았던 그녀는 유럽의 군주들에게 술을 선물로 보내며 관계를 강화했다. 열렬한 독서가로 글쓰기를 즐겼던 예카테리나는 괴테를 비롯한 작가들과 유명인들에게도 보드카를 선물했다.

예카테리나는 술을 현명하게 활용했고, 다른 이들도 그렇게 하기를 바랐다. 그녀는 귀족들의 절주를 위해 기준을 세웠다. 한편으로는 국민들의 일상에서 술이 필수적인 요소라는 사실도 잘 이해하고 있었다. 예카테리나는 러시아 경제에서 술이 차지하는 위치를 정비하기 위해 대대적인 법 개정을 단행했다.

▼ ▲ ▼

한편 1700년대에는 증류주의 인기가 전 세계를 휩쓸었다. 네덜란드가 강력한 해군을 바탕으로 번영하던 황금기에는 *예네버르* genever가 국민 증류주로 떠올랐다.

예네버르는 맥아 곡물로 만든 맑은 증류주였다. 예네버르는 다양한 식물의 풍미를 더했는데, 가장 중요한 역할을 한 것은 노간주나무, 즉 주니퍼juniper였다. 주니퍼 열매는 증류주 특유의 센 맛을 가려주는 역할을 했다. 스페인과 독립 전쟁을 치르고 있던 네덜란드를 지원하고자 잉글랜드의 엘리자베스 1세가 병력을 보냈는데, 바로 이 군인들이 돌아오면서 플로럴 풍미의 이 독한 증류주를 들여왔다.

잉글랜드의 예네버르 시장은 빠르게 성장했다. 곧 런던을 중심으로 전역에 예네버르를 파는 술집이 우후죽순으로 생겨났다. 사람들은 예네버르를 줄여서 진$_{gin}$이라고 부르기 시작했다. 18세기 초 잉글랜드 정부는 새로운 세수를 필요로 하고 있었고, 지주들에게는 잉여 곡물을 처분하기 위한 시장이 필요했다. 진은 값싸고 손쉽게, 그리고 저렴하게 만들 수 있는 술이었다.[*] 당시 잉글랜드는 번영을 누리고 있었다. 점점 더 많은 이들이 커피, 럼, 홍차, 초콜릿, 그리고 진이라는 새로운 증류주를 사는 데 소비할 만한 소득을 갖추게 됐다.

1702년, 앤 여왕은 진을 대중화시켰다. 여왕은 진의 열렬한 지지자로서 국민들의 진 소비를 장려했다. 여왕은 런던과 웨스트민스터 주변 지역에서 증류권을 독점하고 있던 증류업체 조합의 독점권을 취소했고, 이는 진 생산량을 증가시키는 결과를 낳았다. 조합의 독점권이 취소되자 해당 지역에는 수백 개의 작은 증류소들이 생겨났다.

산업화의 확산과 진의 보급은 함께 맞물려 진행됐다. 진은 현대적인 술, 도시적인 술이었다. 공장이나 사무실의 일자리를 찾아 런

---

[*] 이 시기 진은 쉽게 만드는 만큼 맛이 형편없기도 했다. 초기 잉글랜드의 진은 도수가 너무 높아서 마시면 머릿속이 새하얘질 정도였다. 당시의 진을 마신다는 것은 오늘날의 매니큐어 리무버를 샷으로 마시는 것과 비슷했을 것이다. 1700년대 중반이 되어서야 증류 과정이 개선되고 더 나은 품질의 재료로 진을 만들기 시작했다.

던을 비롯한 도시로 몰려드는 수천 명의 젊은 여성들의 술이었다. 이를테면 진은 최초의 현대 여성을 위한 술이었다.

그러나 안타깝게도 런던은 이들의 기대에 부응하지 못했다. 여성을 위한 일자리는 생각보다 매우 적었고, 급여 또한 낮았다. 다행히 일자리를 찾은 여성들은 지금까지와는 다른 낯선 상황에 처했다. 처음으로 가족과 멀리 떨어진 곳에서 살게 됐고, 이들에게는 자유롭게 쓸 수 있는 시간과 돈이 있었다. 그렇다면 퇴근 후 이들은 즐거운 시간을 보내기 위해 어디로 갔을까?

여성들은 '진 상점gin shop'으로 갔다.

이제 막 생겨나고 있던 진 상점은 아직 남성화되기 이전이었다. 여성들이 술집에서 공공연히 술을 마시는 것은 여전히 일반적으로 용인되지 않았지만, 진 상점이라면 괜찮았다. 게다가 진 상점의 운영자는 대부분이 여성이었다.

수 세기 전 에일와이프들이 에일하우스를 열 때 그랬듯, 진 상점 또한 큰 자본 없이 최소한의 장비와 교육만으로도 운영할 수 있었다(진 상점은 '한 잔 집dram shop'이라고도 불렸는데, 진을 한 잔씩 판매했기 때문이다). 하층민 여성이 시도할 수 있는 몇 안 되는 사업이었다. 하지만 엄밀히 따지면 상점을 열기 위한 면허가 필요했고, 면허 발급에는 돈이 들었다.

그래서 대부분의 여성이 불법적으로 진을 생산하고 판매했다. 무허가 진 판매는 큰 위험이 뒤따르는 일이었다. 여성은 남성에 비해 기소되어 유죄 판결을 받고 감옥에 갈 확률이 더 높았기 때문이다. 여성들은 단속을 피하기 위해 임시로 지은 판잣집 같은 곳에서 진을 팔았다.* 단속의 낌새가 있을 때 바로 짐을 싸서 도주할 수 있었기 때문이다. 어떤 여성은 한술 더 떠 배에서 진을 판매하기도 했고, 바구니나 손수레에 담아서 이동하면서 팔기도 했다. 이런 이동식 진 판매는 광장에서 열리는 공개 교수형 같이 사람이 많이 모이는 행사에서 큰 성공을 거뒀고, 지역 술집들은 손님을 빼앗아가는 이들에게 불만을 품었다.

진을 즐기는 여성이 수천 명에 이르자 진은 *여성들의 기쁨*ladies' delight이라는 별명을 얻었다. 진은 '마담 제네바Madam Geneva', '마더 진Mother Gin' 등으로 불리며 여성적인 정체성을 얻었다.

당시 여성들이 판매한 진은 현대인이 토닉에 섞어 마시는 그 맛있는 진이 아니었다. 대개의 경우 주니퍼 열매를 넣지 않았기 때문에 엄밀히 따지면 진이라고 할 수도 없었다. 사실 형편없는 재료로 만들어지는 경우가 태반이었다. 대개는 맥아를 증류한 술에 테레빈유와 소금, 후추를 섞어 만들었다. 고수 같이 비싼 재료는 생강이나 아몬드유로 대체했다. 그렇게 만들어진 진의 알코올 함량은 57퍼센트 내외였다(18세기에 수세식 변기가 보급됐다면 진으로 변기를 청소할 수 있을 정도의 알코올 함량이었다).

대체로 여성 진 노점상들은 극히 가난했다. 이들로선 판잣집이

---

* 판잣집이라 해도 앉을 자리와 비바람을 피할 공간을 제공할 수 있었고, 이는 손님의 체류 시간을 늘려 진을 더 많이 사 마시도록 유도하는 데 유리했다.

나 길거리에서 진을 파는 일이 궁핍을 피할 유일한 방법이었다. 한편 제대로 된 노점이나 상점, 저장고를 갖추고 진을 판매하는 이들도 있었다. 소수이기는 하지만 펍의 소유주나 정식 면허를 지닌 증류업자인 경우도 있었다. 1700년대 중반 런던 증류사 협회에는 230명가량의 증류업자가 소속되어 있었는데, 그중 네 명이 여성이었다.

▼ ▲ ▼

진 상점은 여성 음주자를 위한 맞춤형 공간이었다는 점에서 혁명적이었다. 진 상점을 찾는 손님은 주로 퇴근 후 한잔하려는 가정부들, 휴식 시간에 술을 마시러 나온 하인들, 식료품을 사러 나왔다 잠시 들른 주부들이었다. 많은 진 상점이 이들 고객을 더 유치하고자 양초를 비롯한 가정용품을 함께 판매했다.

진 상점에는 손님이 넘쳤다. 어떤 남자들은 여자를 만나려고 오기도 했는데, 여자들은 종종 이러한 남자들과 함께 술을 마시거나 다른 여자들과 어울려 술을 마시기도 했다. 진 상점은 런던 역사상 최초로 여성이 평판을 망칠 우려 없이 술을 마실 수 있는 공공장소였다. 여성 중심의 공공장소라는 개념은 최초로 등장한, 생소한 개념이었다.

진 상점은 사실 오늘날 우리가 알고 있는 바의 전신으로 볼 수 있다. 면허를 지닌 정식 진 상점에는 주문을 할 수 있는 긴 카운터가 설치됐다. 바쁜 공장 노동자들은 진 상점에 들어와 재빨리 진을 한 잔 마시고 다시 공장으로 돌아갔다. 술과 음료를 서빙하는 이긴 카운터, 즉 바는 진 상점의 상징이자 필수 요소였다.

진 상점은 정식 술집처럼 근사한 곳은 아니었다. 대다수의 진 상점, 특히 무면허 상점은 작고 비좁았다. 게다가 대부분은 단속을 피하기 위해 여분의 방이나 지저분한 지하실에 숨어서 영업했다. 하지만 당시 런던은 솔직히 말해 어딜 가나 비좁고 지저분했다. 진 상점 중에는 지역민들에게만 알려진 비밀스러운 곳도 있었는데, 마치 예전의 에일하우스 같은 분위기를 풍기기도 했다.

문제는 당시의 사람들이 증류주 마시는 법을 아직 제대로 알지 못했다는 데 있었다. 당시 런던은 이를테면 센 술을 처음 배우는 대학생으로 가득한 도시였다. 사람들은 다른 술을 마시듯 많은 양

런던의 진 상점

의 진을 마셔도 된다고 생각했다. 에일을 맥주잔 가득 마셨으니 진
도 그렇게 마실 수 있다고 생각한 것이다. 시장에 값싼 진이 넘쳐나
며 런던에는 진 광풍Gin Craze이 불었다. 이 광풍은 1720년부터
1751년까지 절정에 달했다. 거리에는 술 취한 사람이 넘쳐났고,
알코올 중독과 술로 인한 사망 사건이 끊이지 않았다.

진 광풍에 놀란 영국인들은 진을 마셔대는 주체가 누구인지를
보고 패닉에 빠졌다. 상류층은 하류층 사람들, 특히 여성들 사이에
만연한 음주를 보고 경악했다. 미혼의 젊은 여성 노동자들이 결혼
을 하고 아이를 낳는 대신 술을 마시며 즐기고 있었다.

상류층은 가난한 여성들의 술 마시는 모습을 보고 싶어 하지 않
았다. 이웃의 눈치를 봐야 하는 기혼 여성들은 남들의 눈을 피해 집
에다 진을 한 병씩 보관해두고 마셨다. 곧 진은 '모성의 파멸Mother's
Ruin'이라는 별명도 얻게 됐다. 술에 취한 궁핍한 어머니나 유모의
모습은 절주 운동이 내세우는 대표적인 이미지가 됐다.* 개혁주의
자들은 여성 음주 금지를 대의로 삼았다.

당시 잉글랜드는 강대국으로 발돋움하려는 과정에 놓여 있었
다. 대영제국을 돌아가게 하는 동력은 자라서 선원과 군인, 노동자
가 되어줄 하층민 어린이들이었다. 정부는 잉글랜드의 노동 계급

---

*　잉글랜드에서 절주 운동이 시작된 이 시기에 북미에서도 절주 운동이 시작됐다. 원
주민 운동가들은 백인 정착민들의 파괴적인 영향력으로부터 스스로를 보호하기 위
해 지역 사회 내에서 술을 제한하자는 캠페인을 벌였다.

이 인구를 열심히 생산해 더 많은 저임금 노동자를, 전쟁에서 싸울 군인을, 세계 식민지화에 일조할 개척자를 공급해주기를 바랐다. 노동 계급 인구가 증가할수록 잉글랜드의 경제에는 유리했다. 개혁주의자들의 눈에 아이도 낳지 않고 인생을 즐기며 진을 마시는 독신 여성들은 잉글랜드의 노동력 공급을 망치는 주범이었다.*

신문은 술 마실 돈을 마련하려고 자식을 살해한 여성이나 진에 중독되어 가정을 파탄에 이르게 한 여성이 등장하는 선정적인 기사를 연일 보도했다. 돼지우리 같은 집에서 홀로 진을 마시는 못생긴 노파의 모습을 담은 그림도 자주 등장했다. 대영제국의 힘을 강화하는 데는 하등 쓸모가 없는 나이 든 독신 여성에 대한 낙인은 엄청났다. 이 시기 도시에는 갑자기 몸에서 불이 나서 타 죽었다는 사람들의 소문이 만연했다. 보고된 희생자의 대부분은 혼자 사는 늙은 여성이었다. 불에 바싹 그을린 채 발견된 이들의 시신 옆에는 다 마신 진 병이 있었다고들 했다. 이러한 소문은 여성들을 겁주기 위한 용도로 활용됐다. 모두가 여성들에게 술을 끊으라고, 잠자코 결혼이나 해서 더 많은 노동자를 생산하라고, 그게 모두를 위한 일이라고 말했다.

1736년, 정부는 최초의 진 규제법을 발표했다. 진 소비를 억제하고자 소비세를 부과했고 판매 면허에 대한 법률을 제정했다. 개

* 절주 운동이 여성 건강에 가져온 유일한 긍정적인 결과는 의사들이 임산부 음주 반대 청원을 낸 것 정도일 것이다.

혁주의자들은 범죄와 부도덕의 원인으로 (빈곤이 아닌) 진을 지목했고, 진 상점들은 그들의 주요 공격 대상이 됐다.

절주 운동은 빈곤층, 그중에서도 가난한 여성을 처벌하는 데 초점을 맞췄다. 작은 진 상점은 가난한 사람들이 모이는 장소였고, 가난한 여성이 환영받는 유일한 공공장소였다. 그곳은 이들이 노동에서, 집안일에서, 양육에서 벗어나 갈 수 있는 유일한 곳이었다. 첫번째 진 규제법이 시행된 지 사 개월 만에 폭동이 발생했다. 이러한 폭동은 주로 여성들이 주도했고, 이들은 시위에서 중요한 역할을 했다. 고함을 치고 흙과 돌을 던지며 몸싸움에 가담하기도 했다.

그 후 십오 년 동안 잉글랜드 정부는 진 판매자와 소비자를 통제하고 세금을 부과하려는 목적으로 여덟 개에 이르는 규제법의 통과와 폐지를 반복했다. 효과는 1751년 통과된 마지막 진 규제법에 가서야 나타났다. 이 규제법은 진 가격과 세금을 추가로 인상하고 증류업자들이 무허가 상점에 진을 판매하지 못하도록 막았으며, 감옥과 노역장에 진 반입을 금지했다. 진 소비는 마침내 감소했다. 규제책의 효과도 있었겠지만, 이 시기쯤 사람들의 소득이 줄고 있었고 진을 맥주 마시듯 마시면 곤란하다는 사실을 많은 이가 깨닫고 있었다. 진 광풍은 대부분의 열풍과 같은 궤적을 그렸다. 처음 나타났을 때는 저렴한 가격과 참신함으로 대중에게 인기를 끌었지만, 한 세대가량이 지나며 그 매력이 사라진 것이다.

한편 1751년의 진 규제법은 잉글랜드 여성들을 주류 생산과 판매 업계에서 다시 한번 성공적으로 몰아냈다. 그러나 북쪽의 스코틀랜드에서는 여전히 많은 여성들이 무허가 증류주 상점을 운영하고 있었다. 이들이 파는 것은 진이 아니었다. 스코틀랜드 최초의 위스키였다.*

위스키는 곡물을 당화 발효한 발효주를 증류하여 만든 술이다. 오늘날 우리가 마시는 위스키는 대개 숙성을 거쳐 부드러운 맛을 내지만, 초기 스코틀랜드의 위스키는 숙성 없이 마시는 독한 술이었다. 위스키는 순식간에 스코틀랜드 전역에서 인기를 끌었다. 위스키의 인기가 높아지자 1707년 스코틀랜드를 공식적으로 합병한 잉글랜드 정부는 1725년 맥아세 법안을 발표했다. 이 법안은 위스키 증류와 판매에 드는 비용을 높였고, 대부분의 증류업자는 어쩔 수 없이 가게 문을 닫거나 지하로 숨어들었다. 그러나 사실 이 법안은 여성에게는 큰 영향을 주지 못했다.** 어차피 여성들은 불법적으로 술을 판매하는 데 이골이 나 있었기 때문이다.

스코틀랜드에서 불법 증류로 처음 체포된 사람은 1506년 체포된 베시 캠벨Bessie Campbell이라는 여성이었다. 이 시기 스코틀랜드 당국은 주술을 쓴다고 의심되는 여성들을 잡아들여 사형시키곤 했다(사실 마녀로 몰린 여성들은 집에서 민간요법을 쓰고 증류주를 만들

---

* 위스키는 스코틀랜드와 일본, 캐나다에서는 *whisky*, 아일랜드와 미국에서는 알파벳 'e'를 더한 *whiskey*로 표기한다.
** 1736년 잉글랜드의 진 규제법과 마찬가지로 1725년 맥아세법 또한 많은 불만을 낳았다. 글래스고에서는 폭동이 일어났다. 여성들은 군중을 모으기 위해 북을 치고 거리를 행진하며 이러한 폭동에서 중요한 역할을 했다.

었을 뿐이다). 스코틀랜드 여성들은 이 시기를 지나며 단속을 피해 몰래 위스키를 양조하는 데 능숙해졌다.

1699년 에든버러에서는 "젊은이들을 유혹에 빠뜨리고 외설과 방탕을 조장한다"며 술집에서 여성을 직원으로 고용하는 것을 금지하는 법을 통과시켰다. 그러자 *쉬빈*shebeen(스코틀랜드, 아일랜드, 남아프리카공화국 등의 작은 무허가 술집을 이르는 말-옮긴이)이 등장했다. 쉬빈은 대체로 여성이 운영하고 관리했으며, 주로 위스키를 팔았다. 쉬빈을 운영하는 여성들은 위스키를 직접 만들기도 했다. 터무니없이 높은 맥아세를 피하기 위해 집에서 몰래 증류하는 경우도 많았다. 증류기를 가열할 때 나는 연기가 눈에 띄지 않도록 이들은 대개 밤에 작업을 했다. 불법 위스키를 *문샤인*moonshine이라고 부르게 된 것은 이 때문이다.

도시, 시골을 막론하고 많은 여성들이 쉬빈에서 위스키를 마셨다. 일과를 마친 후, 또는 하루를 시작할 때 집에서 위스키를 마시기도 했다. 스코틀랜드의 웨스턴아일스 지역에서는 집안의 안주인이 아침에 하루를 시작할 때 여성 하인들에게 위스키 한 잔을 주는 것이 관례였다. 밭에서 일하는 여성들은 몸을 따뜻하게 데우기 위해 위스키를 마셨다. 18세기부터 식료품점에서 위스키를 판매하기 시작했고, 여성들은 종종 위스키를 한 병씩 사서 집에 가져가기도 했다. 식료품점은 주부와 어머니의 영역이었다. 이는 집에서 마실 술을 선택하고 구매하는 주체가 여성이라는 의미다(수백 년이 흐른 지금까지도 주류 회사들은 이러한 사실을 인정하지 않고 있지만).

▼ ▲ ▼

한편 지구 반대편의 남미 원주민 여성들 또한 자신들만의 밀주를 만들고 있었다. 이들의 목적은 단지 세금을 피하는 것만은 아니었다. 원주민 여성들에게 밀주 생산은 스페인 식민 지배에 대한 적극적인 저항이었다.

16세기 잉카인들은 오늘날의 에콰도르 북부에서 태평양 연안을 따라 칠레 중부의 마울레강에 이르는 광대한 안데스 지역에 제국을 건설한 민족이다. 잉카 제국은 콜럼버스 이전 아메리카 대륙에서 가장 큰 제국이었으며, 수도는 오늘날 페루의 중남부에 위치한 쿠스코였다. 잉카 여성들 또한 세계 곳곳의 다른 여성들과 마찬가지로 양조를 담당했다.

잉카에서는 초기 일본의 사케와 비슷한 방식으로 옥수수를 발효하여 *치차*chicha라는 맥주를 만들었다. 마을 여성들은 옥수수가루 반죽을 동그랗게 만들어 입에 넣고 씹었다. 옥수수 전분은 침을 만나며 당분으로 분해됐다. 이렇게 반죽을 씹어서 모은 혼합물을 끓이고 희석하여 용기에 넣고 이삼 일가량 발효하면 옥수수 맥주가 됐다. 필요한 것은 옥수수 반죽을 씹을 입과 반죽을 뱉을 그릇뿐이었다. 치차의 알코올 함량은 5퍼센트가량으로, 오늘날의 일반적인 맥주와 비슷했다.

옥수수 맥주는 결혼식이나 장례식, 전쟁 의식 등 중요한 행사에 빠지지 않는 필수품이었다. 그렇기 때문에 치차를 생산하고 판매

치차를 만들기 위해 옥수수 반죽을 씹고 있는 여성들

하는 사람은 지역 사회 내에서 어느 정도의 영향력을 지녔다. 시골 지역에서 술을 생산하고 판매하는 농장이나 시설은 상류층 여성의 소유인 경우가 많았다(이러한 이들 중에는 과부나 미혼 여성도 있었다). 양조 시설을 소유함으로써 이들은 어느 정도의 자율성을 누릴 수 있었다. 여성이 술의 생산과 유통에 관여할 수 있었다는 사실을 보면 잉카 사회가 비교적 평등했음을 알 수 있다.

그러다 1500년대 후반 스페인이 나타나 잉카를 정복하며 모든 것이 엉망이 됐다. 17세기 무렵이 되었을 때는 남아메리카의 다양한 원주민이 스페인의 통치와 억압 아래 놓이게 됐다. 스페인은 현재의 과테말라와 페루, 볼리비아, 멕시코 지역의 원주민들을 통제하기 위한 전략으로 술을 규제하기 시작했다.

발효주는 스페인이 나타나기 수천 년 전부터 남아메리카의 종교적·정치적 의식에서 중요한 역할을 해왔다. 남미에는 치차 외에 풀케_pulque_라는 술도 존재했는데, 아가베 수액을 발효하여 만든 이 술은 성스러운 음료로 인식됐다. 풀케는 탈지우유와 비슷한 빛깔의 걸쭉하고 시큼한 발효주다. 멕시코 중부와 남아메리카 일부에 제국을 건설한 아스텍인들에게 풀케는 여성과 관련이 깊은 술이었다. 아스텍 신화에 등장하는 마야우엘 여신은 _마구에이 maguey_라고도 불리는 아가베에서 수액을 얻는 방법을 최초로 알아낸 존재다. 당시 종교적 목적이 아닌 이상 풀케를 매일 마실 수 있는 사람은 노인과 임산부뿐이었다. 풀케는 여성이 만들고 마셨지만 남에게 팔지는 않았다. 아스텍인들에게 풀케는 결코 사고팔 수 없는, 신성한 음료였기 때문이다.

그러나 스페인의 식민 지배 이후 풀케는 그 신성한 지위를 잃고 평범한 음료가 되어버렸다. 1600년대가 되어서는 스페인인들도 풀케를 마시기 시작했다.

멕시코의 작은 마을에서는 농민 여성들이 풀케 관련 경제를 주도했다. 이들은 _풀케리아 pulqueria_라는 상점에서 독점적으로 풀케를 판매했다. 동네 술집인 풀케리아에는 언제나 손님이 북적였고, 종교 축제 기간에는 특히 많은 인파가 몰렸다. 풀케리아의 인기가 점점 높아지자 스페인은 긴장하기 시작했다. 스페인 식민주의자들은 풀케리아를 범죄와 반란, 무질서의 온상으로 여겼다.

가톨릭을 국교로 했던 스페인은 절제와 자제를 중요한 덕목으로 여겼다. 가톨릭 신자에게 술은 먹고 즐기는 음료가 아닌 종교적 전통과 관련된 음료였다. 그러나 멕시코 원주민에게 절제는 상황에 따라 달라지는 척도였다. 그들에게 음주는 국가의 일부였고, 풀케는 문화적 정체성의 중요한 부분이었다. 스페인은 풀케를 통제하면 원주민을 통제할 수 있다는 점을 깨달았다. 게다가 풀케에 세금을 부과하면 상당한 수입을 올릴 수 있으니 일석이조였다. 식민 초기 스페인은 술의 판매와 소비를 제한하는 법을 제정하며 원주민 통제에 나섰다.

우선 스페인은 규제책을 도입하여 나이 든 원주민 여성만 풀케리아를 운영할 수 있도록 했다. 또한 면허를 의무화하는 한편 방문 가능한 손님의 수를 제한했다. 풀케리아를 남성용과 여성용으로 구분하는 조례를 통과시키려 했으나 이 조례는 1752년에 포기했다. 아내와 남편, 가족이 모여 함께하는 술자리를 막기 어려웠기 때문이다.

규제법이 등장한 이후 멕시코 전역에는 불법 풀케리아가 많이 생겨났다. 멕시코시티에서는 스페인 여성이 무허가 술집을 열어 도시 외곽의 원주민 여성이 만드는 비과세 풀케를 팔기도 했다. 원주민 여성들 역시 여기저기서 작은 무면허 풀케리아를 운영했다. 이렇게 비밀리에 풀케를 판매하는 행위는 스페인에 대한 저항이었고, 이들 여성은 *저항운동가*clandestinistas였다.

페루에서는 원주민 여성들이 스페인 식민 지배하의 원주민 거주 구역인 *란체리아*rancheria에서 치차를 만들어 팔았다. 치차를 파는 이들 여성은 *치체라*chichera라고 불렸다. 이 무렵에는 더 이상 옥수수가루 반죽을 씹어 뱉는 방식으로 치차를 만들지 않았다. 치체라들은 맥아화한 옥수수를 물과 섞어 발효시켜 치차를 만들었다. 치차 외에 옥수수 줄기 수액으로 만든 또 다른 발효주 *과라포guarapo*도 있었다. 과라포는 치차와 비슷했지만 조금 더 달았다.

페루로 끌려와 노예가 된 흑인 여성들 또한 자신들만의 양조 지식을 지니고 있었다. 자유민이 된 흑인 여성은 양조업자가 되기도 했는데, 이들은 아프리카와 페루의 양조 기술을 함께 활용하여 맥주를 양조했다.

남미에 온 스페인인들은 여성이 술을 단순히 만들기만 하는 게 아니라 마시기까지 한다는 사실에 당황스러워했다. 페루의 술집에서 여성들이 술을 마시고 춤추는 광경은 가톨릭 교도였던 그들에게 충격적이었다. 스페인은 이를 규범에 대한 모욕으로 보았다. 스페인은 법령을 도입해 여성의 단독 술집 출입을 막으려 했지만, 멕시코에서 풀케리아의 남녀 분리가 실패했듯 역시 실패했다. 이 대담한 원주민 여성들은 스페인의 식민화를 고분고분 받아들이지 않았다.

▼ ▲ ▼

안타깝게도 다른 식민지 여성들은 이들만큼 버텨내지 못했다.

카리브해 지역에서는 새로운 증류주인 럼이 인기를 끌고 있었다. 럼은 설탕의 부산물인 당밀이나 사탕수수 즙을 증류하여 만든 술이다. 럼을 처음 만든 이는 1600년대 카리브해 지역 사탕수수 농장에서 일하던 노동자들이었다. 이들은 발효 중인 당밀을 증류하면 맛있는 증류주가 만들어진다는 사실을 발견했다. 럼은 빠르게 인기를 얻었다. 그런데 그 인기를 타고 노예상들에게 퍼져나간 럼은 안타깝게도 북미와 아프리카, 유럽 간에 형성된 삼각 노예 무역의 한 자리를 차지하게 됐다.

17세기 자메이카에서 럼이나 럼 펀치를 판매하는 술집의 여성 주인은 대부분 백인이었다. '럼 펀치 우먼rum-punch-women'*이라고도 불린 이들은 럼을 대량으로 구매해 되팔았다. 이들이 한 번에 사들이는 럼의 양은 적을 때는 60갤런(227리터), 많을 때는 500갤런(1,893리터)에 달했다. 해적들의 근거지로 악명이 높았던 자메이카의 포트 로열에는 이러한 여성들이 많았고 에일과 펀치를 파는 술집도 즐비했다. 대개 이들은 사회의 변두리에 있는 부적절한 사람 취급을 받았다. 일부는 직접 럼을 증류하기도 했고, 자신만의 제조 비법과 사업을 딸에게 물려주기도 했다. 럼은 킬데빌kill-devil 이라는 별명으로 불리기도 했다. 포트 로열에서 여성 해적들이 모여 술을 마셨다는 역사적 기록은 없지만, 만약 실제 그런 일이 있었다면 정말 근사했을 것 같다.

---

* 럼 펀치는 럼, 물, 설탕, 레몬이나 라임 등 감귤류 과일, 정향이나 계피, 육두구 같은 향신료를 섞어 만든 음료다.

▼ ▲ ▼

프랑스에서는 새로운 유형의 술집이 등장하며 여성의 공공 음주 문화를 바꿔놓았다. 영국과 마찬가지로 프랑스의 술집은 남성을 위한 공간이었고, 술집에 들어가는 여성은 침입자로 간주됐다. 그러다 파리 등 대도시 근교에 대안이 등장하기 시작했다.

*갱게트*guinguette는 술 자체보다는 음식과 춤, 공연 등 오락거리에 더 중점을 둔 대규모 술집이었다. 갱게트라는 이름은 지역에서 생산되던 *갱게*guinguet라는 새콤한 화이트 와인에서 따온 것이다. 갱게트는 런던의 진 상점과 마찬가지로 기존 술집의 전통을 벗어난 새로운 공공 음주 장소였다. 갱게트에서 여성은 더 이상 침입자가 아니었고, 고객으로 환영받았다.

갱게트는 도시 외곽에 있었기 때문에 주로 주말에 방문하여 평소보다 근사하게 술을 즐길 수 있는 장소로 여겨졌다(도시의 과세 구역을 벗어나 있다는 것 또한 장점이었다). 여성들은 교외를 거닐며 쇼핑을 즐기고 다양한 갱게트에 들러 와인을 마셨다. 많은 갱게트가 야외에 자리 잡고 있었고, 아름다운 정원과 녹지를 끼고 있었다. 교외에 자리한 갱게트는 도시의 일상을 잠시 벗어날 수 있는 멋진 탈출구였다.

이 시기 프랑스에서는 누구도 벗어날 수 없는 혁명의 불길이 점점 거세지고 있었다. 미국 혁명에 감흥을 받은 프랑스 사람들은 미국도 영국을 몰아냈는데 프랑스 국민이 왕정을 몰아내지 못할 이유가 없다고 생각했다. 러시아의 예카테리나는 프랑스 혁명의 전개를 면밀히 주시했다. 프랑스의 상황을 지켜본 그녀는 권력을 빼앗길지도 모른다는 불안에 시달렸다. 그녀는 남들 앞에서 목이 잘리는 험한 꼴을 당할 생각이 전혀 없었고 황제로서 자신의 위치를 확보하고 통치를 강화해야 한다고 생각했다.

예카테리나는 늘 영국의 군사력 강화를 경계했지만, 1766년에는 영국과 상업 협정을 맺었다. 그런데 협상 과정에서 맛본 런던의 스타우트 맥주는 도수가 높은 흑맥주를 좋아하는 예카테리나의 입맛에 딱 맞았다. 그녀는 이 맥주를 안정적으로 공급받기 위해 영국 서더크에 위치한 앵커 브루어리Anchor Brewery와 계약을 맺었다. 앵커 브루어리는 스타우트를 양조하여 러시아 궁정까지 직접 배송했다. 양조업체들은 러시아까지 가는 긴 여정 동안 스타우트의 맛이 변질되는 것을 막기 위해 제조법을 바꾸기로 결정했다. 앵커 브루어리는 예카테리나를 위해 더 진하고 풍부하며 도수가 높은 스타우트를 만들었다. 이 스타우트는 유통기한 또한 길어 최대 칠 년까지 보관할 수 있었다.

이렇게 도수가 높은 새로운 수출용 스타우트, 즉 엑스포트 스타우트export stout가 탄생했다. 알코올 함량은 12퍼센트가량으로 일반적인 와인만큼 높았다. 예카테리나는 러시아 왕족들과 함께 마시기 위해 많은 양을 수입했다. 러시아 황제의 열렬한 인정 덕에 이 맥주는 임페리얼 러시안 스타우트imperial Russian stout라고 알려지게 됐다. 이런 종류의 맥주는 현재도 판매되고 있는데, 다른 맥주에 비해 높은 알코올 함량을 자랑한다.*

이러한 전개는 맥주 산업에 다시 한번 혁명을 일으켰다. 임페리얼 러시안 스타우트와 (또 다른 흑맥주의 일종인) 포터 맥주가 전 세계로 수출될 수 있게 됐다. 그녀에게 감사해야 할 또 다른 혁신이었다.

▼ ▲ ▼

한편 러시아에서는 국가 통제로 인한 보드카 가격 상승과 정부의 증류주 독점에 대한 국민들의 불만이 점점 크게 번졌다. 예카테리나는 문제가 더 커지기 전에 증류주 규제를 재정비하기로 했다. 우선 정부가 독점하던 증류권을 귀족들에게 나눠주어 영지에서 보드카를 증류할 수 있게 했다. 이 결정으로 농민들은 저렴한 가격으로 보드카를 사 마실 수 있게 됐다. 정부가 모든 증류권을 독점했던 예전보다는 개선됐지만, 농민들이 직접 보드카를 만드는 것은 여전히 금지된 상태였다. 그러나 무허가로 보드카를 만드는 일은 흔했다.

예카테리나는 새로운 세금 수익원(귀족들에게 받아낸)을 바탕으로 러시아를 대대적으로 확장했다. 이 시대는 러시아의 황금기로 불리곤 한다. 그녀는 러시아를 내부적으로 개발했을 뿐 아니라 폴

---

* 꼭 한 번은 마셔볼 만한 맛있는 맥주다.

란드, 프로이센, 오스트리아를 합병하며 영토를 확장했다(물론 이들 국가에게는 전혀 황금기가 아니었을 것이다). 나이가 들며 보수적인 성향이 강해지긴 했지만, 예카테리나는 예술을 열렬히 후원했고, 인쇄기 개인 소유 금지법을 해제했다. 그 덕에 러시아의 출판 산업은 번성했고, 국민의 지적인 생활 또한 꽃피었다.

예카테리나의 치세하에 러시아는 유럽의 강대국으로 발돋움했다. 그녀는 제국에 활력을 불어넣고 근대화 시대를 열었다. 예카테리나의 원동력은 아마도 특별히 좋아했던 그 스타우트 한 잔이었을 것이다. 예카테리나 대제는 삼십사 년의 통치를 마치고 1796년에 눈을 감았다.

술과 관련된 법안은 언제나 절주와 음주 예방 이상의 목적을 지니고 있었다. 법안들의 진정한 목적은 누가 어디에서 술을 마실 수 있는지 결정하는 것, 즉 사람들을 통제하는 것이었다. 또한 진정한 목적은 권위에 대한 도전을 억압하고 특정 유형의 사람들, 가난한 사람들, 특히 그중에서도 가난한 여성이나 원주민 여성으로 하여금 특정 방식으로만 행동하게 만드는 것이었다.

이러한 법안은 누가 주류 업계의 일원이 되어 돈을 벌 수 있는지를 결정했다. 예로부터 그래왔듯 술에 대한 접근권을 통제하는 것은 정치적·경제적 권력에 대한 접근권을 통제하는 것과 마찬가지다. 예카테리나는 여성이었지만 운이 좋게도 규칙을 만드는 자리에 설 수 있었다. 그녀는 술이 가진 경제적 힘을 활용한 최초의 권력자였다.

전 세계의 가부장적 구조는 공중 보건과 도덕적 타당성이라는 탈을 쓰고 술 관련 각종 규제를 이용해서 여성들을 억압했다. 런던에서 진을 마시던 여성도, 잉카에서 치차를 마시던 여성도, 멕시코시티에서 풀케를 마시던 여성도 이러한 억압에 시달렸다. 그러나 통제는 한 번도 완전히 성공하지 못했다. 여성들은 언제나 풀케리아에서, 쉬빈에서, 구석진 진 상점에서, 그리고 부엌에서 몰래 술을 양조하고, 증류하고, 판매하고, 마실 방법을 찾아냈다.

예카테리나 대제는 술을 이용해 자신의 제국을 지켜냈다. 그럼 다음 장에서는 아예 술로 만든 제국을 건설한 여성을 만나볼 차례다.

7장

미망인 클리코와
샴페인의 여왕들

19세기

보드카, 위스키, 진, 럼.

다양한 맛의 새로운 증류주가 근대의 도래를 반겼다. 이제는 잠시 숨을 고르며 이 새로운 증류주를 개선할 시점이었다. 주류 업계는 증류주의 맛과 더불어 제조법과 제공법 개선에 신경을 쓰기 시작했다.

한편 이제는 오랜 세월 인류와 함께한 발효주도 변화를 필요로 하는 시점이었다. 19세기에 가장 큰 혁신을 경험한 음료 중 하나는 샴페인이었다.

많은 이가 고급 샴페인이라고 하면 그 유명한 돔 페리뇽Dom Pérignon부터 떠올린다. 그러나 실제로 17세기 프랑스의 수도사였던 돔 페리뇽은 자신이 만든 와인에 거품이 생기는 것을 싫어했다. 그는 와인의 탄산을 만드는 것보다는 블렌딩하는 기술로 유명했다.* 우리가 떠올려야 하는 이름은 돔 페리뇽이 아닌 샴페인의 '라 그랑드 담la Grande Dame(위대한 여성)'이라고 불리는 바르브 니콜 클리코Barbe-Nicole Clicquot다.

바르브 니콜 클리코는 1777년 12월 16일 현재 프랑스 샹파뉴 지역의 중심에 위치한 랭스에서 태어났다. 부유한 섬유 사업가의 장녀였던 그녀는 금발에 회색 눈동자를 지녔으며, 프랑스 혁명이 한창이던 시기에 성장기를 보냈다. 바르브 니콜의 핏줄에는 이미 와인이 흐르고 있었다. 그녀의 증조부 니콜라스는 1729년 세계 최초로 샴페인 하우스, 즉 샴페인 양조장을 설립했다.

스무 살이 되던 해 바르브 니콜은 또 다른 부유한 섬유 사업가의 아들 프랑수와 클리코François Clicquot와 결혼했다. 프랑수와의 아버지 또한 막 와인 사업에 손을 댄 참이었고, 부부는 이 와인 사업을 크게 키워보고 싶었다. 결혼 첫해에 부부는 샴페인을 클리코 가문의 주요 사업으로 삼으려는 계획을 세웠다.

우선은 와인 중개업부터 시작했다. 부부는 직접 와인을 만들지 않고 지역 포도 농장의 배급업자로 활동했다. 이 모든 것은 거품이 나는 와인을 샴페인이라고 부르기도 전의 일이었다. 프랑스 샹파뉴 지방에서도 샴페인이라는 이름은 1860년대가 되어서야 등장했다.

* 사실 돔 페리뇽은 수도사들이 만든 와인에서 골칫거리인 거품을 제거할 방법을 찾는 임무를 맡았다. 그가 샴페인을 발명했다는 주장은 돔 페리뇽이 세상을 떠나고 한참 후에 그의 이름을 딴 샴페인을 만든 회사가 펼친 광고 전략이었다.

포도 농장을 몇 군데 가지고 있었던 부부는 자신들이 소유한 자산의 잠재력을 평가해보았다. 이 당시 사람들이 와인을 고를 때 판단 기준은 와인 재배 지역의 명성뿐이었다. 아직 와인 병에 라벨도 붙이지 않던 시절이었고, 와인을 리뷰하거나 추천하는 책이나 잡지도 존재하지 않았다. 사실 이 시절 와인은 아주 고급이 아닌 이상 그냥 나무통에 담긴 채 판매됐다. 1600년대가 되면서 샹파뉴는 고급 와인 생산지로 알려지게 됐고, 바르브 니콜과 프랑수와가 소유한 포도 농장 중 상당수가 마침 그 지역의 좋은 입지에 위치하고 있었다.

과거의 샴페인은 우리가 새해 전야에 마시는 샴페인과는 달랐다. 1800년대 초에 마시던 와인을 현대의 와인 매장에서 판매한다면 후식용 와인으로 분류될 가능성이 높다. 당시의 와인은 그만큼 달았다. 현대의 샴페인 한 병에는 일반적으로 설탕이 20그램 정도 들어 있다. 19세기 초 와인에는 최소 열 배 이상의 설탕이 들어 있었고, 슬러시같이 차갑게 해서 마시는 경우가 많았다.

색깔 또한 우리가 현재 알고 있는 황금빛이 아니었다. 단맛의 시럽과 브랜디를 다량 첨가해서 만들었던 당시의 스파클링 와인은 갈색빛이 도는 분홍색에 가까웠다. 또한 오늘날의 스파클링처럼 거품이 많이 일지도 않았다. 19세기 초 생산되던 유리병은 압력에 약했다. 당시의 유리병은 요즘 와인병에 가해지는 압력의 절반 정도에도 산산이 깨지며 폭발했다.

압력을 견디는 병이 있었더라도 스파클링 와인은 생산 과정 자체가 꽁장히 까다로웠다.* 스파클링 와인을 만들기 위해서는 블렌딩 책임자가 거의 연금술에 가까운 전문성을 발휘해야 했다. 와인은 2차 발효를 거쳐 스파클링 와인이 된다. 샹파뉴 지역은 겨울이 추웠기 때문에 와인 안의 효모가 당을 다 먹어치우기 전에 기온이 내려가서 발효가 중간에 중단되곤 했다. 그러다 봄이 되어 날이 풀리면 효모가 다시 활동을 시작하며 남은 당을 분해했다. 이 과정에서 효모는 이산화탄소를 내뿜는데, 와인이 이미 병에 밀봉된 상태에서 이런 과정이 진행되면서 거품이 병 속에 갇히게 됐다.** 이러한 일이 반복되자 양조자들은 탄산이 들어간 와인을 만드는 방법을 깨달았다. 발효를 마친 와인에 효모와 녹인 설탕, 브랜디를 추가하고 나무통이 아닌 병에 넣어 밀봉하면 스파클링 와인이 완성됐다.

▼ ▲ ▼

바르브 니콜이 샴페인에 관심을 가지기 전, 샴페인 대중화에 크

---

* 프랑스인들로서는 분한 일이겠지만, 스파클링 와인은 사실 영국에서 발명됐다.
** 앞서 설명한 바와 같이 돔 페리뇽은 와인의 거품을 싫어했다. 1660년대에 돔 페리뇽과 동료 수도사들은 지역 와인에 자꾸 거품이 생기는 원인을 알아내는 임무를 맡았다. 당시에는 아직 아무도 2차 발효의 존재를 몰랐고, 와인 생산자들은 거품 때문에 골치를 앓고 있었다. 당시에는 거품이 생긴 와인을 '악마의 와인'이라고까지 불렀다. 돔 페리뇽은 결국 이 문제에 대한 해결책을 찾지 못했다.

게 기여한 한 여성이 있었다.

프랑스의 샴페인 생산자 클로드 모엣Claude Moët은 1750년경 자신의 와인을 홍보하기 위해 베르사유로 출장을 떠났다. 베르사유에 도착한 그는 와인 시음에 열성을 보이던 젊은 여성들과 이야기를 나눴는데, 이들은 모엣의 샴페인이 "여성스럽게 맛있다"며 더 마시고 싶다고 말했다. 이들 중 한 명이 바로 루이 15세의 공식 정부였던 퐁파두르Pompadour 부인이었다.

모엣의 가장 열성적인 고객이 된 퐁파두르는 왕실 행사에서 그녀의 와인을 고집했다. 퐁파두르는 샹파뉴 지방의 스파클링 와인이 지닌 특별함을 최초로 알아본 영향력 있는 인물이었다. 퐁파두르는 "음주 후 여성을 아름답게 만드는 유일한 와인"이라며 샴페인을 극찬했다. 당시 퐁파두르의 추천은 오늘날 크리시 타이겐Chrissy Teigen(미국의 유명한 배우이자 모델—옮긴이)의 추천과 동급이었다.

바르브 니콜이 막 와인 사업에 뛰어들던 무렵 모엣은 이미 크게 성공한 와인 회사였다. 모엣은 와인 생산뿐 아니라 유통에도 적극적이었는데, 모엣에 제품을 공급하는 와인 생산자의 절반이 여성이었고 모두가 미망인이었다.••• 바르브 니콜 이전 세대 프랑스에서는 가족 경영 사업에서 여성이 핵심적인 역할을 했다. 그러나 그녀가 업계에 뛰어들 무렵에는 많은 이가 그러한 관행을 경시했고, 여성 사업가에 대한 편견 또한 커지고 있었다. 1804년 나폴레옹

••• 안타깝게도 이들에 대한 전기적 정보는 대부분 사라졌다.

법전이 발효되며 일부 법률이 여성의 위치를 어머니나 아내에 국한하는 방향으로 전환됐다. 그러나 이러한 상황은 바르브 니콜을 막지 못했다. 그녀는 그저 와인을 제조하는 일을 좋아했다.

부부가 함께 와인 회사를 일구고 꾸렸지만, 재정적 결정은 남편인 프랑수와만이 내릴 수 있었고 바르브 니콜은 뒷전으로 물러나 있어야 했다. 부부는 와인 유통을 넘어 마침내 생산을 시작했고, 바르브 니콜은 와인이 생산되는 포도 농장들을 관리했다. 그녀는 회사 소유의 포도 농장을 방문해 생육 상황을 수시로 점검했다. 수확 기간에는 아침 수확을 지켜보고자 십이 일 연속으로 해도 뜨기 전에 일어나는 열정을 보였다. 바구니 가득 수확한 포도는 조심스럽게 압착기로 옮겨졌다. 바르브 니콜은 와인 생산 과정을 연구하는 일을 무엇보다 좋아했다. 그녀는 압착기의 밧줄과 나무가 삐걱대는 소리를 즐기며 포도가 압착되는 모습을 관찰했다.*

그러다 바르브 니콜을 둘러싼 상황이 갑자기 바뀌기 시작했다.

여성의 사업 활동을 제한한 나폴레옹 법전이 도입된 이듬해인 1805년, 남편인 프랑수와가 장티푸스로 사망한 것이다. 그녀는 스물일곱의 나이에 미망인이 됐다. 막 성장하고 있던 와인 사업을 접고 싶지 않았던 그녀는 시아버지를 설득해 사업을 이어가기로 했

---

* 일반적으로 와인을 만들 때는 포도를 여러 번 압착한다. 첫 번째와 두 번째 압착까지는 질 좋은 포도즙을 얻을 수 있지만, 세 번째부터는 그 품질이 떨어진다. 저렴한 테이블 와인은 대개 세 번째, 네 번째, 심지어 다섯 번째 압착한 포도즙으로 만든다.

다. 시아버지는 바르브 니콜에게 단순히 경영을 맡기는 데서 그치지 않고 현재로 치면 약 50만 달러에 달하는 금액을 투자금으로 내놓았다. 그러나 여기에는 한 가지 조건이 있었다. 일정한 훈련을 거쳐야 한다는 것이었다. 바르브 니콜은 시아버지가 선택한 파트너 밑에서 사 년간 수련하며 경험을 쌓기로 동의했다. 그녀의 파트너는 부유한 상인이자 숙련된 와인 제조자였던 알렉상드르 제롬 푸르노Alexander Jérôme Fourneaux였다. 그는 바르브 니콜의 파트너가 되어 와인 양조법을 알려주는 데 동의했다.

갓 미망인이 된 바르브 니콜은 아이러니하게도 이제야 자기 삶을 스스로 꾸려나갈 수 있게 됐음을 깨달았다. 선뜻 이해가 안 되는 일이지만, 19세기 프랑스에서는 과부들이 기혼이나 독신 여성보다 더 큰 법적 자유를 누렸다. 과부가 된 여성들은 기혼 여성이 누리던 사회적 특권과 함께 일반적으로 남성에게만 허락됐던 재정적 자유를 누렸다. 바르브 니콜은 이 두 가지 장점을 적극 활용하기로 마음먹었다.

▼ ▲ ▼

잠시 숨도 돌릴 겸 맥주 얘기를 해보자. 세상에서 가장 특이한 맥주는 아마도 아마존 열대우림 지역에서 찾을 수 있을 것이다. 마쿠시족은 현재의 가이아나 남서부에 위치한 루푸누니 북부에 거주하는 민족으로, 카리브어를 사용한다. 이 마쿠시족 여성들은 열대우림의 식물들로 다양한 발효주를 만들었다.

이들은 자색 감자와 설탕으로 플라이*fly*라는 맥주를 만들었고 파인애플과 망고, 캐슈애플로 와인을 만들기도 했다. 이 지역에서 가장 중요한 술은 카사바 빵을 발효하여 만든 *파라카리 parakari*였다. 파라카리는 일상에서도 의식에서도 매우 중요하게 여겨졌다. 이 맥주는 마쿠시족 사람들을 하나로 묶어주는 역할을 했고, 현재도 그러한 역할을 하고 있다.

카사바는 관목 식물로, 주로 섭취하는 부위는 쌉쌀한 맛의 뿌리 부분이다. 19세기 마쿠시족은 식생활의 많은 부분을 카사바에 의존했다. 마쿠시족에게 있어 성공이란 곧 카사바 농장의 번창을 의미했다. 파라카리는 마쿠시족 사회에서 중요한 위치를 차지했으며, 그들의 문화적 정체성에서도 빼놓을 수 없는 요소였다. 파라카리는 아마존 원주민 사회에서, 아니 전 세계에서 유례를 찾을 수 없는 특이한 술이었다. 다른 부족은 주로 씹을 때 나오는 침으로 맥주를 발효했지만, 마쿠시족은 곰팡이를 이용했다.

마쿠시족 여인들은 카사바 뿌리를 수확하여 가루로 만들었다. 수백 가지 종류의 카사바를 재배했는데, 그중 일부는 맥주를 만들기에 아주 적합했다. 카사바 가루를 반죽하여 빵의 형태로 만든 후에는 아주 살짝 구웠다. 이다음 단계가 아주 중요하고도 까다롭다. 여성들은 바나나 잎을 엮어 일종의 곰팡이 배양기를 만들고 그 안에 잘게 부숴 물에 적신 카사바 빵을 넣었다. 그다음에는 빵 조각 위에 *파라카리 마마 parakari mama*라는 가루를 뿌렸다. 녹색의 이

고운 가루는 이전에 만든 술을 덮었던 마른 카사바 잎을 분쇄한 것으로, 곰팡이와의 접촉과 성장을 돕는 역할을 했다. 천연 발효빵인 사워 도우를 만들 때 냉장고에서 꺼내 사용하는 발효종과 비슷하다고 생각하면 된다.

그런 다음에는 바나나 잎 구조물을 닫고 사흘 동안 매일 새 바나나 잎을 추가했다. 곰팡이가 충분히 피면 여성들은 내용물을 양동이에 옮겨 담아 어둡고 서늘한 장소에 두었다. 그렇게 며칠이 지나면 양동이 속의 액체는 도수가 낮은 달콤한 맥주가 됐고, 일주일 이상 두면 도수가 높고 쓴맛이 나는 맥주가 됐다. 발효를 마친 액체를 걸러 물을 타면 부드럽고 걸쭉한 맥주가 완성됐다. 발효한 기간에 따라 색깔은 연한 크림색에서 밝은 갈색까지 다양했다.

마쿠시족 여성들은 곰팡이 외에 약간의 초자연적인 힘도 빌렸다. 1960년대까지 이들은 특별한 기술을 심어준다고 믿었던 문신을 몸에 새기곤 했다. 주로 입이나 턱, 팔뚝이나 손 주위에 새겼으며 문양은 주로 다양한 곤충, 그중에서도 몇몇 특정한 절지동물이었다. 달콤한 맥주나 와인을 잘 만들고 싶은 여성은 꿀벌 등 달콤한 물질을 만드는 곤충 문양을 새겼다. 마쿠시어 동사 예키*yeki*는 '찌르다'라는 의미와 '취하다'라는 의미를 동시에 지니고 있다. 강렬한 술을 만들고 싶은 여성은 독침을 지닌 동물의 문양을 새겼다. 마쿠시족은 손에 전갈 문양을 새기면 더 쓰고 독한 맥주를 만들 수 있다고 여겼다. 같은 이유로 팔뚝에 벌 문신을 새긴 여성이 만든 망고 와인은 더 달콤하고 맛있으리라 여겼다.

▼ ▲ ▼

19세기 미국에서는 술을 만들겠다고 문신을 새기는 사람은 없었지만 음주 문화에 놀라운 혁신이 일어나고 있었다. 기대하시라, 개봉 박두! 그 주인공은 바로······

칵테일이었다.

칵테일은 미국 역사에서 특별한 위치를 차지하고 있는 음료다. 칵테일 제조법은 전 세계의 관심과 입맛을 사로잡은 최초의 미국 문화이자 예술이었기 때문이다.

다양한 증류주가 등장하면서 사람들은 여러 증류주를 섞으면 어떤 맛이 날지 궁금해하기 시작했다. 칵테일이 처음에 어떻게 생겼는지, 그 명칭이 어디서 왔는지에 대해서는 역사학자들도 밝혀내지 못했다. 다만 1800년대 무렵 이미 미국에서 널리 유행하고 있었다.

전통적으로 칵테일은 증류주와 설탕, 물, 그리고 비터스bitters를 섞어 만들었다.* 제조에 사용하는 증류주와 설탕, 비터스의 종류는 매우 다양했다. 곧 과일 주스와 코디얼, 리큐르도 칵테일 재료로 사용되기 시작했다.

---

* 비터스는 다양한 허브와 식물을 알코올에 넣어 추출한 것으로, 처음에는 약용으로 쓰였으나 나중에는 음료 제조에 쓰이게 됐다. '비터스bitters(쓴 것)'라는 이름이 보여주듯 주로 씁쓸한 맛을 낸다.

1800년대 중반 캘리포니아와 뉴욕에서 활동한 전설적인 믹솔로지스트mixologist(칵테일을 만들기 위한 음료 혼합 기술을 연구하는 사람─옮긴이) 제리 토머스Jerry Thomas는 바텐딩의 아버지로 알려져 있다(요즘 자주 쓰이는 '믹솔로지스트'라는 단어는 놀랍게도 19세기에 등장했다). 제리 토머스는 1862년 미국 최초의 음료 레시피 서적『바텐더 가이드Bar-Tender's Guide』를 내놓았다.

그런데 제리 토머스의 책이 최초라는 말은 다시 생각해볼 필요가 있다. 미국 식민지 시대 여성들이 딸과 며느리에게 전수해온 레시피 책들을 잊어서는 안 된다.

2017년 폼프 앤드 윔지Pomp and Whimsy라는 진 리큐르를 출시하며 호평을 받은 바 있는 니콜라 나이스Nicola Nice는 제리 토머스가 식민지 시대 여성들과 공을 나눌 필요가 있다고 주장한다. 다음은 니콜라 나이스가 2020년 〈스피크이지Speakeasy〉라는 팟캐스트 방송 인터뷰에서 한 말이다.

제리 토머스 이후의 칵테일 역사를 보면 바텐딩이 남성들 간에만 전수된 유산이라고 생각하기 쉽습니다. 하지만 이런 질문을 던져볼 필요가 있습니다. 남성들은 그 레시피를 어떻게 만든 걸까요? 누가 그들에게 영향을 줬을까요? 그들은 집에서 어떤 음료를 마셨을까요? ……물론 제리 토머스는 칵테일 세계에 엄청나게 영향력 있는 유산을 남겼습니다. 그런데 제리 토머스가 살았던 시대에 더 큰 영향력을 지녔던 인물이 있습니다. 이사벨라

비튼Isabella Beeton이라는 영국 여성이었죠. ……제리 토머스의
책 초판은 8천 부가 판매됐습니다. 반면 이사벨라 비튼의 『비튼
부인의 살림책Mrs. Beeton's Book of Household Management』*은
같은 시기 2백만 부가 넘게 팔렸죠. 비튼은 당대의 가장 성공적
인 가사 관련 전문 작가로 수많은 저서를 남겼습니다. 그녀의 책
은 영국 시장을 넘어 전 세계에서 판매됐습니다. 당시 그녀의 책
보다 많이 팔린 책은 성경이 유일했죠. 지금으로 따지면 킴 카다
시안Kim Kardashian 수준의 영향력이라고 볼 수 있겠네요. 비튼
의 책을 읽고 그녀의 레시피에서 영감을 받았을 많은 사람들을
생각하면 여성이 칵테일에 미친 영향에 대해서도 더 큰 공로를
인정해야 한다고 생각합니다.

19세기에 들어서도 미국 여성의 음주는 거의 사적인 영역에만
머물러 있었다. 미국 음주 문화에는 큰 변화가 있었지만 여성은 여
전히 변화에서 배제됐고, 가난한 여성들은 더더욱 제외됐다. 혁명
이후 미국 상류층은 하층민을 자기 주변에서 몰아낼 방법을 고민
했다. 이들은 자신들이 술을 즐기는 장소에 가난한 사람이나 여성,
유색인종이 오는 것을 원치 않았다(술집뿐 아니라 다른 장소에서도 마

---

* 이 책에는 각종 살림 요령과 함께 맥주, 에일, 코디얼, 칵테일과 펀치 레시피가 소개
됐다. 여기에는 심지어 현대의 칵테일바 메뉴에서 흔히 찾아볼 수 있는 브레인 더스
터라는 칵테일 레시피도 실렸다.

찬가지였다). 그러다 호텔이 등장했다.

미국 최초의 호텔은 1700년대에 등장했지만, 본격적인 유행은 1800년대에 시작됐다. 막대한 비용을 들여 건축한 거대한 건물에는 예전 태번에서 제공하던 숙소들과는 달리 고급스러우면서 개인의 사생활도 보호해주는 잠자리가 갖춰져 있었다. 대부분의 호텔에는 바가 있었다. 긴 카운터와 테이블, 의자를 갖춘 호텔 바에서는 증류주를 비롯한 각종 술을 마실 수 있었다(일부 바는 술과 함께 음식을 팔기도 했다). 호텔 바에는 드레스 코드를 비롯한 자체적인 규정이 있었고, 이는 자연스럽게 계급에 따라 음주 장소를 나누는 역할을 했다.

호텔 측은 빈곤층의 출입을 막을 수 있는 새로운 관행을 환영했고, 호텔 바는 점잖은 사람이 점잖게 한잔하러 가는 장소가 됐다. 호텔 바가 상류층을 위한 장소가 되면서 음주 문화는 성별보다는 계급으로 구분됐다. 상류층 백인 여성들은 호텔에서 열리는 행사와 파티에 참여할 수 있게 됐다. 남성들은 이러한 행사에서 술을 마셨고, 점차 여성들도 바에 출입할 수 있게 됐다.

상류층을 제외한 여성의 경우 접객 산업에서 새롭게 나타난 또 하나의 공간, 살룬saloon에서만 음주가 가능했다. 18세기 미국 음주 문화는 호텔과 살룬으로 양분됐다. 살룬은 중산층과 하층민을 위한 장소였다. 덜 고급스러운 바의 형태로, 음식을 팔거나 즐길 거리를 제공하기도 했다. 중세의 에일하우스와 마찬가지로 남성 중심적인 공감이었으며, 여성은 보통 다른 여성들과 단체로 가거나 남성과 함께 방문했을 때만 술을 마실 수 있었다.

댄스홀의 경우 손님들 간의 성별 비율이 비교적 잘 맞는 편이었다. 주로 살룬의 뒤쪽이나 2층에 위치했고, 밝은 조명과 함께 흥겨운 분위기를 냈다. 편하게 앉아 맥주를 마시고 싶은 사람들은 댄스홀 쪽으로 가지 않고 살룬의 테이블이나 바에 자리를 잡았다. 노동자 계층 커플은 댄스홀의 단골손님이었다. 댄스홀은 라이브 음악에 맞춰 춤을 추고 술을 마시며 데이트를 즐길 수 있는 장소로 인기가 높았다.

술은 여전히 대부분의 미국인, 특히 하층민의 식생활에서 중요한 역할을 했다. 많은 여성들이 높은 허가증 비용을 피하려고 집에서 술을 빚고 증류했다. 주방을 통한 술 거래 또한 활발했다. 일부는 단속을 피하기 위해 개수대 아래의 커다란 파이프나 벽 뒤의 비밀 공간에 술병을 숨기기도 했다. 공동주택에 거주하는 여성들은 특히 술 숨기기에 능했다.

직접 양조나 증류를 하지 않는 여성들은 술을 외부에서 구매했다. 양동이를 들고 살룬에 가서 맥주를 사오는 것을 *맥주 통 채워오기* rushing the growler라고 불렀다.* 일부 살룬은 여성 고객이 낮에 와서 맥주나 위스키를 살 때 이용할 수 있도록 따로 옆문을 설치하

---

* 현대의 수제 맥주 양조장에서도 맥주를 이 맥주 통growler, 1갤런(약 3.8리터)들이 유리병에 담아 판매한다. 다음번에 맥주를 포장해 올 때는 처음 이런 관행을 만든 19세기의 어머니들에게 감사하는 마음을 갖자.

기도 했다. 이러한 옆문은 '여성용 문' 등으로 불렸다.

하지만 당당히 살룬 앞문으로 드나든 여성들도 있었다.

미국이 서부로 뻗어나가면서 음주 문화 또한 확장됐다. 1800년대 초 거친 서부 개척지로 떠나는 사람은 대부분 남성이었지만, 당시의 사회 규범에 도전하는 여성 또한 심심찮게 찾아볼 수 있었다. 기록을 살펴보면 당시 서부에는 최소 스물네댓 명의 여성 바텐더가 존재했다.

그중 로디 케이트Rowdy Kate('rowdy'는 난폭하고 거친 사람을 이르는 별명임 – 옮긴이)라고 불리던 여성이 특히 유명했다. 로디 조Rowdy Joe라고 불리던 남편과 함께 살룬을 운영했던 케이트는 손님들보다 음주 실력도 사격 실력도 뛰어났다.** 케이트는 남편이 가게에 없을 때 난동을 부리는 술 취한 손님들을 거칠게 제압하곤 했는데, 그런 연유로 '로디'라는 별명을 얻게 됐다.

바 안쪽에 칵테일을 만들고 술을 서빙하는 여성이 있었다면, 바 바깥쪽에는 블루머 걸bloomer girl이 있었다.*** 블루머 차림을 즐긴 이들은 술과 담배, 도박 등 기본적으로 여성에게 금지된 모든 행동

** 로디 케이트는 두 명의 전남편을 포함해 최소 다섯 명의 남성을 총으로 쏘아 죽였다고 알려져 있다.

*** 블루머는 천을 대어 나눈 치마로, 드레스 형태의 통 넓은 바지다. 작가 아멜리아 블룸Amelia Bloom이 자신이 만든 절주 운동 협회지에서 이 복장을 극찬하며 대중화됐고, 1800년대 중반부터 큰 인기를 끌었다. 절주 운동에 열심이었던 아멜리아는 여성들이 블루머 차림으로 술을 마시러 다니는 모습을 꽤나 탐탁잖게 생각했을 것이다.

블루머 걸즈들

을 즐겼다. 먼지 자욱한 서부의 살룬에서 블루머 걸들은 코디얼과 브랜디를 마시며 아코디언 연주를 들었다.

서부 개척 시대에 악명을 날린 인물들 중에는 술을 잘 마시는 여성도 있었다. 노련한 총잡이이자 기수였던 마사 제인 캐너리 Martha Jane Canary는 캘러미티 제인 Calamity Jane이라는 별명으로 더 유명했다. 캘러미티 제인은 버펄로 빌의 와일드 웨스트 쇼 Buffalo Bill's Wild West Show(서부 개척 시대를 재연하여 꾸민 대형 공연—옮긴이)에 출연하기도 했다. 그녀는 언제나 남자 옷을 입고 담뱃잎을 씹으며 거친 욕설을 뱉었으며, 살룬 문을 박차고 들어가 "술은 나 캘러미티 제인이 쏜다!"라고 외치는 것을 즐겼다고 한다.

미국 민요 가사 중에는 다음과 같은 내용도 있었다.

나의 룰루, 그녀는 멋쟁이라네

그녀는 남자처럼 서서 술을 마시지

그녀는 진과 브랜디를 주문한다네

그녀는 언제나 제멋대로

모든 장소에서 여성 손님을 환대한 것은 아니다. 일부 도시에서는 여성의 살룬 정문 출입을 금지하는 법을 통과시키기도 했다.[*] 여성 혐오적인 살룬 주인들은 정문 옆 유리창에 '남성 전용' 표지판을 내걸었다(남자아이들이 나무 위 아지트 문에 '여자 출입 금지'라고 쓰듯 말이다).

▼ ▲ ▼

1800년대, 영국 여성의 음주 문화는 다시 한번 집 안으로 후퇴했다. 빅토리아 시대는 겸손과 정숙을 강조하며 여성들에게 가정에 전념할 것을 요구했다. 동시에 공적인 일은 모두 남성에게 맡기고 집안일을 돌볼 것을 기대했다. 이러한 이상에서 벗어난 행동은 모두 비난의 대상이 됐다.

앞선 세기에 영국 사회가 경험한 여성 역할의 변화, 즉 일하는

---

[*] 일부 진보적인 살룬은 정문 바로 옆에 문을 하나 더 설치하는 방법으로 이 법을 교묘히 우회했다.

독립 여성의 증가는 남성 우월주의에 도전장을 던졌다. 개혁주의자들은 이러한 도전에 반발하여 노동 계급 여성, 특히 음주를 즐기는 여성을 표적으로 삼았다. 1873년 빅토리아 시대가 시작될 무렵에는 술뿐 아니라 여성이 즐기는 모든 것을 죄악으로 여기는 분위기가 조성됐다. 빅토리아 사회에서 여성은 유혹에 잘 넘어가는 열등한 성별 취급을 받았다. 남성들은 여성이 집에만 머무는 편이 모두에게 좋다며, 그냥 집 안에 두기에도 불안하니 양말 서랍이나 모자 상자에 숨겨두어야 한다는 농담을 하기도 했다.

공공장소에서 취하는 행위는 이제 기소 가능한 범죄였고, 여성이 술에 취할 경우 남성보다 훨씬 큰 비난에 시달려야 했다. 공공장소에서 여성이 술을 마시는 행위는 그 자체로 빅토리아 시대 사람들에게 경악할 만한 대사건이었다. 레이디 제시카 태튼 사이크스Lady Jessica Tatton Sykes라는 귀부인은 상류층 사교계 인사였는데 사치와 음주, 이성에 대한 적극적인 유혹 등으로 파문을 일으키곤 했다. 비난의 목소리가 높아지자 그녀는 자신은 한 점 부끄럼이 없다며 "내가 하는 행동은 남자들도 다 하는 행동"이라고 일갈했다.

하지만 그래도 여성들이 술을 마시는 것을 막을 수는 없었다.

빅토리아 시대 여성들의 음주는 은밀하게 이루어졌다. 상류층 여성들은 소위 '티 파티'를 열어 아름다운 찻잔에 셰리나 진을 따라 우아하게 홀짝였다. 가장 인기 있는 술은 진 코디얼(진, 감미료, 향료를 섞어 만든 리큐르)이었는데, 여성들은 코디얼을 집에서 만들거나 구입하기도 했다. 노동 계급 여성들은 식료품점에서 장을 보며 다른 물건들 사이에 진을 한 병 슬쩍 숨겨 구입하기도 했다.

진 광풍은 지나갔지만, 영국인들은 여전히 진을 사랑했다.

19세기에는 대중 술집public house, 즉 펍pub이 등장했다. 펍은 비좁고 지저분했던 과거의 에일하우스들과는 비교도 할 수 없을 만큼 개선된 장소였다. 가정집의 부엌을 겸했던 에일하우스에는 연기가 자욱한 아궁이가 있었지만, 새로 생긴 펍에는 모두를 따뜻하게 해줄 난로가 있었다. 가게 앞에는 번듯한 간판이 걸렸다. 펍은 주류 판매와 음주라는 목적에 맞춰 설계된 장소였다. 이전 세기 진 상점에서 나타난 혁신 덕에 대부분의 펍에는 손님이 직접 가서 주문할 수 있는 긴 카운터, 즉 바가 설치됐다. 술잔 또한 표준화되면서 주로 백랍잔이나 유리잔을 쓰게 됐다. 메뉴판에는 와인, 맥주, 그리고 여러 증류주가 이름을 올렸다. 1800년대 영국의 펍은 오늘날의 펍과 크게 다르지 않은 모습이었다.

여성이 손님으로 펍에 출입하는 일은 드물었다. 그러나 남편과 함께 펍에서 일하는 여성은 많았다. 펍을 운영하는 남성들이 주로 재정적인 부분을 담당했다면, 그 외의 모든 부분은 여성이 담당했다고 보면 된다. 펍의 여성들은 음료 서빙, 손님 상대, 계산, 짧은 대화에 이르기까지 오늘날 바텐더들이 하는 거의 모든 업무를 수행했다.

긴 카운터와 더불어 펍에서 흔히 찾아볼 수 있는 시설이 하나 더 있었다. 바로 내실snug이었다. 내실은 사람들의 눈을 피해 여성들이 편하게 술을 마실 수 있는 작은 공간이었다. 내실에는 보통 창문이 없었으며, 펍의 다른 공간보다 내부 장식이 화려했다. 내실을 제외한 펍 내부는 대개 두 공간으로 나뉘었다. 노동 계급 남성들이 술을 마시는 탭룸taproom과 상류층이 시간을 보내는 응접실parlor이었다. 빅토리아 시대 사람들은 구분과 분리를 좋아했다. 내실은 여성이 술을 마시는 장소였다.* 이들은 펍의 공간을 성별로 나누는 것이 남녀 모두를 위한 일이라 생각했다. 여자들은 술을 마신 남자가 내뱉는 욕설이나 거친 말을 듣지 않아도 됐고, 남자들은 여자가 술을 마시는 충격적인 광경을 보지 않아도 됐으니 말이다.

내실을 찾는 여성들은 남들 앞에서 술을 마시고 문제를 일으키려는 저항적인 이들이 아니었다. 중산층이나 상류층에 속했던 이들은 그저 오늘날 여성들이 술집에 갈 때 원하는 것과 똑같은 것, 친구들과 편하게 한잔하며 어울리기를 바랐을 뿐이다.

프랑스에서는 아예 여성 음주에 특화된 공간이 나타났다.

17세기 프랑스에서는 카페가 생겨나기 시작했다. 현대인들은 카페라고 하면 커피, 그리고 괜히 소설을 쓰는 척 앉아 있는 작가들을 떠올리지만 17세기의 카페는 레스토랑에 가까운 공간이었다. 이 시기 카페에서는 다양한 음식과 주류를 함께 판매했다. 19세기에는 여성 작가와 예술가, 그중에서도 레즈비언 작가와 예술가들을 주 고객층으로 하는 여성 소유의 카페가 파리 곳곳에 생겼다.

---

* 내실은 남들의 눈을 피해 조용히 술을 마시고 싶은 성직자나 정치인도 자주 찾았고, 정부情婦와 시간을 보내려는 유부남들도 단골이었다.

영국의 진 상점도 여성 중심적이기는 했지만 파리의 카페들은 역사상 최초로 탄생한 여성 맞춤형 공공 음주 공간이었다.

카페들은 숨어서 영업하지는 않았지만 운영은 꽤나 신중하게 이루어졌다. 당시 프랑스에서는 여성의 동성애를 불법으로 규정하지 않았다. 당국은 남성 동성애 단속에 집중했기 때문에 레즈비언 모임 장소로 알려진 카페들은 대부분 그냥 내버려두었다. 르 앙통 Le Hanneton, 라 수리 La Souris, 르 라모르 Le Rat-Mort 등의 카페는 기념비적인 장소였다. 이들 카페는 여성이 소유하고 운영한, 여성 손님을 위해 만들어진 장소였다는 점에서 혁명적이었다. 그곳은 사회적 경계가 허물어진 장소였으며, 모든 계층의 여성이 남들 앞에서 와인을 마시고 담배를 피우며 쉴 수 있는 매우 특별한 장소였다.

이러한 카페의 유리잔을 채운 와인 중에는 바르브 니콜 클리코의 샴페인도 있었다.

▼ ▲ ▼

바르브 니콜 클리코가 파트너인 알렉상드르 제롬 푸르노에게 일을 배우기로 동의하면서 두 사람은 와인 사업에 막대한 돈을 투자했다. 그렇게 뵈브 클리코 푸르노 와인 회사 Veuve Clicquot Fourneaux & Co.가 탄생했다.**

••   뵈브 veuve는 프랑스어로 '과부, 미망인'이라는 뜻이다.

초기에는 와인의 75퍼센트가량만 자체적으로 생산하고 나머지는 지역 제조업체에서 공급받았다. 사업은 시작부터 성공적이었고, 뵈브 클리코 와인은 우수한 품질로 명성을 높였다. 둘의 파트너십 아래 사업은 순조롭게 흘러갔지만, 1809년 갑자기 재앙이 닥쳤다. 나폴레옹 전쟁이 유럽 전역에 경제적 불안을 불러온 것이다. 곳곳에서 항구 폐쇄 소식이 들려왔고, 수출 시장은 얼어붙어갔다. 바르브 니콜과 푸르노의 파트너십은 1810년 끝을 맞았다. 계약한 사 년간의 수련 기간이 종결되고 사업은 난망한 상태여서 푸르노는 동업을 접기로 결정했다.

그러나 바르브 니콜은 전혀 그만둘 생각이 없었다. 이 꺾일 줄 모르는 자그마한 여성은 계속해서 샴페인을 만들고 싶었다. 바르브 니콜은 다시 시아버지를 설득하여 3만 프랑(현재 가치로 22만 달러)의 투자금을 받았다. 이렇게 뵈브 클리코 퐁사르당Veuve Clicquot Ponsardin이 탄생했다(퐁사르당은 그녀의 결혼 전 성이었다).

그녀에게는 뵈브 클리코 퐁사르당을 성공으로 이끌겠다는 굳은 의지가 있었다. 항구 폐쇄, 환율 불안정으로 국제 배송이 어려워진 상황에서 바르브 니콜은 국내 시장에 집중했다. 그녀는 자신이 소유한 포도 농장에서 수확한 포도로 와인을 만들어 프랑스 내에서 판매했다. 보석과 장신구를 팔아 회사 살림에 보태기도 했다. 바르브 니콜은 매일 아침 일곱 시부터 밤 열 시까지 일했고, 대부분의 시간을 집에 마련한 사무실에서 보내며 회계 장부를 정리하고 수많은 서신을 작성했다. 그녀는 서신을 통해 와인 공급업자, 판매업자, 고객들과 끊임없이 소통했다.

바르브 니콜의 이런 노력은 결실을 맺었다. 중대한 과도기였던 첫해 이후 사업은 수익을 내기 시작했다. 아주 큰 수익은 아니었지만, 어쨌든 수익은 수익이었다. 바르브 니콜은 당시 단독으로 사업을 운영하는 여성 중에서 그 정도 자본 규모를 소유한 몇 안 되는 인물이었다.

사업이 그렇게 몇 년 동안 순조롭게 진행되고 있던 1814년, 전 유럽을 휩쓴 나폴레옹 전쟁이 마침내 그녀의 도시까지 닥쳤다. 러시아는 프랑스로 진격해 들어왔고, 랭스는 러시아군에 점령당했다. 바르브 니콜은 닥쳐올 방화와 약탈을 두려워했지만, 도시를 점령한 러시아 군인들은 그녀의 샴페인을 빼앗기는커녕 대량으로 구입했다. 샴페인을 맛본 군인들은 그 맛에 홀딱 빠져버렸다.

이듬해인 1815년 봄 마침내 전쟁이 종결됐고, 샹파뉴 지역에 주둔하고 있던 오십만 명의 외국 군인들은 샴페인으로 축배를 들었다. 이를 계기로 샴페인은 축배의 술이라는 문화적 정체성을 지니게 됐다. 랭스의 러시아인 장교들은 뵈브 클리코의 샴페인을 마시며 종전을 축하했다. 뵈브 클리코 샴페인에 대한 수요가 급증하면서 생산량은 열 배나 증가했다.

러시아 병사들은 샴페인에 대한 애정을 마음에 품고 본국으로 돌아갔다. 사실 샴페인은 수십 년간 부유층을 위한 술이었다. 그러다 일거에 수많은 노동 계급 남성이 이 특별한 와인의 맛에 눈뜨게 된 것이다. 샴페인의 인기는 이제 국경을 넘어섰다.

그런데 이렇게 폭발적으로 증가한 러시아의 샴페인 수요를 활용하는 데는 한 가지 큰 문제가 있었다. 바로 전쟁으로 인해 막혀버린 국제 무역이었다. 그러나 바르브 니콜은 그런 상황을 오히려 일생일대의 기회로 만들었다. 그녀는 평화가 완전히 돌아와 수출이 합법화되기 전에 비밀리에 러시아로 샴페인을 보냈다. 엄청난 위험을 무릅쓴 결정이었다.

다행히 샴페인은 무사히 러시아에 도착했다. 뵈브 클리코는 가장 큰 경쟁자였던 모엣을 비롯한 이들보다 한참을 앞서갔다. 뵈브 클리코는 러시아에서 구할 수 있는 유일한 샴페인이었다. 거기다 맛까지 **탁월했다**. 이때 러시아로 보내진 샴페인은 1811년산으로, 강렬하면서도 정교한 맛을 자랑하는 완벽한 빈티지였다. 이 샴페인은 엄청난 가격에 팔려나갔다. 러시아로 보낸 만 병이 넘는 샴페인이 모두 팔렸고, 뵈브 클리코는 막대한 수익을 올렸다. 샴페인을 마신 이들의 극찬이 이어졌다. 프로이센의 왕은 그해 생일에 뵈브 클리코 샴페인으로 축배를 들었고, 러시아의 알렉산드르 황제는 앞으로 다른 와인은 마시지 않겠다고 선언했다.

바르브 니콜은 천부적인 사업 감각으로 또 다른 대담한 결정을 내렸다. 그녀는 첫 번째 선적분의 성공이 확인되기도 전에 더 큰 규모로 두 번째 선적을 보냈다. 두 번째 선적 또한 경쟁사의 샴페인보다 훨씬 앞서 성공적으로 도착했다.

과부들이 입는 검은 옷을 입고 평생을 지낸 바르브 니콜은 유럽에서 가장 유명한 여성 중 한 명이 되었다. 그리고 뵈브 클리코 샴페인은 세계에서 가장 가치가 높은 제품 중 하나가 됐다.

그러나 진짜 시작은 이제부터였다.

▼ ▲ ▼

프랑스인이 샴페인을 만들고 잉글랜드인이 진을 만드는 동안 아일랜드인들은 여전히 위스키를 만들고 있었다.

습한 기후의 아일랜드에서는 보리가 잘 자랐고, 그런 연유로 보리는 증류주를 만드는 주요 작물이 됐다. 증류를 마치고 숙성하지 않은 위스키는 포이틴 *poitin* 이라고 불렀다. 포이틴은 아일랜드의 밀주를 뜻하기도 했다. 보리를 구할 수 없을 때는 귀리부터 감자까지 다양한 다른 재료를 활용했다. 주 재료가 무엇이든 포이틴은 투명했고 맛이 독했다. 아일랜드 여성들은 집에서 포이틴을 만들어서 지역 행사가 열릴 때 가져갔다. 포이틴에 염소젖이나 민트, 꿀을 섞어 마시기도 했다.

아일랜드 정부는 1661년 처음으로 위스키세를 부과하기 시작했다. 위스키 1갤런(3.8리터)당 4펜스라는 세금이 붙자 여성들은 증류기를 숲과 언덕에 숨기기 시작했다. 1700년대 잉글랜드가 세금을 부과하면서 전국적으로 수많은 소규모 증류소가 문을 닫았다. 1800년대 아일랜드의 밀주 생산자는 대부분 가족을 부양하기 위해 증류주를 만드는 가난한 여성이었다.

그 무렵 잉글랜드는 아일랜드를 합병했고, 1800년 통합법이 제정되었다. 합병 이후 주류 단속 요원들은 아일랜드의 불법 위스키 증류업자들을 집요하게 추적했고, 세금 징수 또한 더욱 공격적으로 이루어졌다.

많은 아일랜드 여성에게 위스키 제조는 유일한 수입원이었다. 무자비한 단속 요원들은 이들을 주시하며 불법 증류가 의심되는 여성의 재산이나 가축을 압류했다. 나이 든 여성에게도 예외는 없었다. 이웃들이 힘을 합쳐 증류주를 제조하는 여성을 보호하려고 하면 정부는 더 강하게 압박했다. 정부는 단속 요원의 수를 늘리고 아일랜드인 진압에 쓸 소총 따위를 지급했다.

그러나 아일랜드 여성들은 굴하지 않고 증류를 계속했다. 1830년대 인기를 끈 민요에는 다음과 같은 가사가 등장한다.

> 내가 집에 있었을 적에
> 나는 까불며 즐거워 했네
> 아버지는 돼지를 키우고
> 어머니는 위스키를 팔았지

아일랜드의 가장 전설적인 포이틴 증류업자는 케이트 키어니Kate Kearney라는 여성이었다. 영국 당국은 이 여성을 끝까지 잡지 못했다. 아일랜드에 대기근이 닥친 1800년대 중반 케이트는 먹을 것을 필요로 하는 굶주린 모든 이에게 포이틴을 선뜻 내주었다. 백만 명이 굶어 죽던 대기근 상황에서 쉽지 않은 결정이었다. 케이트는 다양한 곡물과 허브를 섞어 증류주를 만든 후 마지막에 영양을 더하기 위해 염소젖을 섞기도 했다. 케이트와 그녀의 위스키에 대한 이야기는 오늘날까지도 아일랜드의 민담으로 남아 있다.

부시밀즈Bushmills는 세계에서 가장 유명한 아이리시 위스키 브랜드 중 하나다. 1865년 1월 부시밀즈의 소유주가 사망하며 증류소는 아내인 엘런 제인 코리건Ellen Jane Corrigan이 물려받게 됐다. 엘런 제인이 처음 사업을 물려받은 당시에도 부시밀즈는 이미 성공적인 위스키 회사였지만, 인수 후 회사는 더욱 급성장했다. 업무를 처리할 때 엘렌 제인은 성별을 숨기기 위해 E. J.라는 약자를 사용했으며, 증류에 사용하는 보리의 대부분을 지역 과부들에게서 구매했다. 그녀는 또한 많은 여성을 고용했다. 엘렌 제인의 경영하에 부시밀즈는 크게 성장했고 상을 수상하기도 했다. 그녀의 가장 중요한 업적은 증류소에 전기를 도입한 것이다. 엘렌 제인은 부시밀즈가 현재의 세계적인 브랜드가 되는 발판을 마련했다.[*]

▼ ▲ ▼

스코틀랜드 여성들 또한 밀주에 능숙했지만, 합법적인 위스키

---

[*] 현재 부시밀즈의 블렌딩을 책임지는 마스터 블렌더는 헬렌 멀홀랜드Helen Mulholland라는 여성이다. 부시밀즈는 여성들이 가장 좋아하는 주류 브랜드이기도 하다.

증류 실력 또한 어디에 내놓아도 빠지지 않았다. 1800년대 무렵에는 서른 명 이상의 여성이 스코틀랜드에서 증류소를 운영했다.[*] 그 중 하나는 1800년대 중반 헬렌 커밍 Helen Cumming 이 남편과 함께 운영하던 증류소였다. 헬렌은 한 병에 1실링을 받고 주방 창문으로 자신이 만든 위스키를 판매했다. 1872년에는 며느리인 엘리자베스가 사업을 물려받아 증류소의 규모를 키우고 현대화했다. 엘리자베스는 1893년에 자신의 증류소를 존 워커 앤드 선스 John Walker & Sons 에 매각했다. 존 워커는 현재 세계에서 가장 많이 팔리는 블렌디드 스카치 위스키 브랜드인 조니 워커가 됐다.

미국 여성들은 보리가 아닌 호밀과 밀, 옥수수로 위스키를 만들었다. 흔히 조지 워싱턴을 미국 최초의 증류업자라고 말하지만, 워싱턴 이전에도 수많은 여성들이 위스키를 생산해왔다.

위스키 제조는 큰 통에 발아된 으깬 곡물과 물을 채우는 것으로 시작했다. 통을 채운 후에는 혼합물을 잘 저어주고, 필요시에는 으깬 곡물을 조금 더 흩뿌린 후 몇 시간 동안 그대로 뒀다. 그다음 다시 물과 맥아, 곡물을 추가한 후 저어주었다. 이 과정이 끝나면 아일랜드나 스코틀랜드에서 사용되던 것과 유사한 대형 단식 증류기

---

[*] 스카치 위스키와 아이리시 위스키는 'e'가 들어가고 빠지는 영문 표기법 외에 맛에서도 큰 차이를 보인다. 맥아화한 보리로 증류한 스카치 위스키는 묵직하고 깊은 풍미를 보이는 데 반해 맥아화를 하지 않은 일반 보리로 만든 후 한 번 더 증류하는 아이리시 위스키는 가볍고 부드러운 풍미를 보인다. 물론 스카치 위스키라고 모두 스모키한 풍미를 지닌 것은 아니며, 생산 지역에 따라 맛이 달라진다.

에 맥아 혼합물을 넣고 증류했다. 단식 증류기는 예나 지금이나 단순한 구조로, 연금술사 마리아의 증류기를 조금 크게 만든 형태였다. 1830년에 연속식 증류기라는 새로운 형태의 증류기가 특허를 받았지만, 집에서 증류를 하는 대부분의 미국인은 단순한 단식 증류기 사용을 고수했다.

1800년대 초 미국에서는 위스키가 유행했고 다행히 많은 여성이 증류법을 알고 있었다. 의회는 국산 제품 소비를 장려하기 위해 럼, 즉 국외에서 생산된 증류주에는 세금을 부과하고 국내에서 생산된 위스키에는 세금을 부과하지 않았다. 위스키의 인기는 치솟았다. 합법적인 증류소를 운영하는 이들 중 분명 여성도 있었지만, 정확한 역사를 찾아보기는 힘들다. 부시밀즈를 운영한 엘렌 제인이 성별을 숨기기 위해 E. J.라는 약자를 사용한 것처럼 이들도 편견을 피하기 위해 종종 이름을 숨겼기 때문이다. 확실한 것은 이 시기 미국에서 증류소를 운영한 여성의 수가 최소 오십 명 이상이었다는 사실이다.

그런가 하면 불법 증류업자도 많았는데, 이들은 이후로도 오랫동안 미국 위스키 업계의 밀주 전통을 이어갔다. 이 거친 여성들은 무기 사용을 두려워하지 않았으며, 언제라도 법에 맞서 자신의 이익을 수호할 준비가 되어 있었다. 일부는 가차 없는 폭력으로 이름을 떨치기도 했다. 1800년대 후반 테네시주 폴크 카운티에서 악명 높은 위스키 밀매 조직을 운영하던 몰리 밀러Mollie Miller는 최소 세금 징수원 세 명과 단속원 다섯 명을 살해한 것으로 알려져 있다. 테네시주에서 대규모 밀주 사업체를 운영하던 벳시 뮬런스Betsy Mullens 또한 유명했다. 체중이 600파운드(272킬로그램)에 달했다는 벳시는 자신을 체포하러 온 경찰에게 어디 집에서 끌어낼 수 있으면 끌어내 보라며 으름장을 놓았다고 한다. 결국 당국은 벳시를 한 번도 체포하지 못했다.

남부 여성들은 불법 증류 단속을 피해 언덕이나 산에 증류 장비를 숨기곤 했다. 북부에서는 주로 다락이나 여분의 침실에 숨겼고, 여의치 않은 경우에는 숲에 숨기기도 했다. 서부의 여성들은 덮개 달린 마차에 위스키 통을 싣거나 가방에 위스키 병을 담아 고객에게 배달하곤 했다.

술의 종류만 보드카였다 뿐이지 러시아에서도 비슷한 일이 일어나고 있었다. 19세기 후반 보드카 밀주 업계는 러시아의 농촌 여성들이 주도했다. 예카테리나 대제는 앞선 세기에 보드카 산업을 일부 개방했지만, 일반 농민들의 증류는 아직 허용되지 않은 상태였다. 그럼에도 불구하고 이들은 집에서 만든 보드카를 지역 장터와 축제에서 판매했다. 여성들은 보드카 한 병과 유리잔 몇 개를 들고 돌아다니며 상인들에게 직접 술을 팔았다.

대개 아내이자 어머니였지만, 이들의 사업은 남편으로부터 완전히 독립되어 있었다. 기혼 여성이 보드카를 팔아서 번 돈은 온전히 자신의 것이었다. 많은 여성이 보드카를 팔아 번 돈으로 가족을 부양했고, 때론 교회에 헌금을 내기도 했다. 밀매업자라고 모두 총을 휘두르는 거친 갱단 두목은 아니었다. 밀매업자 중에는 일요일 예배당에서 숄을 두르고 앉은 온화한 할머니도 있었다.

1894년 러시아 정부가 또 다른 보드카 독점법을 통과시키며 밀주를 만드는 여성들은 보드카 문화의 핵심이 됐다. 독점법으로 많은 술집이 문을 닫으며 음주는 주로 집에서 이루어지게 됐다. 여성들은 이러한 변화를 받아들일 준비가 되어 있었다. 아내들은 농장의 고된 노동을 마치고 일과 끝에 보드카를 즐기던 남편들의 습관을 그대로 따랐다. 대규모 양털 깎기 작업을 마친 후나 휴일에는 함께 모여 술을 마시며 휴식을 취하기도 했다.

러시아에서도 여성 노동자의 수가 늘며 집 밖에서 보내는 시간이 길어졌지만, 집 안에서 벌어지는 음주 또한 여전히 여성의 책임이었다. 남편이 술을 많이 마시면 여성은 나쁜 아내라는 비난에 시달려야 했다. 사람들은 더 다정하고 매력적인 아내가 되면 남편이 술을 줄일 거라는 조언을 했다. 남편이 술을 마시며 집 밖으로 나돌면 사람들은 집에 들어오고 싶게 만들지 못했다며 여성을 탓했다. 남편의 음주를 아내의 책임으로 돌리면서도 음주를 통제할 어떤 권한도 주지 않는 이러한 태도에서 여성 절주 운동이 싹텄다. 여성 절주 운동은 러시아와 빅토리아 시대 영국에만 국한된 것이 아니었다.

19세기 일본, 미국, 핀란드, 멕시코, 스웨덴, 노르웨이 등 세계 곳곳에서 절주 운동이 일어났다. 그리고 이 절주 운동은 여성의 정치적 역할을 영원히 바꿔놓는 계기가 됐다.

▼ ▲ ▼

바르브 니콜 클리코는 현대 역사상 최초로 국제적인 기업을 이끄는 여성이 됐다.[*] 뵈브 클리코에서 출고되는 모든 샴페인의 코르크 마개에는 그녀의 이름과 함께 닻 모양의 표식이 새겨졌다. 이 표식은 지금도 뵈브 클리코의 샴페인을 아름답게 꾸며주고 있다.[**] 바르브 니콜은 시기와 장소를 잘 타고난 면도 있었다. 당시는 자본주의가 막 세계 경제로 전파되는 시기였고, 샴페인 생산 또한 시골 장인들의 영역에서 큰 기업의 영역으로 넘어가고 있었기 때문이다.

와인용 포도를 재배하는 포도 농장에는 *비녜롱* vigneron이 있었다. '포도 재배자'를 뜻하는 비녜롱은 포도 재배의 모든 과정을 책임지는 고급 숙련 노동자였다. 대부분 남성의 기술이 더 뛰어나다 여겨졌으며, 급료 또한 남성이 월등히 높았다. 같은 일을 하는 여성은 *비녜론* vigneronne이라고 불렀다. 비녜론으로 일하는 여성은 사회적 지위가 높은 편이었으며, 결혼 후에 남편의 성과 함께 본인의 성을 쓸 수 있었다. 뛰어난 포도 재배 기술을 지닌 여성을 남편의 소유물이 아닌 한 인격체로 인식했다는 증거다. 비녜론의 급여는

---

[*]   바르브 니콜과 같은 여성은 지금도 드물다. 그녀 이후 뵈브 클리코를 이끈 사람 중 여성은 미레유 길리아노Mireille Guiliano가 유일했는데, 그녀는 2014년에 뵈브 클리코를 떠났다

[**]   현재 판매되는 뵈브 클리코 샴페인 라벨에도 바르브 니콜의 서명이 새겨져 있다.

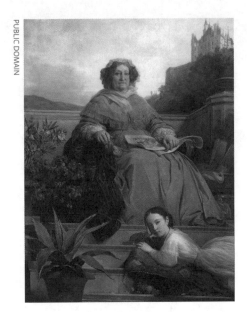

바르브 니콜

연 600프랑으로, 1,000프랑에 달했던 비네롱의 급여보다 훨씬 낮았지만, 어느 정도의 독립성과 사회적 영향력을 누릴 수 있었다.

한편 바르브 니콜은 와인 저장고를 바라보며 고민에 빠졌다. 수요는 넘쳐나는데 와인의 숙성을 재촉할 수는 없었기 때문이다. 1815년, 뵈브 클리코는 수요 폭증으로 주문을 소화하는 데 어려움을 겪었다. 설상가상으로 그해 포도 수확량은 최악이었고, 이듬해가 되자 저장고는 텅 비어버렸다. 판매 가능한 완성품이 모두 동나버린 것이다.

와인의 발효 속도 자체를 빠르게 할 수는 없었다. 그러나 바르브 니콜은 생산 방식을 바꿔 속도를 높이는 건 충분히 가능하다는 사실을 깨달았다. 샴페인 생산에서 가장 시간이 많이 드는 과정은 2차 발효 후 샴페인 병 안에 남은 효모 찌꺼기를 모아 제거하는 데 고르주망disgorgement 공정이었다. 데고르주망은 그야말로 골치 아픈 공정이었다. 다양한 방법이 존재했지만, 모두 큰 단점을 지니고 있었다. 찌꺼기를 가라앉힌 후 다른 병에 옮겨 담는 방식은 탄산을 파괴하는데다 중간에 낭비되는 양이 많았다. 병을 기울이고 조금씩 흔들어 찌꺼기를 모으는 방식은 시간이 너무 오래 걸렸다. 그렇다고 완성된 샴페인을 여과하면 품질이 떨어졌다. 바르브 니콜은 생산에 드는 시간을 줄여줄 새로운 방법을 찾기로 결심했다.

와인 저장고의 모든 직원이 그녀의 계획을 듣고 웃었다.

바르브 니콜은 여러 차례의 실험 끝에 한 가지 방법을 고안했다. 샴페인 병을 거꾸로 세워두면 찌꺼기가 코르크 쪽으로 모여 쉽고 빠르게 제거할 수 있을 것 같았다. 모든 병을 그런 식으로 놓아둘 수 있다면 생산 과정에 혁신적인 변화를 가져올 수 있었다. 그러나 그녀의 생각을 들은 직원들은 절대 실현 불가능한 방법이라며 또다시 웃었다. 바르브 니콜은 주방에 있던 식탁을 와인 저장고로 옮겨 비스듬한 구멍을 여러 개 뚫었다. 그러고는 저장고 최고 책임자 앙투안 뮐러Antoine Müller와 함께 테이블에 낸 구멍에 샴페인 병을 거꾸로 꽂았다. 한 달 반의 실험 끝에 바르브 니콜은 자신의 생각이 옳았음을 증명했다. 병을 거꾸로 세워놓으면 입구 쪽으로 모인 찌꺼기를 쉽고 빠르게 제거할 수 있었고, 와인의 맛 또한 그대로 유지할 수 있었다. 비웃음을 당했던 바르브 니콜이 마침내 승자의 미소를 지은 순간이었다.

바르브 니콜과 앙투안은 뵈브 클리코의 모든 샴페인 생산에 이 르뮈아쥬 쉬르 뿌삐트르 *remuage sur pupitre*, 즉 뿌삐트르 과정을 적용했다.* 뵈브 클리코는 영롱한 거품을 내는 맑고 아름다운 샴페인을 빠르게 대량으로 생산할 수 있게 됐다.

1812년 약 2만 병에 불과했던 뵈브 클리코의 연간 수출량은 몇 년 만에 20만 병으로 증가했다. 경쟁자들은 그 모습을 보며 약이 바짝 올랐지만 아무도 뵈브 클리코를 따라잡을 수는 없었다. 가장 큰 경쟁사였던 모엣은 엄청난 속도로 샴페인을 생산해내는 뵈브 클리코를 보며 비법을 알아내려고 안달이었다. 그러나 저장소 직원들은 바르브 니콜에 대한 신의를 저버리지 않았고, 뿌삐트르의 비밀은 거의 십 년 동안 안전하게 지켜졌다.

▼ ▲ ▼

바르브 니콜 클리코가 샴페인 제국을 건설하는 동안 다츠우마 기요는 일본에서 가장 큰 사케 제국을 건설하고 있었다.

1700년 무렵 발전을 거듭한 일본의 사케는 나름 최신 기술로

---

* *르뮈아쥬 remuage*는 침전물을 가라앉히는 작업을 의미하며, *뿌삐트르 pupitre*는 와인 병 입구를 아래로 향하게 놓아두고 르뮈아쥬 작업을 하던 A자 형태의 비스듬한 나무 선반을 이르는 말이다.

생산되고 있었다. 쌀을 씹고 뱉어 술을 담그던 시대는 까마득한 옛날이었다. 그러나 여러 미신이 여성의 양조장 출입을 여전히 가로막았다. 그러나 다츠우마 기요는 무대 뒤의 조종자가 되어 사케 제국을 만들 방법을 찾아냈다.

다츠우마 기요는 1809년 7월 16일 니시노미야에서 외동딸로 태어났다. 그녀는 총명하고 활기찼으며 야심만만했다. 양조 명가의 딸이었던 기요는 사케 유전자를 지니고 태어났다. 다츠우마 양조장은 1662년 설립된 일본에서 가장 오래되고 큰 양조장 중 하나였다. 다츠우마 가문은 니시노미야 지역에서 사케를 양조하며 술 저장용 나무통을 제작했다. 19세기는 사케를 만들기에 좋은 시기였다. 사케는 당시 일본의 주요 산업 중 하나로, 큰돈을 벌 수 있는 분야였다.

어린 시절 기요는 양조장에서 많은 시간을 보내며 나무통 씻는 법부터 일꾼을 부리는 법까지 많은 것을 배웠다. 결혼할 나이 무렵 그녀는 이미 사케 전문가가 되어 있었다. 그녀는 1830년 다른 양조장의 아들과 결혼했다(양조장 가문끼리의 결합이었으니 결혼식은 아마도 꽤나 시끌벅적했을 것이다). 1855년 남편의 사망으로 기요는 미망인이 됐다. 둘 사이에는 최소 여섯 명의 자녀가 있었던 것으로 추정된다. 마흔여섯이 되던 해, 기요는 여성을 꺼리는 사케 업계에서 대규모의 양조장을 운영해야 하는 처지가 됐다. 그녀는 궁리 끝에 묘책을 냈다.

기요는 전적으로 신뢰하는 남자 직원 한 명을 양조장의 지배인으로 고용하여 대리인으로 훈련시켰다. 사람들 앞에서 진행해야 하는 협상이나 회의에는 모두 이 대리인을 내세웠고, 기요는 무대 뒤에서 모든 것을 조종했다. 경영을 위한 외관을 갖춘 기요는 본격적인 사케 제국 건설에 나섰다.

기요는 혁신적인 사업가였다. 그녀는 저 멀리 번화한 에도(현재의 도쿄─옮긴이)까지 사케를 운송한 최초의 양조업자 중 한 명이었다. 기요는 이를 통해 막대한 수익을 올렸다. 성장의 가능성을 본 기요는 운송용 배를 구입했다. 기존 배보다 빠르고 안정적인 증기선이 등장하자 증기선을 구입했다. 그렇게 사업을 확장해가던 기요는 결국 해운 회사를 설립했고, 자신의 화물을 보호하기 위한 해상 보험과 화재 보험 회사까지 운영하게 됐다.

기요는 천재적인 경영자이자 사업가였다. 그녀는 바르브 니콜 클리코와 마찬가지로 '라벨'의 힘을 알았다. 1830년대부터는 쌀 작황이 좋지 않은 해에 다른 양조장의 사케를 술통째로 구매하여 다츠우마 양조장의 술과 혼합한 후 자신들의 상표를 붙여 판매했다. 그녀가 처음 도입한 이러한 전략은 현재의 사케 양조장에서도 중요한 생존 전략으로 활용되고 있다.

한편 기요는 자녀들이 자라 결혼 적령기가 되자 모두 다른 양조장의 자녀들과 결혼시켰다. 드라마 〈왕좌의 게임 Game of Thrones〉 속 여왕처럼 기요는 자녀들의 결혼을 통해 업계 내에서 사업 관계를 더욱 강화했다.

기요는 양조장의 일상적인 업무에도 깐깐히 관여했다. 그녀는 스스로의 기대치에 맞는 청결을 유지하기 위해 가끔 양조장의 술통을 직접 닦기도 했다. 1800년대 후반 다츠우마 양조장의 연간 사케 생산량은 2만 2천 석石에 달했다(한 석은 180리터다). 뒤따르는 경쟁 업체의 약 세 배에 달하는 양이었다. 다츠우마는 오십 년 동안 일본에서 가장 거대하고 성공한 양조장이라는 지위를 유지했다.* 기요는 충실한 지배인을 통해 외부 업무를 처리해가며 업계 내에서 엄청난 권력을 행사했다.

기요는 1900년 구십일 세를 일기로 세상을 떠났다. 그녀는 생전에 큰 영향력을 발휘한 인물임에도 불구하고 현재는 크게 알려져 있지 않다. 역사학자들은 그 이유를 사업적으로 성공한 여성을 가족의 수치로 여기는 일본의 전통에서 찾았다. 옛날 일본인들은 여성이 사업에서 성공을 거두면 경쟁자에게 망신을 주었다고 여기곤 했다. 다츠우마 가족 묘지에 안치된 그녀의 무덤은 한구석에 작게 마련되어 있어 거의 눈에 띄지 않는다. 그녀는 안타깝게도 사케의 역사에서 거의 지워지고 말았다.

▼ ▲ ▼

다행히 바르브 니콜의 운명은 기요와 달랐다.**

* 현재는 하쿠시카 양조장이라 불리고 있으며, 여전히 일본의 대표적인 브랜드 자리를 유지하고 있다.

그녀는 1841년에 예순네 살의 나이로 마침내 은퇴했다(가장 큰 경쟁자였던 장 레미 모엣Jean-Rémy Moët이 사망한 해이기도 하다). 바르브 니콜은 은퇴 후에도 샴페인 하우스 업무에 임원급으로 참여하며 사실상 1인 이사회 역할을 했다. 얼굴을 널리 알리지는 않았지만, 그녀는 이미 세계적인 아이콘이었다. 바르브 니콜의 샴페인은 전 세계에 팔려나갔지만, 그녀는 자신의 샴페인이 팔리고 있는 다른 나라에 한 번도 방문하지 않았다.

뵈브 클리코는 샴페인 시장의 세계화를 이끌었다. 현재로 따지면 바르브 니콜은 억만장자쯤 되었을 것이다. 바르브 니콜과 앙투안이 개발한 침전물 제거법은 스파클링 와인의 세계에 혁명을 가져왔다. 뿌뻬트르 방식은 현재까지도 많은 샴페인 양조장에서 사용되고 있다.

주방과 가정에서 하는 노동의 가치는 수천 년 동안 평가절하되고 노골적으로 무시되어왔다. 술과 칵테일의 역사를 술집에만 국한시키면 많은 부분을 놓치게 된다. 최근의 현대사에 이르기까지 바에서 술을 마시거나 일할 수 없는 성별이나 계층, 인종이 많았기 때문이다. 음주는 술집, 호텔, 살룬, 펍에서만 이루어진 것이 아니다. 술은 19세기 전 세계 사람들의 사적인 가정생활에서 중요한

●● 바르브 니콜의 삶에 대해 더 알고 싶다면 틸라 J. 마체오Tilar J. Mazzeo가 쓴 전기 『과부 클리코The Widow Clicquot』를 추천한다. 다츠우마 기요의 전기는 별도로 나와 있지 않다

위치를 차지했다. 다양한 주류 산업과 기업은 여성들의 레시피와 혁신을 바탕으로 성장했다. 바르브 니콜은 그 활약에 걸맞은 명예와 성공을 거머쥔 몇 안 되는 여성 혁신가 중 한 명이었다.

많은 이름과 이야기들이 세월의 흐름 속에 사라졌다. 유산을 남긴다는 것은 소수에게만 허락된 특권이다. 가끔은 계급이 그 특권을 가르기도 하고, 바르브 니콜과 기요의 사례가 보여주듯 언제 어디서 태어났느냐에 따라 운명이 갈리기도 한다.

바르브 니콜은 1866년 7월 여든아홉의 나이로 세상을 떠났다. 늘 입던 미망인용 검은 드레스를 입은 채였다.*

그녀는 랭스에서 남쪽으로 30마일(48킬로미터)가량 떨어진 오제르 외곽에 아름다운 저택과 농원을 소유하고 있었다. 따뜻한 여름 햇살을 받으며 자라는 샤르도네 포도와 넓고 평화로운 포도밭을 내려다볼 수 있는 곳이다. 바르브 니콜은 노년에 이를 때까지 이곳에 예술가와 작가, 정치인, 때로는 해외의 왕족을 초대해 성대한 파티를 벌이며 여생을 보냈다.

그녀가 끝까지 지킨 원칙은 단 하나, 파티에서는 뵈브 클리코의 샴페인만 제공한다는 것이었다.

---

* 프랑스 여성 대부분이 쉰 살까지도 살지 못하던 시절이었다.

8장

전설의 바텐더
에이다의 아메리칸 바

20세기

1900년이 되었을 무렵 술의 세계는 오늘날 우리가 아는 것과 거의 흡사한 모습을 갖추었다. 현대의 바텐더들이 멜빵바지를 즐겨 입고 고풍스러운 수염을 길러서 그런 것만은 아니다. 산업화가 완료된 대부분의 도시에서 바와 바텐더, 칵테일을 찾아볼 수 있었고, 오늘날 우리가 바에서 주문하는 대부분의 술이 존재했다(종류가 현재와 완전히 똑같지는 않았지만 어쨌든 비슷한 술은 갖춰져 있었다. 물론 생일 케이크맛이 나는 보드카는 아직 출시되기 전이었다). 술은 유리잔에 담겨 제공됐고, 마침내 얼음을 사용하기 시작했다. 20세기의 첫 십 년은 칵테일의 황금기였고, 우리가 지금도 즐기는 대부분의 클래식 칵테일이 이때 개발됐다.

이 시기는 세계 최초의 유명 여성 바텐더가 탄생하고 전성기를 보낸 시점이기도 하다.

에이다 콜먼Ada Coleman은 1875년경 영국에서 태어났다. 에이다의 아버지는 성공한 호텔 사업가이자 음악 공연 기획자였던 루퍼트 도일리Rupert D'Oyly 소유의 골프 클럽에서 안내 직원으로 일했다. 에이다의 아버지가 세상을 떠나자 도일리는 그녀에게 골프 클럽에서 일할 것을 제안했다. 당시 에이다는 스물네 살이었다.

일을 시작한 지 얼마 되지 않아 서비스업이 에이다의 천직이었음이 분명해졌다. 에이다는 유쾌하고 붙임성이 있었으며, 무엇보다 명석했다. 그녀의 재능을 알아본 도일리는 에이다를 런던에 위치한 클래리지 호텔에서 일하게 했다. 클래리지는 엘리베이터, 객실 내 화장실 등 현대적인 시설을 갖춰 새단장한 고급 호텔이었다. 현재도 왕족과 왕실 귀빈들이 찾는 호텔로 유명하다. 에이다는 1899년 호텔 내에 위치한 꽃집에서 근무를 시작했다.

얼마 지나지 않아 에이다의 일하는 모습을 눈여겨 본 클래리지 호텔의 와인 판매상 피셔Fischer가 그녀에게 술과 관련된 일을 가르쳐주기 시작했다. 에이다는 피셔에게서 칵테일 제조법과 셰이커 다루는 법을 배웠다. 에이다는 첫 칵테일이었던 맨해튼을 만들자마자 바텐딩의 세계에 빠져들었다. 칵테일 만들기에 푹 빠진 그녀는 바에서 일해보고 싶다고 청했다.

바 앞에 선 그녀는 그곳이 자신이 있어야 할 곳임을 깨달았다. 언제 꽃집의 직원이었냐는 듯 에이다는 새로운 일터에서 뛰어난 활약을 펼쳤다. 에이다는 타고난 칵테일 천재였다. 에이다의 칵테일은 그녀의 사교적인 성격 덕에 더욱 빛났다. 바에서 일하는 에이다의 모습을 본 도일리는 그녀에게 딱 맞는 새로운 장소를 찾아냈다.

도일리가 소유한 호텔 중 가장 유명하고 성공적인 호텔, 바로 런던 사보이 호텔이었다. 사보이 호텔에 위치한 아메리칸 바American Bar가 마침 대대적인 인테리어를 마치고 아름다운 모습으로 다시 문을 연 참이었다.* 도일리는 에이다를 아메리칸 바로 보냈고, 그녀는 그곳에서 칵테일의 여왕이 됐다.

▼ ▲ ▼

맥주를 만들고 마시는 행위는 수 세기 동안 남아프리카 농촌 사람들의 문화에서 중요한 부분을 차지해왔다.

1860년대 네덜란드 식민지 개척자들은 남아프리카 움타타Umtata라는 지역에 정착촌을 건설했다(현재 남아프리카공화국의 이스턴케이프주에 위치한 곳이다). 움타타 강변의 정착촌에 살던 네덜란드 정착민들은 1884년 주변 지역을 합병했고, 움타타는 대부분 흑인으로 구성된 인구를 통치하는 백인 정부의 소재지가 됐다. 백인 정부는 시간이 지날수록 아프리카 원주민 여성들의 맥주 양조를 탐탁지 않게 여겼다.

---

* 아메리칸 바는 유럽에서 최초로 미국식 칵테일을 제공한 장소 중 하나다. 앞서 언급한 바와 같이 칵테일은 전 세계적으로 유행한 미국 최초의 예술이자 문화 상품이었다. 사보이 호텔은 멋진 미국식 음료를 제공하는 곳임을 손님들에게 알리고자 아메리칸 바라는 이름을 내걸었다.

당시 많은 흑인 남성이 농촌을 떠나 이주 노동자로 일했고, 움타타는 이들을 위한 중간 기착지로 발전했다. 목이 마르고 수중에 돈도 있는 남성 노동자들은 양조업자 입장에서 이상적인 고객이었다. 맥주를 팔고자 하는 여성들에게 이들 이주 노동자는 큰 수입원이 됐고, 움타타에서 맥주 양조와 판매는 곧 호황을 누렸다.

움타타가 너무 멀다면 맥주 산업이 번성하고 있는 다른 도시들도 있었다. 움타타에서 북쪽으로 몇 시간 떨어진 해안 도시 더반으로도 많은 판매업자가 모여들었다. 1902년에는 맥주를 양조하는 여성들이 하루에도 수백 명씩 쏟아져 들어왔다. 이들은 맥주를 가득 담은 큰 통이나 호리병을 들고 기차로 이동했다. 대부분은 성인 여성이었지만, 열두 살 남짓 되는 소녀들도 있었다. 이들은 맥주뿐아니라 닭, 달걀, 약초도 팔았다. 물론 가장 인기 있는 상품은 맥주였다.

남아프리카에서 맥주를 양조할 때는 우선 불린 곡물을 갈아 익히고, 거기에 발아한 수수를 섞어 혼합물을 만들었다. 이 혼합물을 발효하면 걸쭉하고 도수가 낮은 *우티왈라* utywala라는 맥주가 완성됐다. 보통 양조는 집에서 이루어졌지만, 큰 행사가 있어 많은 양이 필요할 때는 여성들이 모여 함께 술을 빚기도 했다. 가끔은 이러한 공동 양조 자체가 잔치이자 행사가 되기도 했다(원래 맥주 파티가 최고의 파티 아니던가).

1800년대 도시화가 확산되며 남아프리카에서 맥주는 수익성 좋은 상품이 됐다. 집에서 가족이 마실 맥주를 만들던 여성들은 이제 내다 팔 목적으로 맥주를 제조하기 시작했다. 양조 외에 여성이 돈을 벌어 생계를 유지할 수 있는 방법은 거의 없었다. 양조는 생계의 수단이자 독립의 수단이었다. 유럽의 에일와이프와 남미의 치차 만드는 여성들이 그랬듯, 남아프리카의 여성들도 맥주를 만들면서 어느 정도의 독립성을 확보할 수 있었다. 양조를 부업으로 삼는 여성도 있었고, 본격적으로 뛰어들어 전업으로 삼는 여성도 있었다. 맥주 산업에 뛰어들기 위해 움타타나 더번 같은 도시로 향하는 여성은 대부분 미혼이었다. 양조는 이들이 스스로를 부양하기 위해 선택할 수 있는 몇 안 되는 선택지였다.

백인 정부 관리들은 바로 그 독립성을 우려했다.

사실 백인 정부에게 양조업자들은 이중의 위협이었다. 백인 주민들에게 흑인 원주민들의 술 판매와 소비는 꽤 오랜 기간 논쟁거리였다. 흑인 여성들이 맥주를 팔아 생계를 유지한다는 것은 이들이 백인 소유의 농장이나 기업에서 임금을 받고 일할 필요가 없다는 의미였다. 백인 정부와 사업가들은 자기들이 쓸 수 있는 흑인 노동력이 감소할 것에 우려했다. 게다가 흑인들이 토착 맥주를 마시는 것은 백인들이 강조하는 예의범절과 금주의 가치관에 어긋나는 일이었다.

물론 백인들이 강요하는 예의범절과 금주는 흑인에게만 해당되는 잣대였다. 백인에게는 언제나 다른 규칙이 적용됐다. 1800년대에 인도를 방문한 프랑스의 한 백작은 그곳의 영국인들, 특히 여성들의 과도한 음주에 깜짝 놀라 다음과 같은 기록을 남겼다. "인도

의 젊은 영국 여성이 마시는 맥주와 와인의 양을 보면 기절초풍할
것이다!"

남아프리카의 백인들은 흑인들의 술 소비에 대해, 그리고 양조
산업에서의 여성들의 활약에 대해 우려했고 탄압을 시작했다. 이
미 여러 차례 살펴본 바와 같이, 술과 관련된 법은 단순히 음주를
막기 위해 도입되지 않는다.* 그러한 법들은 특정한 집단의 음주를
막고 싶어 한다. 술과 관련된 법은 빈곤층, 특히 가난한 여성들, 그
중에서도 가난한 비非백인 여성을 표적으로 삼았다.

1899년 남아프리카에서는 흑인들의 증류주 판매를 금지하는
법이 통과됐다. 정부는 우타왈라 소비를 단속하는 것은 불가능에
가까운 일이라는 사실을 이미 알고 있었고, 그래서 원주민 여성이
만든 원주민 맥주의 판매는 허용했다. 하지만 여성들이 맥주 양조
업계를 장악하고 권력을 얻게 될 것이 두려웠던 백인 정부는 맥주
판매 자체는 허용하되 업장을 여는 것은 금지한다는 규정을 넣었
다. 이 규정에 따르면 여성들은 맥주 상점이나 바를 차릴 수 없었
고, 임시로만 맥주를 판매할 수 있었다.

또 다른 선택지는 지하로 숨어드는 것이었다. 아일랜드나 스코
틀랜드에서와 마찬가지로 남아프리카에도 무허가 술집인 쉬빈이
생겨났다(미국 금주법 시대에 성행한 스피크이지 바의 전신이라고도 볼 수

---

* 물론 여기에는 음주 운전 금지법 같은 중요한 예외도 있다. 이 법의 중요성을 부정
할 사람은 없을 것이다.

있다). 이주 노동자의 증가로 맥주 산업이 성장하며 쉬빈들도 함께 번성했다. 쉬빈은 대개 여성들이 운영했는데, 이들을 '쉬빈 퀸shebeen queen'이라고 불렀다. 대개 임대 주택 같은 곳에서 영업했으며 손님들이 술을 마시는 방과 맥주가 보관된 방이 있었다. 술이 저장된 방에는 깡통과 드럼통, 나무통을 가리지 않고 불법 양조 맥주가 가득 채워져 있었다. 간혹 집 전체를 양조 시설로 사용하는 곳도 있었다. 여기서는 손님들이 뒷마당의 헛간에 앉아 음악을 듣거나 직접 악기를 연주하기도 하며 술을 마시고 춤을 췄다.

만남과 대화의 장소이기도 했던 쉬빈은 반란의 성지가 됐다. 쉬빈을 찾는 사람들은 수수 맥주를 홀짝이며 목소리를 낮춰 백인 정부 전복을 계획하기도 했다. 한 백인 정부 관리는 쉬빈 퀸을 백인의 가장 큰 적으로 지목하기도 했다.

맥주 산업에 대한 여성의 지배력이 커지자 백인 관리들은 이를 규제할 방안을 궁리하기 시작했다. 더반에서는 여성의 철도 이용과 도시 방문을 제한하자는 의견이 나왔다. 1908년 움타타에서는 허가증을 가진 사람만 맥주를 팔 수 있도록 했다. 맥주를 팔기 위해서는 도시의 합법적인 거주자여야 했고, 판매량은 한 번에 5갤런(약 19리터)으로 제한됐다. 허가제가 도입되면서 농촌 여성들은 도시로 이동하여 맥주를 팔 수 없게 됐고, 수천 명의 여성이 경제적 기회를 박탈당했다.

1907년 더반 내 흑인 여성의 4분의 1은 맥주를 팔거나 양조하기 위해 도시로 온 농촌 여성이었다. 일시적으로 유입되는 흑인 여성 인구가 대규모로 늘어나는 것을 본 백인 정부 관리와 주민들은 불안해했다. 이들은 흑인 여성, 특히 흑인 미혼 여성을 부도덕한 존재로 봤다. 물론 이는 백인들이 상상해낸 도덕적·인종적 위계질서에 기반을 둔 생각이었다. 독립적으로 생계를 유지하는 여성은 결혼한 부부라는 이상에서 벗어난 존재였다. 인종주의적인 편견은 어찌 됐든, 백인 관리들이 불안해할 만한 상황이기는 했다.

이후 십 년 동안 흑인 여성은 원주민 봉기에서 핵심적인 역할을 한 것을 넘어 봉기 그 *자체*가 되었기 때문이다.

▼ ▲ ▼

20세기 초 남아프리카의 원주민 맥주와 그 생산자가 겪고 있던 일은 멕시코의 풀케에게도 일어나고 있었다.

식민주의에 시달리던 1900년대 초 멕시코에서 풀케는 열등한 술 취급을 받았다(원주민들의 관습과 그들이 만든 제품은 모두 이런 시선을 받았다). 멕시코의 문화적 정체성에서 빼놓을 수 없는 요소였던 풀케는 어느새 더럽고 저급한 술이 되어 있었다. 이러한 인식 때문에 풀케는 더더욱 가난한 여성들이 만들고 파는 술이 됐다. 별도의 교육이나 값비싼 장비 없이도 작은 부엌에서 만들 수 있다는 특성 때문에 가난한 여성들은 풀케를 팔아 생계를 유지했다. 하지만 부엌에서 손으로 만든다는 사실 때문에 풀케를 비위생적인 술로 보는 시선이 많았다.

20세기 초를 포함한 십여 년의 기간 동안 멕시코를 통치한 것은 포르피리오 디아스Porfirio Díaz 정권이었다. 스페인과 마찬가지로 포르피리오 정권은 풀케와 풀케리아를 부정적인 시선으로 보았다. 그들에게 풀케는 나태, 과음 등 사회의 부적절하고 바람직하지 않은 부분을 만들어내는 원천이었다. 정부는 풀케 생산과 풀케리아 영업을 규제하는 법을 제정했다. 길거리나 술집에서 풀케를 팔아 생계를 이어가던 여성들은 이러지도 저러지도 못하는 처지가 됐다. 사회 발전을 저해하는 비위생적인 술을 팔고 있다는 낙인이 찍힌 이상, 그 어떤 사회적 지위도 바랄 수 없었다. 하지만 풀케 판매는 생계를 유지할 수 있는 유일한 방법이었다. 여성들은 정부의 방침에 항의하며 술을 판매할 권리를 지키기 위해 서한을 보냈다. 하지만 포르피리오 정권이 이어지며 풀케와 풀케리아는 멕시코인들 사이에서 인기를 잃었고, 결국 관련 직업 전체가 사라졌다.

술은 늘 계급을 나누는 역할을 했다. 포르피리오 정부의 사회적 압력은 여성 음주 문화를 전반적으로 위축시켰지만, 더 큰 타격을 받은 쪽은 역시 가난한 이들이었다. 당시 여성의 음주를 막은 가장 큰 요인은 가난이었다. 사회적 지위를 지닌 상류층 여성들은 공공장소에서 음주를 해도 체포되는 일이 드물었다. 가난한 여성들은 돈이 없어 술을 자주 마시지 못했지만, 술을 조금이라도 많이 마시면 체포될 확률이 훨씬 높았다. 가난한 여성들은 술을 만들고 마시는 일에 있어 다른 이들에 비해 훨씬 큰 대가를 감당해야 했다.

술이 일종의 병폐로 취급되면서 많은 이들이 한 가지 사실을 잊었다. 수천 년 동안 술은 단순히 마시고 취하는 것 외의 목적을 지니고 존재해왔다는 사실이다. 현대에 들어 음주는 나쁜 것, 죄악, 악습으로 묘사됐다. 그러나 술은 식생활의 필수적인 요소였고, 전세계 원주민 여성들의 경제에도 중요한 역할을 해왔다. 술을 만들고 마시는 행위는 문화적 정체성 및 전통과 소통하는 중요한 방법이었다. 멕시코와 남아프리카를 비롯한 여러 나라의 여성들에게 술은 생존 수단이기도 했다. 도덕성이나 미풍양속, 공공안전을 앞세워 원주민의 술 문화를 제한하는 법과 규제는 대부분 본얼굴을 어설프게 숨긴 억압에 불과했다. 마치 여성 혐오와 인종주의에 알 없는 안경을 씌우고 우스꽝스러운 가짜 수염을 붙여놓은 형국이었다.

▼ ▲ ▼

에이다 콜먼이 바에서 보여준 활약은 눈부셨다. 사실 그녀가 바 카운터 뒤에서 바텐더로 일한다는 사실 자체가 특별한 일이었다.

당시에는 바에서 일하는 여성들을 '바메이드barmaid(바에서 일하는 아가씨maid라는 의미 – 옮긴이)'라고 불렀다. 아가씨라는 호칭에서 알 수 있듯 영국과 미국의 대부분의 바는 스물다섯 살 이상의 여성을 고용하지 않았다(당시 사람들은 여성이 스물여섯 살이 되면 낙엽처럼 시들어 강풍에 날려 사라진다고 생각했던 모양이다). 당시 스물넷이었던 에이다는 바에서 일을 시작하기에는 나이가 많다고 여겨지기도 했다.

바메이드로 일하는 여성들은 딱히 기술을 배우고 업계에 진출하려는 생각을 가지지는 않았다. 대부분은 단순히 수입이 필요해서 일하는 경우였다. 바메이드는 다른 직업에 비해 수입이 조금이나마 높았고, 나름 재미가 있는 경우도 있었다. 하지만 바 업계에 흥미를 느껴서 바메이드가 되는 여성은 흔치 않았다. 어떤 이들은 바메이드를 사회악으로 몰며 바에서 일하는 것이 여성의 도덕성을 해친다고 주장하기도 했다. 런던에서는 여성의 바 취업을 반대하는 캠페인이 벌어지기도 했다.

20세기 초 미국에서는 5만 명에 이르는 남성이 바텐더로 일했다. 여성은 147명에 불과했다. 캐나다의 경우 그 수가 훨씬 적었다.[*]

물론 이는 *다른 사람들* 앞에서 칵테일을 만든 여성의 수다. 집에서 칵테일을 만들던 여성을 합하면 아마 그 수는 헤아릴 수 없이 많을 것이다. 칵테일이 인기를 끌자 주부들은 칵테일 만드는 법을 배워야 했다. 1900년대 초 전문적인 바텐더를 제외하고 칵테일 제조와 서빙과 관련된 복잡한 과정을 가장 잘 이해했던 사람들은 다름 아닌 미국이나 영국의 여유 있는 백인 가정의 주부였다.

---

[*] 술의 병입과 포장 단계에서 일하는 여성은 매우 많았다. 20세기 초 미국과 캐나다에서는 주류 산업 여성 종사자의 상당 부분이 포장과 라벨 붙이기 공정에서 일했다. 이들은 손으로 병을 세척하고, 술을 담고, 코르크로 밀봉하는 작업을 했다. 주방에서 하는 일과 비슷한 부분이 많았기 때문에 이 작업은 여성의 영역으로 여겨졌다. 병입 기계가 도입된 후에도 많은 증류소와 양조장이 포장과 배송 작업에 여성 노동자를 고용했다.

여성이 쓴 최초의 칵테일 책은 1904년에 출간됐다. 메이 E. 사우스워스May E. Southworth가 쓴 『101가지 칵테일One Hundred and One Beverages』에는 제목 그대로 101가지의 뜨겁거나 차가운 칵테일 레시피가 담겨 있었다. 사우스워스는 바텐더는 아니었다. 이 책은 여러 음식과 음료에 대한 101가지 레시피를 소개하는 다양한 시리즈의 일부였다. 사우스워스는 『101가지 샐러드One Hundred and One Salads』라는 책도 썼다. 사람들은 여성들이 로스트 요리를 만들고 파이를 굽듯 칵테일을 만드는 것도 당연하다고 여겼다.

에티켓 안내서에는 여성이 음주 시에 지켜야 할 엄격한 지침도 제시되어 있었다. 미국의 인기 요리책 작가이자 에티켓 책 작가였던 엘리자 레슬리Eliza Leslie는 자신의 책에서 "숙녀라면 어떤 경우에도 샴페인을 두 잔 이상 마셔서는 안 된다. 이는 미국 여성의 머리가 감당할 수 있는 범위를 초과한 양이다"라고 주장했다.

그러나 이런 규칙에도 예외는 있었다. 바로 남자가 술을 권할 때였다. 격식을 차린 디너 파티에는 '도전challenging'이라는 관행이 있었다. 남성이 여성을 향해 잔을 들어 보이면 여성은 이 관행에 따라 술을 한 모금 마셔야 했다. 상대가 잔을 들어 보였는데 술을 마시지 않는다면 무례한 행동으로 간주됐다. 이러한 관행은 백 년이 넘은 지금까지도 완전히 사라지지는 않고 있다.

그런데 사실 미국의 모든 계층의 여성들은 디너 파티가 없을 때도 늘 알코올을 섭취했다. 다름 아닌 의사의 권유 때문이었다.

당시 미국에서 가장 널리 애용되는 만병통치약은 바로 알코올이었다. 당시의 광고에 자주 등장한 일반 의약품은 평균적으로 22 퍼센트에 달하는 알코올을 함유하고 있었다. 와인의 평균적인 알코올 함유량의 두 배에 달하는 수치다. 가장 인기를 끈 약은 '리디아 핑크햄의 식물성 복합제Lydia Pinkham's Vegetable Compound'라는 물약이었다. 리디아 핑크햄은 이 허브 물약이 생리통부터 신체 허약, 신경 쇠약까지 모든 증상을 완화한다고 광고했다.*

위스키 회사들은 위스키의 약효를 내세우며 자신들의 제품을 홍보했다. 가장 터무니없는 것은 '더피의 퓨어 몰트 위스키Duffy's Pure Malt Whiskey'라는 제품이었다. 이 제품은 광고에 등장하는 노부인들의 '증언' 덕에 큰 인기를 끌었다. 광고에는 뉴욕주 버펄로에 거주하는 116세의 버튼Burton 부인이 등장한다. "지난 이십오 년간 더피의 퓨어 몰트 위스키를 꾸준히 복용해 왔습니다. 덕분에 이 나이에도 남의 도움 없이 잘 생활하고 있어요. 더피의 퓨어 몰트 위스키만 있다면 앞으로도 이십오 년은 거뜬합니다."**

---

* 리디아 핑크햄의 부모님은 매사추세츠주에 있는 린이라는 지역에서 식료품점을 운영했다. 이들은 절주 운동을 지지하여 가게에서 술을 팔지 않았는데, 때문에 다른 식료품점과의 경쟁에서 밀리곤 했다. 이 모습을 본 리디아는 자신이 직접 만든 치료제를 판매하기 시작했다. 알코올 함량이 높았지만 '치료제'였으므로 리디아의 부모님은 상관하지 않았다.

** 물론 이러한 주장은 전혀 검증되지 않았다. 더피의 퓨어 몰트 위스키를 만든 회사는 1911년 파산했다. 뉴욕 어디선가 이제 불멸에 가까운 존재가 된 버튼 부인이 위스키를 마시며 잘 살고 계시기를 바란다.

▼ ▲ ▼

　규제의 부재 속에 은밀하게 이루어진 약용 음주는 어두운 결과를 가져왔다.

　전 세계적으로 증류주가 보편화되면서 알코올 때문에 사망하는 사람들이 나타나기 시작했다. 당시 의사들은 현재 우리가 말하는 알코올 중독, 알코올 의존증 등 술에 관련된 증상을 포괄적인 용어로 *무절제*intemperance라고 칭했다. 곧 무절제는 부도덕의 동의어가 됐다. 가난한 사람이 사망하면 체온 저하나 영양실조, 질병이 아닌 무절제에서 사망 원인을 찾았다. 사람들은 별다른 근거도 없이 온갖 도시 문제의 원인으로 술을 지목했다. 무절제는 가난하고 소외된 이들을 비난하는 수단이 됐다. 이는 그야말로 악순환이었다. 술은 병원에 갈 돈이 없는 사람들이 유일하게 기댈 수 있는 진통제이자 만능 약이었다.

　무절제의 낙인이 찍힐 것을 두려워한 중산층과 상류층 여성들은 알코올 남용으로 고통을 받으면서도 병원을 찾지 않았다. 병원에 가도 의사들은 이들의 사회적 지위를 보호하기 위해 별 도움이 되지 않는 모호한 진단을 내렸다. 대부분의 의사는 알코올 남용의 영향에 대해 여성과 이야기하는 일 자체를 꺼려 했다.

　알코올 남용으로 어려움을 겪는 여성의 수는 남성에 비해 훨씬 적었지만, 더 큰 비난에 시달린 건 여성 쪽이었다. 여성의 알코올 남용은 사회 질서에 위배되는 행위였다. 그들은 가정의 타락한 천사가 됐다. 여성은 단 두 가지 방법으로만 알코올 남용에 관련될 수 있었다. 첫 번째는 남성이 알코올 남용의 피해자인 경우, 두 번째는 절주 운동의 일환으로 알코올 남용에 반대하는 경우였다. 본인이 알코올 남용의 당사자가 된다는 것은 있을 수 없는 일이었다.

절주 운동은 이미 한 세기 전부터 정치 운동이 될 조짐을 보이고 있었다. 사회는 산업화와 자본주의가 불러온 모든 문제의 원인으로 술을 지목했다. 그러자 많은 이가 술을 없애면 모든 문제를 단번에 없앨 수 있다는 생각을 품게 됐다. 법적으로 술을 아예 금지하는 것이 답이라는 생각이 싹튼 것이다.

1840년대가 되며 '금주 십자군'이라고도 불린 금주 운동 세력이 미국 정치판에 등장했다. 작은 지역 사회 위주로 시작된 금주 운동은 주 단위로 확대됐다. 1851년 메인주는 미국 내에서 최초로 공공장소에서의 음주를 금지했다. 1855년까지 중서부와 북동부의 열세 개 주가 메인주의 뒤를 따랐다. 제한의 정도는 술의 상업적 제조 금지부터 판매 금지나 공공장소 음주 금지까지 각 주에 따라 달랐다. 1900년 초가 되자 금주론자들은 헌법에까지 손을 뻗으려 했고, 술은 뜨거운 정치적 이슈로 떠올랐다.

미국의 많은 여성들이 절주 운동에 동참하고자 했다. 가정과 국가의 도덕성을 지킬 책임만 짊어진 채 아무런 권한도 가질 수 없었던 이들에게 절주 운동은 매력적이었다. 많은 여성이 금주법을 지지했지만, 남성 정치인이나 남성 회원으로만 이루어진 절주 운동 단체는 여성들을 받아주지 않았다. 이러한 거부에 대응하여 여성 절주 운동 단체가 탄생했다. 1852년에는 뉴욕주 여성 절주 협회 Women's New York State Temperance Society를 비롯한 단체들이 창단되며 회의를 개최하기 시작했다.

여성들이 정치 운동을 시작했다는 점에서 꽤 멋진 일로 *보이지만*, 사실 백인 여성으로만 구성된 대부분의 절주 협회는 매우 보수적이었다. 이들은 주로 가부장제를 지지하는 글을 작성하여 배포하면서 엄격한 성 역할 구분을 지지하고, 가정 내에서 여성이 지닌 도덕적 책임을 강조했다. 이들이 생각하는 여성 음주의 가장 큰 문제는 그로 인해 발생하는 가족에 대한 여성의 의무 소홀이었다.

여성 절주 협회의 메시지는 혼란스러웠다. 단체는 정치적 영향력을 발휘하기 위해 여성들을 결집하고자 했지만, 동시에 여성의 정치적 권한은 제한하고자 했다. 여성 기독교 절주 연합Women's Christian Temperance Union은 가장 잘 알려진 여성 절주 단체 중 하나였다. 1874년 설립된 이 단체는 설립 당시 여성 참정권이라는 새로운 정치적 개념을 지지하기를 거부했다. 이 단체가 마침내 여성 참정권을 지지하기까지는 거의 십 년이라는 시간이 걸렸다.[*]

여성 기독교 절주 연합에는 흑인들을 위한 지부도 존재했다. 많은 여성들이 그동안 배제되어온 정치에 참여할 수 있는 기회라 생각하고 연합에 가입했다. 그러나 여러 주에서 지부 모집이나 행사

---

* 남성으로만 이루어진 금주주의자 협회Prohibitionist Society가 오히려 먼저 여성 참정권을 지지했다.

진행 시 흑인과 백인을 따로 구분했다. 전설적인 저널리스트이자 흑인 사회운동가인 아이다 B. 웰스Ida B. Wells는 연합의 회장인 프랜시스 윌러드Frances Willard가 신문 인터뷰에서 한 인종 차별적 발언을 두고 윌러드와 충돌하기도 했다.

절주 운동과 여성 참정권 운동은 종종 서로 연결되곤 한다. 두 운동이 같은 시기에 진행되었다 보니 많은 이가 참정권을 요구하는 여성들이 절주 운동을 지지했다고 생각한다. 양조업자와 주류 회사들이 여성 참정권에 반대한 것도 이 때문이다. 그들은 미국의 모든 여성이 술을 적대시한다고 생각했고, 여성에게 투표권이 생긴다면 금주법이 통과될 것이라 생각했다. 그러나 실제 역사의 전개는 언제나 그렇듯 훨씬 복잡하게 꼬여 있었다.

콜로라도주는 1893년에 여성 투표권을 인정했다. 그러나 1909년에 콜로라도주 덴버시에서 밤의 식당과 카페에서 여성의 음주를 금지하는 법이 통과됐다. 공공 서비스 개선 운동 단체였던 여성 공공 서비스 연합Women's Public Service League은 이 법에 항의했다. 이들은 여성의 행동만 선별적으로 제한하는 모든 조치에 반대했다. 연합은 모두가 평등하게 공공시설에 접근할 수 있어야 한다고 선언했다(물론 백인이라는 전제하에 말이다).

여성 참정권 반대론자들은 이 사례를 내세워 여성에게 투표권을 줘봤자 자신들의 퇴보를 부추기는 데 사용할 뿐이라고 비꼬았다. 투표권을 주면 술 마실 권리만을 쟁취하려 할 것이라는 주장이었다. 덴버 정부는 여성 공공 서비스 연합이 제기한 문제에 대해 여성 과음에 대한 시민들의 항의와 우려 때문에 법을 통과시킨 것이라 설명했다. 여성의 과음을 지지하는 것으로 보이고 싶지 않았던 여성 공공 서비스 연합은 불만을 철회하고 시위를 중단했다.

참정권과 절주에 대한 여성들의 생각은 제각각이었다. 둘 모두에 찬성하는 사람도 있었고, 둘 다 반대하는 사람도 있었다. 둘 중 하나만 찬성하고 하나는 반대하는 사람도 있었다. 여성 기독교 절주 연합을 위시로 한 수많은 절주 단체가 여성을 하나의 단일체로 취급했지만, 이는 전혀 사실이 아니었다.

성별을 불문하고 금주법을 향한 국민의 지지는 점점 강력해졌고, 이렇게 미국은 역사상 가장 처참하게 실패한 대규모 실험을 시도하게 됐다.

▼ ▲ ▼

미국도 영국도 여성의 바 출입을 막았지만, 에이다 콜먼은 여전히 바의 지배자로 활약하고 있었다.

1903년 에이다는 아메리카 바 최초의 여성 헤드 바텐더가 됐다.* 에이다는 바에서 일하며 유명인 단골들과 빠르게 친분을 쌓아나갔다. 에이다는 매력과 재치가 넘쳤고, 그녀가 만드는 칵테일은 완벽했다. 찰리 채플린이나 마를레네 디트리히 Marlene Dietrich 부터

---

* 에이다는 여전히 헤드 바텐더직을 맡은 유일한 여성으로 남아 있다.

런던 사보이 호텔 바텐더 시절의 에이다 콜먼

영국의 왕세자에 이르기까지, 수많은 유명인이 그녀의 단골이 됐다. 모두 그녀를 콜리Coley라고 불렀다.

칵테일 역사 연구가 테드 하이Ted Haigh는 아메리칸 바가 에이다와 그녀의 칵테일 덕에 유명해졌다는 점을 지목했다. 수많은 고객이 에이다를 만나고 싶어서, 그녀가 만드는 칵테일을 맛보고 싶어서 아메리칸 바를 찾았다.

에이다는 말 그대로 매일을 섞고 흔들고 저으며 바쁘게 보내고 있었다. 아메리칸 바의 헤드 바텐더는 그저 유명인과 수다나 떠는 자리가 아니었다. 에이다는 외워둔 레시피로 매일 밤 수백 잔의 칵테일을 만들었다. 바의 운영을 감독하고, 다른 바텐더의 업무를 살피고, 모든 고객이 만족하고 있는지 체크하는 것 또한 모두 그녀의 일이었다.

에이다는 칵테일을 제조하는 기술도 뛰어났지만, 새로운 칵테일을 발명하는 재능 또한 특출했다.

오늘날 업계에서 에이다 콜먼은 클래식 칵테일 행키팽키를 만든 사람으로 가장 잘 알려져 있다. 행키팽키는 여전히 세계 곳곳의 칵테일 바 메뉴판에서 찾아볼 수 있다. 이 칵테일은 에이다가 당시 유명한 희극 배우였던 찰스 호트리Charles Hawtrey를 위해 개발한 것이었다. 호트리는 에이다의 단골손님으로, 특히 런던에서 공연이 있을 때면 꼭 아메리칸 바를 찾곤 했다. 호트리는 늘 바에 들어서며 "피곤해, 콜리. 정신이 번쩍 들 만한 걸로 부탁해"라고 말하곤 했다.

에이다는 '정신이 번쩍 들 만한' 칵테일에 대해 골똘히 생각했다. 다음은 1925년 에이다가 〈피플People〉지와의 인터뷰에서 한 얘기다. "찰스 호트리를 떠올리며 실험을 거듭한 끝에 그 칵테일을 만들었습니다. 마침내 바를 찾은 그에게 새로운 칵테일을 만들었다고 말했죠. 호트리는 한 모금 마셔보더니 잔을 단번에 비웠어요. 그러고는 이렇게 외쳤죠. '세상에, 이건 진짜 마법 같은 맛이군hanky panky!'"*

에이다가 호트니를 위해 만든 음료는 진과 스위트 베르무트, 페르넷 브랑카를 스터 방식으로 섞어 만든 칵테일이었다. 이탈리아 아마로의 일종인 페르넷 브랑카는 아주 좋게 말해 '정신이 번쩍 드는 맛'이다.** 찰스 호트리가 외친 '행키팽키'는 그대로 칵테일의 이

---

* 당시 영국에서 'hanky panky'라는 표현은 '마법, 주술'이라는 의미를 지니고 있었다.

** 아마로는 쓴 맛의 허브 리큐르다. 이탈리아어로 'amaro'는 '쓰다'라는 의미다.

름이 됐고, 이 음료는 여전히 사랑받고 있다.

한편 에이다 콜먼뿐 아니라 또 다른 여성이 새로운 술맛을 창조하고 있었다. 프랑스에서 바르브 니콜 클리코의 샴페인 왕좌를 물려받은 또 다른 미망인이 나타났다.

오늘날 샴페인은 보통 단맛을 기준으로 분류한다. 브뤼brut 스타일 샴페인은 단맛이 거의 없고, 섹sec 스타일 샴페인은 단맛이 강하다. 1800년대 후반에는 단맛이 강한 와인이나 샴페인을 여성용 음료로 여겼다. 유행에 민감한 영국의 부유층 여성들은 애프터눈 티 파티에서 홍차와 함께 샴페인을 즐겼다. 다과회에 내는 샴페인은 달수록 좋았다. 단맛이 덜한 와인은 남성용이었다. 그러다 루이즈 포므리Louise Pommery라는 여성이 나타나 단맛이 없는 브뤼 스타일 샴페인을 발명했다.

루이즈 포므리는 1860년 남편의 사망과 함께 포므리 그레노 하우스House of Pommery and Greno를 물려받았다. 이 회사는 양모와 직물 사업을 주력으로 했지만 샴페인 또한 생산하고 있었다. 그레노Greno는 루이즈 포므리 남편의 사업 파트너로, 그녀에게 회사 일에 참여해볼 것을 권유한 장본인이기도 하다. 루이즈의 탁월한 사업 감각에 감탄한 그레노는 그녀에게 회사 전체를 양도했다. 얼마 지나지 않아 그녀는 양모 관련 사업은 모두 정리하고 샴페인 제조에만 집중했다.

샴페인에만 집중하기로 결정한 그녀가 가장 먼저 한 일은 랭스에 새로운 제조 시설을 짓는 것이었다. 랭스는 바르브 니콜이 나고

자란 도시이기도 했다. 새로 들어선 건물은 샴페인의 아름다움을 표현한 거대한 부조 조각들로 아름답게 장식했다.

사실 기존의 샴페인 하우스 중에도 시험 삼아서 달지 않은 샴페인을 만들어본 곳이 있기는 했다. 그러나 달지 않은 브뤼 샴페인은 제조 과정이 까다롭고 생산 비용 또한 높아서, 위험을 감수하고 본격적으로 생산에 나선 양조장은 없었다. 브뤼 샴페인을 만드는 데는 더 잘 익은 고품질의 포도가 필요했다. 섹 샴페인의 숙성 기간은 일 년이었지만 브뤼는 최소 삼 년의 숙성 기간을 필요로 했다. 거기다 시장에서는 달콤한 샴페인을 선호했다. 수요도 없는 샴페인을 굳이 돈까지 더 들여가며 만들 필요가 없었던 것이다.

그러나 남들과 다른 샴페인을 만들겠다는 포므리의 의지는 확고했다. 그녀는 누구도 따라할 수 없는 새로운 샴페인을 원했다. 포므리는 실험을 거듭했지만 계속 실패했다. 샴페인의 맛은 형편없었고, 색깔 또한 영 마음에 들지 않았다. 회사의 재무 담당자는 새로운 샴페인을 만들겠다는 그녀에게 괜한 시간 낭비일 뿐이라고 충고했다. 그러나 포므리는 더 열심히 노력했다.

그녀는 자신이 원하는 상태의 포도를 얻기 위해 온갖 포도 농장에 연락을 돌렸다. 그러고는 자신이 지시하는 시점까지 기다렸다가 포도를 수확해주기만 한다면 그해 수확분 전체를 사겠다고 말했다(수확이 다가올 때 갑작스러운 날씨 변화가 닥치면 치명적인 손해를 보기 때문에 당시 대부분의 농장은 포도가 완전히 익기 전에 수확하곤 했다). 포므리는 자신이 내건 수확 조건을 정확히 지켜주기만 하면 그로 인해 발생할 수 있는 농장의 손실은 모두 보상하겠다고 장담했다.

1874년, 거듭된 노력 끝에 그녀는 마침내 성공했다.

루이즈 포므리가 그해 만든 브뤼는 금세기 최고의 샴페인 빈티지로 꼽혔다. 그 맛이 너무나 훌륭하여 포므리의 브뤼를 찬미하는 시까지 등장했다. 포므리의 샴페인이 전 세계적으로 큰 인기를 끌며 가격이 천정부지로 치솟았고, 그녀의 행동을 시간 낭비로 몰았던 재무 담당자는 머쓱해졌다. 브뤼 샴페인의 성공을 기념하며 루이즈 포므리는 자신의 생일인 3월 18일을 포므리 샴페인 하우스의 기념일로 선포했다.

포므리의 브뤼는 상업적 생산과 판매에 성공한 최초의 드라이 샴페인이었다. 1900년대 초 포므리 그레노 하우스는 프랑스에서 가장 크고 성공적인 샴페인 하우스로 자리 잡았다. 포므리가 만든 브뤼는 샴페인 업계 전체를 혁신했다. 현재는 뵈브 클리코도 브뤼 샴페인을 판매하고 있다.

▼ ▲ ▼

1900년대 초 샴페인의 인기는 여전했지만, 프랑스에서는 새롭게 등장한 증류주가 여성들의 술잔을 채우고 있었다.

압생트는 수많은 신비와 오해에 둘러싸인 술이다. '녹색 요정 Green Fairy'이라는 별명으로도 알려진 강한 아니스 풍미의 증류주로, 높은 알코올 함량을 자랑한다(보드카의 알코올 함량이 대개 40퍼

압생트 광고 포스터

센트인데, 압생트의 경우 45~70퍼센트에 이른다). 허브와 다양한 식물을 첨가한 압생트는 자연스러운 녹색을 띤다.

20세기 초에는 많은 이들이 압생트가 특정 유형의 광기를 유발한다고 믿었고, 이를 마시는 사람들이 환각을 경험한다고 말하기도 했다. 물론 이는 모두 사실이 아니다. 단지 압생트의 알코올 함량이 워낙 높았던 데다 이 술이 프랑스에서 큰 인기를 끌면서 온갖 터무니없는 오해에 휩싸였던 것뿐이다. 1914년 압생트는 결국 프랑스를 비롯한 여러 나라에서 판매 금지라는 운명을 맞았는데, 여기에는 이 술이 여성에게 특히 해롭다는 주장이 작용했다.

'압생트 중독' 전문가를 자처한 J. A. 라보르드J. A. Laborde 박사는 압생트 중독이 여타 알코올 중독과 다르다고 주장하며 특유의 증상이 존재한다고 말했다(이 또한 사실이 아니다). 1903년 라보르드는 다음과 같이 주장했다.

> 여성은 압생트에 특히 끌리는 특성을 지녔다. 와인을 비롯한 기존 술을 잘 즐기지 않는 여성이라도, 적어도 파리에서는, 압생트에 자주 끌릴 수 있다는 사실을 인식해야 한다. 조금의 과장도 없이 말하건대, 이러한 중독은 지난 몇 년간 남성만큼이나 여성들 사이에서도 흔히 발생했다.

진의 경우와 유사하게 압생트에도 여성적 정체성이 부여됐다. 아름다운 아르누보 스타일의 압생트 광고에는 여성이 자주 등장했으며, 현재까지도 여러 예술 작품 속에서 압생트는 녹색 옷을 입은 여자 요정으로 의인화되고 있다.

파리 여성들이 압생트를 좋아한 데는 여러 이유가 있었다. 압생트의 우아함 때문에, 아름답고 정교한 전용 스푼 때문에 좋아한 이도 분명 있을 것이다.* 그러나 코르셋을 착용한 채로 많은 양의 액체를 마시는 게 힘들어서 도수가 센 압생트를 선호한 여성들도 있었다. 소량으로도 와인 한 잔에 해당하는 알코올을 섭취할 수 있으니 훨씬 더 효율적이었다. 파리 여성들 중에는 마시는 액체의 양을 줄이기 위해 압생트를 스트레이트로 즐기는 이도 많았다. 먼 옛날 영국에서 벌어진 진 광풍에서 교훈을 얻은 여성들은 이제 증류주 마시는 법을 제대로 터득하고 있었다.

에이다 콜먼은 아메리칸 바가 아닌 곳에서도 칵테일 세계를 주도했다. 단골들은 그녀가 만들어주는 맛있는 칵테일 외에도 한 가지 더 큰 특혜를 누렸다. 에이다가 집에서 여는 파티에 초대받을 수 있었는데 그녀의 파티는 성대하고 화려하기로 유명했다. 손님들은 밤늦게까지 노래하고 춤추고 웃고 떠들며 파티를 즐겼다.

그런데 에이다의 파티에 절대 초대받지 못한 인물이 하나 있었다. 바로 아메리칸 바의 또 다른 바텐더였던 루스 버지스Ruth Burgess 였다. 루스에 대해서는 별로 알려진 바가 없다. 단지 에이다와 루스가 아메리칸 바에서 몇 년이나 같이 근무했지만 사이가 좋지 않았다는 얘기만 전해지고 있을 뿐이다. 둘은 같은 시간대에 일하는 것도 피했다고 한다. 소문에 따르면 루스가 막 아메리칸 바에서 일

---

* 프랑스에서는 전통적으로 압생트 잔 위에 구멍이 뚫린 압생트 스푼을 걸치고 그 위에 각설탕을 올렸다. 각설탕에 차가운 물을 조금씩 떨어뜨려 설탕이 음료에 완전히 녹아든 후 마시는 방식이었다.

하기 시작했을 때 에이다에게 그녀의 유명한 칵테일 레시피를 알려달라고 했다가 거절당했고, 그 이후 둘은 다시는 말을 섞지 않았다고 한다(그러나 이것은 확인되지 않은 소문일 뿐이다). 둘 사이가 썩 좋지 않았다는 게 사실이라고 해도, 가장 중요한 초창기 칵테일 바 중 하나였던 아메리칸 바를 여성 두 명이 이끌었다는 사실은 여전히 놀랍다.

▼ ▲ ▼

1925년 아메리칸 바는 레노베이션을 위한 휴업에 들어갔고, 사보이 호텔은 루스와 에이다의 은퇴를 알렸다. 당시 쉰 살이었던 에이다는 아메리칸 바를 떠나며 바텐딩의 세계에서도 떠났다.

에이다는 1966년 아흔한 살의 나이로 세상을 떠났다. 그녀는 바 뒤에서 일한 이십 년 세월을 뒤돌아보면서 바텐더로 근무하며 따른 음료의 수가 백만 잔쯤 될 것이라 추정했다.

에이다는 칵테일계의 전설이자 역사상 가장 영향력 있는 바텐더 중 한 명이다. 주류 잡지 〈드링크 인터내셔널Drink International〉에 따르면 2015년 시점에도 행키팽키는 여전히 세계에서 가장 많이 팔리는 칵테일 중 하나다.

에이다 콜먼은 여성도 기회만 주어지면 충분히 칵테일 셰이커로 마법을 부릴 수 있다는 것을 보여준 산증인이다. 놀라운 칵테일을 만들어낸 그녀의 재능은 특별했다. 그러나 에이다 콜먼을 더 특별하게 만든 것은 그녀가 그러한 놀라운 칵테일을 만드는 공식적인 바텐더였다는 사실이다. 온 사회가 여성을 집에 붙잡아두고 무료 칵테일만 만들라고 강요하던 시절에 에이다는 세계에서 가장 유명한 칵테일 바에서 가장 유명한 고객들을 위해 값비싼 음료를 만들었다. 그녀가 칵테일 역사에 남긴 발자취는 그녀의 뛰어난 재능과 함께 여전히 기억되고 있다.

한편 미국에서는 정치적 변화로 인해 모든 사람이 칵테일을 집 안에서만 만들어야 하는 시기가 닥쳤다. 이 시기 미국인들은 음주 문화의 큰 변화를 경험해야 했다. 그리고 여성들에게도 이전과 전혀 다른 상황이 펼쳐지기 시작했다.

9장

금주법에 맞선 밀주의 여황제

1920년대

1920년대, 마침내 금주법의 시대가 도래했다.

전 세계 술의 역사에서 사람들이 술과 여성을 처음으로 연관 지어 생각하는 시점이 대개 이 시기다. 물론 절주 운동에 투신하여 세력을 조직화하고 집회와 시위를 주도한 여성들도 있었다. 이 때문에 금주법 도입을 여성의 탓으로 돌리는 이도 많다.

그러나 그것은 이야기의 반쪽에 불과하다.

금주법에 찬성한 여성들 못지않게 반대한 여성들도 많았다. 이들은 스피크이지 바에서 술을 마시고 위스키를 밀매했으며, 밀주를 양조하는가 하면 의회에 금주법 철폐를 요구하기도 했다.

절주 운동은 미국에서만 나타난 움직임이 아니었다. 세계 곳곳에서 절주 단체들이 알코올을 금지하고자 애썼다. 그리고 같은 시기, 새롭게 등장한 현대 여성들은 머리를 단발로 자르고 담배에 불

1920년대

을 붙이며 술을 스스로 따라 마시기 시작했다.

금주법 시대의 가장 유명한 밀수업자는 미국에서 활동하지 않았다. 그녀의 밀주 제국은 바하마에 위치해 있었다. 주인공은 클레오라고도 불린 거트루드 리스고Gertrude Lithgow. 밀주의 여왕Queen of the Bootleggers*이라는 별명으로 익숙한 그녀는 바하마에서 제조한 고급 위스키를 바다 건너 미국으로 밀반입하며 전 세계 언론 헤드라인을 장식했다.

거트루드 리스고는 1888년 3월 1일 오하이오주 볼링 그린Bowling Green이라는 도시에서 잉글랜드계와 스코틀랜드계 부모 사이에서 태어났다.** 클레오는 클레오파트라를 닮았다 하여 붙여진 별명이었다(아마도 술과 관련된 인생을 살게 될 것에 대한 암시였을지도 모르겠다). 클레오가 어렸을 때 어머니가 돌아가셨는데, 자녀들을 돌볼 여력이 없었던 아버지는 클레오를 고모 집으로 보냈다. 어릴 때부터 무척 똑똑했고 두뇌 회전이 빨랐던 그녀는 학교 공부와 독서를 좋아했다.

큰 키의 늘씬한 여성으로 성장한 클레오는 샌프란시스코에서 속기사로 일하기 시작했다. 나중에는 뉴욕으로 이주하여 런던에 본사를 둔 증류주 수출업체의 미국 지사에서 일하기도 했다. 그러

---

* 밀매업자를 뜻하는 '부트레거bootlegger'라는 단어는 1800년대 밀수업자들이 부츠에 술을 숨겨서 옮겼던 관행에서 비롯됐다.
** 이 사실은 나중에 매우 중요하게 작용한다.

다 1920년 금주법이 통과되며 그녀의 인생은 급격한 변화를 맞이했다.

그럼 클레오의 인생에 대해 알아보기 전, 우선 미국에서 금주법이 통과된 과정을 살펴보자.

1920년대 이전부터 미국에서는 수십 년간 절주 운동이 활발히 진행됐다. 수많은 사회단체와 조직들이 적극 참여했다. 개혁주의자들은 음주가 불법이 되면 모든 사회 문제를 해결하지는 못하더라도 일부 심각한 사회악 해결에는 도움이 되리라고 굳게 믿었다. 많은 여성이 절주 운동에 참여했고, 여성 기독교 절주 연합이 창설되면서 더욱 적극적인 참여가 이루어졌다. 남편의 알코올 문제로 고통받던 많은 아내들이 절주 운동을 지지하고 나섰다. 그중에는 손도끼로 살룬의 집기를 부순 것으로 유명한 운동가 캐리 네이션Carrie Nation도 있었다.

그러나 사실 절주 운동 지지자들은 성별을 불문하고 자신이 지지하는 절주라는 것의 정확한 의미를 이해하지 못했다.

절주 운동 지지자들은 대부분 금주법이 단순히 술집을 폐쇄하는 것이라 생각했다. 집에서 마시는 술까지 포함된다고는 생각하지 못한 것이다. 금주는 모든 곳에서 모든 음주를 금지한다는 의미였다. 사실 당시 대부분의 미국인은 적당히 한잔 마시는 것은 '음주'가 아니라고 여겼다. 음주 또는 음주자라는 단어는 하루 종일 살룬을 전전하는 지저분한 가난뱅이 술꾼에게나 쓰는 단어라고 생각했다. 많은 이들이 금주법의 제정이 하층민과 하층민용 술집에만 영향을 줄 거라 착각했다. (상류층이 주로 마시는) 와인이나 코디얼, 셰리, 그리고 약용으로 나온 강장제는 대개 중독 위험 물질 목록에서 제외되어 있었다.

한편 1900년대에는 여성 참정권 운동 또한 진행되고 있었다. 절주 운동과 여성 참정권 운동에 모두 반대하던 세력은 둘을 교묘하게 엮어서 투표권을 주면 여성들이 술을 없애버리고 말 것이라는 주장을 펼쳤다. 수전 B. 앤서니Susan B. Anthony를 비롯한 여성 인권 운동가들은 두 이슈를 분리해야 한다고 강하게 주장했다. 그러나 수많은 여성 절주 운동 단체들은 자신들의 의견을 모든 여성의 의견으로 둔갑시키는 데 성공했다. 그 결과 양조회사와 증류회사는 여성을 적으로 간주하게 됐다. 1915년 텍사스주는 텍사스 양조업 협회Texas Brewer's Association를 여성 참정권 관련 선거 조작 혐의로 고발했다. 텍사스 양조업 협회가 허위 정보를 유포하고, 유권자들을 협박하고, 여성 참정권에 반대하는 후보에 유리하도록 투표를 조작했기 때문이다. 일 년 후에는 미국 양조업 협회US Brewer's Association가 비슷한 혐의로 기소됐다.

쿠클럭스클랜Ku Klux Klan, KKK 같은 증오 단체 또한 절주 운동의 열렬한 지지자로서 금주법을 지지했다. KKK의 눈에 살룬을 비롯한 술집들은 성별, 계급, 인종을 넘어선 어울림을 허락하는 몹쓸 장소였다(어떤 사안을 두고 KKK가 지지할 때는 무조건 반대로 행동하는 것이 현명하다).

1917년 12월 18일, 미국 상원은 금주법을 제정하는 수정 헌법

18조를 내놓았고 전국적으로 폭넓은 지지를 받았다. 사람들이 금주법을 지지한 사회적 이유는 단순했다. 그들은 살룬 같은 장소를 없애면 가난과 범죄가 사라질 거라고 생각했다. 종교 단체들 또한 개정안을 지지했다. 경제적인 이유로 지지한 세력도 있었다. 홍차 회사나 탄산음료 자판기 제조업체들은 맥주가 금지되면 목마른 사람들이 자신들을 찾을 것이라는 기대를 갖고 금주법을 지지했다. 1919년 1월, 서른여섯 번째 주에서 수정안을 승인하면서 수정헌법 18조는 미국 헌법의 일부로 비준됐다. 일 년 후인 1920년 1월 미국은 금주의 나라가 됐다.

미국의 거대한 실험이 시작된 것이다.

그리고 같은 해 수정헌법 19조가 통과되며 백인 여성들이 투표권을 지니게 됐다(흑인과 원주민 여성은 1965년에 가서야 투표권을 보장받았다).

사실 금주법이 통과된 뒤에도 중산층이나 상류층 여성의 삶은 이전과 비슷했다. 어차피 이들은 공공장소에서 술을 마시지 않았고, 살룬 같은 술집에는 더더욱 갈 일이 없는 사람들이었다. 대부분의 중산층이나 상류층 가정에는 증류주나 와인이 잔뜩 있었다. 금주론자들은 상류층 여성들이 관장하는 영역인 사교 파티가 술과 강하게 연결되어 있다는 사실을 간과했다. 부유한 여성들과 그들이 주최하는 파티가 지닌 힘을 절대 과소평가해서는 안 되는 법인데 말이다.

금주법 시행으로 이제 미국에서는 술의 판매, 수입, 운송, 제조가 모두 불법이 됐다. 맥주 같은 발효주도 위스키 같은 증류주도 모두 마찬가지였다. 술을 *마시는 것 자체*는 불법이 아니었다. 금주법은 미국의 음주 문화를 그 누구도 예상하지 못했던 방식으로 완전히 바꿔놓았다. 모든 것이 음지화된 것이다. 1920년 금주법이 발효되자 곧바로 불법 음주 문화가 폭발적으로 증가했다. 이유는 간단했다. 사람들이 여전히 술을 마시고 싶어 했기 때문이다.*

유럽의 정착민들이 미국을 식민지로 삼은 후 수 세기 동안 미국 여성들의 음주는 가정이라는 사적인 장소를 중심으로 이루어졌다. 그런데 금주법이 시행되자 모두가 사적인 장소에서만 술을 마실 수 있게 됐다. 결과적으로 금주법은 술 마시는 미국 여성에게 의외의 호재가 됐다. 금주법은 성별 규범을 뒤집고 모두를 여성들의 장소로 향하게 했다. 영화 〈왓치맨Watchman〉에 등장하는 대사처럼 "내가 너희들과 갇힌 게 아니라 너희들이 나와 갇힌" 상황이 된 것이다.

살룬, 펍, 호텔, 바를 막론하고 미국의 모든 공공 음주 공간이 폐쇄되며 *스피크이지 speakeasy* 바의 시대가 열렸다. 스피크이지는 술

---

* 여성 기독교 절주 연합의 저명한 회원들도 여전히 술을 마셨다. 회원 중 일부는 '리디아 핑크햄의 식물성 복합제'의 대변인으로 활동하기도 했다.

을 판매하는 은밀하고 불법적인 모든 업소를 의미한다. 금주법 시대의 스피크이지 바는 허름하고 지저분한 곳부터 우아하고 고급스러운 곳까지 천차만별이었다. 그러나 아무리 허름한 술집이어도 일반 시민이 자주 드나들 수 없을 정도로 술값이 비쌌다. 금주법은 음주를 부유층만 즐길 수 있는 비싼 취미로 바꿔놓았다. 금주법이 시행되며 미국의 계급 구분은 두드러지게 분명해졌다. 뭔가를 금지하는 법은 명목상 모두의 행동을 금지하지만 실제로는 특정한 누군가의 행동만 금지하게 된다.

적당한 연줄과 충분한 돈만 있다면 언제든 좋은 술을 구할 수 있었다. 그러나 수요와 공급의 차이가 엄청났고, 당국의 눈을 피해 국내에서 밀주를 만들거나 국외에서 밀수해야 한다는 위험성 때문에 가격이 금주법 이전보다 크게 올랐다. 금주법 이후 스피크이지 바에서 샴페인 한 병의 가격은 25달러가량이었다(2020년을 기준으로 환산했을 때 380달러 정도 되는 금액이다).

값비싼 술을 판매하는 스피크이지 바는 고객들을 위한 고급 공연을 준비하기도 했다. 단골 고객들은 세계적으로 유명한 가수와 댄서들의 공연을 보며 비싼 스카치 위스키를 마시곤 했다. 이런 바들은 도시 최고 수준의 레스토랑에 맞먹는 식사 메뉴 또한 제공했다. 실제로 스피크이지 바는 호텔과 레스토랑에 꽤 큰 타격을 줬고, 일부를 폐업으로 몰기도 했다. 부유층 중 대부분은 즐거운 저녁 외출에 술 한잔을 곁들이고 싶어 했고, 호텔이나 레스토랑에서는 술을 마실 수 없으니 스피크이지 바로 향했다.

금주법 시행 몇 년 만에 수천 개의 스피크이지 바가 생겨났다. 대부분은 시카고나 뉴욕을 비롯한 대도시에 집중되어 있었다. 그중에서도 맨해튼 45번가는 미국에서 스피크이지 바가 가장 많이 몰려 있는 거리였다.

술을 한잔하려면 우선 곳곳에 숨어 있는 스피크이지 바를 찾아야 했다. 스피크이지 바들은 근사한 저택부터 별 특징 없는 사무실 건물, 레스토랑, 하숙집, 찻집 등 어디랄 것도 없는 건물 지하에 숨어 있는 경우도 많았다. 입장 방법은 제각각이었지만 모두 은밀했다. 문에 달린 쪽창을 두 번 두드려야 하는 경우도 있었고, 초인종을 특정한 방식으로 눌러야 하는 경우도 있었다. 쇠창살 너머 어둠 속 인물에게 정해진 비밀 문구를 말해야 하는 경우도 있었다.

금주법 이전의 펍이나 살룬과는 달리 스피크이지 바의 손님들 중에는 여성을 쉽게 찾아볼 수 있었다. 사실 남성들은 이 시기 역사상 최초로 자신들이 술을 마실 때 여성들이 함께 있는 것을 원했다. 여성들과 함께 있으면 당국의 의심을 덜 받았기 때문이다. 절주 운동 단체인 살룬 반대 연합Anti-Saloon League의 회장이었던 토머스 니콜슨Thomas Nicholson 주교는 1924년 기자 회견에서 "여성 음주가 급격히 늘고 있다"며 못마땅한 심기를 내비쳤다. 1920년대 〈뉴요커New Yorker〉의 유명 기자였던 로이스 롱Lois Long은 여성인 자신이 하룻밤 사이에 스피크이지 바들을 순회하며 술을 얼마나 마실 수 있는지를 다룬 기사로 남성 편집자를 깜짝 놀라게 했다(그녀는 스피크이지를 줄여서 스피크speak라고 부르기도 했다).

스피크이지 바는 미국 역사상 최초로 여성 고객의 취향을 반영한 서비스를 제공한 곳이기도 하다. 일부는 여성들이 좋아하는 분위기로 내부를 장식했고, 한 발 더 나아가 매력적인 남성 바텐더를 고용하기도 했다. 미국 사회가 여성의 성과 욕망을 새로운 방식으로 바라보게 됐음을 알리는 흥미로운 변화의 징후였다.

역사상 이 시점까지만 해도 여성들이 데이트를 통해 남성을 만나고 알아가는 일은 드물었다. 상류층 여성들은 집안끼리의 정략결혼에 묶여 있는 경우가 많았다. 그렇지 않은 경우 중산층이나 하층 계급 여성처럼 구애의 대상이 되기도 했지만, 어쨌든 여성은 연애에서 주도적인 역할을 할 수 없었다. 그러나 스피크이지 바는 달랐다. 어느 정도 비밀이 보장된다는 점, 그리고 여성의 참여를 장려한다는 점이 더해져 여성의 욕망과 성에 대한 새로운, 어쩌면 파격적이라고도 할 만한 개방성이 만들어졌다. 결과적으로 여성들은 연애 시장에서 조금 더 큰 힘을 가지게 됐다. 플래퍼 *flapper*라고 불렸던 당대의 신여성들에게 스피크이지 바에서의 음주와 데이트는 가장 인기 있는 취미가 됐다.

플래퍼는 단발머리에 짧은 치마 차림으로 음주와 흡연을 즐기는, 사회 규범을 어기는 젊은 여성들을 주로 뜻했다(짧은 치마라고 해봤자 무릎 정도의 길이였다). 헬렌 로리 Helen Lowry는 1920년대 〈뉴욕타임스 New York Times〉에 기고한 플래퍼를 주제로 한 글에서 "이들은 남성들이 쾌락을 찾아 자기들끼리 외출한 사이 집에 덩그러니 남아 있기를 거부한 최초의 여성들"이라며 "이들 덕분에 우리는 최근 들어 가장 덜 진부하고 매우 즐거운 밤을 즐기고 있다"고 덧붙였다.

그렇다면 술은 마시고 싶은데 외출에 쓸 비용이 부담스러운 여성들은 어떻게 했을까? 그럴 땐 오늘날 우리가 하듯 집에서 술을 마셨다.

금주법 시행은 미국인이 가장 좋아하는 여가 활동, 즉 칵테일 파티의 발달을 불러왔다. 사실 불법적인 주류를 가장 저렴하고 안전하게 즐길 수 있는 장소는 집이었다. 1920년대 미국 중산층은 칵테일 파티를 사랑했다. 상점들은 셰이커, 서빙 쟁반, 칵테일 잔 등 다양한 칵테일 용품을 판매하기 시작했다. 금주법이 올려놓은 술 가격 때문에 샴페인을 병째 즐기기는 어려웠던 중산층은 보통 질 낮은 밀주 증류주를 마셨다. 이러한 증류주는 다른 재료를 섞어야 그나마 마실 만했고, 칵테일은 조잡한 맛을 가릴 수 있는 가장 좋은 방법이었다.

금주법은 칵테일 레시피의 폭발적인 증가를 불러왔다. 이 시기 여성들이 선호한 칵테일은 진 리키(진, 라임 주스, 탄산수를 섞음)와 진 피즈(진 리키와 유사하지만 라임이 아닌 레몬 주스를 사용하고 설탕을 넣음)였다. 위스키로 대표되는 증류주에 탄산수(또는 토닉워터나 진 저에일)를 섞어 얼음을 채운 키 큰 잔에 내는 하이볼은 성별에 관계 없이 모두에게 인기가 있었다.

당시 유명했던 여성들은 저마다 좋아하는 칵테일이 있었다. 무성영화 스타 루이즈 브룩스 Louise Brooks는 오렌지 블로섬을 좋아했다.* 오렌지 주스와 진을 섞어 만든 이 칵테일은 현재 우리가 즐기는 스크루드라이버의 전신으로, 매우 인기가 있었다. 브룩스는 미디어계 거물이었던 윌리엄 랜돌프 허스트William Randolph Hearst의 여름 별장에서 허스트의 애인이었던 배우 마리온 데이비스Marion Davies와 술을 마시며 어울리곤 했다. 데이비스 또한 오렌지 주스가 들어간 칵테일을 즐겼지만, 브룩스와는 달리 미모사를 선호했다. 데이비스는 자매 배우였던 노마 탈마지Norma Talmadge와 콘스탄스 탈마지Constance Talmadge, 시나리오 작가였던 아니타 루스Anita Loos가 속한 여성 음주 모임의 일원이었다.** 술을 무척 즐겼던 데이비스는 산타모니카 해변 별장에 술집의 바 카운터를 통째로 들여오기도 했다. 1590년 잉글랜드 서리의 한 술집에서 만들어진 이 바 카운터는 삼백 년 후 미국으로 실려 와 캘리포니아에서 재조립되어 데이비스의 별장에 설치됐다. 데이비스는 이 바 카운터에서 오렌지 주스와 샴페인을 섞은 미모사를 만들어 마셨다.

영화배우이자 제작자, 미국 영화예술과학 아카데미의 설립자이기도 한 메리 픽포드Mary Pickford의 경우 자신의 이름을 딴 칵테일까지 가지고 있었다. 칵테일 메리 픽포드는 럼과 파인애플 주스,

---

* 루이즈 브룩스는 진을 무척 좋아했다. 할리우드 생활을 접은 이유를 묻는 인터뷰에서 브룩스는 "술과 섹스를 너무 좋아해서"라고 답하기도 했다.

** 아니타 루스는 〈죽음의 맥주 한 잔Fatal Glass of Beer〉이라는 단편 영화의 시나리오를 썼다.

그레나딘 시럽을 섞은 음료다. 오늘날에도 여전히 인기 있는 클래식 칵테일 싱가포르 슬링은 싱가포르 래플스 호텔에 위치한 롱바Long Bar의 중국인 바텐더 응이암통분嚴崇文이 처음으로 만들었다.* 당시의 레시피는 진, 체리 브랜디, 베네딕틴, 비터스, 탄산수였다. 얼핏 보면 과일 주스처럼 보이는 핑크빛의 싱가포르 슬링은 부유한 백인 여성 관광객들이 술이 아닌 척 술을 마실 수 있게 해주었다.

▼ ▲ ▼

술을 마시는 사람이 있다면 만드는 사람도 있어야 했다.

금주법 이전에도 밀주를 만드는 여성은 많았지만, 1920년대는 그야말로 이들의 전성기였다. 증류부터 운송에 이르기까지 이 시기 여성 밀수업자들이 판매한 술은 남성의 다섯 배에 이르렀다고 한다. 노년층도 예외는 아니었다. 아칸소주의 마거릿 코넬리Margaret Connelly라는 여성은 금주법 시대 아흔이 넘은 나이에도 위스키를 만들었다.

많은 여성들이 밀수의 달인이 됐다. 여성들은 남성 금주법 단속관이 수색하기 곤란한 치마 밑이나 상의 안쪽, 유모차 등에 술을

---

* 현재 롱 바의 헤드 바텐더는 다양한 국제 대회 수상 경력에 빛나는 프리실라 레옹 Priscilla Leong이라는 여성이 맡고 있다.

금주법 시대 밀주 운반용 여성복
(코트 안에 바 하나를 족히 채울 분량의 술이 들어갔다고 한다)

숨겨 운반했다. 주에 따라서는 규정상 남성 단속관이 아예 여성을 수색할 수 없는 경우도 있었다. 많은 밀수 조직이 이런 규정을 활용하기 위해 여성을 고용했다. 오클라호마주의 한 남성 단속관은 "여성 밀수업자가 가장 잡기 힘들다"고 토로하기도 했다.

금주법이 시행되고 이 년이 지난 1922년, 당국은 이 문제를 해결하기 위해 마침내 여성 단속관을 고용했다. 그러나 캐나다에서 미국으로 입국하는 여성들을 수색할 여성 경관을 국경에 배치한 것은 그로부터 다시 칠 년이 지난 1929년이었다. 해당 경관은 근무를 시작한 지 삼 개월 만에 여성들의 긴 코트와 드레스 자락 밑에서 총 700병에 달하는 술을 압수했다.

1920년대 여성들은 밀주로 꽤 큰돈을 벌 수 있었다. 일부 밀주업자의 연간 수입은 3만 달러에 달하기도 했다. 2020년으로 치면 45만 달러가량 되는 금액이다. 여성들은 밀주를 옮기는 솜씨가 뛰어났고, 당국은 이들이 밀주 시장을 독점하게 될까 봐 우려했다. 여성들의 길고 거추장스러운 드레스에 드디어 쓸모가 생겼다.

노동 계급 여성들은 단속관의 표적이 되곤 했다. 이들은 소량의 술만으로도 쉽게 체포되곤 했다. 불법 증류, 운반, 판매를 하는 여성들은 대부분 가족을 먹여 살리고자 밀주 시장에 뛰어든 노동 계급의 어머니인 경우가 많았다. 이들 중 특히 백인인 경우 자녀를 돌봐야 한다고 탄원하면 사면이나 감형을 받을 확률이 높았다.

주류 밀매업에 뛰어든 다른 이들과 마찬가지로 리스고 역시 처음부터 밀매업자가 되겠다고 생각한 것은 아니었다. 밀주의 여왕이 되겠다는 생각은 더더욱 없었다. 그녀는 주식 시장에서 많은 돈을 잃었다. 설상가상으로 수정헌법 18조가 통과되며 일하던 증류주 수출 회사가 타격을 받았다. 클레오는 생각을 바꿔 금주법을 기회로 만들기로 결심했다. 회고록 『바하마의 여왕The Bahama Queen』에서 클레오는 다음과 같이 회상했다. "금주법은 당시 내게 열려 있던 유일한 기회의 문이었다…… 어차피 더 잃을 것은 없었으니 앞으로는 얻을 일만 있다고 생각했다."

바하마의 섬들은 금주법 시대 주류 밀수 산업에서 중추적인 역할을 했다. 우선 바하마에서 술의 생산과 판매는 완전히 합법이었다. 게다가 바하마는 지리적으로 플로리다와 매우 가까워 밀수를 진행하기에 이상적인 위치였다. 바하마의 수도 나소Nassau는 순식간에 주류 밀매의 중심지가 되어버렸다.

금주법 시대에는 술에 대한 정의가 느슨해졌다. 미국 내 모든 양조장과 증류소가 폐쇄된 상황이었고, 불법 주류에 대한 공식적인 감독이나 규제는 부재했다. 상황이 이렇다보니 시중에서 구할 수 있는 술은 그저 알코올이 들어간 액체에 불과했다. 부동액을 만들 때 사용하는 산업용 변성 알코올로 술을 만드는 밀주업자도 있었다. 각종 유해한 화학 물질이 들어 있는 변성 알코올은 사람이 마셔서는 안 되는 물건이었다. 일부 밀주업자는 유해 물질을 제거하겠다며 공업용 알코올을 재증류했지만, 이러한 밀주에는 여전히 독성이 남아 있었다. 금주령이 시행된 기간 동안 최소 만 명이 이러한 밀주를 마시고 사망한 것으로 추정된다.

독성이 없다고 해도 1920년대 만들어진 밀주들의 맛은 정말 끔찍했다. 위스키의 경우 오크통에서 수년간 숙성시켜야 빛깔과 풍미가 만들어지는데, 당시에는 숙성 같은 것을 할 시간이 없었다. 그래서 밀주업자들은 괜찮은 위스키처럼 보이게 하려고 갓 만든 위스키에 색소를 섞거나 물을 타서 양을 늘리기도 했다.

그러나 밀주의 여왕은 결코 이런 속임수를 쓰지 않았다.

클레오가 파는 것은 가짜 위스키가 아니었다. 고객들은 클레오의 위스키에 대한 깊은 신뢰를 가지고 있었다. 이에 대해 클레오는 "내 술이 최고라는 것은 모두가 아는 사실이었다"라고 말했다.

미국에서 금주법이 발효되자 클레오가 일하던 영국의 주류 회사는 어떻게든 사업을 이어가기 위해 그녀에게 도움을 요청했다(클레오는 끝까지 이 회사의 이름을 밝히지 않았다).* 바하마를 통해 미국에 술을 공급할 수 있도록 도와달라는 것이었다. 일생일대의 기회가 될 수도 있다는 생각에 클레오는 이 제안을 수락하고 뉴욕에서 바하마의 나소로 이동했다.

그녀는 나소의 번화가에 가게를 차리고 회사가 나소에서 주류 도매 사업을 진행할 수 있도록 도왔다. 배송부터 구매자 찾기, 재무 관리까지 모두 클레오가 담당했다. 유럽에서 화물을 실은 선박이 도착하면 그녀는 직접 부두에 나가 하역을 지휘하고 품질을 확인했다.

클레오는 밀주업자들의 본부였던 바하마 루체른 호텔로 거처를 옮겼다. 루체른 호텔은 범죄자들과 범죄 기사를 쓰는 기자들로 늘 북적였다. 주류 밀매업자와 각종 밀수꾼들의 거래가 이루어지는 곳이었던 만큼 늘 엄청난 액수의 현금이 드나들었다. 호텔의 바텐더들은 넘쳐나는 현금을 반겼다.

---

* 클레오는 헤이그Haig와 맥타비시McTavish, 두 곳의 스카치 위스키 업체와 일했던 것으로 추정된다. 만약 이 추측이 사실이라면 당시 미국의 애주가들은 클레오 덕에 최고급에 스카치 위스키를 두 가지나 즐길 수 있었던 셈이 된다.

밀매업에 뛰어든 클레오는 곧 몇 가지 문제에 부딪혔다. 그녀는 바하마에서 주류 도매업 허가증을 받은 최초의 백인 여성이었는데, 이를 탐탁잖게 생각하는 이들이 많았던 것이다. 일부 사업가나 증류업자들은 클레오가 여자라는 이유만으로 함께 일하기를 거부했다. 당시 나소의 술집이나 클럽에서는 '치마 출입 금지No Skirts'라는 표지판을 심심찮게 볼 수 있었다. 일부 경쟁자들은 클레오가 다른 업자들과 거래를 트는 것을 막기 위해 그녀가 국세청 비밀 요원이라는 소문을 퍼뜨리기까지 했다.

하지만 클레오는 주눅 들지 않았다. 그녀는 자신의 제품을 험담하고 다니는 업자를 잡아내서 늘 휴대하고 다니던 권총을 겨누고는 또 헛소리를 늘어놓으면 쏴버리겠다고 위협했다. 이 사건과 관련해 클레오는 회고록에 다음과 같은 기록을 남겼다.

> 이발소에서 얼굴에 면도 거품을 잔뜩 바른 채 앉아 있는 놈을 발견했다. 나는 곧바로 이발소로 들어가 얘기를 좀 하자고 했다. 나는 그를 내 사무실로 데리고 와서 또 허튼소리를 하고 다니면 맹세코 총알을 박아버리겠다고 경고했다. 놈은 그 말을 듣자마자 줄행랑을 쳤다.

클레오는 최고급 제품만 취급하고 일처리 또한 깔끔하다는 명성을 얻으며 단기간에 밀수 업계에서 결코 무시할 수 없는 존재로 성장했다.

▼ ▲ ▼

절주 운동이 세계 곳곳으로 번지고 있었지만, 새로움과 즐거움을 추구하는 움직임 또한 멈추지 않았다. 1920년대에는 여러 나라에서 (미국의 플래퍼들과 비슷한) 모던걸 *modern girl*들이 출현하기 시작했다.

일본에서는 모던걸을 줄여 '모가 モガ'라고 부르기도 했다. 일본의 모던걸들 또한 단발머리와 짧은 치마, 담배와 칵테일을 즐겼다. 다이쇼 시대는 자유주의 사조가 확산됐던 1912년부터 1926년까지의 짧은 시기다. 이 시기 일본의 많은 여성이 집 밖의 직장에서 일하기 시작했고, 술 한두 잔과 함께 새롭게 쟁취한 독립을 즐기기도 했다. 일본의 모가는 서구화의 상징이자 자신을 위해 살아가는 도시 여성의 상징이었다.

독일과 프랑스에서도 모던걸을 찾아볼 수 있었고, 중국에도 '모던샤오지에 摩登小姐'가 나타났다. 스코틀랜드에서는 많은 남성들이 제1차 세계대전에 징집되며 여성들이 손님으로서, 또는 직원으로서 바에서 남성들의 자리를 채웠다. 아무래도 남편이 옆에 있을 때보다는 더 자유롭게 펍에 드나들 수 있게 됐고, 지역 관리들은 이러한 변화를 탐탁지 않게 생각했다.

멕시코 여성들은 무기를 들고 혁명에 직접 참여했다. 멕시코인들은 십여 년간의 무장 투쟁 끝에 사회 개혁과 새로운 정치 체제를 이끌어냈다. 저 멀리 러시아에서도 혁명과 내전 끝에 왕정이 무너지고 소비에트 연합이 들어섰다. 1920년대 러시아 여성들은 소비에트의 노동력에 합류했다. 그와 동시에 새로운 도시 음주 문화에 대한 합류도 이루어졌다.

그간 술 한 모금 못하는 소박한 어머니로 대표되던 소비에트의 이상적인 여성상은 1920년대 실제 러시아 여성들의 삶과는 거리가 있었다. 농촌 여성에 비해 소득과 자유도가 높았던 도시의 여성 공장 노동자들은 술과 모임을 적극적으로 즐길 수 있었다. 당시 여성 문맹률이 높았던 관계로 여성 음주에 대해 알아볼 수 있는 기록이 남성에 비해 현저히 적게 남아 있기는 하다(이것은 전 세계 거의 모든 국가에서 공통적으로 찾아볼 수 있는 현상이다). 그러나 러시아 민속 명절 *세미크* Semik 때는 여성들끼리만 술을 마시는 의식도 있었던 것으로 보인다. 부활절 이후 일곱 번째 목요일에 열리는 이 의식에는 공장 노동자들이 꽃과 리본으로 치장하고 한자리에 모여 술을 마시고 노래를 불렀다고 한다.

정부가 허용하든 말든 1920년대 러시아 여성들은 여전히 술을 마시고 있었다. 또한 법이 허가하든 말든 여전히 술을 만들고 있었다. 1800년대부터 이어진 밀주 전통은 여전히 굳건했다. 1922년 무렵에는 러시아 농촌의 거의 모든 가정이 발효주 증류주를 막론하고 불법적인 술을 만들고 있었다.

가정용 증류기를 사용하면 밀가루 35파운드(16킬로그램)로 1갤런(3.8리터)가량의 *사모곤* samogon을 만들 수 있었다. 집에서 만든 술을 뜻하는 사모곤의 알코올 함량은 25~30퍼센트였는데, 한 번

더 증류하면 도수를 더 높일 수 있었다. 보드카와 매우 유사한 러시아식 밀주 사모곤은 그때그때 부엌에 있는 재료로 만들 수 있었다. 가장 일반적인 재료는 밀가루였지만 다른 곡물이나 감자, 비트 뿌리 등을 쓰는 경우도 있었으며, 경우에 따라 과일이나 꿀로 맛을 더하기도 했다.

1920년대 내내 러시아 여성들은 사모곤을 만들어 집이나 작은 가판대, 지역 식당이나 카페에서 판매했다. 일부는 공장에서 노동자들에게 몰래 판매하기도 했다. 이 시기 러시아 인구의 70퍼센트 가량이 집에서 만든 밀주를 마신 것으로 추정된다. 밀주 생산과 판매는 많은 여성에게 매력적인 생계 수단이었다. 최소한의 장비만으로 집에서도 쉽게 할 수 있는 일이었기 때문에 장애가 있는 여성도 접근할 수 있었다.

이 시기 러시아 여성은 임금을 받고 일했지만 진정한 노동자로 대우받지 못했다. 진정한 노동자는 인간이 될 수 있는 최선의 존재, 바로 남성이었다. 집에서 술이나 만들어 파는 사람들, *사모곤시키* samogonshchikis는 진정한 노동자의 적이었다. 밀주업자들은 대부분 가족의 생계를 위해 나선 가난한 독신 여성이었지만 사회는 이들을 기만적이고 타락한 존재, 자본주의적 존재로 보았다.

1922년, 러시아 정부는 공식적인 사모곤시키 근절 운동에 착수했다. 정부는 밀주가 러시아의 경제, 나아가 러시아 사회의 도덕성에 끼치는 위협을 과장했다. 십 대 소녀부터 할머니에 이르기까지 수만 명에 이르는 이들이 밀주 생산이나 판매 혐의로 체포됐다. 대부분은 빈곤층에 속하는 여성이었다. 밀매는 경제 범죄에 속해 벌금형이나 최대 일 년의 강제 노역, 징역, 재산 압류 등의 처벌을 받았다. 너무 많은 이들이 체포되자 나중에 가서는 가족의 생계를 위한 사모곤 생산이나 판매에 대해서는 처벌 규정이 완화됐다.

분명 전 세계적으로 일고 있던 절주 운동에는 많은 여성이 참여했다. 그러나 알코올 금지를 주장하며 모인 여성 중 대부분은 상류층이었다. 중산층이나 하층민 여성의 지지 부족은 후에 절주 운동의 가장 큰 문제 중 하나가 됐다.

캐나다 신문 〈밴쿠버 선Vancouver Sun〉에는 "여성들은 금주령 투표에서 찬성표를 던지지 않을 것으로 보인다"는 내용의 기사가 실렸다. 캐나다에서는 1918년부터 1920년까지 짧은 기간 전시戰時 금주령이 시행됐지만, 여성들의 광범위한 지지가 없어 연장에는 실패했다.* 미국과 마찬가지로 캐나다의 금주령은 음주의 주 무대를 가정으로 바꿨고, 집 안에서는 여성을 배제하는 것이 거의 불가능했다. 캐나다에서는 불법으로 몰래 운영하는 술집을 블라인드 피그blind pig라고 불렀는데, 이곳에 많은 여성이 드나들며 여성의 공공장소 음주를 용인하는 분위기가 서서히 조성됐다.

---

* 물론 이 모든 것은 원주민이 아닌 사람들에게만 해당된다. 캐나다의 원주민 여성들에게는 1876년 제정된 악법인 원주민법이 여전히 적용됐다. 여기에는 인종 차별적인 금주 규정 또한 포함되어 있었다. 술을 마시거나 소지하기 위해서는 캐나다 시민권을 지녀야 했는데, 원주민이 시민권을 취득하기 위해서는 금주 사실을 증명해야 했다. 원주민법의 일부 조항은 백여 년 후인 1985년이 되어서야 폐지됐다.

전쟁이 끝난 1920년대 많은 캐나다 여성이 캐나다의 음주 문화에 대해 다시 생각하게 됐다. 마리온 데이비스를 비롯한 할리우드의 화려한 여배우들의 영향으로 점점 더 많은 캐나다 여성, 특히 노동 계급 여성들이 (캐나다식 바 또는 술집에 해당하는) *비어 필러 beer parlour*를 찾았다. 그러나 호텔이나 술집 중에는 여전히 독신 여성을 손님이나 직원으로 받지 않는 곳도 많았다. 온타리오주의 경우 여성은 자신이 소유한 비어 필러에서도 음료를 서빙할 수 없었다.

여성들은 집 안에서의 음주에도 여전히 관심이 높았다. 1924년, 에드먼턴에서 새롭게 문을 연 정부 주류 판매점의 첫 손님은 여섯 병들이 기네스를 구입하여 팔에 끼고 나온 한 여성이었다.

▼ ▲ ▼

1923년경, 클레오 리스고는 일 년에 위스키를 수백만 갤런씩 팔아치우고 있었다.

이것은 시작에 불과했다. 그녀는 사업을 계속해서 키우고자 했다. 또 다른 전설적인 밀수업자 빌 맥코이Bill McCoy와 파트너가 된 것은 클레오가 내린 가장 영리한 사업적 결정이었다. '진짜' 또는 '진품' 등을 의미하는 '리얼 맥코이real McCoy'라는 표현은 맥코이를 통해 받아본 술이 곰팡이 핀 욕조에서 인공 색소를 섞어 만든 싸구려 공업용 알코올이 아니라 진짜 위스키라는 사실을 확인한 고객들이 만족을 표하며 한 말에서 유래됐다. 이 진짜 위스키의 대부분은 클레오에게서 온 것이었다.

　클레오는 맥코이와 동업하며 라이, 스카치, 버번 등 종류를 가리지 않고 엄청난 양의 위스키를 미국으로 밀수했다. 둘은 보통 나소에서 플로리다까지 큰 선박을 타고 이동했다. 플로리다 인근에 도착한 후에는 다시 바다 위에서 소형 쾌속정을 이용하여 적게는 다섯 상자에서 많게는 이백 상자까지 술을 옮겼다. 당시 미국은 해안으로부터 3마일(4.8킬로미터)을 영해로 관장했기 때문에 쾌속정에 술을 옮겨 싣는 작업은 늘 그 밖에서 이루어졌다. 클레오와 맥코이는 때에 따라 선원들과 함께 뉴저지까지 동행하기도 했다.

　맥코이는 영국 기자 H. 드 윈턴 위글리H. de Winton Wigley와의 인터뷰에서 클레오가 자기 일에 얼마나 열심이었는지 회상하며, 녹초가 되어 쓰러질 뻔한 적도 여러 번이었다고 말했다. 맥코이는 인터뷰에서 클레오를 두고 까다롭지만 감탄스러운 인물이었다며 다음과 같이 묘사했다.

　　당시 나소는 매력적인 여성이 보호자 없이 지내기에는 위험한 곳이었습니다. 클레오는 매력적인 여성이기는 했지만 보호자가 필요 없을 만큼 강인했어요. 한번은 럼 밀매 조직이 클레오를 만만하게 보고 함부로 굴다가 큰코다친 적이 있죠. 그때 클레오가 불같이 화를 내던 모습은 아마 다들 지금까지도 생생히 기억하고 있을 거예요. 조직원 한 명인가 두 명한테는 경고의 의미로 갈

비뼈에 권총을 들이대기도 했죠. 클레오는 정말 유능하고 빈틈이 없는 사람이었어요. 함부로 대했다가는 결코 호락호락 넘어갈 만한 인물이 아니었죠. 클레오는 다들 자기 일에나 신경 쓰고 살라고 했어요. 클레오 자신이 그랬던 것처럼요.

클레오와 맥코이는 정부보다 다른 밀수업자들을 더 경계했다. 여기에는 그럴 만한 이유가 있었다. 밀수업자들이 서로 물건을 강탈하는 일이 자주 발생했기 때문이다. 클레오는 만약의 사태에 대비해 늘 커다란 권총을 지니고 다녔다. 위험을 무릅쓴 끝에 두 밀수업자는 막대한 재산을 모았다. 은퇴 즈음하여 클레오가 모은 재산은 수백만 달러에 달했던 것으로 추정된다(1920년대 중반의 100만 달러는 2020년대 기준으로 1500만 달러 정도다).

클레오 리스고는 금주법 시대의 가장 성공한 밀수업자이자 가장 유명한 밀수업자였다. 기자들은 클레오가 국제적으로 운영 중인 위스키 사업이 세계 최대 규모라고 보도했다(이는 아마도 사실이었을 것이다). 1923년 영국의 위글리 기자는 나소에서 진행한 거트루드 리스고와의 인터뷰를 바탕으로 '클레오파트라, 밀주의 여왕'라는 제목의 기사를 냈고, 이는 이후 그녀의 별명이 됐다.*

---

* 미국 언론은 거트루드 리스고 외에도 십여 명의 여성에게 이 별명을 지어줬다. 오클라호마주에서 활동한 악명 높은 밀주업자 클레오 에프스Cleo Epps 또한 그중 한 명이다.

밀주의 여왕 클레오 리스고

그해 가을 무렵이 되자 전 세계의 기자에게서 인터뷰 요청이 쇄도했고, 클레오는 유명세를 탔다. 뉴욕에서 활동하던 로버트 위글리Robert Wigley(영국의 위글리 기자와는 관련 없는 인물) 기자는 클레오를 다음과 같이 묘사했다. "정말 놀라운 인물이다. 책에 대한 진솔한 대화를 나눌 수 있고, 여행 가방에 훌륭한 음반을 챙겨 다니며, 옷 입는 취향 또한 예술적이다. 클레오는 고상한 취향을 갖춘 사람이다."

뉴욕의 기자가 말했듯 클레오는 문학적 취향에 대해서는 진솔한 대화를 나눴지만 자신의 개인사는 쉽게 드러내지 않았다. 클레오는 사람들이 물을 때마다 자신의 성장 배경을 다르게 둘러대던 것으로 유명하다. 부모님은 잉글랜드와 스코틀랜드 출신이었지만, 클레오를 만난 사람들은 그녀의 이국적인 외모를 보고는 인종이나 출신지를 묻곤 했다. 그럴 때면 클레오는 묻는 사람의 기대에 맞춰 그리스, 러시아, 인도, 이집트 등 먼 나라에서 왔다는 이야기를 꾸며냈다.

클레오의 얼굴은 〈로스앤젤레스 타임스Los Angeles Times〉, 〈뉴욕 타임스New York Times〉, 〈시카고 트리뷴Chicago Tribune〉 등 주요 일간지 지면을 장식했다. 그러나 기자들은 세계에서 가장 성공한 주류 밀매업자를 앞에 앉혀두고 진부한 질문만 던져댔다. 오늘날까지도 많은 여성이 시달리는 그런 질문들 말이다. 그들은 위스키에 대한 질문 대신 연애를 하는지, 왜 결혼을 안 했는지에 대해서만 물었다.

전 세계에서 편지와 사랑 고백, 청혼이 쏟아졌다. 사람들은 클레오를 좋아했다. 파티에 초대하고 싶어 하는 사람도 있었고, 존경을 표하는 사람도 있었다. 자신의 아들을 소개시켜 주겠다는 사람도 있었다.

얼마 지나지 않아 기자와 사진작가들이 따라붙어 클레오의 일거수일투족을 취재하기 시작했다. 은신과 비밀 유지가 필수인 밀수업자 클레오에게 이러한 관심은 성가신 일이었다. 그리고 아들을 둔 어머니들뿐 아니라 당국도 클레오의 뒤를 쫓기 시작했다.

미국에 도착한 클레오의 위스키는 어디로 갔을까?

사실 그 많은 술이 정확히 어디로 갔는지는 알 수 없다. 확실한 것은 클레오의 위스키를 마시고, 대접하고, 찬양하고, 합법화를 위해 싸우는 모든 자리에 여성이 있었다는 사실이다.

맨해튼 미드타운에 위치한 고급스러운 스피크이지 바 엘 페이El Fey에서도 클레오의 위스키를 판매했을지도 모른다. 엘 페이는 금주법 시대 미국에서 가장 성공한 스피크이지 바였다. 모든 것은 인기 만점의 요란스러운 진행자 덕분이었다.

텍사스 기넌Texas Guinan은 금주법 시대 뉴욕에서 가장 유명하고 인기 있는 스피크이지 사회자였다.* 브로드웨이에서 배우로 일하고 있던 1923년, 기넌은 보자르 호텔에서 열린 업계 파티에 참석하게 됐다. 업계 파티답게 모두가 지루해하고 있던 중 누군가 기넌에게 노래를 청했다. 노래를 부르는 그녀의 유쾌한 모습을 본 호텔 매니저는 호텔 행사의 사회자 자리를 제안했다. 그렇게 호텔에서 일하던 기넌은 사업가인 래리 페이Larry Fay를 만났다. 래리는 기넌에게 새롭게 오픈한 자신의 바 엘 페이의 행사 진행자를 맡아

---

* '텍사스'는 놀라운 말타기와 줄 던지기 기술 덕에 붙은 별명이다. 텍사스주 와코에서 태어난 기넌은 브로드웨이에 진출하기 전까지 서부극에서 여성 총잡이 역할을 주로 맡으며 배우로서 경력을 쌓았다.

달라고 요청했다.

　텍사스 기년은 엘 페이에서 순식간에 엄청난 인기를 끌었다. 천 직을 찾은 것이다. 행사의 안주인 노릇에도 자신 있었던 그녀는 엘 페이에 누구를 초대해야 할지 정확히 알고 있었다. 당대의 가장 중 요하거나 부유하거나 유명한 인물들, 또는 셋 모두에 해당되는 인물들이 엘 페이를 찾아 기년와 함께 술을 마셨다. 마피아 조직원, 예술가, 상류층 인사들이 한데 모여 술을 마시며 쇼를 즐겼다. 엘 페이의 무대에는 아름다운 여성 댄서들이 오르곤 했는데, 그 덕에 손님들은 입이 떡 벌어지는 샴페인 가격과 위스키 가격을 깜빡 잊어주곤 했다.* 밴더빌트Vanderbilt, 모건Morgan, 크라이슬러Chrysler 등 쟁쟁한 가문의 인물들은 물론 루돌프 발렌티노Rudolph Valentino 같은 유명인도 엘 페이의 단골이었다.

　기년은 결코 미워할 수 없는 농담과 비꼬기의 귀재였다. 그녀는 단골들과 가시 돋친 농담을 주고받으며 장난스럽고 친밀한 분위기를 주도했다. 엘 페이에서 서로에 대한 야유는 너그럽게 용인하는 것을 넘어 권장되기까지 했다. 립스틱을 바른 기년의 입술에서는 농담, 휘파람, 재담이 끊임없이 흘러나왔다. 엘 페이에 모인 단골들은 음주라는 불법적인 행위를 저지르면서도 기년 덕에 모든 것을 잊고 편하고 행복한 저녁을 즐길 수 있었다. 그녀의 고객들은 모든

---

* 　텍사스 기년은 댄서들의 공연이 끝나면 늘 "우리 자그마한 댄서에게 큰 박수 부탁합니다!"라고 외친 것으로 유명하다.

것에 대해 기꺼이 바가지를 쓸 준비가 되어 있었다.

단골들은 많은 사람들 속에서도 텍사스 기넌을 한눈에 알아볼 수 있었다. 컬을 잔뜩 넣은 금발머리, 반짝이는 드레스, 겹겹이 두른 진주목걸이, 그리고 특유의 활짝 웃는 모습. 기넌은 어디서나 눈에 띄는 백인 여성이었다. 쇼의 진행자였던 기넌은 엘 페이의 중앙 홀 한가운데 놓인 높은 의자에 앉아 딱따기를 치거나 호루라기를 신나게 불어댔다. 그녀는 클럽을 찾는 모두를 자신의 트레이드마크인 "안녕? 풋내기들!"이라는 인사로 유쾌하고 요란스럽게 맞이했다.

텍사스 기넌에게는 헬렌 모건Helen Morgan, 벨 리빙스턴Belle Livingston 같은 경쟁자가 있었다. 이들 역시 다른 고급 스피크이지 바에서 행사 진행자로 일하는 백인 여성이었다. 그러나 스피크이지 바의 소유주와 행사 진행자들은 서로 반목하기보다는 유대감과 우정을 나눴다. 벨 리빙스턴이 주류 판매 혐의로 체포되었다 풀려날 때 텍사스 기넌은 장갑차를 보내 벨을 집으로 에스코트하기도 했다.

래리 페이는 엘 페이를 운영하며 재정적으로 큰 성공을 거뒀다. 개업 후 첫 칠 개월간 그가 벌어들인 돈은 현재 화폐 가치로 약 800만 달러에 달했다. 텍사스 기넌 또한 엘 페이를 통해 거둔 성공을 회상하며 "금주법이 없었다면 나는 아무것도 아니었을 것"이라는 말을 남기기도 했다.

자신이 소유한 스피크이지 바를 직접 운영하는 여성들도 있었다.

1927년에는 사업가이자 독지가, 할렘 르네상스 Harlem Renaissance (1920년대 뉴욕의 흑인 거주지구 할렘에서 일어난 흑인 예술 부흥 운동 −옮긴이)의 지도자였던 알렐리아 워커 A'Lelia Walker가 본인 소유의 할렘 타운하우스 한 층을 나이트클럽으로 개조했다.* 게이와 레즈비언들이 맘 편히 드나들 수 있었던 이 클럽은 곧 뉴욕에서 가장 인기 있는 장소가 됐다. 수많은 예술가와 작가, 배우, 사회활동가, 정치가, 음악가들이 클럽에 모여 술을 마시고 어울리며 즐거운 시간을 보냈다. 작가 랭스턴 휴스 Langston Hughes는 알렐리아를 '할렘의 기쁨의 여신 Joy Goddess of Harlem'이라고 부르기도 했다.

텍사스 기년의 클럽이나 알렐리아 워커의 타운하우스 외에 클레오의 위스키가 향했을 만한 곳이 또 있다. 바로 당대 최고의 흑인 여성 가수 베시 스미스 Bessie Smith의 술잔이다. 베시 스미스는 72피트(21미터) 길이의 전용 객차를 타고 전국을 누비며 공연을 했다.

블루스의 여왕 베시 스미스는 여성의 자유에 대해 노래했다. 그녀는 여성들에게도 술을 마실 자유와 욕망을 표현할 자유가 있으며, 그러한 가치가 존중받아야 한다고 주장했다(베시 스미스는 자신이 양성애자임을 공공연히 밝혔다). 음악 업계에서 너무 거칠다, 즉 너무 노동 계급 같다는 평가를 자주 들었던 베시 스미스는 늘 존중받

---

* 알렐리아는 미국 최초의 자수성가한 흑인 여성 백만장자인 마담 C. J. 워커 Walker의 외동딸이다. 워커는 마담 C. J. 워커 제조 회사를 차려 흑인 여성을 위한 화장품과 헤어 제품을 개발했다.

기 위해 싸웠다.

　미국 공영 라디오 방송 NPR의 작가 그웬 톰킨스Gwen Thompkins
는 베시 스미스를 두고 "큰 덩치, 갈색 피부, 높게 솟은 키"라고 묘
사했다. 스미스는 키가 크고 아름다운 여성이었다. 그녀는 전설적
인 목소리로 여왕이라는 칭호를 얻었고, 일상의 경험과 감정을 담
은 노래로 사람들을 감동시켰다.

　지금도 여전히 인기 있는 베시 스미스의 노래 중에 〈나와 나의
진Me and My Gin〉이라는 곡이 있는데, 지금은 〈진 하우스Gin House〉
나 〈진 하우스 블루스Gin House Blues〉라는 제목으로 더 익숙하다.
노래의 내용은 다음과 같다.

　　　　내게서 멀리 떨어져, 나는 죄를 지었어
　　　　누군가 이곳에 쳐들어온다면 믿을 건 나와 나의 진뿐이지

　　　　허튼수작 부리지 마, 넌 절대 날 못 이겨
　　　　육군도 해군도 덤비라고 해, 믿을 건 나와 나의 진뿐이지.

　　　　밀주업자들은 모두 내 친구야
　　　　좋은 진 한 병이면 아무 문제없지

　　　　기분이 좋을 때면 못할 게 없지
　　　　술만 가득 채워준다면 착하게 굴게

난 옷도 필요 없어, 침대도 필요 없어

스테이크도 필요 없어, 대신 나에겐 진을 줘

베시 스미스는 당대 최고의 가수 중 하나였지만, 실력만큼 폭넓은 공연 기회를 누리지는 못했다. 금주법 시대에 많은 사회적 경계가 허물어졌지만 스피크이지 바는 여전히 인종 차별적인 공간이었기 때문이다. 물론 예외도 있었다. 모든 인종의 출입을 환영하는 클럽도 미국 곳곳에 있었는데, 이들 클럽은 **흑갈색 클럽**black and tan club이라고 불리기도 했다. 어쨌든 대부분의 클럽은 백인 또는 흑인 전용으로 운영됐다.

금주법 시대는 흑인들의 예술과 음악, 그중에서도 재즈에 대한 백인들의 관심이 높아진 시기기도 하다. 백인 전용 클럽은 흑인 연주자와 가수들에게 앞다투어 공연을 요청했다. 그러나 흑인 뮤지션들은 여전히 이들 클럽에 손님으로는 출입할 수 없었다. 흑인 가수를 찾던 백인 전용 클럽들은 초기에는 베시 스미스를 부르지 않았다. 베시 스미스도 굳이 부유한 백인 관객들의 입맛에 자신의 스타일을 맞추지 않았다. 그녀는 노동 계급 출신이었고, 노동 계급에 대해 노래했다. 미국의 여성 역사 관련 웹사이트 womenshistory.org에서는 베시 스미스에 대해 다음과 같이 설명했다.

풍만한 몸매에 어두운 피부를 지닌 베시 스미스의 '외모'는 당시 유행하던 미의 기준에 맞지 않았다. 블루스에 대한 그녀의 해석은 블루스 음악의 탄생을 불러온 아프리카계 미국 문화에 깊은 뿌리를 두고 있었으며, 이는 숨길 수 없는 진정성으로 표출됐다. 아마도 그토록 강한 진정성은 이제 막 흑인 음악을 즐기기 시작한 관객들에게는 너무 강렬했을 것이다.

그러나 1920년대 말 무렵 베시 스미스는 미국에서 가장 성공한 흑인 가수 중 한 명이 되었다.

▼ ▲ ▼

클레오의 위스키 중 일부는 불행하게도 미국에서 가장 큰 권력을 지닌 여성의 지휘하에 압수라는 운명을 맞았을 수도 있다.

클레오 리스고는 미국의 법무부 차관보였던 메이블 윌브란트 Mabel Willebrandt가 가장 열정적으로 쫓는 인물이었다. 그녀는 캘빈 쿨리지 Calvin Coolidge 대통령 행정부에서 가장 높은 관직에 오른 여성으로, 금주법 단속의 총책임자였다.

자그마한 체구에 갈색 머리칼을 지닌 윌브란트는 원래 변호사로 일했다. 그녀는 차관보에 임명될 만한 충분한 자격 조건을 지니고 있었다. 그러나 세간에서는 그녀의 임명이 금주법을 지지한 여성들에 대한 보상이자 금주법이 실패할 경우 여성들에게 책임을 지우기 위한 방책이라고 믿었다. 윌브란트는 직책을 수락하며 금주법을 대표하는 얼굴이 되어버렸다. 비록 이전에 절주 운동에 참여한 적은 없었으나 그녀는 자신의 임무를 진지하게 받아들이고 새로운 법을 수호해나갔다. 〈워싱턴 포스트Washington Post〉는 윌브란트를 두고 '금주법의 근본'이라고 불렀다.

그렇게 윌브란트는 온 나라의 음주를 감독해야 할 책임을 지게 됐다. 이미 수백만 명의 여성이 각자의 가정에서 해온 일이지만, 윌브란트는 연방 정부 차원에서 전국적인 규모로 그 책임을 맡게 된 것이다. 가정 내의 음주를 감독해야 했지만 그럴 만한 힘이 없었던 여성들과 마찬가지로 윌브란트에게도 임무를 수행할 만한 충분한 자원이 주어지지 않았다. 그녀는 연방 정부에서 가장 높은 직위에 오른 여성이었지만, 금주법 관련 태스크포스의 예산이나 단속 요원들에 대한 공식적인 지휘권은 주어지지 않았다.

금주법 위반으로 누군가를 체포하기 위해서는 술을 제조, 판매, 밀수하는 현장을 단속 요원이 적발해야 했다(앞에서도 설명한 바와 같이 음주 자체는 범죄가 아니었다). 금주법 통과 이후 많은 주에서 집행 책임을 연방 정부에 떠넘겼다. 밀주 단속까지도 윌브란트의 임무가 됐다. 정부는 금주법 단속에 어려움을 겪고 있었고, 윌브란트는 그 이유를 잘 알고 있었다. 집행을 맡은 연방 기관들은 매우 비효율적이었고, 서로 간의 협조가 거의 이루어지지 않았다. 게다가 지역 사회 또한 이들에게 협력할 생각이 전혀 없었다.

어려운 여건에서도 윌브란트는 임무를 수행해나갔다. 한 기자에게는 "충분한 권한과 내가 직접 발탁한 요원 삼백 명만 주어진다면 이 나라에서 음주를 뿌리 뽑을 자신이 있다"고 말하기도 한다.

기자는 월브란트를 워싱턴 DC에서 이 임무를 수행해낼 수 있는 유일한 사람이라며, "미국 최초로 법을 수호하는 여성"이라고 부르기도 했다.

월브란트는 금주법 위반자를 단속하기 위해 해안 경비대를 강화했고 럼과 기타 주류 밀수에 대한 단속을 지휘했다. 아마도 클레오 리스고도 이 시기 월브란트로 인해 꽤나 골치를 썩었을 것이다. 밀수업자들은 까다로워진 단속을 피하기 위해 더 복잡다단한 전략을 세워야 했다.

이 시기 활약한 또 다른 여성 밀수꾼이 있었다. 마리 웨이트Marie Waite는 클레오 리스고와 경쟁 관계에 있었다. 스웨덴인 아버지와 멕시코인 어머니 사이에서 태어난 마리는 '스페니시 마리Spanish Marie'라고 불렸다. 키가 6피트(182센티미터)에 달했던 마리 웨이트는 하바나와 쿠바, 플로리다의 키웨스트를 오가며 열다섯 척에 달하는 밀수 함대를 일사분란하게 지휘했다. 웨이트는 해안 경비대의 단속을 따돌리고자 일종의 호송 시스템을 활용했다. 밀수를 진행할 때는 총 네 척의 배가 출항했는데, 술이 담긴 화물은 그중 세 척에만 실었다. 총으로 무장한 나머지 한 척은 해안 경비대가 나타나면 술을 실은 배들이 도주할 수 있도록 시간을 버는 역할을 했다. 웨이트가 지휘하는 모든 배에는 그녀가 키웨스트에 불법으로 설치한 무전 기지에서 보내는 정보를 수신하는 무전 장치가 설치됐다. 그녀는 키웨스트에서 해안 경비대의 동향을 파악한 후 그 내용을 스페인어 암호로 변환하여 배에 알렸다. 웨이트는 밀수 업계

에서 움직임이 빠르기로 유명했다.[*]

월브란트는 스피크이지 바에 대한 불시 단속 또한 셀 수 없이 지휘했다. 텍사스 기넌은 월브란트의 단속 요원들이 쫓는 또 다른 표적이었다. 엘 페이가 몇 번이나 불시 단속의 대상이 되자 텍사스 기넌은 금으로 된 자물쇠 모양 목걸이와 다이아몬드가 박힌 수갑 모양 팔찌를 차고 법정에 출두하며 홍보의 기회로 삼았다. 기넌은 자신을 금주법이라는 정치적 사건의 희생양으로 보았다. 그녀는 금주법으로 인한 유명세를 즐겼지만, 법적 처벌에 맞서 엘 페이의 댄서와 웨이트리스를 비롯한 직원들을 보호하는 데도 최선을 다했다. 결국 엘 페이가 문을 닫게 되자 기넌은 불과 두 블록 떨어진 곳에 델 페이Del Fey라는 클럽을 열었다. 델 페이가 단속에 걸려 폐쇄되자 다시 웨스트 48번가에 텍사스 기넌 클럽을 열었다. 단속이 어찌나 잦았던지, 기넌은 단속이 있을 때마다 손님들에게 불러줄 노래를 만들기까지 했다.

　　　판사가 물었죠

* 해안 경비대는 결국 웨이트의 암호를 해독했다. 웨이트는 1928년 3월에 선원들과 함께 마이애미에서 해안 경비대에 체포됐다. 체포 당시 웨이트는 위스키, 럼, 진, 와인, 맥주, 샴페인 등을 포함하여 5,526병에 달하는 술을 하역 중이었다. 체포된 그녀는 아이들을 돌봐야 하니 집에 보내달라고 당국에 호소했다. 다음 날까지 법정으로 돌아오겠다는 약속과 함께였다. 당국은 그녀를 집에 보내줬지만 사실 웨이트에게는 아이가 없었다. 밀수에 사용하던 배들과 권총, 많은 돈과 함께 사라진 그녀는 다시는 돌아오지 않았다.

"텍사스, 혹시 술을 팔았습니까?"

난 대답했어요

"판사님, 말도 안 되는 소리예요.

맹세컨대 저희 저장고에는

초콜릿과 바닐라뿐이랍니다!"**

    윌브란트는 최선을 다했지만 텍사스 기넌을 잡기에는 역부족이었다. 1926년 기넌은 맨해튼 웨스트 54번가 151번지에 300클럽이라는 스피크이지 바를 열었다. 이 클럽은 곧바로 큰 성공을 거두며 당대 가장 화려한 클럽으로 등극했다. 300클럽은 아름다운 쇼걸과 화려한 사교계 인사, 온갖 유명인으로 발 디딜 틈이 없었다. 시인 도로시 파커Dorothy Parker와 배우 메이 웨스트Mae West도 이 클럽의 단골이었다. 300클럽은 샴페인과 웃음소리, 반짝이는 다이아몬드로 가득했다.

    기넌은 당국에 체포될 때마다 술은 고객들이 직접 가져온 것이며, 가져온 술을 개인적으로 마시는 일을 클럽이 제지할 수 없다는 말을 되풀이했다. 기넌은 300클럽의 직원들은 술을 건드린 적도 없다고 주장했다. 터무니없는 말이었지만 거짓임을 입증하기 어려운 주장이기도 했다. 기넌은 한 번도 벌금을 내거나 감옥에 갇히지

**　　글렌 셜리Glenn Shirley가 쓴 『안녕? 풋내기들!Hello? Suckers!』이라는 기넌의 전기에 등장하는 내용이다

않았다. 그러나 개업한 지 일 년 만에 300클럽은 다시 당국의 단속에 걸렸고, 기소는 피했지만 클럽은 다시 문을 열지 못했다.

클레오 또한 결국 월브란트의 단속에 걸려들었다. 사실 밀주의 여왕의 행적을 쫓는 데는 큰 노력이 필요하지는 않았다. 일거수일투족을 끈질기게 쫓는 파파라치들 덕분에 클레오의 소재와 동선이 거의 드러났기 때문이다. 1925년 일꾼 몇 명이 밀수 혐의로 체포됐고, 얼마 지나지 않아 클레오 또한 마이애미에서 붙잡혔다. 클레오는 뉴올리언스로 이송되어 수정헌법 18조 위반 혐의로 체포됐다.

클레오도 창의적인 변명을 준비했다. 그녀는 먼저 잡힌 일꾼들이 가지고 있던 위스키는 자신의 것이 맞으며, 사실은 그들에게 도둑맞은 것이라고 주장했다. 자신은 밀수업자가 아니라 무고한 *피해자*라는 주장이었다. 이 터무니없는 해명은 통하지 않았다. 당국은 그녀를 믿지 않았고, 유죄를 입증할 만한 증거 또한 확보하고 있었다. 밀주의 여왕이 마침내 잡힌 것이다. 그러나 클레오는 포기하지 않고 당국에 거래를 제안했다.

클레오는 자신을 풀어주면 다른 밀수업자들의 범죄 행각에 대해 증언하겠다고 제안했다. 당국은 이 제안을 받아들였다. 역사학자들은 당시 그녀의 밀고로 잡힌 밀수업자가 누구인지 밝혀내지 못했지만, 어쨌든 클레오는 자유의 몸이 됐다.

그렇게 풀려난 클레오는 바하마로 돌아가지 않고 은퇴를 결정했다. 동업자 빌 맥코이는 그녀의 마음을 돌리려 애썼다. 클레오에게 함께 도망가자고도 했지만 그녀는 거절했다. 1926년 은퇴에 관해 묻는 기자들에게 클레오는 다음과 같이 말했다. "저는 제 두 발로 당당하게 섰고, 제겐 한 치의 부끄러움도 없습니다. 이래라 저래라 하는 남자는 제게 필요 없어요…… 결혼 생각은 없습니다."

▼ ▲ ▼

1920년대 말엽이 되자 금주법에 적극적으로 저항해온 핵심 여성 인물들이 거의 자취를 감췄다. 금주법 폐지 요구가 점점 크게 번지는 가운데 절주 단체들은 여전히 대부분의 여성이 금주에 찬성한다는 주장을 고수하기 위해 애썼다.* 많은 정치인이 여전히 금주법을 지지했고, 여성들의 지지가 계속되리라 기대했다. 그러나 미국인은 점점 금주에 지쳐가고 있었다. 그리고 한 여성은 절주 단체가 여성의 정치적 대변인 역할을 자처하는 모습에 신물이 났다.

금주법 통과 당시 폴린 사빈Pauline Sabin은 엄청난 부와 영향력을 자랑하는 공화당 간부였다. 그녀는 여성 공화당 클럽Women's

---

* 알 카포네Al Capone, 로이 옴스테드Roy Olmstead 등 악명 높은 밀주업자들을 체포하고 수만 건의 유죄 판결을 이끌어낸 메이블 월브란트도 1929년 법무부를 떠났다. 월브란트는 이후 캘리포니아 최대의 포도 재배 기업인 프루트 인더스트리Fruit Industries의 변호사직을 맡으며 파문을 일으켰다. 이 기업의 주력 생산 제품인 포도즙이 주로 와인 생산에 사용됐기 때문이다. 월브란트는 몇 년간 프루트 인더스트리의 포도즙 판매 권리를 옹호하는 업무를 했고, 이후에는 주류와 관련되지 않은 다른 기업과 고객의 변호를 맡았다.

National Republican Club의 창립자였으며, 금주법에 대해 공개적으로 지지 입장을 밝혀온 인물이었다. 그러나 금주법 시행 이후 시간이 흐를수록 폴린을 비롯한 부유한 백인 여성 공화당원들은 한 가지 사실을 깨달았다. 금주법이 내건 약속이 전혀 지켜지지 않고 있다는 사실이었다. 금주법 시행 이후 조직 범죄율과 알코올 관련 사망 건수는 오히려 증가했다. 금주법은 사람들의 음주를 막지 못했다. 금주법이 막은 것은 많은 이들의 안전한 음주였다.

1927년, 여성 공화당 클럽은 회원들을 대상으로 금주법에 대한 의견을 조사했다. 압도적으로 많은 응답자가 금주법, 그리고 금주법이 미국에 가져온 변화에 대해 반대하는 입장을 밝혔다. 사빈을 비롯한 많은 여성들은 혹시라도 아들이 불법적으로 제조된 위험한 밀주를 마시고 건강을 해치지는 않을까 걱정했다.

여전히 금주법을 지지하는 여성도 많았다. 여성 기독교 절주 연합 또한 강경한 입장을 고수하고 있었다. 그러나 시간이 흐를수록 모든 계급의 여성들 중 다수가 금주법을 지지하지 않는다는 점이 명확해졌다. 술을 마시는 여성들은 대부분 알아서 절제하며 마셨다. 금주론자들의 생각과는 달리 알코올은 무조건 중독이나 파멸로 이어지지 않았다. 금주론자들은 자신들의 생각이 틀렸다는 사실에 오히려 분노했다. 사빈 또한 가볍게 술을 즐기는 편이었고, 뉴욕의 자택에는 고급 와인과 증류주가 꽤 많이 보관되어 있었다.

사빈은 변화가 필요한 시기라는 결론을 내렸다.

여성 공화당 클럽의 회원 대부분이 금주법을 지지하지 않는다는 사실을 알게 되고 일 년이 흐른 1928년, 사빈은 수정헌법 18조 폐지를 위한 행동에 나서겠다고 공개적으로 선언하며 미국을 충격에 빠뜨렸다.

사빈은 금주법이 유해한 밀주 제조를 부추겨 자신의 십 대 아들들을 위험에 빠뜨릴 뿐 아니라 법에 대한 경시를 조장한다고 주장했다. 또한 금주법 집행이 시민권을 침해한다는 사실도 지적했다. 일 년 후인 1929년 그녀는 공화당 전국 위원회Republican National Committee 사임을 선언하며 미국을 또 한 번 충격에 빠뜨렸다. 그리고 다음 날 그녀는 금주법 철폐 운동의 시작을 알렸다.

사빈은 열다섯 명의 여성 동료들과 함께 금주법 철폐 운동 계획을 세웠다. 그녀는 전국적인 인맥을 동원하여 홍보와 지지를 끌어올렸다. 또한 법치에 대한 존중, 완전한 금주 대신 적당한 음주를 중요시하는 자신들의 사명을 알리는 유인물을 제작하여 배포했다. 사빈과 여성들의 모임은 추후 금주법 폐지 여성 협회Women's Organization for National Prohibition Repeal가 됐다. 이들은 여성 기독교 절주 연합과 정면으로 맞붙었다. 절주 연합은 여전히 자신들이 미국의 모든 여성을 대변한다고 주장했고, 사빈과 동료들은 이것이 사실이 아님을 증명하는 데 집중했다.

사빈은 금주법에 반대하는 여성들이 침묵하는 다수라는 점을 깨달았다. 그녀는 이러한 여성들의 투표 독려와 정치적 참여 유도를 위한 노력을 아끼지 않았다. 여성의 진정한 의견보다는 그들이 지닌 투표권에만 관심이 집중됐던 시기에 사빈은 여성들에게 필요한 정보를 제공하고 그들의 참여를 유도했다. 당시 여성들은 투표권은 지니고 있었지만 배심원으로는 활동하지 못했다. 정치적 지지가 필요할 때는 권리를 주고 법이 통과된 후 그에 대한 판단에는 참여를 막은 것이다. 사빈은 여성들이 법 집행에 대해서도 의견을 낼 수 있어야 한다고 주장했다.

얼마 지나지 않아 금주법 폐지 여성 협회는 전국적인 조직이 됐다. 이들은 화난 부유층 어머니들을 절대 과소평가해서는 안 된다는 사실을 몸소 보여줬다. 협회는 미국의 모든 주를 대표하는 위원들로 구성된 전국 자문위원회를 구성했다. 주별 자문위원회 또한 구성하여 지역 내 금주법 폐지 운동을 지휘했다. 모든 것은 자원봉사로 이루어졌고, 회비는 없었다. 정치적으로도 중립이었던 이 단체는 금주법 폐지라는 단 하나의 목표에만 집중했다.

이렇듯 금주법 철폐를 가장 강하게 주장한 것은 애주가도, 밀주업자도, 밀수업자도, 칵테일 애호가도 아닌 어머니들이었다. 우아한 헤어 스타일을 한 중산층과 상류층 주부들이 알코올의 가장 강력한 동맹이 된 것이다.

일 년이 지나지 않아 금주법 폐지 협회는 수정 헌법에 명시된 완전한 금주를 알코올에 대한 규제로 대체하자는 제안서를 수차례 작성하여 제출했다. 1930년 2월, 사빈은 금주법 관련 의회 청문회 첫날에 참석하여 "미국의 모든 여성이 전국적인 금주법에 찬성한다는 금주 단체의 주장을 반박"했다.

사빈은 수정헌법 18조가 가져온 범죄율의 증가, 비효율적인 법

집행으로 인한 비용 증가, 수감자 수 증가, 유해한 밀주로 인한 사망자 증가, 청소년 음주 증가, 법에 대한 국민의 불만 증가 등에 대해 열정적으로 설명했다. 사빈은 완전한 금주라는 것이 애초에 불가능한 일임을 지적하며 사석에서는 함께 술을 마시고 공개적인 자리에서는 금주법을 지지하던 어느 정치인 이야기까지 폭로했다. 사빈은 뉴욕의 엘리트이자 정치권에서 십여 년의 경험을 쌓은 베테랑이었다. 그녀는 금주법이라는 터무니없는 위선을 종식하고 이를 대체할 합리적인 규제를 마련해야 한다는 주장을 펼쳤다.

1931년 말 무렵 금주법 폐지 협회의 회원 수는 사십만 명을 넘어섰다. 오십여 년의 역사를 지닌 여성 기독교 절주 연합은 한 번도 본 적 없는 숫자였다. 금주법 폐지 협회의 회원들은 대부분 정치 경험이 없었으며, 출신 주 또한 다양했다. 금주법 폐지 협회가 외치는 것은 누구나 길거리에서 술을 마실 자유가 아니었다. 이들의 입장은 엄밀히 말해 음주 찬성이라기보다는 알코올 규제 찬성에 가까웠다. 그럼에도 불구하고 협회는 현행 금주법의 완전 폐지를 원했다. 이들이 원하는 것은 수정헌법 18조의 수정이 아닌 완전한 철폐였다.

사빈은 미국 전역을 다니며 인터뷰를 하고 라디오 방송에 출연했다. 그녀는 늘 객관적인 사실과 수치를 인용하여 자신의 주장을 뒷받침했다. 사빈은 1920년에서 1930년 사이 금주법 시행으로 인해 연방 지출이 370만 달러에서 2900만 달러로 급증했다는 점과 알코올 관련 사망이 300퍼센트 증가했다는 점을 지적했다. 또한 금주법 지지 지역으로 알려진 곳들을 방문하고 해당 지역에 협회의 지부를 설치했다. 심지어 영화 시작 전 틀어주는 뉴스 영상에 출연하여 금주법 폐지를 주장하기도 했다.

사빈은 남성 정치인은 결코 따라할 수 없는 방식으로 사회적 로비를 펼치기도 했다. 그녀의 무기는 사교 모임과 근사한 디너 파티였다. 금주법 폐지 협회 회원들은 오찬회, 다과회, 만찬회 등을 열어 의원들의 아내를 초청했다. 영향력 있는 정치인의 아내들은 다과회에서 앙증맞은 샌드위치와 쿠키를 즐기며 금주법 폐지의 타당성에 설득됐다.

정치인들도 물론 설득의 대상이었다. 협회는 1930년 총회에서 허버트 후버 Herbert Hoover 대통령과 의회 지도부, 그리고 주요 정당에 자신들의 의견을 담은 서한을 발송하기로 만장일치로 결의했다. 이듬해에는 모든 상하원 의원에게 서한을 발송했다. 협회는 이 서한의 수신자에게 금주법 폐지 문제를 주 전당 대회 안건으로 상정하는 안에 투표할 것인지 여부를 물었다. 협회의 정치적 기지가 돋보이는 부분이다. 협회는 의원들에게 금주법에 찬성하는지 반대하는지 묻지 않았다. 그저 미국 국민이 스스로 결정할 수 있도록 기회를 줄 의향이 있는지 물었을 뿐이다. 60퍼센트에 달하는 의원이 그럴 의향이 있다고 답했다. 나머지 40퍼센트는 금주법 폐지 협회 총회에서 공개적으로 지목했다. 오늘날의 트위터 저격과 비슷하지만 물론 속도는 훨씬 느렸다. 금주법 폐지 협회는 회원들에게 1932년 선거 시 총회에서 지명한 정치인을 지지하지 말 것을 지시했다.

협회는 대중의 지지를 결집하는 역할 또한 수행했다. 1931년 11월 금주법 폐지의 목소리를 전파할 연사들을 교육하고자 금주법 폐지 연구소Anti Prohibition Institute와 관련 학교를 설립했다. 협회는 이 연구소와 함께 전국의 조직과 단체에 메시지를 전파하기 위한 강연을 시리즈로 제작했다. 금주법 폐지 운동을 지지하는 미국 호텔 협회American Hotel Association와 미국 노동 연맹American Federation of Labor 등의 단체와도 활발히 협력했다. 사빈은 브랜딩을 통한 이미지 구축과 상품이 가지는 힘을 잘 이해하고 있었다. 협회는 금주법 폐지의 메시지를 담은 성냥갑, 실크 스카프, 골무, 분첩, 심지어 스페어타이어 커버까지 내놓았다.

협회의 활동은 매우 효과적이었고, 금주법 폐지 운동은 들불처럼 번졌다. 곧 금주법 폐지 협회는 미국 여성의 목소리를 대변하는 가장 큰 단체가 됐다. 상류층 단체라는 이미지를 탈피하기 위해 회원들을 대상으로 직업을 묻는 설문 조사를 진행했는데, 주부가 37퍼센트, 사무직 노동자가 19퍼센트, 산업 노동자가 15퍼센트였다.

공화당의 오랜 동료들이 금주법 폐지를 공약으로 거는 것을 거부하자 사빈은 1932년 민주당 전당 대회에 모습을 드러냈다.* 민주당은 금주법 폐지를 공식적인 공약으로 발표했고, 곧 프랭클린

---

* 전당 대회에서 직접 발언을 하지는 않았다.

금주법 폐지 메시지를 담은 스페어타이어 커버

루스벨트Franklin Roosevelt가 민주당 대통령 후보로 지명됐다. 금주법 폐지 협회는 엄청난 수의 회원들에게 소속 정당에 관계 없이 금주법 폐지를 지지하는 의원에게 투표할 것을 촉구했다.

그해 폴린 사빈은 7월 18일자 〈타임Time〉지 표지를 장식했다. 기사는 과연 사빈이 금주법 폐지를 이끌어낼 수 있을지 의문을 표했지만, 그녀에게는 아직 할 수 있는 일이 더 남아 있었다.

1932년 선거가 다가오자 사빈은 또 다시 노련한 작전으로 여성 기독교 절주 연합의 기세를 꺾었다. 그녀는 절주를 지지하는 단체는 여성 기독교 절주 연합이 아닌 자신들이라며, 협회가 지지하는 절주야말로 비현실적인 금주가 아닌 진정한 절제라고 선언했다.

사빈은 금주법 폐지를 합리적인 미국 시민의 입장으로 내세웠다.

곧 치러진 대통령 선거에서는 루스벨트가 압승을 거뒀다. 상원과 하원의 다수 또한 알코올에 대해 우호적인 정치인이 차지하고 있었다. 그러나 협회는 압박의 고삐를 늦추지 않았다. 일부 의원들이 금주법 전면 폐지가 아닌 개정을 지지했기 때문이다.

1933년, 상원은 수정헌법 18조에 대한 개정을 제안했다. 폴린은 백오십만 명에 이르는 협회 회원들에게 다시 한번 지시를 내렸다. 거주지의 상원의원에게 연락해 개정 제안에 반대표를 던지도록 압박하라는 지시였다. 정치적 공방이 이어진 끝에 상원은 마침내 금주법 전면 폐지 법안을 통과시켰고, 하원 또한 그 뒤를 따랐다.

1933년 12월 5일, 마침내 미국의 금주령이 폐지됐다.*

▼ ▲ ▼

아쉽게도 텍사스 기넌은 그 한 달 전에 세상을 떠나 금주법이 폐지되는 순간을 보지 못했다. 그러나 마지막 순간까지도 자신을 만든 것은 금주법이었다고 이야기했다. 알렐리아 워커도 금주법이 폐지되기 전인 1931년 롱아일랜드에서 열린 생일 파티에서 샴페인에 둘러싸인 채 세상을 떠났다. 1933년 베시 스미스의 인기는 예전과 같지 않았지만, 금주령 폐지 몇 주 전에 〈족발과 맥주 한 병을

---

* 현재는 폐지 기념일이라고 부르며 많은 술집에서 기념하고 있다.

줘Gimme a Pigfoot and a Bottle of Beer〉라는 곡을 녹음했다.

> 상관없으니 날 보내줘
> 상관없으니 날 비난해
> 족발과 맥주 한 병을 줘

이 곡은 베시 스미스가 1937년 교통사고로 사망하기 전 마지막으로 녹음한 노래들 중 하나였다.

금주법 폐지 이후 메이블 월브란트는 민간 부문 변호사로 활동하며 다시는 술과 관련된 변호나 기소를 맡지 않았다.* 금주법 폐지 협회는 폐지 발표 이틀 후 마지막 축하 만찬을 개최했다. 폴린 사빈은 아마도 이 자리에서 샴페인 한 잔으로 어렵게 얻어낸 승리를 자축하지 않았을까?**

그렇다면 금주법 시대 미국인의 칵테일 잔을 채워준 밀주의 여왕은 어떻게 됐을까?

클레오 리스고는 모아둔 재산으로 여생을 즐겼다. 그녀는 가능한 대중의 시선을 피해 미국 전역의 고급 호텔을 돌아다니며 혼자

* 월브란트는 이후 항공 업계에서 일했다. 이를 통해 비행에 대한 열정에 눈뜬 그녀는 비행기 조종사 면허를 땄다. 그녀는 젊은 여성 비행사들을 지원했고, 세계일주 비행에 도전한 아멜리아 에어하트Amelia Earhart를 후원하기도 했다.

** 유일한 목표를 달성한 금주법 폐지 협회는 1933년 해단했다.

생활했다. 오랫동안 언론에 시달린 그녀는 자신의 이야기를 스스로의 언어로 들려주고 싶어 했다. 그녀의 이야기를 담은 회고록은 1965년 출간됐다.

수많은 호텔 중 디트로이트의 툴러 호텔을 가장 좋아한 클레오는 그곳에서 약 이십오 년을 생활했다. 클레오는 1974년 6월 로스앤젤레스에서 여든여섯의 나이로 세상을 떠났다. 전해지는 바에 따르면 바하마의 나소에서는 추모의 의미로 며칠 동안 조기를 게양했다고 한다.

금주법이 폐지됐지만, 일부 주에서는 금주법을 유지했다. 미국 전역에서 금주법이 완전히 사라진 것은 1966년에 이르러서였다.[***] 그러나 금주법 폐지 협회의 끈질긴 노력 끝에 미국인은 마침내 다시 술을 즐길 수 있게 됐다. 여성들의 노력 덕에 음주 문화는 십삼 년이라는 긴 금주법 시대 동안 살아남을 수 있었다.

술을 역사를 다룬 대부분의 책은 금주법을 소개하며 절주 운동을 지지한 여성들과 여성 기독교 절주 연합의 활동에 대해서만 언급한다. 그러한 연유로 여전히 많은 사람이 금주법 시행을 여성의 탓으로 돌린다. 금주법 폐지 협회가 운동을 전개한 것이 벌써 백여년 전의 일이지만, 여전히 잘못된 이야기가 전해지고 있는 것이다.

집에서 칵테일 파티를 열고, 스피크이지 바에서 술을 마시고, 술집에 드나들 수 있는 손님의 범위를 넓혀가며 금주법 시대에도 음

[***] 금주법을 가장 마지막으로 폐지한 주는 미시시피주였다.

주 문화를 지킨 것은 여성이었다. 금주법 폐지를 이끌어낸 이들 또한. 여성들은 술을 마시고 전국에 공급하고, 집회를 조직하면서 금주법 시대 내내 알코올의 가장 강력한 동맹이 되어줬다.

이어지는 이십 년 동안도 술을 둘러싼 문화적·정치적 싸움은 계속된다. 여성들은 맥줏집에서, 그리고 바에서 그 싸움에 동참했다. 다음 장에 등장하는 한 여성의 싸움은 무려 무대 위에서 이뤄졌다.

（10장）

테킬라와 바지,
어느 여가수의 유산

1930~1940년대

1930년대에 이르러 멕시코 여성들은 집 밖에서의 더 많은 자유를 얻었다. 하지만 여전히 집 밖에서 즐길 수 없는 것이 한 가지 있었다. 바로 술이었다. 이는 정말 애석한 일이다. 멕시코 혁명에 동참한 여성들은 진실로 술을 마실 자격이 있었기 때문이다.

1910년부터 1920년까지 근 십 년에 걸쳐 진행된 멕시코 혁명에는 많은 여성들이 참여했고, 이러한 기여는 여성 권리 향상의 촉매제 역할을 했다. 이들은 군인, 활동가, 언론인으로 활약하며 국가에게 더 평등한 대우를 요구했다. 그 결과 1922년 여성에게 지방선거 투표권이 주어졌고, 1930년대에 이르러서는 마침내 법률 문서와 계약서에 직접 서명할 권리가 주어졌다.

멕시코 혁명은 분명 여성의 권리 신장을 어느 정도 촉진했지만, 1930년대와 1940년대에도 여성들은 여전히 억압과 사회적 이중 잣대에 시달려야 했다. 남녀 간의 불평등은 여성의 공공장소 음주를 탐탁잖게 생각하는 당시의 문화에서도 쉽게 드러났다. 여성들의 음주는 여전히 대부분 사적인 영역에 머물렀다.

멕시코 문화에서 술은 언제나 남성성과 밀접하게 연관되어 있었다. *칸티나*cantina라고 부르는 동네 술집은 남성들만을 위한 중요한 공동체 공간이었다. 여성의 출입은 때로는 명시적으로, 때로는 암묵적으로 금지됐다. 1980년대까지도 칸티나의 주인이 여자 손님의 출입을 막는 일이 법적으로 허용됐다.

칸티나에서 여성이 접객원이나 음식 판매자, 공연자 등으로 일하는 것은 괜찮았다. 그러나 손님으로 술을 마시는 것은 금물이었다. 멕시코 사회에서 칸티나는 *정숙한* 여인, *선량한* 여인이 갈 곳이 아니었다. 자유롭게 술을 마시는 여성을 보면 사람들은 가장의 통제력이 부족하다고 생각했다. 술에 취하는 것은 멕시코 여성에게 수치스러운 일이었다. 한 가정의 어머니라는, 아내라는 역할과 책임에 지장을 줄 수 있다는 이유가 가장 컸다(어디서 많이 들어본 얘기 아닌가?).

예전의 풀케리아처럼 여성이 소유하고 운영하는 칸티나도 존재하기는 했다. 그러나 칸티나는 보통 남성의 공간이었으며, 그곳에서 가장 많이 마시는 술은 남성의 술 *테킬라*였다.

테킬라는 아가베를 증류하여 만든 증류주다. 프랑스의 샹파뉴 지역에서 생산된 술에만 샴페인이라는 이름을 붙일 수 있듯 멕시코의 할리스코주에서 만들어지는 술에만 테킬라라는 이름을 쓸 수 있다.* 지금까지 살펴본 다른 문화권에도 늘 남성성을 상징하는 술이 있었다. 테킬라는 멕시코인들이 생각하는 가장 남자다운 술이었다. 현실에서도 영화 속에서도 테킬라는 늘 거친 남자를 위한 술이었다.

그런데 광고를 보면 이러한 남성의 술을 들고 있는 것은 여성이다. 맥주도 테킬라도, 어쨌든 술을 파는 데는 아름다운 여성들이 동원됐다. 잡지의 맥주 광고나 테킬라 달력의 사진에는 늘 상냥하게 웃고 있는 여성이 등장했다. 광고 속 이들은 결코 술을 마시지 않았다. 그저 남성들에게 술을 권하는 모습으로만 그려졌다. 그런데 테킬라 광고에는 늘 등장하는 특정한 유형의 여성이 있었다. 바로 *치나 포블라나*china poblana였다.**

(여성이 술 광고에 일종의 소품으로 활용되기 시작한) 1900년대에 처음 등장한 치나 포블라나는 조용하고 순종적인 캐릭터로 술은 물론 마시지 않는다. 그녀의 상대역은 *차로*charro로, 1930~1940년대 멕시코 영화에 자주 등장한 터프하고 섹시한 카우보이 캐릭터다. 차로는 악당을 물리치고, 문제를 해결하고, 친구들과 어울려 테

---

* 아가베를 증류하여 만드는 또 다른 술인 메즈칼도 마찬가지다. 메즈칼은 멕시코의 몇몇 정해진 지역에서만 생산될 수 있는데, 대부분은 오악사카주에서 만들어진다. 메즈칼과 테킬라는 모두 아가베로 만들지만, 아가베의 종류와 증류 과정이 크게 다르다. 메즈칼은 테킬라와 달리 스모키한 풍미를 지녔는데, 이는 아가베를 구덩이에 넣고 굽는 과정에서 나오는 것이다.

** 치나 포블라나는 원래는 푸에블라주 여성들이 즐겨 입는 복장을 뜻하는 말이었다.

킬라를 마시며 승리를 축하했다. 아름다운 자수 장식의 블라우스와 치마를 입은 치나 포블라나는 차로의 동반자다. 그녀는 말보다는 다정한 눈빛과 조용한 미소로 소통한다. 테킬라 광고 속 치나 포블라나는 차로의 모험을 지켜보며 미소를 짓지만 그 모험에 함께하지는 않는다. 그녀는 차로에게 기꺼이 술을 전해주지만 그 술을 마시지는 않는다. 치나 포블라나는 멕시코의 이상적인 여성상이 되었다.

그러나 이러한 이상은 현실과는 사뭇 달랐다. 현실 속 멕시코 여성들은 (빌어먹을) 함무라비 법전의 등장 이후 모든 나라에서 그래왔듯 여성은 조용하고 순종적이며 술을 마시지 말아야 한다는 기대와 충돌해왔다. 이 투쟁을 누구보다 잘 보여준 것이 바로 멕시코 최고의 가수 루차 레예스Lucha Reyes다.

루차는 1906년 4월 23일 테킬라의 수도인 할리스코주 과달라하라에서 태어났다. 오늘날 그녀는 마리아치 음악의 여왕으로 알려져 있다.

루차 레예스의 본명은 마리아 데 레 루즈 플로레스 아체베스María de le Luz Flores Aceves이다. 루차의 가족들은 그녀가 일곱 살 되던 해에 멕시코시티로 이주했다. 루차는 아기였을 때 아버지를 잃었고, 그녀의 어머니는 혼자서 자녀들을 키워야 했다. 루차는 열세 살 때부터 가족의 생계를 돕기 위해 극단에서 노래와 공연을 했다. 이후 1920년 로스앤젤레스로 이주해 소프라노 가수로서의 재능을 키웠다.

루차가 가수로서의 재능을 키워가고 있던 그 시기는 라디오라는 새로운 오락 매체가 인기를 모으기 시작하던 시기와 겹친다. 라디오의 부상으로 가수와 작곡가에 대한 수요가 급격히 증가했다. 여기에 멕시코 혁명 이후 국가적 정체성에 대한 자부심과 농민 계급에 대한 존경이 더해지며 노동자의 삶과 일상을 다룬 노래들이 인기를 끌었다.

이러한 음악을 *칸시온 란체라* canción ranchera, 또는 줄여서 란체라라고 불렀다.

멕시코의 음악 장르 란체라는 농촌 노동자 계급의 생활에 초점을 맞춘 가사를 특징으로 한다. 혁명 이전에는 주로 칸티나나 풀케리아에서만 들을 수 있었으나 혁명 이후 큰 인기를 얻었다. 라디오가 보급되면서는 란체라 전문 가수들이 등장하기 시작했다. 이들은 서민의 아픔과 고난을 노래하는 영웅으로 여겨졌다. 그리고 란체라 가수는 모두 남자였다.

멕시코에서 란체라의 인기가 점점 커지고 있던 1920년대에 루차는 동료 가수인 낸시 토레스 Nancy Torres 와 함께 미국 곳곳으로 공연을 다니고 있었다.[*] 멕시코 음악과 춤, 촌극 등으로 구성된 당시의 공연은 주로 천막에서 이루어졌다. 미국에서 구 년 동안 공연

[*] 일부 역사학자들 사이에서는 루차와 낸시가 연인 사이였다는 주장도 존재한다. 둘이 사귀는 사이가 아니었을 수도 있으나, 루차가 자신의 양성애적 성향을 공공연히 드러냈음에 대해서는 이견이 없다. 루차가 전설적인 예술가 프리다 칼로 Frida Kahlo 와 내연 관계였다는 추측도 존재한다.

을 하며 한 번의 불운한 결혼과 유산을 겪은 루차는 새로운 시도를
위해 멕시코시티로 돌아가기로 결정했다.

▼ ▲ ▼

수 세기 동안 한국의 가정에서 술을 빚는 일은 김치나 간장 등
다른 발효 식품 제조와 마찬가지로 여성의 몫이었다. 증류와 양조
기술은 모두 여성의 주도로 발전했다.

『음식디미방』*은 여성이 쓴 동아시아 최초의 요리책으로, 요리뿐
아니라 각종 술 담는 법이 상세히 수록되어 있다. 조선의 양반가
출신 장계향이 1670년 내놓은 이 조리서는 매우 특별하다. 여성의
읽기와 쓰기를 금기시했던 유교의 가부장 문화로 인해 당시 여성
이 쓴 작품을 찾아보는 것이 쉽지 않기 때문이다.

한국에는 쌀로 만든 다양한 술이 존재한다. 종류는 다양하지만
여성들이 쌀을 씻고, 불리고, 찐다는 점에서 준비의 첫 과정은 거
의 동일하다. 이러한 쌀 술 중 가장 오래된 것은 막걸리다. 탁한 빛
깔에 탄산이 톡 쏘는 막걸리는 시큼한 맛을 지녔으며, 마셨을 때
입안에 느껴지는 크리미한 부드러움은 멕시코의 오르차타 hor-
chata(과류나 곡물을 갈아 만든 음료-옮긴이)를 연상시킨다. 막걸리를
만들 때는 우선 쌀을 찐 후 물과 누룩을 섞었다. 주로 밀을 반죽하

•   '음식의 맛을 내는 비방'이라는 의미.

여 납작한 덩어리 형태로 만든 누룩은 발효제 역할을 했다. 재료를 모두 잘 섞은 후에는 그대로 두고 발효시켰다.

이 단계에서 멈추면 막걸리가 됐고, 막걸리를 거르면 맑은 약주가 됐다. 그리고 약주를 증류하면 소주가 됐다. 무색 투명한 소주는 알코올 함량이 17퍼센트부터 53퍼센트까지 다양했다. 쌀은 모든 술을 만들어내는 대단한 곡물이다. 한국에서는 막걸리, 약주, 소주를 비롯한 모든 알코올 음료를 '술'이라고 부른다.

발효와 증류를 거쳐 술을 빚는 일은 많은 한국 가정에서 오랫동안 이어져온 여성들의 전통이었다. 이들은 빚은 술을 집 밖에서 팔기도 했다. 주모는 막걸리 가게인 주막을 운영하는 여성이었다. 그러나 1900년대 일본이 한국을 점차 지배해가면서 여성들의 가정 내 양조와 증류는 탄압의 대상이 됐다. 1934년에는 가정에서의 술 제조를 전면 금지했다.** 합법적인 양조는 공장에서만 이루어질 수 있었으며, 모든 술에는 세금이 부과됐다.

그러나 한국의 여성들은 멈추지 않았다. 전 세계의 다른 여성들과 마찬가지로 이들은 가정에서의 양조가 불법이 된 후에도 술을 계속 빚었다. 이렇게 빚은 술은 보관해두기도 하고, 이웃과 나누거나 가끔은 팔기도 했다. 그럴 때면 부엌은 작은 주막이 되기도 했다. 단속에 걸릴 때도 있었지만, 그런 경우에는 돈이나 맛있는 술을 뇌물로 주며 상황을 모면하기도 했다.

** 가정 양조 금지법은 1990년이 되어서야 완전히 해제됐다.

▼ ▲ ▼

한편 남아프리카의 여성들도 식민 지배의 결과로 술 양조와 관련된 법적 문제를 경험하고 있었다. 한국의 경우와 마찬가지로 이역시 식민 당국의 말도 안 되는 처사였다.

1899년 아프리카 원주민에게 증류주 판매를 금지한 법이 시행되고 구 년 후인 1908년 원주민 맥주법이 통과됐다. 1899년 법률은 원주민 여성의 원주민 맥주(수수 맥주인 우티왈라) 판매는 허용했던 데 반해 새로운 원주민 맥주법은 이에 대한 판매조차도 완전히 금지했다. 도시 지역에서 합법적으로 맥주를 판매하고 마실 수 있는 장소는 백인 소유의 *비어홀beer hall*뿐이었다. 게다가 출입은 남성에게만 허용됐다. 원주민 맥주법이 통과되면서 아프리카 원주민 여성은 모든 종류의 술을 생산할 권리를 잃었고, 술을 파는 모든 장소에 대한 접근권도 잃었다.

1928년 또 다른 주류법이 통과되며 주류 산업에 대한 정부의 통제는 농촌 지역까지 확대됐다. 1929년 1월을 기점으로 우티왈라의 가정 내 생산과 소비가 금지됐다. 우티왈라는 농촌 사람들의 식생활에서 중요한 역할을 하는 음료였는데도 말이다. 백인 당국은 여성이 맥주를 만들고 마시면 생활에 대한 통제를 잃어 가사 노동에 소홀해진다는 핑계를 댔다. 개인의 사유지에서는 양조가 가능할 수도 있었지만, 그 사유지를 점유한 백인 남성의 허락이 있어야만 했다.

1929년, 이제 아프리카의 원주민 남성이 합법적으로 술을 마실 수 있는 장소는 비어홀뿐이었다. 흑인 남성들이 비어홀에서 쓴 돈은 백인 관료들의 월급이 됐고, 이는 다시 흑인 노동자에 대한 억압을 강화했다. 원주민 맥주법은 특정 계급, 인종, 성별을 한꺼번에 탄압하는 악랄한 시스템을 탄생시켰다.

당시 남아프리카의 흑인 여성들에게 맥주 양조와 판매는 생계 유지를 위한 유일한 선택지였다. 그런데 맥주법이 시행되며 여성들은 맥주 산업에 그 어떤 방식으로도 참여할 수 없게 됐다. 남아프리카 남동부 해안에 위치한 나탈 지역의 흑인들은 사유 재산을 소유할 수 없었고, 정치적 과정에서도 대부분 배제됐다.

얼마 지나지 않아 비어홀은 흑인 여성 억압의 상징이 됐다.

1929년 봄, 항구 도시 더반에서 맥주 보이콧 운동이 시작됐다. 이 운동은 비어홀 이용을 강요받는 데 진저리가 난 수천 명의 흑인 남성 이주 노동자의 지지를 바탕으로 농촌까지 확대됐다. 5월에 접어들며 원주민 여성들도 동참했다. 수십 년간 쌓여온 분노가 폭발한 것이다. 여성들은 전쟁 노래를 부르며 거리를 행진하고 비어홀을 습격했다. 시위대는 비어홀 안에서 술을 마시거나 서빙을 하고 있던 남성들과 싸움을 벌이기도 했다.

1919년 케이프타운에서 설립된 산업 상업 노동조합Industrial and Commercial Workers Union은 노동조합 기반의 정치 운동 단체로 지역에서 인기가 높았다. 이 조직의 여성 준회원단은 더반에 집결하여 비어홀에 돌을 던지는 시위를 벌이기도 했다. 이들은 딱딱한 가죽

채찍 *샘복* sjambok으로 무장하고 경찰에 맞섰다.

　시위는 6월까지 계속되며 규모를 키워갔다. 수천, 수만의 사람들이 시위에 합류했다. 여성 준회원단의 마 들라미니 Ma-Dhlamini는 격렬한 시위와 투쟁으로 경찰들을 위축시켰다. 6월 말까지 이어진 시위에서 아프리카인 여섯 명과 백인 관리 두 명이 목숨을 잃었고, 백이십 명이 부상을 당했다.

　상황이 점점 심각해지자 당국은 노동조합의 모임을 금지했다. 그러나 보이콧 운동은 그 후로도 십팔 개월 동안 이어지며 점점 확산됐고 멀리 떨어진 농촌 지역까지 시위가 번져갔다. 이러한 시위를 유지하고 조직하는 임무는 노동조합의 여성 준회원단이 전적으로 담당했다.

　여성 준회원단은 9월 노동조합의 기금을 받아 더반을 떠났다. 여성들은 그 돈으로 지역을 돌아다니며 맥주 시위 지지 세력을 조직했다. 이들의 노력 덕에 농촌의 작은 마을과 소도시의 시위자들이 서로 소통하며 조직화됐다. 지역의 시위자들은 단일한 목적을 가지고 단결했다. 가정 내 맥주 양조를 합법화하고 비어홀을 폐쇄하는 것이었다.

　극심한 경제난 또한 당국에 대한 불만을 가중시켰다. 그렇지 않아도 가족을 부양할 수입이 부족한 상태에서 남성들은 맥주를 마시려면 비어홀에서 터무니없이 비싼 돈을 지불해야 했다. 사정이 이렇다 보니 하루 일당의 절반을 맥주에 쓰는 경우도 생겼다.

　설상가상으로 심한 가뭄이 들며 1929년 수확량은 처참한 수준이었다. 수많은 노동자가 경제적으로 심각한 위기를 맞았다. 이로 인한 타격이 심했던 지역에서부터 시위가 빠르게 일어났다. 글렌코 Glencoe 지역의 여성들은 맥주 양조 합법화를 외치며 배고픔의 고통을 함께 호소하기도 했다. 맥주법 통과 당시 남아프리카의 많은 원주민, 특히 농촌 지역 주민에게 맥주는 식생활의 필수 요소였다. 맥주를 만들지 말라는 말은 빵을 만들지 말라는 말과 다름없었다.

모두가 가족을 위해서만 싸운 것은 아니다. 시위대 중 일부는 성차별 철폐를 위해 비어홀 습격에 동참했다. 이들은 단순히 맥주를 만들 권리만을 원하는 게 아니었다. 여성들은 술을 마실 권리를, 나아가 공동체 공간에 출입할 권리를 원했다. 술은 사회적 권력을 의미했다. 레이디스미스라는 마을에서 벌어진 시위에서는 여성들이 비어홀에 강제로 진입하여 안에 있던 술을 모두 압수하기도 했다.

구체적인 목적이 무엇이었든, 시위에는 다양한 연령대의 여성이 모였다. 십 대 소녀와 노부인이 나란히 서서 자신들의 권리를 위해 싸웠다. 실제로 시위 참가자 중에는 노인이 꽤 됐다. 많은 여성이 교회와 기도 모임에서 시위 계획을 세우고 논의했다. 일부는 비어홀 공격에 나서기 전 함께 모여 기도를 하고 찬송가를 부르기도 했다. 이들의 행동을 나무라며 여성의 금주를 강조하는 목사들 또한 시위의 대상이 됐다.

시위가 확산되면서 여성들은 전투를 준비했다. 이백 명에 달하는 인파가 참여한 위넨 시위가 열리고 며칠 후 대표 네 명이 비어홀에서 지역 당국과 회동을 가졌다. 이 자리에 참석한 치안 판사들은 창으로 무장한 여성들의 모습을 보고 겁에 질렸다. 회의 결과는 만족스럽지 못했고, 이에 불만을 품은 칠십여 명의 시위자들은 열흘 후 위넨의 비어홀을 공격했다.

회의에 참가한 당국의 담당자들이 단순히 창에 찔릴까 봐 겁을 먹은 것은 아니었다(물론 무섭기는 했을 것이다). 이들을 놀라게 한 것은 여성들의 새로운 모습이었다. 인종을 불문하고 이 시기의 사회가 공통적으로 여성에게 기대하는 것은 복종, 순종, 정숙이었다. 호전성은 술과 마찬가지로 남성적인 특성이었다. 무장한 여성 무리가 전투를 준비하는 모습은 충격적이었다. 비어홀 시위자들은 '여성스러운 행동'에 대한 모든 사회적 기대를 뒤엎고 있었다.

이들은 단순히 무기만 든 게 아니었다. 이들은 여성을 열등한 성별로 표시하는, 그리고 식민지 주민으로 표시하는 모든 표식과 상징, 특성과 행동을 버렸다. 많은 여성이 음쇼코베지 *mtshokobezi*라는 소꼬리와 깃털, 남성용 허리 장식을 차고 손에는 막대나 창을 들었다. 이들은 전쟁 노래를 부르고, 고함을 치고, 무기를 들고, 대열에 맞춰 집결하고, 행진했다. 세계 음주 역사를 살펴보면 대부분은 남성이 술과 그 술을 마시는 장소의 통제권을 지녀왔음을 알 수 있다. 시위가 벌어진 마을의 여성들은 그 통제권을 되찾아왔다.

시위는 몇 달 동안 계속됐다. 여성들은 비어홀 앞에서 피켓 시위를 하며 남성들의 출입을 물리적으로 막아서기도 했다. 일부 시위대는 비어홀로 쳐들어가 창문을 깨거나 남성들을 공격하기도 했다. 어떤 시위에서는 시위대가 비어홀의 남성들을 몰아내는 데 성공하기도 했다. 뉴캐슬 시위에서 당국이 시위대 해산을 위해 소방호스를 동원하자 여성들은 호스는 빼앗아 백인 관리들에게 물을 뿌리기도 했다.

여성들은 당국과의 면담에서 실명을 사용하지 않고 '트러블Trouble'이나 '드링크Drink' 같은 강렬한 가명을 썼다. 남성 추장이나 대표도 없이 원주민 여성들이 집단적으로 백인 당국에 맞선 것은 전례가 없는 일이었다. 시위 지도자 중 한 명이었던 마토바나 마조라Matobana Majora는 "이제 우리가 남자다"라고 선언하기도 했다.

에스트코트에서 벌어진 시위에서 여성들이 체포된 지 이틀 후, 교도소로 몰려든 시위대가 체포된 이들을 탈옥시켰다. 인근의 백인 주민들은 발을 구르고 춤을 추며 행진하는 시위대의 소리가 땅을 울렸다고 증언했다. 일부 마을의 여성들은 체포된 이들의 벌금 납부를 돕기 위해 모금 단체를 만들기도 했다.

이 모든 일이 벌어지는 와중에도 여성들은 양조를 놓지 않았다. 일부는 법적으로 원주민 맥주에 포함되지 않는 벌꿀주를 만들었다. 당시 벌꿀로 만든 맥주는 단속 걱정 없이 만들고 마실 수 있었다. 그러나 우티왈라를 양조하는 이들이 훨씬 많았다. 레이디스미스에서는 경찰이 양조장을 급습해 압수한 맥주통을 트럭에 싣는 과정에서 여성들이 몸으로 막아서기도 했다.

끈질긴 시위의 결과로 레이디스미스와 위넨의 비어홀은 마침내 문을 닫았다. 일부 여성에게는 양조 허가증이 발급되기도 했다. 그러나 이는 근본적인 문제를 해결하지도 못했고, 요구를 충족시키지도 못했다. 억압적인 정책은 여전했고, 경찰의 단속은 날로 심해졌다. 경찰은 시위대를 총과 최루탄으로 위협했다. 남아프리카 역사상 최초로 최루탄이 사용된 사례였다. 그래도 여성들은 멈추지 않았다.

당국은 차츰 지쳐갔다. 1940년대까지도 이 지역 여성들의 불법 양조는 계속됐다. 경찰의 차별과 괴롭힘은 여전했지만, 빈도 또한 점점 줄어갔다. 많은 원주민이 주류법을 완전히 무시했고, 당국 또한 점점 단속을 꺼리게 됐다.

그러나 상황이 완전히 변화한 것은 다시 십 년이 흘러서였다. 여성들은 당국과의 마지막 충돌을 앞두고 있었다.

▼ ▲ ▼

식민 지배를 받지 않는 나라에서는 여성의 양조와 음주가 훨씬 용이했다. 제2차 세계대전 이전 일본의 농촌 여성들은 꽤 굳건한 술 문화를 지니고 있었다. 여기서는 여성들끼리 술을 마시는 일을 장려하기도 했다.

일본 최남단 규슈 섬에 위치한 구마모토에는 오랜 달맞이 축제 전통이 있었다. 이 축제에서는 마을의 여성들이 한데 모여 술을 마시며 보름달이 떠오르는 모습을 구경했다. 이들은 달이 떠오른 후에도 경단이나 간식을 먹으며 새벽까지 자리를 지켰다. 떠오르는 달에 소원을 빌 때는 집에서 담근 쇼추焼酎를 가볍게 마시기도 했다. 이 지역 여성들은 대부분 쌀, 고구마, 보리, 메밀 등을 증류하여 만든 쇼추를 마시거나 팔았다. 사케 또한 흔했다.

1930년대 일본의 농촌은 항상 잔치를 벌일 준비가 되어 있었다. 출산, 추수, 명절 등을 축하하는 잔치에는 춤과 노래, 음식과 술이 빠지지 않았다. 여성만 참가할 수 있는 잔치도 있었다. 이러한 술자리의 마무리는 언제나 만취와 고성방가였다. 여성들은 이런 술자리에서 야한 노래를 부르고 가끔은 과격하게 행동하기도 했다. 일본인들이 축제에서 즐긴 또 하나의 활동은 도아게胴上げ, 즉 헹가래였다. 헹가래는 두 사람이 한 사람의 팔다리를 잡고 앞뒤로 흔들거나 위로 던지는 놀이로, 쇼추를 더 많이 마실수록 그리고 더 많이 흔들수록 스릴이 넘쳤을 것이다.

20세기에 접어든 지 꽤 되었지만, 세계 곳곳의 여성들은 여전히 술을 만들고 마셨다는 이유로 탄압받고 있었다. 그러나 어떻게든 양조와 증류를 통해 술을 만들고, 그렇게 만든 술을 마시고, 때로는 함께 모여 즐길 수 있는 방법을 찾아냈다.

▼ ▲ ▼

한편 멕시코의 라디오 방송국 XEW는 1929년 멕시코시티로 돌아온 루차 레예스에게 계약을 제안했다. 이 무렵 라디오 업계는 큰 호황을 맞고 있었다. 라디오 방송국은 점점 늘어났고, 라디오를 사는 사람도 많아졌다. 역사상 처음으로 음악가와 가수들이 저 멀리 시골의 청취자에게 자신의 노래를 바로 들려줄 수 있게 됐다. 루차는 계약을 수락했다.

당시 가장 인기 있는 장르는 란체라였지만 루차는 란체라를 부르지 못했다. 란체라는 남성들로만 구성된 마리아치 밴드가 연주하는 음악이었기 때문이다. 여성이 마리아치 밴드와 공연하는 것은 테킬라를 마시는 것처럼 성별의 경계를 침범하는 일이었다.

그러다 루차의 가수 인생과 멕시코 음악의 미래를 영원히 바꿔놓은 사건이 터졌다.

루차는 멕시코시티에서 공연을 마치고 음악 공연단에 합류하여 유럽 순회공연을 떠났다. 그런데 유럽에 머무는 동안 심한 인후염과 호흡기 질환으로 목소리가 심하게 손상되는 일이 발생했다. 멕시코로 돌아오는 여정에서 상태는 더 악화됐다. 도착 후 받아본 결과는 심각했다. 염증으로 인해 성대가 영구적으로 손상된 것이다. 루차는 거의 일 년 동안 말을 하지 못했다. 소프라노 음역대였던 루차의 목소리는 한 옥타브 낮아졌다. 그렇게 그녀는 완전히 새로운 목소리를 가지게 됐다. 자칫 큰 비극이 될 수도 있었던 이 사건은 놀라운 기회가 됐다. 루차는 굵고 허스키한 소리를 자신의 새로운 목소리를 받아들였다.

란체라를 부르기에 완벽한 목소리였다.

회복 직후 루차는 공연계로 복귀하여 유명 라디오 쇼 〈멕시코에서 온 아메리카의 목소리 La Voz de América desde México〉에 고정 가수로 출연했다. 청중들은 루차의 목소리뿐 아니라 전체적인 분위기에 변화가 있었음을 알아챘다.

　루차는 긴 검은 머리를 자르고 현대적이고 독립적인 여성의 상징인 단발머리로 변신했다. 무대 위에서는 주로 남성 공연자들이 하는 화려하고 절도 있는 움직임을 보였다. 그녀가 택한 복장은 놀랍게도 치나 포블라나였다. 이전까지 치나 포블라나를 입고 공연하는 여성은 거의 말도 하지 않았다. 그런데 루차는 강렬한 빨간색, 녹색, 흰색의 의상만큼이나 대담하게 무대를 휘젓고 다녔다.

　새로운 헤어 스타일과 목소리, 대담함으로 무장한 루차는 성별의 경계를 넘어 마리아치 밴드와 공연하기 시작했다. 보수적인 사람들은 그 모습에 충격을 받고 루차를 못마땅해 했지만, 그녀는 곧 누구나 아는 유명인사가 됐다. 루차는 음반 계약을 체결하고 공연장에서 노래를 불렀으며, 수많은 라디오 히트곡을 냈다. 1935년부

루차 레예스

터 1943년까지는 총 아홉 편의 영화에 출연했다.

경력을 쌓아가며 루차는 또 다른 한계를 넘어섰다. 여성복이 아닌 바지를 입고 무대에 오른 것이다. 그녀가 입은 것은 치나 포블라나를 입은 여성의 상대역 남성이 입는 차로였다. 루차는 정교한 자수가 놓인 멋진 차로를 입고 무대를 누볐다.

그리고 곧 또 하나의 전복적인 행위가 이어졌다. 바로 테킬라를 마시는 것이었다. 사람들 앞에서 테킬라를 마시는 행위는 마초적인 남성성의 상징이었다. 루차는 이를 자신의 연기와 공연에 접목시켰다. 열정적이고 대담한 공연을 펼치며 공공장소에서 테킬라를 마시는 여성이라니.

루차가 1941년 발표한 〈라 테킬레라 La Tequilera (테킬라를 마시는 여자라는 의미)〉는 그녀의 가장 대표적인 히트곡이 됐다. 노래의 제목부터가 전복적이었다. 스페인어에서 테킬라라는 명사 앞에는 늘 남성형 관사인 엘 el이 붙었기 때문이다.

당시는 여성의 음주 자체가 금기시되던 시대였다. 여성이 술을 마시고 싶다는, 심지어 취하고 싶다는 욕망을 부끄러워하지 않고 드러낸 것은 그야말로 전례가 없는 일이었다.

> 내 영혼은 항상
> 테킬라에 취해 있어
> 나는 착한 멕시코 여자답게
> 이 고통을 고요히 겪어내겠지

어쨌든 내일은

테킬라를 한 잔 마실 거야

관객들은 가사를 듣기도 전에 제목만 보고도 이 곡이 술 마시는 여자에 대한 노래라는 것을 알 수 있었다. 〈라 테킬레라〉는 술을 마시고 즐기자는 가벼운 노래가 아니라 무정한 연인에게 입은 상처를 술로 치유한다는 내용의 절절한 노래였다. 주인공은 '착한 멕시코 여자답게' 아픔을 견디기 위해 술을 마신다고 노래했다.

이 노래의 메시지는 멕시코 전역의 여성들에게 깊은 공감을 불러일으켰다. 경쾌한 란체라 리듬에 실린 절절한 가사는 노래의 전복성을 더욱 강조했다. 그녀는 테킬라가 지닌 '남성의 술'이라는 사회적 이미지를 활용하여 전통에 맞섰다. 천 년 전 이청조가 그랬듯 루차 레예스는 술을 활용하여 전통적인 고정관념을 보란 듯이 전복시켰다.

바버라 페리 Barbara Perry라는 가수의 노래 가사에는 이런 말도 나온다.

어째서 노래 가사엔 죄다 집에서 울었다는 내용밖에 없는 거지?

왜 여자들이 맥주를 마시며 즐겼다는 노래가 없는 걸까?

미국의 여성들, 특히 알코올 남용으로 고통받고 있는 여성들에게도 〈라 테킬레라〉 같은 노래가 필요했다. 1930~1940년대에는 알코올 중독 치료에서 여성들이 배제됐다. 치료 프로그램에 여성이 참여하면 이미 참여 중인 남성에게 악영향을 줄지도 모른다는 근거 없는 생각 때문이었다. 남성의 알코올 중독도 부정적인 시선을 받았지만, 여성의 중독은 그에 비할 바가 아니었다. 사람들은 알코올에 중독된 여성은 도덕적으로 파탄이 난 타락한 존재로 주변 사람들에게 나쁜 영향을 줄 게 틀림없다고 생각했다.

알코올 남용에 대한 수치심, 그리고 비난에 대한 두려움 때문에 여성들은 대부분 조용히 고통을 견뎠다. 그러다 마티 만^{Marty Mann}이라는 인물이 나타나 의료계의 도움을 이끌어내며 여성들도 치료를 받을 수 있게 됐다.

1930년대 초, 마티 만은 런던에 거주하는 성공한 사업가였다. 시카고의 중상류층 백인 가정에서 태어난 그녀는 사립학교에서 교육을 받고 수많은 여행을 통해 견문을 쌓았다. 마티 만은 부유하고 성공한 여성의 표본이었고, 사교계 파티에도 즐겨 참석했다. 그러나 화려한 커리어의 이면에는 알코올 남용으로 인한 고통이 있었다. 마티는 치료를 받고자 했지만 런던의 의사들은 별 관심을 보이지 않았다. 결국 그녀는 고국인 미국으로 돌아갔다.

미국으로 돌아온 마티는 1938년 코네티컷주의 블리스우드 요양원에 자진 입소했다. 십오 개월 후 퇴원했을 때 그녀는 자신의 건강을 지키고 비슷한 이유로 고통받고 있는 다른 여성들을 돕기로 결심했다. 마티는 여성 알코올 중독의 낙인을 없애는 일에 착수했다.

마티는 다시 술에 빠지지 않기 위해 당시 새로 설립된 익명의 알코올 중독자들Alcoholics Anonymous, AA 모임에 등록했다. 거의 남성들로만 구성된 모임이다 보니 처음에는 남성 회원들이 그녀를 경계하거나 적대시했다. 1935년 만들어진 이 모임에는 그때까지 전국을 통틀어 단 두 명의 여성 회원만이 존재했다. 마티 만은 세 번째 여성 회원이었다.

모임의 남성들은 마티가 프로그램을 따라올 수 있을지에 의구심을 가졌다. 어떤 이는 그녀의 참석 자체를 반대하고 쫓아내려 했다. 그러나 마티는 끈질기게 버텼고, 결국 AA 역사상 장기 단주斷酒를 달성한 첫 여성 회원이 됐다. 마티는 AA 회원들의 회복 경험담을 담은 『빅 북Big Book』에서 '여성도 고통받는다'라는 챕터를 집필했다.

마티 만은 알코올 남용에 대한 대중 교육이 확대되어야 한다고 믿었다. 그녀는 알코올 중독이 도덕적 실패가 아닌 질병이라는 메시지를 전파하기로 마음먹었다. 1944년 전국 알코올 중독 위원회National Council on Alcoholism를 설립하고 이후 전국 알코올 중독 교육 위원회National Committee for Education on Alcoholism를 조직했다. 그녀는 알코올 중독 치료를 더 개방적이고 포용적으로 만들기 위한 노력을 아끼지 않았다. 마티 만은 1980년 세상을 떠날 때까지 알코올 중독 교육에 관해 열정적인 목소리를 냈다.

마티 만의 노력 덕분에 알코올 중독, 특히 여성 알코올 중독에 대한 대중의 인식이 서서히 바뀌기 시작했다.

▼ ▲ ▼

이 시기 미국에서는 술에 관한 모든 것이 변화하고 있었다.* 십삼
년이라는 긴 세월 동안 음지에 머물렀던 음주 문화가 이제 막 양지
로 나온 참이었다. 증류소들은 증류기에 쌓인 먼지를 닦았고, 양조
장들은 다시 술통을 채웠다. 물론 금주법 기간 동안 공업용 알코올
을 만드는 데 쓰였던 장비도 있었겠지만 말이다. 주류 회사들은 현
대 사회에 어울리는 홍보 방법을 고민했고, 다시 문을 연 술집들은
고객을 응대할 현대적인 방법을 고민했다.

1930년대 음주 문화가 직면한 첫 번째 과제는 여성을 음주 문
화 속으로 받아들이면서도 분리할 방법을 찾는 것이었다.

금주법 이전 남자들은 화려한 장식을 곁들인 과일향의 달콤한
칵테일도 즐겨 마셨다. 과일과 허브를 잔뜩 얹은 코블러나 펀치,
줄렙을 마시는 모습도 흔히 볼 수 있었다. 남성들은 화려함을 더해
주는 칵테일을 즐겼다.

그러나 남성들은 금주법 폐지 이후 이러한 칵테일이 아닌 다른
술을 찾아야 했다. 여성이 술집에 출입하게 되며 공간으로 성별을
나눌 수 없게 됐으니 마시는 술의 종류로 성별을 구분해야 했다.

* 1933년 알마 풀포드 휘터커Alma Fullford Whitaker는 '예의 바른' 음주를 위한 안내서
를 발간했다. 그녀는 여성들에게 결혼 전 연인과 만취하도록 술을 마셔볼 것을 권했
다. 술에 취했을 때 상대방이 보이는 모습을 미리 확인하는 것이 현명하다고 생각했
기 때문이다.

이는 수천 년 전부터 사용된 수법이었다. 고대 로마 시대에 여성들이 콘비비움에 입장할 수는 있었으나 남성의 술인 와인 대신에 파숨을 마셔야 했던 것과 마찬가지다. 일반적으로 술의 종류를 통한 성별 구분은 여성이 음주 공간에 접근할 수 있을 때 나타난다. 음주가 이루어지는 공간에서 여성을 배제할 수 없게 되면 마시는 술의 종류로 여성을 배제하는 것이다.

근엄한 마티니와 하이볼은 남성을 위한 음료가 됐다. 진 피즈나 비즈 니즈 같은 달콤한 칵테일은 이제 여성의 음료로 여겨졌다. 이 '여성용 음료'의 알코올 함유량 자체는 다른 술과 비슷했다. 차이는 단맛, 밝은 색상, 민트나 과일 조각 같은 예쁜 장식의 존재 여부였다.

그러나 이러한 음료가 실제로 여성들에게 가장 인기 있는 술은 아니었다. 금주법 폐지 직후인 1933년 12월 뉴욕 빌트모어 호텔의 바텐더들의 경험에 따르면 여성들이 가장 선호하는 칵테일은 위스키와 설탕 약간, 비터스를 더한 올드패션드였다. 워싱턴 DC에 있는 로터스 클럽의 매니저 D. G. 램 D. G. Lam 또한 "여성 고객들은 다른 어떤 칵테일보다 올드패션드를 가장 많이 주문한다"고 말했다.

칵테일을 주문하지 않는 경우에는 그냥 위스키와 소다만 주문하는 여성도 많았다. 바텐더들은 바 건너편의 새로운 여성 고객들이 지닌 확고한 칵테일 취향에 놀랐다. 그도 그럴 것이 여성들은 금주법 시대를 지나며 술에 대한 꽤 깊이 있는 안목을 지니게 됐다. 이듬해인 1934년 〈뉴요커〉는 이제 상당수의 여성이 설탕을 넣지 않은 올드패션드를 주문한다고 보도했다.

▼ ▲ ▼

1930~1940년대 미국 여성들의 경제적인 사정이 나아지며 더 많은 이들이 술집에 가서 술을 마실 자유를 누릴 수 있게 됐다. 전역에서 새로운 술집들이 문을 열었고, 이러한 술집은 노동자 계급의 여성들도 부담 없이 이용할 수 있었다(살룬이라는 명칭은 이제 거의 사용되지 않았다. 이 시대 이후 술을 마시는 장소는 대부분 바라고 불리게 됐다).

전국의 수많은 남성 음주자들이 남성 전용 공간이 사라진 것에 대해 불만을 토로했다. 일부 남성은 여성의 서빙조차도 탐탁지 않

바에서 술을 즐기는 여성들

게 생각했다. 일부 고급 레스토랑과 호텔은 이들의 불만을 수용하여 '남성 전용' 정책을 도입하기도 했다. 이 시기는 여성들이 마침내 바나 레스토랑 같은 장소에 고용되어 바텐더나 웨이트리스로 일하기 시작하던 시기였다(물론 남성보다 임금은 적었다). 남성 웨이터 조합은 여성의 주류 취급을 금지해달라는 청원을 내기도 했다. 〈트로이 레코드Troy Record〉라는 뉴욕의 한 타블로이드지에는 "요람을 흔드는 손으로 만들어주는 위스키 사워를 과연 누가 마시고 싶어 할까?"라는 내용의 기사가 실리기도 했다.

그러다 제2차 세계대전이 터지면서 남성 전용 정책은 변할 수밖에 없었다. 많은 남성 바텐더들이 징병으로 자리를 비운 상황에서 누군가는 마티니를 만들어야 했다. 미국 전역에서 여성들이 바텐더로 고용됐다. 팔뚝을 걷어 올린 포스터로 유명한 리벳공 로지Rosie the Riveter에게는 조금 덜 알려진 자매, 바텐더 베시Bessie the Bartender가 있었다.[•]

브루클린에서 여성 바텐더 조합 바메이드 로컬 101Bar Maids Local 101이 조직됐다. 조합은 '자정 이후에는 일하지 말 것', '손님에게는 풀네임을 알려주지 말 것' 등 여성 바텐더로서 겪는 위험을 해소하기 위한 다양한 지침을 내놓았다. 제2차 세계대전이 끝날 무렵 미국의 여성 바텐더 수는 수천 명에 달했다. 오십 년 전인

[•] 안타깝게도 바텐더 베시에게는 로지만큼 근사한 포스터가 없다. 아직 늦지 않았으니 전 세계의 예술가들이 분발해주기를 기대해본다.

1895년에 마흔일곱 명이었던 것에 비하면 엄청난 숫자였다. 브루클린만 해도 백여 명의 여성 바텐더가 있었다.

1945년 제2차 세계대전이 끝나며 남성들이 집으로 돌아왔다. 이들은 여성 바텐더들에게 이제 셰이커를 내려놓고 바에서 떠나달라고 요구했다. 많은 여성이 이를 거부했다. 바메이드 로컬 101을 비롯한 여러 조합들 덕에 여성들은 일자리를 유지할 수 있었다. 그러나 구차한 싸움이 벌어지기도 했다.

일부 남성은 여성 바텐더와 함께 일하기를 거부하며 바 앞에서 피켓 시위를 벌였다. 여성들이 이미 수년간 성공적으로 일해왔음에도 불구하고 여자는 술집에서 벌어지는 싸움을 감당할 수 없다거나 복잡한 칵테일 제조법을 제대로 외울 수 없다는 등 말도 안 되는 핑계를 대며 이들을 몰아내려 했다(전설의 바텐더 에이다 콜먼이 들었으면 박장대소를 했을 일이다).

같은 해 미시간주에서는 여성의 바텐딩을 금지하는 법이 제정됐다. 유일한 예외는 남성 소유주의 아내나 딸이었다. 이 법이 통과되며 여성 소유주들은 자신이 운영하는 술집에서 바텐더 일을 할 수 없게 됐다. 1948년 밸런타인 고서트Valentine Goesaert라는 여성이 이 법에 이의를 제기했다. 그녀는 자신이 소유한 술집에서 다른 여성 바텐더 두 명과 함께 직접 바 업무를 담당하고 싶다고 했다. 그러나 대법원은 미시간주의 법을 합헌으로 판결했고, 밸런타인은 패소했다. 이 판결을 계기로 전국의 지자체가 유사한 법을 통과시켰고, 이러한 법은 그 후로도 거의 삼십 년 동안 유지됐다.

금주법 이전과 마찬가지로 1930~1940년대에도 가족이 마실 맥주는 주로 여성이 구입했다. 맥주뿐 아니라 가정용으로 판매되는 대부분의 주류를 구입하는 주체는 여성이었다.* 맥주 광고는 어머니와 아내들을 겨냥했다. 잡지와 신문에는 아름다운 여성들이 집에서 남성들에게 술을 건네는 모습을 그린 광고가 가득했다(광고에는 예쁘게 다듬은 여성의 손만 나오는 경우도 있었다). 맥주 회사들은 여성들로 하여금 이 맥주를 한 팩 사서 집에 가져가면 당신도 평화로운 집에서 흐뭇하게 웃는 남편을 가질 수 있다고 유혹했다.

여성들은 맥주 광고뿐 아니라 맥주에 관련된 혁신적인 기술의 확산에도 영향을 미쳤다. 이 신기술은 바로 캔 맥주였다.

1935년 등장한 캔 맥주는 현대판 '맥주통 채워오기'였다. 여성들은 집 근처 살룬에 가서 저녁에 마실 맥주를 양동이에 받아오는 대신 1930년대의 또 다른 혁신인 슈퍼마켓에서 간편하게 캔에 담긴 맥주를 구입했다. 여성들은 병보다 가볍고 따기 쉬운 캔을 선호했다. 캔 맥주는 처음 등장한 해에만 2억 개 넘게 판매됐다. 안호이저 부시Anheuser-Busch, 슐리츠Schlitz, 팹스트Pabst 등 주요 맥주 회사들도 앞다투어 캔 맥주를 출시했다.

제2차 세계대전 중에는 금속 자원 동원으로 통조림과 캔 생산이 중단됐지만, 종전 후에는 다시 캔이 대세가 됐다. 다음번에 캔

---

* 이는 오늘날에도 마찬가지지만 주류 회사 광고에서는 여전히 술을 마시는 여성의 모습은 거의 등장하지 않는다.

맥주를 보면 대학생들이 모이는 광란의 토가 파티를 떠올릴 게 아니라 맥주를 사는 1940년대의 주부를 떠올려보자. 물론 이 주부는 토가 파티 대학생처럼 다 마신 맥주 캔을 이마에 대고 찌그러트리지는 않겠지만 말이다.

▼ ▲ ▼

〈라 테킬레라〉의 성공을 비롯한 수많은 업적으로 루차 레예스는 멕시코 여성들의 마음속에 확고히 자리 잡게 됐다. 〈라 테킬레라〉는 그녀의 대표곡이 됐다.[*]

그러나 이 노래는 루차의 삶에도 영향을 미쳤다.

테킬라는 루차에게 있어 성 역할을 전복할 수 있게 해준 수단이었다. 그러나 한편으로는 그녀를 공격하는 수단으로 쓰이기도 했다. 사람들은 루차를 〈라 테킬레라〉를 부르며 술로 시름을 달래는 비극적인 노래의 주인공과 동일시했다. 그녀의 허스키한 목소리가 알코올 남용 때문이라는 소문이 퍼졌다. 낸시 토레스를 비롯한 동료들은 터무니없는 말이라고 부정했지만, 소문은 쉬이 사라지지 않았다.

* 이 곡의 작곡가는 알프레드 도르세이Alfredo D'Orsay로 되어 있지만, 사실은 루차가 직접 작곡한 곡이라는 견해가 많다. 1937년 이전 멕시코에서는 여성이 작곡가로서 저작권을 등록할 수 없었다. 1940년대에 들어서도 여성 가수가 노래를 작곡하고도 저작권을 등록하지 않는 일이 꽤 흔했다.

1944년 6월 25일, 루차 레예스는 험난했던 인간관계, 세 번의 결혼, 그리고 우울증으로 고통 받은 끝에 바비튜레이트barbiturate (진정·수면제의 일종―옮긴이) 과다 복용으로 스스로 생을 마감했다 (사람들은 테킬라 과다 복용 또한 원인이었다는 소문을 퍼뜨렸다). 루차의 나이는 겨우 서른여덟이었다.

루차가 세상을 떠난 해는 마티 만이 전국 알코올 중독 교육 위원회를 설립한 해이기도 하다. 마티는 여성의 알코올 남용이 도덕적 실패라는 잘못된 생각에 맞서고자 부단히 노력했다. 그럼에도 불구하고 루차 레예스가 남긴 엄청난 예술적 유산은 지금까지도 알코올 남용에 대한 소문으로 얼룩져 있다.

잡지, 신문, 심지어 1994년 제작된 전기 영화 〈밤의 여왕La Reina de la Noche〉에서도 루차는 자기 파괴적인 알코올 중독자, 상처받은 연약한 여인 등 부정적인 모습으로 그려졌다. 술을 가까이 했던 것으로 유명한 남성 가수와 예술가들은 여전히 존경과 찬사의 대상이지만, 루차는 그저 비극적인 인물로 그려진다. 어니스트 헤밍웨이Ernest Hemingway도 루차와 마찬가지로 스스로 생을 마감했지만, 그의 생은 루차와 달리 충분히 미화됐다.

로스앤젤레스의 마리아치 광장에는 루차 레예스의 청동 동상이 서 있다. 동상이 된 그녀는 허리에 손을 얹고 가슴을 활짝 편 당당한 모습이다. 독립적인 여성의 아이콘이자 대담한 마리아치 음악의 여왕인 루차는 바로 이런 모습으로 기억되어야 한다.

1930~1940년대 여성들은 남아프리카의 비어홀에서 미국의

맥주 캔까지 현대 음주 문화에 굵직한 영향을 남겼다. 그리고 이어진 다음 십 년, 여성들은 또 다른 거대한 주류 열풍을 형성하는 원동력이 됐다.

11장

미국을 휩쓴
티키 문화와 술집 여주인

1950년대

1945년, 제2차 세계대전이 마침내 끝났다. 남태평양 지역에 주둔했던 미군들은 고국으로 돌아오며 열대의 문화를 가져왔고, 민간인들 역시 폴리네시아 지역의 미학에 관심을 품게 됐다. 이 두 가지가 결합하며 독특하고 새로운 티키Tiki 문화가 탄생했다. 폭발적으로 일어난 티키 문화는 현재도 세계 곳곳에서 지속되고 있다. 이국적인 나무 조각상 모양의 머그잔, 요란하고 화려한 무늬의 셔츠, 칵테일 장식용 우산, 마이 타이 칵테일, 대나무 장식 등이 대표적인 티키 문화의 산물이다.

티키 문화는 1934년 할리우드의 한 거리에 티키를 테마로 한 레스토랑 겸 바 돈스 비치코머Don's Beachcomber가 나타나며 시작됐다. 그러나 티키가 미국에서 큰 인기를 끈 것은 제2차 세계대전 이후가 되어서였다. 한 여성의 탁월한 사업 능력이 아니었다면 티키는 할리우드 근처에서만 잠시 유행하고 사라졌을 수도 있다.

하지만 이야기를 하기 전에 먼저 설명해야 할 것이 있다.

티키 문화는 실체가 없는 일종의 판타지다. 폴리네시아 스타일로 장식한 공간에서 광둥식 요리와 카리브해 스타일의 미국 칵테일을 내는 티키 레스토랑은 인종 차별과 착취가 기묘하게 혼합된 미국적인 산물이다. 티키 문화 자체가 허구이므로 정통 티키 바 같은 것도 존재하지 않는다. 티키 문화는 여전히 그 핵심을 구성하는 여러 문제에 대해 고민하고 있다. 마오리, 하와이, 사모아 문화의 종교적·문화적 상징물을 본떠 만든 잔에 럼을 담아 홀짝거리는 것은 변명의 여지가 없이 부적절한 행위기 때문이다. 기독교 국가를 식민지로 착취한 누군가가 가톨릭을 테마로 한 바를 차려서 성모 마리아가 조각된 잔에 술을 마시는 상황을 상상해보면 그 부적절함을 쉽게 가늠할 수 있을 것이다.

근본적인 문제에도 불구하고 티키 문화는 미국에서 선풍적인 인기를 끌었다. 그 인기는 1950년대에 절정에 달했다. 그럼 이제 캘리포니아 할리우드의 어느 길가에 있던 최초의 티키 바 이야기를 해보자.

추후 돈 더 비치코머Don the Beachcomber로 이름을 바꾼 돈스 비치코머는 호텔 일 층 한구석에 위치한 작은 바였다. 칵테일의 새로운 역사가 탄생한 곳치고는 꽤 후줄근한 장소로, 손님이 앉을 수 있는 좌석은 스물다섯 개가 전부인 곳이었다. 본명이 어니스트 간트Ernest Gantt였던 돈은 재능 있는 바텐더였다. 당시 미국의 칵테일은 대부분 위스키나 진을 베이스로 했다. 미국 위스키 시장을 키우기 위해 럼에 세금을 부과한 건국의 아버지들 때문에 럼은 식민지 시절부터 그리 대중적인 술은 아니었다.

돈은 카리브해와 남태평양 지역을 여행하며 열심히 칵테일을 연구했다. 그 결과 다양한 럼과 신선한 과일 주스를 활용하여 맛있는 칵테일을 만들 수 있게 됐다. 자신이 만든 칵테일에 럼 랩소디라는 이름을 붙인 돈은 작은 바를 개업했다. 비좁은 공간은 오세아니아 예술품, 대나무 가구, 상어 턱뼈 등 그가 해외에서 수집한 장식물로 채웠다.

문제는 돈에게 사업가 기질이 전혀 없었다는 것이었다. 그는 분명 뛰어난 바텐더였지만 술집을 운영하는 능력은 형편없었다. 천만다행으로 미네소타 출신의 한 웨이트리스가 비치코머의 잠재력을 한눈에 알아봤다.

돈 더 비치코머가 티키 바의 원조라는 데는 이견의 여지가 없다. 그런데 비치코머라는 티키 제국을 만든 사람은 누구일까? 그 주인공은 '서니Sunny'라는 이름으로도 알려진 코라 아이린 선드Cora Irene Sund였다. 서니는 비치코머를 여자들이 오고 싶어할 만한 공간으로 만들었고, 그 덕에 이 바는 티키 제국으로 탄생할 수 있었다.

서니 선드가 처음부터 티키 제국의 여왕이 되고자 했던 것은 아니다. 그녀는 열일곱 살에 미네소타의 작은 학교에서 교사로 일하기 시작했다. 겨울이면 눈이 너무 많이 내려 왕복 19마일(약 30킬로미터) 거리를 스키로 이동해가며 학생들을 가르쳐야 했다. 서니는 자신이 좀 더 멋지고 어쩌면 조금은 더 따뜻한 삶을 원한다는 사실을 깨달았다. 그녀는 편도행 기차표를 손에 들고 언니가 있는 로스앤젤레스로 떠났다.

늘씬한 금발의 서니는 틱톡티룸Tick Tock Tea Room이라는 곳에서 웨이트리스로 일하던 중 비치코머 바를 찾았다. 아직 문을 연 지 얼마 되지 않았던 때였다. 무슨 생각이었는지 서니는 비치코머를 인수하고 싶다고 했고, 돈은 놀랍게도 흔쾌히 팔겠다고 했다.

가게를 인수하려면 우선 돈을 구해야 했다. 서니는 백화점에서 모델 일을 병행하며 돈을 모았다. 일부는 언니에게 빌리고 은행 대출까지 받은 끝에 마침내 인수 자금을 마련했다. 계약이 체결됐고 서니는 비치코머의 사장이자 CEO가 됐다. 돈은 그대로 가게에 남아 매니저 겸 바텐더로 일하기로 했다. 그렇게 함께 일을 하다 서니는 자신이 비치코머 바만큼이나 매력적이고 외향적인 바텐더 돈을 좋아한다는 사실을 깨달았고, 둘은 사귀기 시작했다.

서니에게는 비치코머를 위한 원대한 계획이 있었다. 그녀는 그 계획을 곧바로 실행에 옮겼다.

▼ ▲ ▼

제2차 세계대전 이후 미국인들의 음주 문화, 그중에서도 특히 여성 음주 문화는 다시 한번 큰 변화를 맞았다. 그 변화와 함께 가정에 충실한 주부가 챙겨야 할 것이 한 가지 더 늘었다. 바로 칵테일이었다. 식사 자리에서는 여전히 맥주가 인기였지만, 1950년대 제대로 된 주부라면 맛있는 마티니 한 잔쯤 뚝딱 만들어낼 수 있어야 했다.

종전 후 번영에 대한 추구가 강해지며 새로운 사회적 압박이 생겼다. 얼마 전까지는 술을 마시지 말라고 하더니 이제 중상류층 기혼 여성이라면 술을 어느 정도 마셔야 한다는 압박이 생긴 것이다. 물론 과음은 금물이었다. 아내와 어머니들에게는 여전히 가족 구성원 모두를 책임질 의무가 있었다. 그런 여성이 술을 많이 마시면 가정 내 의무를 다할 수 없으니 곤란했다. 남편이 술을 너무 많이 마시면 그것은 의무를 다하지 않은 아내의 탓이었다. 1950년대 미국 대중문화는 전통적인 성 역할과 순응의 중요성을 강조했다. 소위 전문가로 불리던 많은 이들이 알코올 남용은 성 역할을 제대로 수행하지 못했을 때 나타난다고 주장했다. 어찌 보면 타당한 말일 수도 있다. 1950년대의 완벽한 주부상에 자신을 맞추려고 안간힘을 쓰다보면 어떤 여성이라도 술을 마시고 싶었을 테니 말이다.

이런 생각은 당시의 주류 광고에도 고스란히 반영됐다. 잡지나 신문에 실린 광고는 파티의 안주인 역할을 훌륭히 해내는 여성들의 모습을 강조했다. 금주법 시대에 시작된 홈 칵테일 파티 열풍은 좀 더 자유로운 분위기 가운데 1950년까지 쭉 이어졌다. 아름다운 주부가 남편과 그의 친구들에게 맥주와 칵테일을 대접하는 장면은 풍족하고 여유로운 백인 가정의 전형적인 이미지였다.

이러한 광고에서도 여성은 술을 마시는 사람으로 등장하지 않았다. 1930~1940년대와 마찬가지로 여성들은 여전히 술을 건네주는 역할이었다. 증류주 광고 중에는 집을 배경으로 한 광고도 꽤 있었다. 그러나 증류주 협회Distilled Spirits Institute는 인쇄 광고에 여성을 등장시키면 안 된다는 규정을 두었다. 맥주는 가족 음료였기 때문에 여성을 등장시킬 수 있었지만 증류주는 불가능했다. 증류주 협회는 1958년 미국 증류주 위원회Distilled Spirits Council of the United States로 거듭났고 여성을 텔레비전 광고에도 등장시키지 않기로 결정했다. 이러한 규정은 1987년이 되어서야 사라졌다.

한편 대서양 건너편 영국의 상황은 완전히 달랐다. 프랜시스 샤워링Francis Showering은 영국 텔레비전 최초의 주류 광고와 함께 새로운 역사를 만들 준비를 하고 있었다. 샤워링의 제품은 누구도 예상하지 못한 새로운 음료, 바로 여성을 위한 술이었다.

베이비샴Babycham은 스파클링 페리perry(배즙으로 만든 술)로, 알코올 함량은 일반 맥주와 비슷한 6퍼센트 정도였다. 당시 영국에서 페리는 그리 인기 있는 술이 아니었지만 베이비샴과 함께 인기가 급상승했다. 베이비샴은 여성용 음료랄 것이 거의 없었던 1953년 출시됐다. 당시 영국에서는 여성의 펍과 바 출입이 전보다 자유로웠지만, 술집을 채운 다양한 맥주들 중 여성을 겨냥한 제품은 없었다.

베이비샴은 다른 주류에 비해 작은 병으로 출시됐다. 라벨에는 작고 귀여운 아기 사슴이 그려져 있었다. 한 병의 용량은 3.5온스로, 샴페인 쿠페 잔에 따르면 딱 맞는 양이었다.* 베이비샴은 고급

스럽고 세련된 음료로 마케팅
됐다. 광고에는 섹시한 여성들
이 등장해 듣기 좋은 목소리로
"전 베이비샴으로 주세요"라고
속삭였다.

She said: I'll love a Babycham
Where happiness sparkles Babycham's there!

베이비샴 광고

제2차 세계대전 이후 영국
에서는 베이비샴 열풍이 불었
다. 작은 병에 담긴 이 음료는
맥주와 경쟁 관계가 아니었기
때문에 펍과 바에서 큰 인기를
끌 수 있었다. 베이비샴의 엄청난 인기 상승에도 불구하고 맥주 회
사들은 그리 경계하지 않았다. 어차피 베이비샴이 노리는 것은 자
신들의 주요 고객층이 아니었기 때문이다.

1957년에는 호주의 그램스 Gramps도 바로사 펄 Barossa Pearl이라
는 와인을 내놓았다. 1950년대가 되어 원주민이 아닌 여성이 펍에
서 술을 마시는 일이 늘어남에 따라 주류 회사들은 이들이 마실 만
한 술을 출시했다. 바로사 펄은 여성들이 맥주를 대신하여 마실 수
있는 가벼운 스파클링 와인이었다. 맛은 저렴하고 싱거운 샴페인

---

* 　베이비샴은 샴페인과 비슷한 음료로 광고한다는 이유로 프랑스의 샴페인 생산자들
　 에게 소송을 당하기도 했다. 베이비샴을 만든 회사에서는 실제 한동안 베이비샴을
　 샴페인 사이다, 샴페인 페리 등의 명칭으로 부르기도 했다. 그러나 결과적으로 법원
　 은 베이비샴의 손을 들어줬다.

과 비슷했다. 바로사 펄 또한 베이비샴처럼 큰 성공을 거뒀다. 영국 여성들에게 베이비샴이 그랬듯, 바로사 펄은 여성을 겨냥한 술을 처음 본 젊은 여성들 사이에서 특히 큰 인기를 끌었다.* 호주의 할머니들과 얘기를 나눠보면 분명 좋은 추억이든 안 좋은 추억이든 바로사 펄에 대한 일화를 한두 개쯤 가지고 있을 것이다.

▼ ▲ ▼

1950년대에도 미국 여성들은 위스키 업계에서 때로는 합법적으로, 때로는 불법적으로 두각을 나타내고 있었다. 많은 이들이 증류소의 병입 공정에서 일했지만, 위스키 배럴 제조나 마케팅을 비롯한 다양한 분야도 점점 영역을 넓혀가고 있었다. 그중 한 명이 버번 위스키 마케팅의 판도를 영원히 바꿔놓은 마지 새뮤얼스_{Marge} Samuels였다.

당시 위스키를 사러 주류 상점에 갈 때는 브랜드 이름을 정확히 알고 가야 했다. 모든 위스키가 거의 똑같이 생긴 병에 담겨 판매됐기 때문이다. 라이 위스키도 호밀 위스키도 모두 투명하고 병목이 가는 1피트(30센티미터) 높이의 병에 담겨 있었다. 밝은 색의 라벨도, 눈길을 끄는 색깔이나 모양의 병도, 어떤 장식도 없이 모두

---

* 베이비샴과 바로사 펄은 현재도 구매 가능하다. 맛은 보장할 수 없지만, 어쨌든 구매는 가능하다.

평범했다.

마지 새뮤얼스는 그 점을 착안하고 전략을 세웠다.

마지의 남편 빌 새뮤얼스는 6대째 위스키 생산에 종사해온 증류업자였다. 군 복무를 마친 빌은 가업을 잇기로 결심했다. 1935년에 마지와 빌은 켄터키주 로레토 북동쪽에 있는 오래된 증류소 부지를 매입했다.

1805년에 조성된 그곳은 유서 깊은 벅스 스프링Burks Spring 증류소가 있던 곳이었다. 마지는 그 역사적 가치에 반해 예전 건물들을 허무는 대신 모두 복원하기로 결정했다. 마지는 주민들을 만나 오래된 증류소가 지역 사회에서 지닌 의미를 묻고 정보를 모았다. 삼십 년에 걸친 노력 끝에 마지는 증류소 건물을 국립공원관리청National Park Service의 국립역사기념물로 등재하는 데 성공했다. 증류소 건물로서는 최초의 등재였다.

부부는 호밀 대신 밀을 보조로 사용하는 부드럽고 달콤한 버번 위스키를 만들었다. 마지는 다양한 곡물 배합으로 빵을 구워 남편과 함께 테스트한 끝에 붉은 겨울밀을 사용하기로 결정했다. 붉은 색은 곧 이 증류소의 핵심적인 색깔이 됐다.

화학을 전공하고 손글씨에 관심이 많았던 마지 새뮤얼스는 과학적 재능과 예술적 감각을 동시에 지니고 있었다. 1956년 그녀는 혼자서 버번 위스키 병 개선을 위한 연구 개발에 돌입했다. 마지는 주방에 앉아 병 모양과 라벨 디자인을 이리저리 바꿔가며 연구했다. 그녀는 주류 판매점 선반에 놓인 자신의 제품이 평범한 위스키가 아닌 수공예 작품처럼 보이기를 원했다. 사람들의 눈길을 사로 잡을 만한 디자인을 만들고 싶었다.

마지는 코르크가 아닌 왁스로 병을 밀봉하는 코냑에서 영감을 얻어 위스키 업계에서 누구도 해보지 않은 새로운 시도를 하기로 결정했다. 그녀는 주방에 있던 튀김기를 가지고 지하실로 내려가 다양한 색상의 왁스를 녹여가며 연구했다. 낙점된 색은 빨간색이 었다. 뚜껑을 봉인한 붉은 왁스가 흘러내리는 모양이 완성됐고, 그 녀는 이 제품에 메이커스 마크 *Maker's Mark*라는 이름을 붙였다.

1959년 출시된 메이커스 마크는 곧바로 큰 인기를 끌었다. 위 스키 자체의 맛도 뛰어났지만, 어느 진열대에 올려놓아도 붉은 왁

메이커스 마크의 왁스 밀봉 작업

스가 눈길을 사로잡았기 때문이다. 다른 주류 회사들도 새뮤얼스의 작품을 모방하고 나섰고, 오십여 년이 지난 지금까지도 도전은 계속되고 있다. 2012년에는 테킬라 대기업 호세 쿠에르보Jose Cuervo가 메이커스 마크와 비슷하게 왁스가 흘러내리는 병을 내놓았고, 법원은 이것을 상표권 침해로 판단했다. 주류 패키징에 있어 큰 변화를 가져온 획기적인 상표법 판결이었다.

켄터키주 증류 협회Kentucky Distillers' Organization는 켄터키를 대표하는 버번 증류소 몇 곳을 선정하여 버번 트레일Bourbon Trail이라는 관광 코스를 만들었는데, 메이커스 마크의 역사적인 증류소는 가장 처음으로 이 트레일에 선정됐다. 관광객들은 트레일을 따라 각 증류소에 들러 투어에 참가할 수 있다(간 건강을 생각한다면 한꺼번에 다 도는 것은 추천하지 않는다). 마지 새뮤얼스는 사망 후 거의 삼십 년이 지난 2014년 켄터키 버번 명예의 전당에 이름을 올렸다. 메이커스 마크는 지금도 세계에서 가장 알아보기 쉬운 위스키 중 하나다.

1950년대 미국 여성들은 위스키의 합법적 생산 외에 불법적 생산에도 상당 부분 관여했다.

국가 차원의 금주법이 폐지된 이후에도 주 차원의 금주법을 유지하는 곳이 꽤 있었다. 일부 카운티에서는 주류 판매에 있어 다양한 단계의 제한을 두었는데, 전면적으로 금지하는 카운티에서부터 일요일에만 금지하는 카운티까지 다양했다. 이러한 주에서는 많은 여성이 밀주업을 부업으로 삼았다. 이들은 주류 판매가 합법인 주에서 구매한 술을 들여와 금주법이 있는 마을에서 판매했다.

주류 규제가 가장 강한 곳은 오클라호마주였다. 판매가 허가된 유일한 주류는 알코올 함량 3퍼센트 이하의 저알코올 맥주였다. 밀주업자들은 오클라호마주 전역에서 불법으로 술을 증류하여 판매했다. 그중 가장 유명한 이는 1940~1950년대에 밀주 양조장을 운영한 클레오 에프스다.* 클레오는 지역 사회에서 많은 사랑을 받았으며, 밀주업으로 벌어들인 수백만 달러로 다른 이들의 주택 구입을 돕기도 했다. 경찰 또한 그녀의 밀주업을 알고 있었으나 슬쩍 눈감아주곤 했다. 오클라호마주는 1959년 금주법을 폐지했지만, 클레오는 1970년 사망할 때까지도 불법 주류를 판매했다.**

▼ ▲ ▼

비치코머를 인수한 서니는 우선 가게 확장에 착수했다. 좌석 스물다섯 개짜리 가게는 그녀의 원대한 계획에 맞지 않았다. 그녀는 지역을 살펴보던 중 비치코머 바로 맞은편의 공동주택 건물이 비어 있다는 사실을 알게 됐다. 그녀는 그 건물을 매입하여 위층에

---

* 이 책에는 정말 많은 클레오가 등장한다. 딸이 유명한 애주가나 멋진 밀주업자로 자라기를 원한다면 클레오파트라라는 이름을 추천한다.
** 클레오 에프스는 법정에서 불리한 증언을 했다는 이유로 지역 마피아에게 살해당했다.

식사 공간을 갖춘 이 층짜리 바로 꾸몄다.

비치코머는 새롭게 옮긴 장소에서도 눈에 잘 띄지 않았다. 입구는 대나무 덤불에 가려진데다 정면의 간판은 너무 작아서 멀리서는 보이지도 않았다. 손님을 태운 택시 기사들도 잘 찾아오지 못했다. 일반적인 바 주인이라면 이런 점 때문에 속을 끓였겠지만, 눈에 잘 띄지 않는 그 위치는 서니의 계획과 완벽하게 맞아떨어졌다.

서니는 비치코머가 손님들에게 특별한 장소가 되기를 원했다. 그녀는 자신의 바가 퇴근 후 대충 한잔하러 들르는 싸구려 술집이 아닌, "근사한 밤을 보내러 가는 곳"이 되기를 바랐다. 서니는 드레스코드를 정하고, 모든 남성 고객에게 정장 차림을 요구했다.

여기에 만족하지 못한 서니는 음식 메뉴를 새로 구성했다. 그녀는 손님들이 오세아니아풍 장식과 카리브해풍 칵테일을 보고 이국적인 메뉴를 원할 것에 착안하여 광둥식 요리를 만드는 중국계 미국인 요리사를 고용했다. 죽순, 물밤, 굴소스 등의 식재료는 중국에서 직접 공수했다. 마지막으로, 낯선 요리에 당황할 백인들을 위해 메뉴 추천을 담당하는 직원을 고용했다. 추천 담당자들은 실내를 돌아다니며 원하는 손님들에게 음식에 대해 설명해주었다.

서니는 먼지 쌓인 장식물을 조금씩 놓는 것만으로는 열대 분위기를 낼 수 없다는 것을 잘 알고 있었다. 그녀는 하와이에서 신선한 생화와 식물, 과일을 대량으로 공수해 비치코머 곳곳에 배치했다. 실내는 마치 남태평양 배경의 할리우드 영화 세트장 같았고, 그곳에서 손님들은 코코넛과 파인애플이 들어간 돈의 유명한 칵테일을 즐겼다. 라이브 공연은 절대 하지 않았고, 은은한 음악을 깔았다. 서니는 처음부터 비치코머를 로맨틱한 공간으로 계획했다. 조명을 은은하게 낮추는 것 또한 그녀의 아이디어였다. 그녀는 "모든 여성이 사랑스럽고 신비로워 보이기를" 원했다.

비치코머가 다른 바와의 차별화를 통해 성공할 수 있었던 것은 여성이 여성을 위한 공간을 만들었기 때문이다. 공간을 확장하고 뭔가를 추가할 때면 서니는 그 변화가 여성 고객의 경험에 줄 영향을 먼저 고려했다. 그녀가 공간을 창조함에 있어 혁신성과 성실함을 발휘할 수 있었던 이유는 단순하다. 서니는 바라는 공간을, 바에서 술을 마시며 가지는 즐거운 시간을 사랑했다. 때문에 그녀는 여자들이 어떤 바를 좋아하는지 잘 알고 있었다. 어찌 보면 서니는 자신이 가고 싶은 바를 만들었던 것이다.

서니의 꼼꼼하고 세심한 계획은 헛되지 않았다. 레스토랑을 인수한지 육 개월 만에 그녀는 "아이스 박스와 금전 등록기 구매 비용만 빼고" 모든 투자금을 회수하는 데 성공했다. 1937년 비치코머의 평일 밤 손님은 평균 육백 명에 달했고, 토요일에는 구백 명에 달했다. 서니는 입소문을 활용해 비치코머에 대한 관심을 높였다. 유명인의 입을 빌렸고, 그 덕에 더 큰 성공을 거뒀다.

비치코머는 할리우드 배우들의 단골 명소가 됐다. 그레타 가르

• 서니는 1948년 〈새터데이 이브닝 포스트Saturday Evening Post〉와의 인터뷰에서 "그 덕에 더 많은 연애가 이루어졌다고 생각한다"라고 말했다.

보Greta Garbo, 조앤 크로포드Joan Crawford, 마를레네 디트리히 등 많은 여성 유명인들이 비치코머를 사랑했다. 조앤 크로포드는 에그롤과 새우튀김, 갈비 요리를 먹으러 자주 방문했다. 크로포드는 "피나콜라다를 마시는 게 (앙숙이었던) 베티 데이비스Bette Davis의 뺨을 때리는 것보다 훨씬 기분 좋다"고 말하기도 했다.**

이러한 스타 파워 덕에 티키 열풍이 일어났다. 서니는 유명인 고객들의 요청에 세심하게 대응했으며, 직원들에게도 미리 주의를 주어 팬이나 사진 기자의 접근을 사전에 차단했다. 서니는 비치코머가 찾기 힘든 장소에 위치했다는 점, 쉽게 오지 못하는 특별한 곳이라는 점을 적극 활용했다. 그녀는 사람들이 언제나 얻기 힘든 것을 더 원한다는 사실을 알고 있었다. 서니는 입구에 출입 통제선을 설치했다. 만석이 아닐 때도 가끔 통제선을 치고 손님들을 돌려보내도록 직원들에게 지시하기도 했다.

일반 손님들은 물론 할리우드의 유명 고객들까지도 서니의 존재를 알지 못했다. 외향적인 성격의 돈은 손님들과 어울리기를 좋아했지만 서니는 의도적으로 무대 뒤에 머물렀다. (당시 언론을 그대로 인용하자면) "늘씬한 다리와 깊은 가슴골을 지닌 금발 여성" 서니는 비치코머의 모든 것을 관장하는 주역이었지만, 바의 간판 역할

**　조앤 크로포드는 술에 대해 매우 까다로웠다. 그녀는 이동 시에 자신이 좋아하는 술을 늘 휴대했으며, 계약서에는 특별 조항을 넣어 촬영장에 스미노프의 보드카, 올드 포레스터의 버번, 시바스 리갈의 스카치 위스키, 비피터의 진, 모엣의 샴페인을 늘 구비하도록 명시했다.

서니와 여왕의 의자

은 기꺼이 돈에게 맡겼다. 이 시기 둘은 이미 결혼한 상태였다.

그녀의 유일한 사치는 전용 테이블인 여왕의 식탁Queen's Table 이었다. 타마린드 나무를 잘라 만든 거대한 콩 모양의 테이블은 항상 반짝반짝 윤이 났으며, 표면에는 보호유리가 깔려 있었다. 식탁 앞에는 여왕의 의자Queen's Chair도 있었다. 등판을 격자무늬로 짠 부채꼴의 이 의자는 바 전체를 통틀어 하나뿐인 독특한 의자였다. 이 의자에는 서니 선드 외에 누구도 앉을 수 없었다.

진 리큐르 회사 폼프 앤드 웜지의 창업자이자 사회학자인 니콜라 나이스는 서니 선드 같은 인물이 칵테일의 역사에 한 중대한 기여를 반드시 기억해야 한다고 강조하며 다음과 같이 말했다. "바텐딩은 결국 친절과 환대입니다. 여성은 특히 다른 사람의 경험을 중요하게 생각하죠."

일부 부유층과 유명인은 금주법 시대부터 열대의 맛을 선호했다. 경제적으로 여유가 있는 사람들 사이에서는 아바나로 날아가 술을 마시는 것이 유행이었기 때문이다. 금주령 폐지 이후에도 아바나는 술을 찾는 관광객으로 북적였다. 여기에는 리타 헤이워드나 엘리자베스 테일러, 조세핀 베이커 같은 스타들도 포함됐다.[*]

절주 운동의 지도자들도 럼 칵테일의 매력을 거부할 수 없었나 보다. 로스앤젤레스의 복음 전도사 에이미 셈플 맥퍼슨Aimee Semple McPherson은 라디오 방송의 절주 설교로 유명한 인물이었다. 그런 그녀가 가짜 이름으로 신분을 숨기고 아바나의 바에 갔는데, 바텐더인 맥스 빌그레이Max Bilgray가 그녀를 알아봤다. 맥퍼슨의 위선이 재밌었던 빌그레이는 그녀를 위한 칵테일 레시피를 엽서에 인쇄해 전 세계 곳곳에 배포했다. 레시피의 내용은 다음과 같다.

에이미 셈플 맥퍼슨의 방문을 기념하여
맥스 빌그레이가 개발한 특별 칵테일

할렐루야 칵테일

바빌론의 포도 브랜디

* '조세핀 베이커'라는 이름의 칵테일까지 만들어졌다.

시나이산의 산마루에서 나온 얼음

광야에서 따온 레몬

소돔과 고모라의 베르무트

노아의 방주에서 숙성한 럼

에덴 동산에서 가져온 카인의 시럽

모든 재료를 히브리식으로 잘 섞어주면 완성

마신 후에는 '할렐루야'라고 외칠 것*

썩 훌륭한 칵테일은 아니었던 것으로 보인다. 하지만 미국인들에게 절주 설교를 하던 사람이 아바나까지 비행기를 타고 가서 칵테일을 마신 것도 그리 훌륭한 일은 아니었다.

그러나 서니의 고객 중 대부분은 그러한 열대풍의 주류와 풍미를 비치코머에서 처음 접했다. 돈의 칵테일 제조 실력은 천재적이었다. 그는 레몬과 라임뿐 아니라 신선한 파인애플, 자몽, 오렌지의 즙을 다양하게 활용했다. 평범한 시럽 대신 꿀이나 메이플 시럽을 썼고 설탕과 함께 바닐라, 올스파이스, 시나몬 같은 향신료를 활용했다.

맛있는 칵테일과 좋은 분위기, 비밀스러운 느낌과 아무나 올 수 없다는 특별함이 더해지며 성공을 위한 최강의 조합이 탄생했다.

• 　실제 레시피는 다음과 같았다. 브랜디 1온스, 럼 3/4온스, 스위트 베르무트 1과 1/2온스, 그레나딘 1대시, 라임 4방울

서니가 가게 한쪽에 마련했던 선물 가게, 럼 상점, 식료품 코너는 손님이 늘며 좌석 확보를 위해 정리해야 했다.**

그러다 두 가지 큰 변화가 일어났다. 1940년 서니와 돈이 이혼하고, 그 직후 돈이 제2차 세계대전에 징집되며 이탈리아로 떠난 것이다. 돈이 군에서 복무하는 중에도 둘은 사업 파트너 관계를 유지했다. 이 시기의 기록을 살펴보면 대부분 돈이 유럽에서 복무하는 동안 서니가 사업을 가로챈 것으로 상황을 묘사한다. 그러나 비치코머는 결혼 전부터 이미 서니의 소유였다.

서니는 이제 할리우드를 넘어 다른 도시로 시선을 돌렸다.

▼ ▲ ▼

1950년대에도 술을 만들 권리를 되찾아오려는 남아프리카 여성들의 투쟁은 여전히 진행 중이었다.

1950년대에는 아프리카 대륙 곳곳에 가정용 증류 기술이 빠르게 확산됐다. 발효주의 양조와 소비를 금지하는 법을 우회할 방법을 찾고 있던 여성들은 증류에서 답을 찾았다. 남아프리카에서는 모든 증류주를 통칭하여 *와라기* waragi라고 불렀는데, 대부분 시골

** 당시에는 젊은 여성들이 식당을 돌아다니며 담배와 자잘한 물건을 파는 경우가 많았다. 서니는 비치코머의 낭만적이고 차분한 분위기를 헤치지 않기 위해 그런 고객들의 출입을 막고 레스토랑 한쪽에 선물 가게를 열어 손님들이 식사 후 티키 풍의 꽃목걸이나 장식 등을 살 수 있도록 했다.

여성들이 만들었다. 아프리카 여성들은 또다시 밀주 시장에 뛰어들었고, 쉬빈을 운영하는 이들은 메뉴에 와라기를 추가했다.

양조와 증류는 남아프리카의 아파르트헤이트 시절 여성들이 돈을 벌어 약간의 독립성과 힘을 유지하게 해준 방편이었다. 아파르트헤이트는 1948년부터 1990년까지 지속된 인종 차별 및 분리 정책이다. 앞선 수십 년간 그래왔던 것처럼 쉬빈은 백인 우월주의에 대한 흑인의 저항과 회복의 구심점이 되었다. 여성 양조업자들은 술이 담긴 드럼통을 땅에 묻었는데, 이는 술을 발효하기에도 숨기기에도 좋은 수단이었다. 가족, 친구, 이웃들이 커다란 드럼통을 묻거나 다시 파내는 동안 주변을 지키며 망을 보기도 했다.

여성들은 아파르트헤이트의 긴장과 공포 속에서도 백인이 운영하는 비어홀의 억압에 맞서 싸웠다. 1959년, 더반의 노동 계급 거주 지역 카토 매너에서는 여성 양조업자와 증류업자에 대한 대대적인 불시 단속과 체포가 이루어졌다. 당국의 탄압에 폭발한 여성들은 6월 17일 대규모 시위에 나섰다.

페미니스트 활동가 플로렌스 음키제Florence Mkhize와 도로시 니엠베Dorothy Nyembe가 이끄는 시위대는 카토 매너의 비어홀로 쳐들어갔다. 그러나 이천 명에 이르는 시위대는 결국 경찰에 의해 해산됐다. 음키제와 니엠베는 여성들의 고충을 전달하려 애썼지만 당국은 이들의 말에 전혀 귀를 기울이지 않았다.

다음 날, 경찰의 탄압에도 불구하고 시위는 사그라들기는커녕 오히려 더반 전역으로 확대됐다. 여성들은 지역 내 비어홀을 보이

콧하는 한편 더 큰 시위를 조직했다. 비어홀들은 결국 임시 폐쇄됐다. 연말까지 이만 명이 넘는 이들이 시위에 참가했고, 그중 천여 명이 체포되어 법원에서 유죄 판결을 받았다.

법은 여전히 바뀌지 않았다. 그러나 그녀들의 노력이 완전히 헛되지는 않았다. 이러한 노력 덕에 이후 이어진 십 년간 남아프리카의 여성 양조업자들이 마침내 변화를 맞이하게 되었기 때문이다.

▼ ▲ ▼

서니 선드는 돈과의 이혼 후에도 좌절하지 않고 비치코머를 위해 세운 계획을 차질 없이 진행했다.

1940년, 서니는 시카고에 비치코머의 분점을 개업했다. 개업일에는 시카고 전역에 눈보라가 몰아쳤지만 가게는 인산인해였다. 그 열기가 그대로 이어지며 비치코머 시카고 점은 매일 만석을 기록했다. 서니는 개업 팔 개월 만에 투자금을 회수해냈다. 새로 개업하는 레스토랑이나 바의 대다수가 첫 해를 넘기지 못하는 것을 감안하면 기적적인 일이었다.

서니는 시카고 지점에서도 최상의 서비스를 제공하기 위해 할리우드 지점의 핵심 멤버들을 투입했다. 직원들의 편의를 돕기 위해 시카고와 할리우드를 오가는 비행편을 제공하기도 했다. 첫 이 년 동안 서니는 직원들과 함께 할리우드와 시카고를 오가며 지점을 관리했다. 그 와중에도 그녀는 부지런히 다시 한번 확장을 계획했다.

비치코머는 기존 할리우드 본점 외에 로스앤젤레스에 추가 지점을 내고 팜스프링스에도 매장을 오픈하는 등 꾸준히 확장을 거듭한 끝에 미국 전역에 총 열여섯 곳의 지점을 운영하게 됐다.* 남성의 도움 없이 여성 단독으로는 법적인 신용을 확보할 수 없었던 시대에 이는 결코 쉬운 일이 아니었다. 그러나 서니는 확고한 의지로 투자를 유치해 티키 왕국을 건설해냈다.**

서니가 세운 것은 진정 왕국이었다. 돈의 칵테일과 서니의 사업 수완이 불러온 티키 열풍으로 럼은 미국에서 화려하게 부활했다. 1945년경 미국 전역의 바에서 팔려나가는 럼의 양이 매년 수십만 상자에 달했다. 이제 비치코머는 유일한 티키 바가 아니었다. 미국 전역에 수백, 수천 개의 티키 바가 생겨났다. 그중 가장 눈에 띄는 곳은 트레이더 빅Trader Vic's이었다.***

트레이더 빅의 창업자 빅은 1930년대 말 비치코머에서 영감을 받아 자신의 레스토랑을 티키 스타일로 개조했다고 시인했다. 트레이더 빅은 몇 년 만에 비치코머의 최대 경쟁업체로 떠올랐다. 티

---

* 계약에 따라 미국 내에서 지점을 낼 권한은 서니에게 있었다. 당시 하와이는 아직 미국의 정식 주가 아니었기 때문에 돈은 자신의 바를 와이키키에 열었다.

** 재혼을 한 사실도 도움이 됐다. 재혼 상대는 오하이오 출신의 저명한 제조업 사업가 윌리엄 캐스파리스William Casparis였다.

*** 트레이더 빅은 마이 타이라는 칵테일이 탄생한 곳으로 유명하다. 창업자이자 바텐더인 빅이 타이티에서 온 백인 친구 캐리 길드Carrie Guild에게 칵테일을 만들어줬는데, 맛을 본 그녀가 "마이 타이!"라고 외쳐서 붙은 이름이다. '마이 타이'는 타히티어로 '멋진', '대단한'이라는 의미를 지니고 있다.

키 문화와 역사를 공부하는 이들은 트레이더 빅을 티키 바의 또 다른 왕으로 추켜세운다. 반면 서니는 돈에게서 비치코머를 빼앗은 악당으로 그리곤 한다. 애초에 트레이더 빅에게 영감을 준 것이 서니의 티키 바였다는 사실을 생각하면 참 애꿎은 일이 아닐 수 없다.

1950년대가 끝나갈 무렵에도 티키 열풍은 잦아들 줄 몰랐다. 1959년 하와이가 미국의 정식 주로 편입되며 열대에 대한 동경은 오히려 커졌다. 그렇게 티키를 테마로 한 볼링장, 아파트 단지, 레스토랑, 노래, 의류, 가구가 생겨났다. 디즈니랜드에는 '마법의 티키 룸Enchanted Tiki Room'이라는 공간까지 생겼고 현재까지도 운영 중이다.

서니는 1974년 1월 예순세 살의 나이로 세상을 떠났다. 그녀는 오늘날까지도 티키 문화의 진정한 여왕으로 불리고 있다. 그녀는 여성들에게 외출은 '단순히 술 한잔하러 가는 것' 이상이라는 사실을 이해했다. 많은 이에게 외식과 외출은 일상으로부터의 탈출이었으며, 좋은 분위기와 환대를 즐기는 기회였다. 서니는 여성이 원하는 것을 알고 있었다. 적어도 바에서 무엇을 원하는지는 말이다. 여기에 그녀의 탁월한 사업 감각이 더해져 새로운 형태의 바와 새로운 형태의 칵테일이 탄생할 수 있었다.

음주 문화로서 티키는 1940년대부터 1960년대까지 전성기를 기록하며 미국에서 가장 오랜 인기를 누렸다. 칵테일로 시작된 유행이 집과 옷, 파티와 라이프 스타일로까지 옮겨간 사례는 티키 문화가 유일했다. 존 F. 케네디는 1960년 대선에서 승리한 후 축하

주로 아내인 재키가 직접 만든 다이키리를 마셨다.*

　한 세대의 미국인을 열광시킨 티키 문화는 다음 세대에 이르러 반발에 직면했다. 다음 세대는 뭔가 다른 술을 원했다. 그리고 스코틀랜드에서 온 어느 안경 쓴 여성이 다행히 다음 세대를 새로운 술의 세계로 인도했다.

---

*　재키 다이키리로 알려진 이 칵테일은 럼, 얼린 캔 라임에이드, 라임즙을 2 대 2 대 1 비율로 혼합한 후 팔러넘(생강, 라임, 향신료로 만든 리큐르)을 몇 방울 더해 만든다.

12장

라프로익의 어머니와 레이디스 나이트

1960~1970년대

1960년대와 1970년대는 자유로운 사랑과 '그루비('멋진, 근사한'이라는 의미의 속어 – 옮긴이)함'의 시대로 알려져 있다. 그러나 적어도 칵테일에 있어서만큼은 그렇지 않았다. 이 시기는 미국에서 술의 암흑기에 가까웠다.

전후에 태어난 베이비부머 세대는 부모 세대가 마시던 술에는 전혀 관심이 없었다. 티키 문화의 중심이었던 럼은 이제 유치함의 상징이 됐고 베이비샴은 노인들이나 마시는 술이었다. 사실 여기에는 그럴 만한 이유가 있었다. 베이비부머의 부모 세대가 마셨던 칵테일은 1960년대에 접어들며 시럽 범벅의 다디단 칵테일로 변질됐다. 요란한 것을 싫어했던 당시의 문화를 반영하듯 소비자들은 단순하고 위생적인 술에 더 관심을 보였다. 사람들은 맨해튼, 진토닉, 드라이 마티니 같이 안전하고 전통적인 칵테일을 택했다.

1960년대 증류주 세계를 황폐화시킨 두 개의 세력이 등장했다. 첫 번째는 특정 주류의 판매량을 늘리기 위해 기업들이 레시피를 고안하여 만든 칵테일이었다. 두 번째는 바로 냉전이었다. 실제 역사와는 조금 다르지만, 적어도 술에 있어서만큼은 러시아가 이 냉전의 승리자였다.

때는 바야흐로 보드카의 시대였다. 보드카는 러시아의 증류주였지만 냉전 시대 미국에서 선풍적인 인기를 끌면서 기존의 진을 완전히 대체해버렸다. 진과 오렌지주스로 만들던 오렌지 블로섬은 보드카와 오렌지주스로 만드는 스크루 드라이버가 됐다. 마티니는 진이 아닌 보드카와 올리브로 만들었다.

보드카는 무색과 무미를 지향하는 증류주다. 그렇기 때문에 칵테일에 아무런 맛도 더하지 않는다.* 보드카는 강한 알코올 냄새나 맛이 나지 않기 때문에 어느 재료에 섞어도 부담스럽지 않다. 보드카의 이런 특징은 위생과 깔끔함을 추구하는 미국인들의 새로운 욕구에 부합했다. 어떤 이들은 보드카는 그 순수성 때문에 숙취를 유발하지 않는다고 믿기도 했다. 1968년에는 보드카 판매량이 처음으로 진을 앞질렀다. 대담함과 진기함의 시대는 가고 순수의 시대가 온 것이다.

---

* 이런 이유로 칵테일 업계에서는 보드카를 경시하기도 한다. 보드카를 마시지 말라는 얘기가 아니다. 단, 보드카를 마실 때는 힘겨운 역사 속에서 보드카 밀주의 역사를 이어온 러시아의 터프한 선배들에게 건배를 외치고 잘난 척하는 칵테일계 속물들에게 꺼지라고 외치는 것을 잊지 말자.

보드카가 미국의 칵테일을 암흑기로 이끌고 있던 이때, 다행히 손을 뻗어 불을 밝힌 한 여성이 있었다.

▼ ▲ ▼

싱글몰트 위스키라고 하면 어떤 이미지가 떠오르는가? 파이프를 물고 서재에 앉아 수염을 쓰다듬고 있는 나이든 백인 남성을 떠올리는 이도 있을 것이고, 고급 정장을 입은 부유한 사업가를 떠올리는 이도 있을 것이다. 드라마 〈팍스 앤드 레크리에이션Parks and Recreation〉의 스타 닉 오퍼먼Nick Offerman이 떠올랐을 수도 있다(드라마에서 닉 오퍼먼이 연기한 론 스완슨이라는 인물이 위스키를 매우 좋아함-옮긴이).

무엇을 떠올렸든 정장과 수염, 파이프 같은 이미지는 잠시 넣어두자. 그리고 살짝 치켜 올라간 안경과 포근한 카디건, 적당한 굽 높이의 여성용 구두를 떠올려보자. 이제부터 우리가 만나볼 인물은 스카치 위스키의 지도자First Lady of Scotch, 베시 윌리엄슨Bessie Williamson이다.

베시의 본명은 엘리자베스 레이치 윌리엄슨Elizabeth Leitch Williamson으로, 1910년 8월 2일 글래스고에서 태어났다. 1934년 글래스고 대학을 졸업한 베시는 처음으로 전국 여행을 떠나기로 했다. 비행기로 이곳저곳을 둘러본 끝에 그녀는 스코틀랜드의 인기 있는 여행지에서 휴가를 보내기로 결정했다. 아름답고 온화한 아일레이섬이었다.* 아일레이는 스코틀랜드 남쪽 끝에 위치한 작은 섬으로, 1930년대에는 인구가 삼천 명이 채 되지 않았다. 아일레이는 작은 섬이었지만 그곳에서 생산되는 스카치 위스키의 양은 결코 적지 않았다.

베시가 처음 섬에 도착한 당시 아일레이는 매년 약 800만 파운드 상당의 비과세 위스키를 스코틀랜드 본토로 보내고 있었다. 병입하지 않은 채 대량으로 보내진 아일레이 위스키는 다른 위스키와 블렌딩하는 데 사용됐다. 아일레이 스카치만이 지닌 독특한 특성 때문이었다.

스카치는 스코틀랜드산 위스키다. 스카치가 전부 묵직하고 스모키하지는 않지만, 아일레이 스카치는 확실히 그렇다. 아일레이라는 작은 섬에서 생산되는 위스키는 세계에서 가장 묵직하고 스모키하다. 이 시기 사람들은 대부분 다양한 스카치를 혼합한 블렌디드 위스키를 마셨다. 다른 위스키와 섞지 않고 한 증류소에서 생산된 위스키를 싱글몰트라고 하는데, 당시에는 싱글몰트나 아일레이 스카치에 대한 수요가 많지 않았다.** 단독으로 마시기에는 너

---

* 현지에서는 '아일라'라고 부른다.

** 최근에는 무조건 싱글몰트가 우월하다고 주장하는 사람들도 있지만 이는 멋모르는 잘난 척일 뿐이다. 시중에 판매되는 저품질 스카치 위스키가 대부분 블렌디드 위스키인 것은 맞다. 품질이 좋지 않거나 숙성이 덜 된 위스키의 맛을 숨기기에는 블렌디드가 편리하기 때문이다. 그러나 블렌디드라고 해서 모두 저품질인 것은 아니며, 싱글몰트라고 해서 모두 고급인 것은 아니다.

무 스모키하다고 여겼기 때문이다. 그러나 베시가 아일레이에 도착하며 모든 것이 바뀌었다.

베시는 아름다운 섬에서 휴가를 보내며 아일레이의 매력에 푹 빠졌다. 어느 날 지역 신문에서 구인 광고를 본 그녀는 지원을 결심했다. 섬에 위치한 스카치 증류소 라프로익Laphroaig에서 속기사를 구하는 광고였다. 증류소에 채용된 베시는 처음에는 삼 개월만 머무를 생각이었다.

라프로익의 소유주였던 베시의 상사는 사업에 대한 안목이 예리하고 사람들과 자연스럽게 어울리는 그녀를 무척 마음에 들어했다. 베시의 명석함과 성실성을 높게 산 라프로익의 소유주는 그녀에게 증류소에서 정식으로 일할 수 있는 정규직 자리를 제안했다. 거의 남성 위주로 채용을 진행했던 라프로익에서 베시는 눈에 띄는 존재였다. 소유주는 베시를 특히 신임하여 출장으로 자리를 비울 때 그녀에게 증류소 운영을 맡기곤 했다. 그럴 때면 베시는 증류소의 모든 배송과 배급 업무를 돌봤다. 그녀는 아직 몰랐지만 사실 이는 새로운 자리로 올라가기 위한 훈련 과정이었다.

1938년 라프로익의 소유주가 뇌졸중으로 쓰러지며 베시는 더 중요한 업무를 맡게 됐다. 이후 미국과의 사업을 담당하게 됐는데, 1930~1940년대 모든 스카치 회사들이 금주법 이후 미국 고객을 잡기 위해 필사적으로 노력 중이었다는 점을 고려하면 책임이 막중한 자리였다. 곧 그녀는 증류소 전체를 관장하는 지배인으로 취임했다. 당시 스카치 위스키 증류소에서 여성 지배인은 베시가 유일했다.

베시가 라프로익의 지배인으로 취임한 시기는 제2차 세계대전 직전이었다. 그녀는 전쟁 발발 후 이어진 격동의 시기를 슬기롭게 헤쳐나갔다. 전쟁 당시 스코틀랜드 정부는 라프로익 증류소를 탄약 저장고로 쓰는 등 군사적 목적으로 사용했다. 베시는 군이 시설을 사용하는 동안 라프로익의 제품과 증류 장비, 직원들을 보호했다. 그녀는 저장고 관리인의 위스키 제조 능력을 강조하여 그를 징집 위기에서 구하기도 했다. 또한 다양한 사안에 대해 군과 여러 차례 협상을 벌여 처음 요구한 것보다 훨씬 적은 면적만을 내어줬다. 베시의 설득력과 강한 의지 덕에 라프로익 증류소는 무사히 전쟁 시기를 견뎌냈다.

1954년 라프로익의 소유주가 세상을 떠나며 가장 적합한 인재에게 증류소의 모든 권한을 맡겼다. 그 인재는 바로 베시 윌리엄슨이었다. 그녀에게는 라프로익 증류소에서 만들어내는 스모키한 스카치를 발전시키기 위한 원대한 계획이 있었다.

▼ ▲ ▼

1960년대에는 페미니즘의 두 번째 물결이 미국을 강타했다. 피임, 동등한 임금, 재생산 권리 확대 등을 위한 투쟁이 활발하게 벌어졌다. 고고 부츠가 선풍적인 인기를 끌었던 시기이기도 하다. 기업의 이사회실, 국가의 연방법원과 함께 페미니즘 투쟁의 격전지가 된 또 하나의 장소는 바로 술집이었다.

이 시기 대부분의 술집은 원칙적으로 여성의 출입을 금지하지는 않았다. 그러나 미국의 여러 주와 업소들은 각종 창의적인 방법을 동원하여 여성 출입을 우회적으로 막았다. 금주법 폐지 이후 삼십 년이 지난 시점이었지만, 남성들은 여전히 여성과 나란히 앉아 술을 마시기를 꺼려했다. 많은 바와 클럽이 여전히 남성 전용으로 운영됐다. 일부는 여성의 출입 가능 시간을 오후 3시까지로 제한하기도 했다. 중요한 업무 식사 자리나 회의가 대부분 오후 3시쯤이면 끝났기 때문이다. 남성을 동반한 여성만 출입을 허용하는 바도 여전히 많았다. 일부 술집은 여성의 출입을 막는 이유로 'B걸B-girl'이라는 어설픈 핑계를 늘어놓기도 했다.

B걸은 1940년대부터 존재했다. 바에서는 B걸을 고용해 남성들과 춤을 추고 술을 권하게 해 매출을 올렸다. 사실 이런 관행은 훨씬 더 먼 과거인 1800년대 후반 댄스홀과 살룬으로까지 거슬러 올라간다. 이러한 여성들은 처음에는 퍼센트 걸percentage girl이라고 불렸다. 남성이 술집에 지불한 돈의 일정 비율을 여성에게 줬기 때문이다. 보통 성매매는 하지 않았으며, 남성을 따라 가지도 않았다. 이들의 임무는 바에서 밤새 춤을 추고 남성에게 술을 사달라고 해서 매출을 올리는 것이었다. 여성들이 술을 많이 마셔 취하면 곤란했기 때문에 바텐더는 술 대신 아이스티 같은 무알콜 음료를 몰래 따라주곤 했다. 그녀들은 남자 손님의 눈을 피해 화분에 술을 버리는 기술이 뛰어났다. 1956년 개봉한 〈버스 정류장Bus Stop〉이

라는 영화에서 마릴린 먼로가 B걸 역할로 나온다. 영화에는 그녀가 하룻밤에 가짜 칵테일을 열다섯 잔이나 마셔야 한다고 불평하는 장면이 등장한다.

B걸들은 그저 생계를 유지하려는 여성들이었다. 그러나 이들은 교활한 포식자로 인식됐고, 이러한 인식은 제2차 세계대전 이후 더욱 강해졌다. 1950년대에는 B걸의 위험성을 많은 매체에서 선정적으로 보도했다. 술집을 찾는 군인들이 B걸과 어울린다는 것이 그 이유였다. B걸은 술집에서 순진한 군인에게 관심을 보이는 척하며 그들이 힘들게 번 돈을 뜯어내는 존재였다(여성들과 어울리는 동안 군인들도 즐거운 시간을 보냈을 것이라는 사실은 전혀 중요하지 않았다). 여전히 많은 이들이 남자가 술을 사주면 여자는 남자가 원하는 대로 할 의무가 있다고 여겼다. B걸을 둘러싼 분노는 남자가 여자에게 술을 사줄 때 생기는 특정한 의무, 즉 19세기 후반 댄스홀에서 형성된 전통에 뿌리를 두고 있었다.

1967년 12월의 어느 저녁, 모든 것이 바뀌기 시작했다.

언론학을 공부하는 학생이었던 조앤 케네디는 뉴욕 시러큐스에서 어머니와 함께 막 크리스마스 쇼핑을 마친 참이었다. 하루 종일 가족의 선물을 고르느라 피곤했던 모녀는 호텔 시러큐스에 있는 한 바에 들어가기로 결정했다. 레인보우 라운지Rainbow Lounge라는 이름의 바는 동행하는 남성이 없다는 이유로 입장을 거부했다. 케네디는 분노했다.

사건이 있은 지 얼마 후 조앤은 캐런 디크로우Karen DeCrow를 만났다. 캐런은 얼마 전 설립된 전미 여성 기구National Organization for Women 시러큐스 지부에서 활동하고 있는 법대생이었다.

전미 여성 기구 내에서는 술집 출입권에 대한 투쟁을 조직의 우선순위로 삼는 것에 대해 논란이 있었다. 수천 년 전부터 존재한 술 마시는 여성에 대한 편견 때문에 일부는 이 문제에 나서는 것을 망설였다. 많은 회원들이 맥주를 마시기 위한 투쟁은 남녀 동일 임금 보장을 위한 투쟁보다 왠지 덜 고귀해 보인다고 생각했다.

그러나 캐런 디크로우의 생각은 달랐다.

캐런은 여성이 자유로운 인간이 되기 위해서, 또 직장생활에 더욱 잘 참여하기 위해서는 자유로운 술집 출입이 중요하다고 주장했다. 그녀는 여성이 집을 떠나 중요한 인맥 형성과 비즈니스 미팅이 이루어지는 공공 장소에 자유롭게 드나들 수 있어야 한다고 생각했다. 1964년에 이르러서도 스물여섯 개 주에서 여성 바텐더 고용을 금지했다. 캐런의 이러한 주장에 결국 전미 여성 기구의 나머지 회원들도 함께하기로 했다.

캐런은 레인보우 라운지에서의 연좌 시위를 제안했다. 전국의 활동가들이 시러큐스로 모여들었다. 그러나 호텔 측에서도 나름의 준비를 해둔 상태였다. 호텔 측은 시위대가 도착하기 직전 바의 최대 수용 인원 규정을 110명에서 6명으로 조정하고, 시위대가 앉지 못하도록 모든 바 의자의 좌석 부분을 빼놓았다. 그러나 이런 조치도 시위대를 막지는 못했다. 호텔에 도착한 시위대는 바에 들어가서 선 채로 시위를 진행했다. 이후 디크로우는 호텔 시러큐스를 상대로 소송을 제기했다.

디크로우는 이듬해 몇 차례의 연좌 시위를 더 진행한 후 1968년 뉴욕에서 열린 전미 여성 기구 총회에서 성별에 따른 바 출입 차별 문제를 안건으로 올렸다. 총회가 열린 빌트모어 호텔은 디크로우가 제기한 문제에 딱 어울렸다. 이 호텔에도 남성 전용 바가 있었기 때문이다(아직 이곳에서는 디크로우의 연좌 시위가 진행되지 않은 상태였다).

그다음 해 2월 디크로우는 여성 기구의 다른 회원들과 함께 공공 숙박시설 시위 주간을 조직했다. 일주일간 진행된 이 시위에는 미국 곳곳의 남성 전용 바에 입장하여 술을 주문하고 마시는 주문 시위 drink-in 활동도 포함되어 있었다. 시위 장소는 비벌리힐스 호텔의 폴로 라운지 Polo Lounge, 워싱턴 DC의 리트리트 Retreat 바, 시카고의 버그호프 Berghoff 바, 뉴욕 플라자 호텔의 오크룸 Oak Room 등이 포함됐다.

맨해튼에 위치한 바 맥솔리 McSorley's는 백오십 년 동안 한 번도 여성에게 술을 팔지 않았다는 사실에 자부심을 가진 곳이었다. 출입문에는 '여성용 별도 공간 없음'이라는 팻말이 걸려 있었고, 주인은 "여자 손님 없이도 맛있는 맥주와 생양파 안주로 한 세기 넘게 번창했다"며 자랑스러워했다.*

---

* 맥솔리의 첫 여성 고객은 인근에서 가죽 제품 매장을 운영하던 바버라 샤움 Barbara Schaum이었다. 바버라가 부디 생양파 안주를 좋아했기를 빈다.

여성 기구의 집회와 주문 시위는 이듬해에 마침내 결실을 맺었다. 뉴욕시는 1970년 모든 공공장소에서의 성차별을 법적으로 금지했다. 일부 바는 여전히 여성의 출입을 거부하여 강제적인 조치가 필요했지만, 일부는 새로운 고객을 환영했다. 그동안의 소동을 홍보용으로 이용하는 곳도 있었다. 시카고의 버그호프 바는 페미니스트 운동가 글로리아 스타이넘Gloria Steinem을 초대해 술을 대접하기도 했다(물론 수많은 기자도 함께 초대했다).

이런 변화는 비록 때늦은 감이 있었지만 바람직한 일이었다. 그러나 법적 조치가 마련된 후에도 여성들이 술집에서 겪는 현실은 곧바로 변하지 않았다. 많은 여성이 여전히 술집에 갈 때 위축되고 불편해했다. 혼자서는 더욱 그러했다. 법적으로 여성의 출입을 허용했다고 모든 술집이 여성을 두 팔 벌려 환영하지는 않았다. 하지만 여성도 충분히 좋은 고객이 될 수 있다는 것을 깨닫자 일부 술집은 변화하기 시작했다.

▼ ▲ ▼

1970년대가 되자 많은 술집들이 여자의 출입을 허용하면 남자 손님이 늘어난다는 사실을 깨달았다. 술집에 여성이 있으면 남성들이 그리로 몰린다는 사실을 드디어 알게 된 것이다. 이 사실을 깨닫는 데 그렇게 오랜 시간이 걸렸다는 게 놀라울 뿐이다.

미혼 남녀들이 모이는 '싱글 바'는 1960년대와 1970년대에 본격적으로 생기기 시작했다. 싱글 바는 여성 손님의 출입을 허용하는 정도가 아니라 여성들을 환영하고 적극적으로 유치했다. 술집들은 수 세기에 걸친 성차별을 서둘러 없애고 여성 고객을 유치하기 위해 바쁘게 움직였다.

방법은 제각각이었다. 일부는 내부 환경을 더 청결하고 안전하게 정비하여 여성들이 선호하는 공간을 만들었다. 그런가 하면 좀 더 직접적인 방법이 동원되기도 했다.

그렇게 등장한 것이 1970년대의 '레이디스 나이트ladies' night'였다. 레이디스 나이트는 일종의 여성 우대 할인으로, 일주일에 한 번, 또는 한 달에 한 번 평일 밤에 여성들에게 무료 또는 매우 저렴한 가격으로 술을 제공했다. 이런 행사로 여성들이 모이면 독신 남성들이 몰려들어 술을 많이 주문할 것이고, 그렇게 하면 공짜로 나눠주는 술값을 상쇄하고도 남을 것이라는 계산이었다. 레이디스 나이트를 처음 도입한 곳은 레스토랑 체인 TGIF의 뉴욕 지점이었다. 아쉽게도 당시에는 지금과 달리 감자 안주는 서비스로 제공하지 않았다.

그런데 레이디스 나이트는 사실 여성을 위한 특전이 아니었다. 그보다는 남자 고객을 끌어들이기 위한 일종의 미끼로 기획된 행사에 가까웠다. 여성들은 레이디스 나이트를 통해 상품화됐다. 레이디스 나이트에 온 여자 손님은 술집이 진짜 신경 쓰는 고객이라기보다 미끼 상품에 가까웠다.

동기가 어찌됐든 전략은 성공적이었다. 레이디스 나이트는 특

히 주머니 사정이 넉넉지 않은 여
대생들이 많은 대학가에서 더욱
효과적이었다. 미국에서 성공을
거둔 이 전략은 홍콩을 비롯한 전
세계 도시로 퍼져나갔다. 레이디
스 나이트류의 행사는 2000년대
까지 지속되다가 남성에게만 술
값을 청구하는 행위의 합법성에
이의를 제기하는 사람들이 생겨
나며 많이 사라졌다.

필라델피아 어느 유서 깊은 바의
여성용 입구 표시

　여성 고객들로 인해 만들어진 또 다른 형식의 술집으로는 '펀
바 *fern bar*(양치식물과 관엽식물로 내부를 장식한 술집 – 옮긴이)'가 있다.
최초의 펀 바는 1970년 샌프란시스코에서 개업한 헨리 아프리카
*Henry Africa's*라는 술집이었다.* 헨리 아프리카는 모든 성별을 대상
으로 했지만, 여성 고객을 유치하기 위한 인테리어에 특별히 신경
을 썼다. 펀 바라는 이름이 보여주듯 내부에는 식물 장식이 많았
다. 소파 자리는 더 아늑하게 꾸몄고, 바 의자에는 쿠션을 씌웠다.
유리잔 또한 더 고급스러운 것으로 준비했다. 바 의자에 쿠션을 씌
워 더 편하게 앉을 수 있게 하는 것이 어째서 *여성적인 감각*인지는

---

*　바 주인의 이름은 노먼 홉데이Norman Hobday였는데, 자신의 바를 너무나 사랑했던
　노먼은 추후 헨리 아프리카로 정식 개명했다.

의문이지만, 어쨌든 당시에는 그렇게 여겨졌다.

펀 바는 퇴근 후 편한 분위기에서 술 한잔을 즐기며 사람들과 어울리고 싶어 하는 젊은 직장인들에게 인기 있는 장소가 됐다. 지저분한 선술집과 값비싼 호텔 바의 중간쯤에 자리 잡은 펀 바는 많은 이들의 수요를 충족했다. 드라마 〈셋이서 동거Three's Company〉와 〈치어스Cheers〉에 나오는 바들은 펀 바를 모델로 한 것이다.

한편 캐나다의 술집에서도 미국과 비슷한 움직임이 일어나고 있었다. 그동안 여성의 주류 서빙을 금지했던 일부 주는 1960년대가 되며 마침내 이를 허용했다. 여성의 서빙을 허용하는 새로운 형태의 술집들은 주로 '라운지lounge'라는 이름으로 불렸다. 칵테일 라운지, 다이닝 라운지 등 라운지라는 단어가 붙는 공간은 여성 친화적인 경향이 강했다. 라운지들은 펀 바와 마찬가지로 여성 고객을 유치하기 위해 노력했다. 이들 라운지는 캐나다에서 여성이 혼자서도 맘 편하게 들어갈 수 있는 최초의 술집이 됐다. 그러나 라운지에도 문제는 있었는데 바로 노동 계급 여성을 배제한다는 점이었다. 대부분의 라운지에는 치마를 입은 손님만 입장할 수 있다는 드레스 코드가 있었기 때문에 공장에서 일과를 마치고 한잔 마시러 온 이들은 환영받지 못했다.

미국의 일부 주에서는 성별에 따른 음주 연령 차별 또한 시정되기 시작했다. 1976년 미국 대법원에서는 크레이그Craig 대 보런Boren 사건에 대한 역사적인 판결이 내려졌다. 사건이 시작된 곳은 오클라호마주였다. 당시 오클라호마에서 여성은 18세부터 알코올 함량 3.2퍼센트의 맥주를 구매할 수 있었지만, 남성의 경우 21세부터 구매할 수 있었다.* 이는 여성들이 가족이 마실 맥주 구매를 담당하던 관행에서 비롯된 것이었다. 여성은 남편이나 다른 가족 구성원이 마실 맥주를 구매하기 때문에 더 낮은 연령에도 구매가 가능하고, 남성은 본인이 직접 마실 맥주만 구매하니 가능 연령이 더 높았던 것이다. 이 법을 바꿀 필요가 있다고 느낀 커티스 크레이그Curtis Craig라는 스무 살 남성과 주류 판매점을 운영하던 캐럴린 휘트너Carolyn Whitener라는 여성이 팀을 이루어 법정에서 이의를 제기했다.

이 소송은 처음에는 난항을 겪었다. 그러나 미국 시민 자유 연합American Civil Liberties Union의 여성 권익 증진단Women's Rights Project에서 법률 고문을 맡고 있던 한 변호사가 도움의 손길을 내밀며 조금씩 풀려나갔다. 이 변호사는 다름 아닌 미래의 연방대법관 루스 베이더 긴즈버그Ruth Bader Ginsburg였다. 긴즈버그는 이 사건을 맡고 있던 변호사에게 "대법원이 맥주를 마시는 사람들에게 관심을 가져주어 기쁘다"는 내용의 서한을 보냈다.

긴즈버그의 변론은 성공적이었고, 대법원은 오클라호마 법률의 성별 분류를 위헌으로 판결했다. 이 판결은 성차별 사건에 대한 새로운 검토 기준이 되었다. 그러니 다음에 맥주를 마실 때는 긴즈버그 대법관을 위해 건배를 외쳐보는 건 어떨까?

---

* 저알코올 맥주보다 알코올 함량이 높은 술은 여성도 21세부터 구매할 수 있었다.

1970년대에는 여성 친화적인 술집들과 함께 레즈비언 바 또한 번성했다. 레즈비언 바는 샌프란시스코, 뉴욕 등 대도시에 주로 밀집되어 있었다. 당시 뉴욕에는 최대 열 곳의 레즈비언 바가 동시에 존재하기도 했다. 1977년에는 뉴욕 최초의 여성 소유 레즈비언 바였던 보니 앤드 클라이드Bonnie and Clyde에서 여성 바 시상식Women's Bar Award이 개최될 정도로 그 수가 많았다. 이 행사에서는 최고의 바메이드, 최고의 웨이트리스, 최고의 경비원을 선발했다. 이 시상식은 미국 최초의, 아니 아마도 세계 최초의 여성 중심 주류 산업 시상식이었을 것이다.

안타깝게도 당시 존재했던 레즈비언 바 중 상당수는 문을 닫았다.* 그러나 1970년대에는 실로 다양한 종류의 레즈비언 바가 존재했다.** 누구나 부담 없이 찾을 수 있는 허름한 술집부터 화려한 칵테일 라운지, 아늑한 펍까지 다양했다. 이들은 공통적으로 성소수자들을 위한 중요한 공동체 공간이 되어줬다. 1960년대의 성소수자용 여행 가이드북에는 이 술집들이 소개되어 있다(물론 안전상의 이유로 내용은 일종의 암호로 써놓았다). 1970년대에 나온 『가이아 가이드Gaia's Guide』(레즈비언 중심의 여행 가이드북 - 옮긴이)부터는

---

* 2019년 뉴욕시에 남아 있는 레즈비언 바는 단 세 곳이다.
** 하지만 당시 게이 바에 비해 레즈비언 바의 수는 훨씬 적었다.

좀 더 직접적인 용어가 등장하기 시작했고, 특정 바를 홍보하는 광고가 게재되기도 했다.

그러나 이 시기의 레즈비언 바에도 차별은 존재했다. 일부 레즈비언 바는 1960년대에 흑인 여성들을 배제했듯 1970년대에는 트랜스젠더 여성을 배제했다(물론 인종 차별도 여전했다). 모든 술집이 그랬던 것은 아니지만, 일부는 *생물학적 여성*만 출입 가능하다는 표지판을 내걸기도 했다.

동성애자 해방 운동은 어느 술집에 있던 한 트랜스젠더 여성으로부터 시작됐다. 1969년, 남성 전용 게이 바였던 스톤월 인Stonewall Inn은 마침내 생물학적 여성과 트랜스젠더 여성, 드랙퀸의 출입을 허용했다. 흑인 트랜스젠더 여성 마샤 P. 존슨Marsha P. Johnson은 그해 6월 스톤월에서 열린 동성애자 인권 항쟁에 참여하며 역사를 만들었다. 현재는 스톤월 항쟁이라고 알려진 이 사건에서 존슨은 가장 눈에 띄는 인물 중 하나였다. 경찰의 불시 단속에서 시작된 이 항쟁의 도화선에 불을 붙인 인물이 바로 존슨이었다.

▼ ▲ ▼

베시 윌리엄슨은 라프로익의 공식적인 소유주가 됐다. 그녀에게는 십육 년에 걸쳐 회사를 관리하며 다른 증류소들과 끈끈한 비즈니스 관계를 구축한 경험이 있었다. 책임자의 자리에 오른 베시는 위스키 세계에 변화를 몰고 올 준비가 되어 있었다.

강력하고 독특한 풍미를 지닌 라프로익은 블렌딩에 가장 많이 사용되는 위스키 중 하나였다. 그러나 베시가 보기에 이제 세계의 애주가들은 대담하고 스모키한 라프로익의 매력을 직접 즐길 준비가 되어 있었다. 그녀는 블렌디드 위스키에 섞여 희석된 라프로익이 아닌 순수한 라프로익, 즉 싱글몰트 라프로익을 병에 담아 판매할 계획을 세웠다.

베시는 또한 아일레이 위스키를 하나의 차별화된 개념으로 발전시키고자 했다. 라프로익 증류소의 새로운 소유주였던 베시는 라프로익뿐 아니라 아일레이섬 자체를 세상에 알리고 싶었다. 그녀는 사람들이 아일레이 위스키 특유의 강한 풍미와 스모키함에서 아일레이섬으로 떠나는 여행을 떠올려주기를 바랐다. 목표는 라프로익 싱글몰트를 구매한 고객이 한 병의 위스키를 통해 짭짤한 바닷바람과 포근한 울스웨터, 녹색의 구릉과 톡 쏘는 이탄 연기를 느끼게 하는 것이었다. 이탄은 산성의 습지와 늪에서 발견되는 식물 퇴적물의 일종인데, 스코틀랜드에서는 전통적으로 이 이탄을 자르고 말려 장작 대신 사용했다. 이탄 태우는 냄새가 스코틀랜드 특유의 향이듯, 위스키 생산 과정에서 이탄 훈연을 통해 더해지는 풍미는 아일레이 스카치에서 두드러지는 특성이다.

1960년대 초 베시는 한 텔레비전 인터뷰에서 다음과 같이 말했다. "아일레이 위스키의 비밀은 이탄과 그 이탄이 함유된 물입니다. 모두 아일레이섬에서 얻을 수 있는 것들이죠. 이런 것들이 아일레이 위스키를 아일레이답게 만들어줍니다."

같은 인터뷰에서 베시는 라프로익에 대한 높은 수요와 희소성을 강조하기도 했다. "아일레이 위스키 시장이 점점 커지고 있습니다. 수요가 높아지고 있어서 공급량을 맞추는 데 어려움을 겪고 있어요." 이 말은 세계에서 가장 성공적인 위스키 마케팅 전략이 됐다. 소비자들은 라프로익을 눈에 보이면 없어지기 전에 일단 사둬야 하는 특별한 위스키로 인식하기 시작했다.

베시의 열정과 의욕, 천재적인 마케팅 실력에 감탄한 스카치 위스키 협회Scotch Whisky Association는 그녀의 능력을 활용하기로 결정했다. 협회는 1961년 베시를 미국 시장을 담당하는 대변인으로 임명했고, 베시는 그해 싱글몰트 스카치를 홍보하기 위해 미국으로 떠났다.

베시는 미국 전역을 순회하며 바 운영자와 주류 판매점 주인들을 만났다. 그녀는 그들을 만난 자리에서 자신이 가장 잘하는 일, 즉 아일레이 스카치에 대한 열정과 사랑을 표현하는 일을 했다. 싱글몰트 스카치의 고급스러움을 강조하며, 가격이 조금 비싸도 고객들은 기꺼이 싱글몰트를 구매할 것이라고 설득해나갔다.

그 후 삼 년 동안 베시는 미국 전역을 돌며 싱글몰트 스카치를 홍보했다. 격자무늬 스커트에 편한 스웨터, 환한 미소의 베시는 스코틀랜드 위스키의 완벽한 홍보대사였다. 하루의 육아 피로를 와인으로 푸는 '와인 맘wine mom'이라는 표현은 아마 들어보았을 것이다. 그녀는 위스키 사랑을 전파하는 '위스키 이모whiskey aunt'였다. 베시의 매력과 신념에 매료된 사람들은 그녀와 함께 위스키 사랑에 빠져들었다.

베시의 홍보 캠페인은 성공적이었다. 1960년대 중반이 되자 미국인들의 입맛이 바뀌기 시작한 것이다. 블렌디드 위스키의 인기는 떨어지고 소비자들은 집에서도 바에서도 싱글몰트를 원했다. 주류 판매점과 바에서는 싱글몰트 취급을 늘리고 고객에게도 싱글몰트를 권하기 시작했다.

대부분의 언론은 그녀가 홍보하는 위스키보다는 그녀가 여자라는 사실에 더 관심을 보였다. 베시는 이에 대해 종종 방어적인 모습을 보이기도 했다. 그녀가 사람들에게 전하고 싶은 것은 위스키 세계에서 살아가는 여성의 삶 이야기가 아니었으며, 위스키 자체에 대한 이야기를 하고 싶었다. 1962년에는 연합통신의 한 기자에게 이렇게 말하기도 했다. "그래요, 여성이 위스키 증류업자가 되고자 하는 게 좀 이상하게 보일 수는 있죠. 하지만 위스키 증류를 한다고 해서 이상한 여자는 아니랍니다."

베시는 업무 때문에 아일레이를 자주 떠나 있었지만, 아일레이 위스키 개발을 게을리하지는 않았다. 그녀는 라프로익을 최고의 스카치 위스키 브랜드로 만들기 위해 자신의 계획들을 추진해나갔다.

▼ ▲ ▼

1960년대까지 미국 와인 업계에서는 여성을 거의 찾아볼 수 없었다.

1800년대 후반 캘리포니아를 중심으로 한 지역에는 와인 양조 업자의 미망인이 몇 명 존재하기는 했다. 글렌 엘런Glen Ellen에서 텐 오크스Ten Oaks Vineyards 포도 농장을 성공적으로 운영한 케이트 워필드Kate Warfield가 대표적인 인물이었다. 같은 시기 인근의 글렌 엘런 랜치Glen Ellen Ranch를 운영했던 엘런 굿Ellen Good이라는 여성도 있었다. 그렇지만 어쨌든 와인 양조는 전반적으로 남자들의 세계였다.

그러던 1965년 메리 앤 그라프Mary Ann Graf가 캘리포니아 대학교 데이비스 캠퍼스에서 발효과학 학사 학위를 취득했다. 양조나 와인을 업으로 삼고 싶은 이들이 주로 택하는 전공이었는데, 와인 생산에 관심이 많았던 메리는 시미 와이너리Simi Winery에서 와인 메이커로 일하게 됐다. 그녀는 여성 최초의 학위 취득자였지만, 곧 많은 후배가 그녀의 뒤를 따랐다.

1970년 젤마 롱Zelma Long은 메리와 같은 캘리포니아 대학교의 포도재배학과 양조학과 석사 과정에 입학했다. 학위를 마치기 전 학교를 떠난 그녀는 여성 최초로 시미 와이너리의 총지배인 자리에 올랐다. 1973년에는 메러디스 에드워즈Meredith Edwards가 그라프와 롱의 뒤를 이었다. 메러디스는 현재 소노마 카운티의 유명한 포도 농장 두 곳을 소유하고 있다.

세계가 미국 와인, 특히 캘리포니아 와인에 주목하기 시작한 것은 1970년대에 들어서였다. 이전까지 미국 와인은 이탈리아나 프랑스 와인에 비해 품질이 떨어진다고 여겼다. 그러던 1976년 5월

24일 파리의 한 시음회에서 평가단이 캘리포니아 와인을 프랑스 와인과 동급으로 평가하며 업계에 충격을 줬다. 북쪽의 나파 밸리와 남쪽의 소노마 밸리를 비롯하여 캘리포니아에 있는 와이너리가 주목받기 시작했다. 이를 계기로 캘리포니아 와인 사업은 폭발적인 호황을 맞았다.

앤 노블Ann Noble 박사는 여기서 한 걸음 더 나아갔다. 캘리포니아 대학교에서 학위를 수여하는 사람이 된 것이다. 노블 박사는 1974년 포도재배학 및 양조학과의 첫 번째 여성 교수로 임용됐다. 몇 년 후 그녀의 학과에 더 많은 여성 동료가 합류했다.

노블 박사는 매사추세츠 앰허스트 대학교에서 식품 과학 박사학위를 취득한 미각 전문가였다. 그녀는 와인의 맛을 설명하는 방식을 바꾸고자 했다. 당시 와인을 설명하는 용어는 전반적으로 모호하여 제대로 된 이해를 돕지 못했다. 여성적인 와인, 남성적인 와인이라는 표현도 자주 사용됐다.

남성적이라는 게 대체 무슨 맛을 말하는 걸까? 올드 스파이스Old Spice 같은 스킨 맛? 와인을 이런 식으로 묘사하는 것은 전혀 도움이 되지 않을 뿐더러 오히려 혼란을 초래하기도 했다. 노블 박사는 모두에게 익숙한 음식에 기반을 둔 와인 용어집을 만들어 이 문제를 해결하고자 했다.

그녀는 견과류, 과일, 향신료, 꽃, 나무 등 열두 가지의 대분류를 기본으로 와인의 향과 맛을 표현할 수 있게 하는 아로마 휠aroma wheel을 만들었다. 각각의 분류는 모두 일반인도 쉽게 이해할 수 있는 단어로 구성됐다. 노블 박사는 와인에 대한 객관적이고 명확한 언어 사용을 선도했다.

고가의 와인을 접해보지 않은 보통 사람들도 그녀가 구축한 시스템을 쉽게 활용할 수 있었다. 와인 산업을 활짝 연 노블 박사의 아로마 휠은 사람들이 와인을 맛보고 그 맛에 대해 얘기하는 방식을 완전히 바꿔놓았다.

한편 텔레비전에서는 줄리아 차일드Julia Child가 와인 마시는 여성에 대한 사람들의 인식을 바꾸고 있었다.

미국의 요리 연구가이자 요리사였던 줄리아는 〈프렌치 셰프 French Chef〉라는 인기 텔레비전 프로그램을 진행했다. 1963년 처음 방송된 이 프로그램은 시청자들 사이에서 폭발적인 인기를 끌었다. 줄리아는 요리를 하는 중간에 전혀 이상할 것 없다는 듯이 와인을 한 모금씩 마시곤 했다. 그러고는 이렇게 말했다. "와인과 함께 요리하는 걸 좋아해요. 가끔 음식에 넣기도 하죠."

방송 중에 와인을 마시는 것은, 특히 여성이 그런 행위를 한다는 것은 1960년대에는 상상도 할 수 없는 일이었다. 게다가 요리를 하는 푸근하고 다정한 주부가 갑자기 술을 마시다니, 더더욱 말도 안 되는 일이었다. 이 시기 텔레비전은 주부들의 삶과 문제에 대해서는 전혀 다루지 않았다. 여성들이 부엌에서 술을 마셔온 지 벌써 천 년이 넘었지만 모두가 이를 쉬쉬했다. 그러다 줄리아 차일드가 그 모습을 텔레비전에서 보여준 것이다. 줄리아는 대중들에게 여자가 집에서 와인을 마시는 일이 극히 정상적인 행동임을 보여줬다.

이 시기 미국인들은 대체로 맛없는 와인을 마셨다. 1960년대 말까지 대부분의 사람들은 테이블 와인이라고 부르는 저품질의 값싼 와인을 마셨다. 앞서 소개한 뵈브 클리코가 첫 번째 또는 두 번째 압착한 포도즙만 사용하여 훌륭한 샴페인을 만들었다는 이야기를 기억할 것이다. 테이블 와인은 그 후로도 몇 번의 압착을 거친 후 남은 즙으로 만든 와인이었다. 줄리아 차일드가 보여준 좋은 와인에 대한 열정은 식사에 고급 와인을 곁들이는 유행을 되살렸다.

줄리아는 와인을 좋아했지만 진 애호가이기도 했다. 그녀는 진과 베르무트의 비율을 뒤바꿔 만드는 업사이드다운 마티니를 좋아했다. 줄리아는 칵테일 세계에 불어 닥친 보드카 열풍 속에서도 보드카가 아닌 진을 넣은 마티니를 고수했다.

줄리아 차일드가 텔레비전에서 와인의 인기를 높이고 있던 시기, 켄터키에서는 조이 페린Joy Perrine이라는 바텐더가 버번 위스키의 인기를 높이고 있었다.

1960년대와 1970년대 미국에서 버번은 할아버지 술로 불렸다. 중년이나 노년의 남자들이나 마시는 술이라 여겨 젊은이들은 거의 마시지 않았다. 바텐더들은 칵테일을 만들 때 버번을 사용하지 않았다.

금주법 폐지 이후 버번이 들어간 올드패션드라는 칵테일이 인기를 끌기도 했지만, 이제 말 그대로 구닥다리old-fashioned 술이 되어 버린 것이다. 그러나 자칭 '버번계의 배드 걸Bad Girl of Bourbon' 조이 페린이 나타나며 상황은 새로운 전개를 맞았다.

조이 페린은 1960년대 초 산타크루스섬에서 바텐더 생활을 시작했다. 부모님이 금주법 시대에 럼 밀주 일을 했던지라 그녀의 핏속에는 이미 증류주에 대한 열정이 흐르고 있었다. 이십 대 초반에 바텐더가 된 조이는 음료 만드는 일을 정말 좋아했다. 카리브해의 미국령 버진아일랜드에 속한 산타크루스는 럼 칵테일을 연구하기 좋은 곳이었고, 그녀는 실험을 거듭하며 다양한 칵테일 기술을 배워나갔다. 그러던 어느 날 조이는 카리브해를 떠나 켄터키주 루이빌로 향했다. 켄터키주에서 여성의 바텐딩 금지가 해제된 지 육 년밖에 되지 않은 1978년의 일이었다.

조이는 켄터키에서도 바텐더로 일했다. 새로 일하게 된 바에서 그녀는 켄터키의 대표적인 증류주 버번을 만나 사랑에 빠졌다. 조이는 산타크루스 시절 럼으로 실험을 했듯 버번으로도 다양한 실험을 해보고 싶었다. 올드패션드가 바텐더가 알아야 할 가장 중요한 칵테일이라는 데는 이견이 없었지만, 그 이상을 만들어보고 싶은 마음이 컸다. 문제는 대부분의 손님이 원액 그대로의 스트레이트 위스키의 맛에 익숙하지 않고 그리 좋아하지도 않는다는 것이었다.

조이는 직접 제조한 시럽과 과일 추출액 등을 넣어 버번 칵테일을 만들어보았다. 그녀의 칵테일은 맛있었지만 곧바로 다른 바텐더들의 반발에 부딪쳤다. 전통을 고수하는 바텐더들에게 버번에 과일 시럽을 섞는 행위는 신성모독에 가까웠기 때문이다. 바텐더들은 조이가 남성적인 술로 여성적인 칵테일을 만든다며 그녀의 레시피를 반대했다.

조이는 버번의 규칙을 깬다는 의미에서 스스로에게 '버번계의 배드 걸'이라는 별명을 붙였다. 조이는 주변의 반대를 신경 쓰지 않았다. 켄터키 바텐더들의 전통을 따르는 것보다 버번에 대한 사랑을 손님들과 나누는 것이 더 중요했기 때문이다. 조이는 2016년 인터뷰에서 다음과 같이 말했다. "아무것도 타지 않은 스트레이트 위스키 맛을 싫어하는 사람도 있어요. 맛있는 칵테일을 만들어서 버번 위스키를 좋아하게 만드는 게 뭐가 문제인가요?"

다른 바텐더들의 비난은 여전했지만, 조이의 칵테일은 손님들 사이에서 큰 인기를 끌었다. 조이는 손님들을 새로운 칵테일과 버번의 세계로 이끌었다. 그녀는 사과나 생강 등 익숙한 맛을 함께 활용하여 버번을 한 번도 마셔본 적 없는 이들도 애호가로 만들었다. 조이는 반대론자들에게 자신의 생각을 확고히 보여주기 위해 손에 검은과부거미 문신을 새겼다.

조이는 착실히 실력과 경력을 쌓아나갔다. 1985년에는 루이빌의 유서 깊은 에쿠스 레스토랑Equus Restaurant 바에서 일하게 됐고, 2019년 사망할 때까지 그곳에서 근무했다(현재 이 바의 이름은 잭스 버번 라운지Jack's Bourbon Lounge다).

조이는 오십여 년을 바텐더로 일했다. "바텐더로 태어나 바텐더로 죽을 것"이라고 말하곤 했던 그녀의 말은 현실이 됐다. 조이는 버번 전문가 수전 레이글러Susan Reigler와 함께 『켄터키 버번 칵테

일 북The Kentucky Bourbon Cocktail Book』과 『켄터키 버번 칵테일 북
2 More Kentucky Bourbon Cocktails』라는 칵테일 레시피 책을 냈다.
2016년 여성 바텐더 최초로 켄터키 버번 명예의 전당에 헌액되기
도 했다.

▼ ▲ ▼

1960년대와 1970년대에도 여전히 세계 곳곳에서는 여성들이
술을 마실 권리를 위해 투쟁했다. 그렇다. 여전히 말이다.

네팔의 여성들은 전통적으로 락시Lakci라는 술을 만들고 마셔왔
다. 락시는 기장이나 쌀을 증류하여 만드는 술로, 맑고 도수가 강
하지만 사케와 비슷한 맛이 나기도 한다. 락시는 마을 공동체에서
중요한 역할을 했다. 식생활의 일부이자 약용으로도 쓰였기 때문
이다. 외딴 마을에서는 치료를 받을 때 쓸 수 있는 유일한 진통제
가 술이었다. 출산 시 기력을 보충하기 위해 산모에게 주는 경우도
있었다. 일부 공동체에서는 종교 의식과 의례에서 중요한 용도로
쓰이기도 했다.

가장 중요한 것은 락시가 여성들의 주요 수입원이었다는 점이
다. 특히 락시는 룸비니의 롤파 지역에 사는 타방족 여성들에게 중
요했다. 이들이 락시를 만들어 버는 돈은 특별했다. 그 수입은 집
안의 재산이 아닌 여성의 개인 재산으로 간주됐으며, 보통 자녀의
학비나 옷값으로 사용됐기 때문이다(이는 지금도 마찬가지다).

1970년대 네팔의 주류 업계에도 마침내 산업화가 닥쳤다. 술의 생산 현장을 부엌에서 공장으로 옮기려는 움직임이 일었다. 여성들이 하던 일을 남성의 손에 넘기겠다는 의미였다. 마을의 남성 지도자들은 가정 내 양조를 금지하고 집에서 만든 술을 허가받은 주류로 대체하자고 제안했다. 그렇게 1970년대 초 여성들이 들고 일어났다.

이들은 마을 회의장으로 행진하여 회의 진행을 막았다. 이후 여성들은 대표단을 만들어 자신들의 주장을 조리 있게 정리한 후 마을 회의에 전달했다. 여성들의 항의는 받아들여졌고, 그렇게 그들은 락시를 만들고 판매할 권리를 지켜냈다.

락시는 오늘날까지도 네팔 여성들의 중요한 수입원으로 남아 있다. 현대적인 생활에 익숙해진 젊은 여성들은 전통을 경시하기도 하지만, 네팔의 나이든 여성들은 여전히 락시를 증류하며 큰 자부심을 느낀다.

그렇다면 맥주를 양조할 권리를 지키기 위해 수십 년 동안 싸워온 남아프리카의 여성들은 어떻게 됐을까?

1961년, 남아프리카는 공화국이 됐다. 정부는 사회적 이유가 아닌 경제적 이유로 주류에 대한 법적 제한을 해제해야 한다는 광범위한 요구에 부딪쳤다. 비어홀은 어차피 독점을 정당화할 만큼의 수익을 내지 못하고 있었고, 경찰은 쉬빈이나 쉬빈 운영자들을 통제하는 것이 불가능하다는 사실을 마침내 인정해야 했다. 사람들은 불법이든 아니든 어차피 맥주를 만들고 마시고 팔 것이었다.

이 사실을 깨달은 정부는 수입을 올릴 다른 방법을 찾았다.

이듬해에 마침내 주류법이 개정됐다. 1962년 8월 15일 아프리카 원주민에 대한 음주 금지가 해제됐다. 가정 양조는 다시 합법이 되었다. 하지만 집에서 양조한 맥주를 팔기 위해서는 정부에서 발급한 허가증을 받아야 했다. 아파르트헤이트는 여전히 존재했고, 그 후로도 수십 년간 유지됐다. 원주민들은 주류 판매점에 들어갈 때 구석에 따로 있는 비유럽인 출입구를 이용해야 했다.

오랜 세월 이어진 억압에도 남아프리카의 여성들은 양조를 멈추지 않았다. 그리고 이들의 노력 덕에 남아프리카의 양조업은 마침내 번성하기 시작했다.

▼ ▲ ▼

베시 윌리엄슨은 스카치 위스키 시장을 확장해가는 중에도 라프로익의 품질 유지를 게을리하지 않았다.

스카치 위스키 협회의 미국 담당 대변인직을 맡은 1961년 베시는 라프로익을 위한 원대한 계획을 발표했다. 베시는 증류소를 확장하는 한편 최고급 설비를 들여올 계획을 세웠다. 계획을 실현할 자금을 마련하기 위해 주식의 일부를 매각했다. 회사에 대한 권한은 일부 줄어들었지만, 매각을 통해 라프로익의 재도약을 위한 자금을 확보할 수 있었다.

라프로익에는 새로운 창고가 건설됐다. 추가로 구입한 증류기와 보일러는 그 크기가 너무 커서 본토에서 아일레이섬으로 들여올 때 스코틀랜드 군대의 상륙주정을 동원해야 했다. 증류소의 나머지 시설들도 수리와 개조를 통해 새로 태어났다.

베시 윌리엄슨의 천재적인 마케팅, 그리고 새로운 장비와 공간 덕에 가능했던 생산량 증가로 라프로익은 곧 최고의 스카치 위스키 브랜드 중 하나로 자리매김했다.

베시가 단지 돈만을 위해 이 모든 일을 했다고 생각하면 오산이다. 그녀는 라프로익 증류소를, 그리고 그곳에서 일하는 사람들을 사랑했다. 1960~1970년대 베시는 수익의 일부를 포기하고 직원들에게 더 많은 급여를 지급하고 많은 돈을 기부했다. 또한 라프로익이 지역 사회에 긍정적인 영향을 줄 수 있도록 축제 등 행사가 열릴 때 주민들에게 증류소 부지를 개방하곤 했다. 그녀는 이 같은 수많은 자선 활동으로 엘리자베스 여왕이 수여하는 훈장을 받기도 했다.

1972년 베시는 예순한 살의 나이에 라프로익의 나머지 지분을 정리하고 스카치 업계에서 은퇴했다. 그로부터 십 년 후 그녀는 글래스고에서 세상을 떠났다. 그 이후 아직까지 라프로익에는 다른 여자 지배인이나 소유주가 나타나지 않았다.

베시는 아일레이 위스키의 성공에 크게 기여했다. 그녀는 보모어 Bowmore, 라가불린 Lagavulin, 아드벡 Ardbeg을 비롯한 아일레이섬 증류소들의 성공을 위한 토대를 마련했다.

베시 윌리엄슨은 아무것도 타지 않고 니트하게 즐기는 싱글몰트 스카치 위스키가 알고 보면 '여성의 술'라는 사실을 보여주는 증인이다. 미국에서 스카치 위스키가 대중화된 것은 모두 그녀의 공이다. 베시는 남녀를 떠나 모든 소비자들이 스카치의 강렬한 맛을 즐길 준비가 되었다고 믿었다. 위스키를 희석하거나 더 달게 만들자는 의견에 반대했고, 자신의 주장을 관철시킨 끝에 성공을 이뤄냈다.

하지만 원한다면 위스키를 좀 더 달게 즐기는 것도 물론 괜찮다. '버번계의 배드 걸' 조이 페린이 말했듯 위스키는 마시는 사람 마음대로 마시는 게 진리니 말이다. 스카치 위스키, 라이 위스키, 버번 위스키 할 것 없이 위스키는 모든 사람의 모든 취향을 위한 술이다.

안타까운 것은 많은 여성들이 멋진 술은 여성스러운 술이 될 수 없고, 여성스러운 술은 멋진 술이 될 수 없다는 잘못된 생각을 믿었다는 점이다. 위스키를 마시는 여자는 다른 여자들과 다르다는 그 생각 말이다. 물론 위스키는 멋진 술이다. 그러나 위스키를 마시는 사람이 와인이나 맥주, 보드카를 마시는 사람보다 더 멋진 것은 아니다.

마시고 싶은 술을 고를 때조차 가부장적인 생각에 휘둘릴 필요는 없다. 그냥 원하는 술을 마시면 된다. 혹시 베시 윌리엄슨 같은 진정한 위스키 여성이 되고 싶다면 그녀처럼 투박한 울 카디건을 입고 머리를 야무지게 틀어 올린 후 빈티지 잔을 꺼내 와서 위스키를 따라 마셔보자.

지금까지 살펴보았듯 1960년대와 1970년대에는 혁신적인 증류소 주인과 바텐더, 과학자, 활동가들이 등장했다. 그리고 마침내 그들의 노력 끝에 다음 장에서 만나볼 세계 최초의 여성 마스터 블렌더가 탄생했다.

13장

최초의 여성 마스터 블렌더와
자메이카 럼

1980~1990년대

수백 년 동안 주류 산업에서 끊임없이 밀려나고 배제되어온 여성들은 1980년대와 1990년대에 마침내 공식적으로, 그리고 합법적으로 다시 양조와 증류의 세계에 입성했다.

　한 여성이 길을 열었고, 뒤이어 올 수많은 여성들을 위해 그 길을 닦았다. 주인공은 바로 세계 최초의 여성 마스터 블렌더, 럼의 여왕 조이 스펜스Joy Spence였다.

　21세기에 들어오며 럼이라는 술은 억울한 처지에 몰렸다. 크래프트 칵테일 마니아가 아닌 이상 대개 럼에 불을 붙여 나오는 스콜피온 볼Scorpion Bowl 칵테일이나 콜라와 섞어 빨간 플라스틱 컵에 담은 싸구려 럼앤콕을 마실 때만 럼을 접하기 때문이다. 티키 열풍과 함께 화려하게 부활했던 럼은 다시 사람들의 기억에서 잊혀졌다. 1980~1990년대가 되었을 무렵에는 대부분 '럼' 하면 달디 단 칵테일이나 대학 파티에서 진탕 마시고 실수했던 기억을 떠올리게 됐다.

그러나 사실 럼은 최고급 위스키에 버금가는 복합적인 풍미와 깊이를 지닌 술이다. 훌륭한 럼을 만드는 데는 아주 특별한 기술과 경험이 필요하다(믿지 않으려 하는 사람도 있겠지만 세상에는 정말 훌륭한 럼이 존재한다). 조이 스펜스는 그 두 가지를 모두 갖춘 이였다.

1951년에 태어난 조이는 자메이카의 수도 킹스턴에서 자랐다. 그녀는 열정적인 화학 선생님 덕에 열세 살 때부터 화학을 좋아했다. 그런데 안타깝게도 선생님은 조이가 고등학교에 진학하기 전에 세상을 떠났다. 그녀는 상심했지만 선생님을 자랑스럽게 해드리겠다는 마음으로 화학 공부에 매진했다.

그녀는 1972년 서인도제도 대학교를 우등으로 졸업하고 몇 년 후 영국으로 건너가 러프버러Loughborough 대학교에서 분석화학 석사 학위를 취득했다.* 조이는 다시 자메이카로 돌아와 커피 원두로 리큐르를 만드는 티아 마리아Tia Maria라는 회사에 화학 연구개발자로 취직했다.

그러나 몇 년 만에 조이는 금세 지루해졌다. 티아 마리아에서는 진취적으로 도전해볼 만한 일이 별로 주어지지 않았다. 다행히 바로 근처에는 자메이카의 전설적인 럼 회사 레이 앤드 네퓨Wray and

---

* 조이의 기말고사 성적은 여전히 러프러버 대학교 학생 중 최고 기록으로 남아 있다고 한다.

Nephew가 있었다(조이에게도 전 세계의 럼 애호가에게도 큰 행운이 아닐 수 없다). 조이는 관심을 가지고 레이 앤드 네퓨를 지켜봤고 럼을 만드는 과정은 꽤 재미있어 보였다. 마침내 그녀는 이력서를 보내기로 결심했다.

그 결과 술의 새로운 역사가 펼쳐졌다.

▼ ▲ ▼

미국을 비롯한 여러 나라의 공공 음주 문화는 여전히 여성들을 완전히 받아들이지 않고 있었다. 많은 비서양권 국가들이 서양의 술과 관습을 받아들였지만 여성의 음주는 배제하려 했다. 예를 들어 일본 남성들은 버번을 비롯한 미국 술을 기꺼이 맛보고 즐겼지만, 여성이 같은 술을 마시는 것은 장려하지 않았다. 그들에게 여성은 술을 건네고 따라주는 사람이지 같이 마시는 사람이 아니었기 때문이다.

1980년대 말과 1990년대 초 서양에서 성장한 새로운 세대의 여성들은 반란을 일으킬 준비가 되어 있었다. 1900년대 초 미국의 플래퍼 문화에서 영감을 받은 젊은 백인 여성들은 거칠게 놀기를 주저하지 않았다.

1990년대 영국에서 라데트ladette 문화가 탄생했다. 라데트 문화는 중산층의 젊은 남성들이 지적인 추구는 기피한 채 폭음과 고함, 성차별을 일삼던 라드lad 문화에 대한 젊은 여성들의 직접적인 반응이었다. 라드와 라데트의 관계는 꼬리를 입에 문 뱀처럼 돌고 도는 관계였다. 성차별에 대항하여 만들어진 페미니즘에 위협을 느낀 남성들이 라드 문화를 형성하고, 라드 문화에 대응하기 위해 라데트 문화가 나왔으니 말이다.

라데트족은 험한 말과 폭음, 노출이 심한 옷을 즐기는 젊은 여성들이었다. 이들은 남자가 하는 것은 뭐든 더 잘 할 수 있다는, 적어도 똑같이는 할 수 있다는 것을 증명하기 위해 나섰다. 이들은 폭음을 즐기고 지나가는 행인에게 갑자기 신체 일부를 노출하기도 했으며, 맥주를 마시며 남자들에게 작업을 걸기도 했다.

특정한 경제 계층만 라데트족이 되는 것은 아니었다. 그러나 이들은 대부분 괜찮은 직장에 다니며 돈도 잘 버는 젊은 직장인이었고, 대개는 대학 교육을 받은 이들이었다. 사회는 이들이 소위 말하는 '착한 여성'이라는 데서 충격을 받았다.

라데트족 여성들은 커리어에 집중하는 현대적인 여성이 된다는 것이 지니는 의미를 배워가고 있는 중이었다. 이들은 집안일이나 출산을 거부했다. 라데트족은 사회가 전통적으로 기대하는 여성적인 행동에서 완전히 벗어나 있었다. 이러한 상황을 먼저 경험한 세대도 없으니 이들에게는 따라야 할 청사진이나 참고할 만한 사례도 없었다. 그래서 이들은 남자들과 똑같이 행동하기로 결정했다. 결혼을 하는 연령대가 높아지고 있었고 라데트족은 아직 가정을 꾸리지 않은 상태였다. 이들에게는 쓸 돈이 있었고, 그 돈을 쓰고자 찾은 곳은 술집이었다.

배꼽에 피어싱을 한 라데트족 여성들이 과일향 보디 스프레이의 안개 속에서 나타나 영국의 술집들을 점령했다. 조이 볼Zoe Ball, 사라 콕스Sara Cox, 데니스 반 아우텐Denise van Outen을 비롯한 유명인들이 라데트 문화를 널리 알렸다. 언론은 술에 취해 엉망으로 거칠게 노는 여성들의 모습을 보도하느라 정신이 없었다(바로 그 옆에 똑같이 술에 취해 엉망으로 거칠게 노는 남성들도 있었지만 언론은 별 관심을 보이지 않았다).

폭음(한 자리에서 술을 다섯 잔 이상 마시는 것)을 즐기는 여성의 수는 1990년대에 급증했지만 남성의 수가 여전히 훨씬 높았다. 1998년 진행된 한 연구에서는 18~24세 남성의 39퍼센트가 폭음을 하는 반면 여성의 경우는 8퍼센트만이 폭음을 하는 것으로 드러났다. 폭음을 하는 남성의 수가 훨씬 많았지만, 비난은 여성의 몫이었다. 알코올 중독과 자동차 사고 증가를 비롯해 술과 관련된 모든 사회 문제의 증가가 여성의 폭음 탓으로 돌아왔다. 남자애들이야 원래 그러니 어쩔 수 없지만, 여자애들마저 남자애들처럼 놀기 시작하면 사회 전체가 무너진다는 것이었다.

라데트 문화는 2000년대 초 즈음하여 사그라졌다. 라데트족을 둘러싼 두려움은 사실 남성처럼 행동하는 여성에 대한 수천 년 된 공포의 현대판이었다. 라데트족은 생각해보면 탱크톱 차림에 통굽 구두를 신고 복숭아 슈냅스를 마시며 디오니소스를 숭배하는 현대판 마에나드였다.

▼ ▲ ▼

1990년대는 미국에서 포용적인 레즈비언 바가 가장 많이 번성한 시기다. 90년대에 들어서며 레즈비언들의 공공장소 외출이 조금은 더 안전해졌다. 뉴욕과 같은 도시의 경찰서에 동성애 혐오적인 풍기 단속반이 존재했던 80년대와는 사뭇 달랐다. 풍기 단속반은 주로 흑인과 라틴계 여성이 찾는 레즈비언 바를 표적으로 삼았다. 인종 차별주의자와 동성애 혐오주의자들은 이러한 바에 대해 소음 민원을 넣는 방식으로 그곳에 모인 사람들을 괴롭혔다. 맨해튼의 더체스Duchess를 비롯한 일부 바는 남성에게 술 판매를 거부했다는 이유로 법적 문제에 휘말리기도 했다. 그러나 90년대에 들어서며 상황은 나아진 듯 보였다.

90년대에는 대도시에 포용적인 바가 많이 생겨났다. 맨해튼의 크레이지 내니Crazy Nanny는 트렌스젠더 여성을 환영하는 술집으로 유명했다. 퀸스에는 라틴계 레즈비언 바가 두 군데 생겼다. 스톤월 인 근처에서 1991년 영업을 시작한 헨리에타 허드슨Henrietta Hudson's이라는 바는 현재까지 영업 중으로, 뉴욕에서 가장 오래된 레즈비언 술집이다(샌프란시스코에서 1966년 문을 연 모드Maud's가 미국에서 가장 오래된 레즈비언 바였지만 안타깝게도 1989년 폐업했다).

이때 줄지어 생겨난 레즈비언 바들은 안타깝게도 오래가지 못했다. 1990년대 이후에는 급격히 감소했고, 2010년을 즈음해서는 여러 가지 이유로 줄줄이 문을 닫았다. 굳이 레즈비언 바가 아니어

최초의 여성 마스터 블렌더와 자메이카 럼　　　　412

도 성소수자들이 모일 수 있는 장소가 많이 생겼고, 연애 상대를 찾을 수 있는 데이트 애플리케이션들도 출시됐다. 흑인, 원주민, 유색인종 동성애자들이 자주 찾던 전통적인 지역들이 젠트리피케이션gentrification을 겪으며 그곳에 있던 술집들도 밀려났다. 전반적으로 레즈비언만을 대상으로 하는 술집에 대한 관심은 줄었고, 그보다는 성소수자 전반을 환영하는 퀴어 친화적인 공간에 대한 선호가 높아졌다.

▼ ▲ ▼

성적 지향과 상관없이 1990년대에는 바를 찾는 여성이 크게 늘어났다. 바텐더나 웨이트리스도 일하는 여성도 많아졌다. 이는 여성들이 일할 수 있는 곳이 많아졌다는 의미다. 또한 업무 회의나 네트워킹 행사에 참여하는 일도 많아지면서 일터에서의 영향력이 전에 비해 높아졌다. 더 많은 여성이 공공의 영역에 접근하게 되면서 바를 비롯한 집 밖의 장소에서 사람들을 만나 어울릴 기회가 많아졌다. 여성들은 그저 긴장을 풀고 즐거운 시간을 보내기 위해 술집을 찾기도 했다. 어쨌든 이제 더 많은 여자들이 자신이 원할 때 원하는 곳에서 술 한잔을 즐길 수 있게 된 것이다.

그러나 수십 년의 투쟁을 통해 술집에 들어가고 나니 이번에는 술집 안에서 일어나는 일을 걱정해야 하는 상황이 닥쳤다. 나중에 '데이트 강간 약물'이라는 이름으로 불리게 된 약물들이 1990년대에 등장했기 때문이다. 누군가 술에 데이트 강간 약물을 넣을지도 모른다는 두려움은 바에서도 나이트 클럽에서도 여성들의 음주 문화에 큰 영향을 미쳤다.

데이트 강간 약물은 신체를 무력화시켜 성폭행에 취약하게 만들었다. 맛과 냄새가 없어 음료에 몰래 녹여 넣을 수 있는 약물이 주로 많이 사용됐다. 다양한 약물이 존재했지만 가장 악명 높은 것은 '루피 roofie'라고도 불렸던 로힙놀 Rohypnol이라는 약물이다. 1990년대에 로힙놀은 싼 값으로 쉽게 구할 수 있었다. 로힙놀의 악명이 높아지며 모든 데이트 강간 약물이 루피라는 이름으로 통칭되기도 했다. 나중에는 심지어 '루피당하다roofied'라는 동사가 나오기도 했다.

플루니트라제팜 flunitrazepam이라고도 불리는 로힙놀은 발륨이나 자낙스 같은 신경안정제의 초강력 버전이라고 볼 수 있다. 1970년대에 중증 불면증 치료용으로 출시된 벤조디아제핀benzodiazepine 계열의 약물로, 가벼운 향정신성 진정제에 속한다. 로힙놀은 약물의 영향을 받는 동안에는 새로운 기억을 형성하지 못하는 선행성 기억상실을 유발하는 경향이 있다(GHB, 또는 '물뽕'이라고도 부르는 감마히드록시낙산gamma-hydroxybutyric acid 또한 유사한 부작용을 일으킨다).

1995년에서 1996년경 이러한 약물에 대한 우려가 미국 전역에서 일었다. 신문과 잡지는 데이트 강간 약물과 범죄자들의 수법에 대한 기사를 연일 쏟아냈다. 미국과 캐나다, 호주, 영국의 술집, 나이트 클럽 등을 중심으로 공포가 번졌다.

로힙놀의 제조사인 호프만 라 로슈Hoffman-La Roche는 어떻게든 판매 제한과 규제를 피하기 위해 안전 캠페인을 전개했다. 이 캠페인은 여성들이 술을 마시러 외출할 때 행동하는 방식을 영원히 바꿔놓았다.*

'내 잔 지키기Watch Your Drink' 캠페인은 규제를 피하기 위해 로슈가 벌인 일종의 로비였다. 데이트 강간 약물에 대한 이들의 접근 방식은 두 가지였다. 첫째, 로슈는 문제의 주범으로 술을 지목했다. 로힙놀은 알코올 음료뿐 아니라 일반 음료수에도 넣을 수 있었지만, 이들은 술이 가장 나쁜 데이트 강간 약물이라고 선언했다. 둘째로 이들은 누군가 술에 약물을 타지 못하게 지키고 폭력을 피할 책임을 여성에게만 떠넘겼다. 데이트 약물 피해자들은 '그러게 왜 술을 계속 보고 있지 않았어'라거나 '그러게 왜 나가서 술을 마셨어'라는 반응에 고통받아야 했다. 그러나 성폭력은 계획만 잘 세우면 피해갈 수 있는 폭우 같은 자연 현상이 아니라 누군가의 의도적인 범죄다.

로슈는 '내 잔 지키기' 캠페인만 진행했지 '여자들한테 성폭력 저지르지 마, 이 쓰레기 자식아!' 캠페인은 진행하지 않았다. 데이트 강간을 예방해야 하는 책임은 고스란히 여자들의 어깨 위에 놓였

* 사실 미국 내에서 로힙놀은 과거에도 현재도 판매 금지 약물이다. 그렇기 때문에 대부분은 유럽이나 멕시코에서 밀반입된다. 1998년부터 로슈는 투명한 음료에 로힙놀을 넣었을 때 감지할 수 있도록 파란색 염료를 첨가하기 시작했다.

다. 로슈의 캠페인이 처음 시작되고 거의 삼십 년이 지났지만, 그 메시지는 아직도 많은 이의 생각을 지배하고 있다.

'내 잔 지키기' 캠페인 이후 여성들에게는 술집에서 꼭 지켜야 할 안전 수칙이 생겼다. 여성들이 음주에 대해 최초이자 유일하게 듣는 말은 바로 자기 술잔을 항상 주시하라는 말이다. 술잔을 아무 데나 내려놓지 말고, 항상 일행과 함께 있고, 바텐더가 주는 음료만 마시라는 이야기를 듣는다.

약물 문제가 부각되며 바텐더들은 여성 손님들의 안전을 위해 일종의 암호를 만들었다. 도움이 필요하거나 누군가 술에 약물을 탄 것 같은 의심이 들면 바텐더에게 앤젤angel, 또는 앤젤라Angela 라고 말하라는 것이었다. '앤젤 샷'을 주문하는 것은 도움이 필요하다는 의미였다. '앤젤 샷 스트레이트'는 차까지 데려다 달라는 의미였고, '앤젤 샷에 얼음 추가'는 택시나 차량 서비스를 불러 달라는 의미였다. '앤젤 샷에 라임 추가'는 경찰을 불러달라는 의미였다.

한편 기업들의 행태는 점입가경이었다. 기업들은 로힙놀에 닿으면 색이 변하는 매니큐어를 출시하는 등 약물 성분을 가려낼 수 있는 제품들을 앞다투어 내놓았다. 이들 기업은 공포심을 조장해 제품 판매를 늘리려고 데이트 강간 약물 사건 통계를 부풀렸다.

'내 잔 지키기' 캠페인에는 약물이 아닌 술에 취해 성폭행을 당한 피해자들을 향한 편견의 시선도 담겨 있었다. 이 캠페인에 담긴 메시지는 자칫 잘못하면 술집이나 파티에서 술을 지나치게 마신 여성에게는 무슨 일이 일어나도 마땅하다는, 심지어 그런 여성은 강간을 당해도 어쩔 수 없다는 뜻으로 해석될 수 있었다. 마치 범죄를 막을 의무가 피해 여성에게 있었다는 듯 말이다. 이는 예나 지금이나 한결같은 편견, 즉 여성이 짧은 치마를 입어서 성폭행을 당했다는 편견과 비슷한 논리다.

미국 사회는 여성이 술에 취해도 성폭행을 당하지 않을 권리가 있다는 사실을 선뜻 받아들이지 못했다.

금주법 이전에는 여성의 음주를 막기 위해 '착한 여자'라는 서사가 동원됐다. 1990년대에는 이와 유사한 쓰임의 '똑똑한 여자'라는 서사가 등장했다. 이는 여성을 존중하는 척하면서 책임을 전가하는 행위였다. 똑똑한 여자라면 자기 술을 알아서 잘 지켜야 한다. 똑똑한 여자라면 술 취한 남자가 늑대라는 것을 명심하고 그런 상황을 피해야 한다. 똑똑한 여자는 술자리에서 친구들을 살피고 친구가 얼마나 마시는지도 주시해야 한다. 아니, 사실 정말 똑똑하다면 아예 술집에 가지를 말아야 한다.

그럼 여성이 술을 마시러 나갔을 때 해야 하는 일들을 정리해보자. 자신의 음주와 행동을 조심하고, 같이 외출한 친구들의 음주와 행동을 챙기고, 반경 1/4마일(400미터) 이내의 모든 남자들의 음주 상태와 행동을 주시해야 한다. 물론 술집에서 자신이 마시는 술의 양을 체크하고, 친구가 잘 있는지 살피고, 술잔에 누가 무엇을 타지는 않는지 조심하는 것이 현명하다. 그런데 생각해보면 이 '똑똑한 여자' 이야기는 뭔가를 연상시킨다. 이 서사는 지난 수 세기 동안 여성에게 온갖 책임만 지우고 정작 그 책임을 수행할 힘을 주지는 않았던 바로 그 익숙한 상황의 새로운 연장일 뿐이다.

▼ ▲ ▼

한편 자메이카의 럼 회사 레이 앤드 네퓨 또한 조이 스펜스에게 관심을 보였다. 조이의 이력서를 보고 감탄한 레이 앤드 네퓨는 사실 공석이 없기는 하지만 그래도 함께 일하고 싶다는 답변을 보냈다. 급여는 기존보다 낮았지만 조이는 흔쾌히 승낙했다.

1981년, 조이는 레이 앤드 네퓨 소유의 럼 증류소인 애플턴 에스테이트Appleton Estate에서 수석 화학자로 근무하기 시작했다. 조이의 업무는 증류소에서 생산되는 럼의 알코올 함량 등 화학적 사양의 충족 여부를 확인하는 일이었다. 아름다운 나소 밸리에 위치한 애플턴 에스테이트는 가장 오래된 럼 증류소 중 하나다. 1749년 설립된 이 증류소에는 자메이카에서 가장 오래된 설탕 농장 또한 위치하고 있다.

1980년대 자메이카에서는 여성이 술을 마시거나 술집에 가는 행위를 부적절하다 여겼다. 조이 또한 증류소에 입사하기 전까지는 술을 전혀 마시지 않았다. 그러나 애플턴에서 일하기 시작하면서 그녀는 럼과 사랑에 빠져버렸다.

조이는 애플턴의 마스터 블렌더 오웬 툴로크Owen Tulloch와 함께 일했다. 마스터 블렌더는 서로 다른 특성을 지닌 증류주 원주原

酒들을 다양하게 조합하여 블렌딩을 개발하는 사람으로, 술의 과학적 측면과 예술적 측면을 모두 이해하고 있어야 한다. 증류주를 만드는 회사에는 대부분 블렌딩을 책임지는 마스터 블렌더가 있다. 위스키, 럼, 브랜디는 물론이고 보드카 회사에도 존재한다.

마스터 블렌더가 되기 위한 가장 중요한 요건은 바로 예민하고 정확한 감각이다. 툴로크는 조이에게 냄새를 감지하고, 식별하고, 구별하는 탁월한 재능이 있다는 사실을 단번에 알아차렸다. 조이는 이백 가지가 넘는 향기를 구분해냈다. 조이의 재능을 알아본 툴로크는 그녀를 증류 과정에 참여시켰다.

럼을 만들 때는 사탕수수를 수확한 후 압착하여 사탕수수즙을 추출한다(자메이카의 사탕수수 수확철은 1~5월이다).[*] 그런 다음에는 추출한 사탕수수즙을 끓인 후 원심분리기로 설탕 결정과 당밀을 분리한다. 분리한 설탕은 따로 판매하고 당밀은 럼 증류소로 보내 물과 효모를 첨가한 후 사흘가량 발효시킨다.[**] 발효를 마친 혼합물을 증류하면 럼이 된다. 애플턴 증류소에서는 증류를 마친 럼을 오크통에 담아 킹스턴에 있는 시설에서 숙성시켰다.

조이는 십칠 년 동안 툴룩과 일하며 많은 것을 배웠다. 이 기간

---

[*] 럼의 종류에 따라 사탕수수의 종류도 달라진다.

[**] 애플턴의 효모 배양액 제조법은 수 세대에 걸쳐 비밀로 전해지고 있다. 증류소에 자연 재해 등이 닥칠 경우 이 배양액을 다시 제조할 수 있는 비밀 레시피는 조이가 가지고 있다.

동안 그녀는 럼이 지닌 복합적인 매력에 대해, 그리고 럼에 담긴 자메이카의 정체성에 대해 큰 열정을 가지게 됐다. 열대 기후 덕에 세 배 더 빠르게 숙성되는 럼은 스카치 위스키나 브랜디 같은 증류주의 깊고 복잡한 풍미를 더 빨리 낼 수 있었다.

툴룩의 은퇴와 함께 조이는 자연스럽게 마스터 블렌더 자리를 이어받았다. 그녀는 럼뿐 아니라 모든 종류의 증류주 업계에서 최초의 여성 마스터 블렌더가 됐다. 십칠 년에 걸친 훈련에도 불구하고 일부 남성 동료들은 조이의 능력을 의심했지만, 그녀는 압도적인 역량과 열정으로 결국 모두를 납득시켰다. 조이가 맡게 된 첫 번째 임무는 무려 애플턴 에스테이트의 설립 250주년을 기념하는 한정판 럼을 만드는 일이었다. 실로 부담스러운 첫 임무가 아닐 수 없었다.

마스터 블렌더인 조이는 다양한 오크통과 배치 batch에 담긴 럼 원주 중 어떤 것을 선택하여 블렌딩할지 결정하는 역할을 했다. 거대한 저장고를 거닐며 다양한 럼을 골라내고, 그 향과 맛을 보는 일은 천국에서나 겪을 법한 황홀한 경험이었다. 블렌딩에 사용할 요소를 선택한 후에는 결과물을 실험실에서 분석하여 알코올 함량 등 사양의 충족 여부를 확인했다. 물론 맛도 좋아야 했다.

애플턴 에스테이트의 250주년 한정판은 무척 맛이 좋았다. 조이의 블렌딩은 대성공이었다. 1999년 출시된 이 한정판은 증류주 업계의 찬사를 받았다. 단 6천 병만 생산된 이 한정판 럼은 현재 수집가들의 희귀 아이템이 됐다.

그리고 그것이 조이가 블렌드한 첫 번째 럼이었다.

▼ ▲ ▼

조이가 첫 여성 마스터 블렌더가 된 후 몇 년간 다른 증류소에도 여성 마스터 블렌더가 속속 등장했다. 1990년대에는 아일랜드와 스코틀랜드 위스키 업계에 마침내 여성들이 대거 유입되기 시작했다.

1995년에 대형 스카치 위스키 증류소 글렌모렌지Glenmorangie에 입사한 레이첼 배리Rachel Barrie는 위스키 업계를 완전히 바꿔 놓았다. 에든버러 대학교에서 화학을 공부한 그녀는 졸업 후 스카치 위스키 연구소Scotch Whisky Research Institute에서 연구 과학자로 일했다. 연구소에서 그녀는 스카치 위스키의 맛을 향상시키기 위해 현대의 증류소들이 활용하는 감각 과학 기술을 개발했다.

글렌모렌지에 입사한 후에는 몰팅 과정과 오크통 종류에 따른 숙성 방식에 대한 새로운 실험을 시도했다. 당시까지는 그러한 테스트가 대규모로 진행된 적이 없었지만, 레이첼이 만들어낸 맛있는 결과물은 큰 파장을 일으켰다. 얼마 지나지 않아 다른 증류소들도 다양한 오크통을 동원한 실험을 시도하기 시작했다. 스카치 위스키는 다른 술의 숙성에 사용된 오크통에 넣어 숙성시키는 경우가 많다. 버번통이 가장 자주 사용되기는 하지만, 레이첼 배리의 실험 덕에 럼이나 셰리, 와인 오크통에 숙성한 스카치가 등장했다.

레이철이 팀에 합류하고 몇 년 후 글렌모렌지는 아드벡Ardbeg 이라는 증류소를 인수했다. 둘 다 스카치 위스키 증류소였지만 글렌모렌지는 하일랜드 스카치를, 아드벡은 아일레이 스카치를 생산했다. 아드벡의 위스키는 아일레이답게 묵직하고 스모키한 풍미였고, 하일랜드 스카치는 아일레이에 비하면 달콤함과 스파이시함, 몰트향과 과일향이 강했다.

레이철은 1997년 새로 인수한 아드벡 증류소를 평가하는 임무를 맡았다. 아드벡에서 뛰어난 역량을 꽃피운 레이철은 2003년 스코틀랜드 최초의 여성 마스터 블렌더가 됐다. 그녀의 독창성과 눈부신 재능은 아드벡의 발전을 이끌었다. 그녀가 팀과 함께 만든 아드벡 슈퍼노바Ardbeg Supernova는 2008년과 2009년 올해의 위스키로 선정됐고 21세기 최고의 스카치 중 하나로 널리 인정받고 있다.

레이철 배리가 글렌모렌지에 입사한 같은 해에 아일랜드에서는 헬렌 멀홀랜드Helen Mulholland라는 여성이 부시밀즈 증류소에서 일하기 시작했다. 헬렌은 2005년 아일랜드 최초의 여성 마스터 블렌더가 됐다. 헬렌은 전원이 여성으로 구성된 시음단과 함께 최근 만들어진 아이리시 위스키 중 최고로 평가받는 작품을 내놓았다. 조이 스펜스와 마찬가지로 헬렌에게는 특별 기념판 위스키를 만드는 임무가 주어졌다. 헬렌은 부시밀즈의 400주년 기념판 위스키인 부시밀즈 1608Bushmills 1608을 만들었고, 이 작품은 2008년 월드 위스키 어워드에서 최고의 아이리시 블렌디드 위스키로 선정됐다.

미국 켄터키 버번 업계에서는 캐슬 앤드 키Castle and Key 증류소가 2015년 마침내 메리앤 이브스Marianne Eaves를 최초의 여성 마스터 블렌더로 임명했다.* 같은 해 테네시에서는 올드 도미닉Old Dominick 양조장이 알렉스 캐슬Alex Castle을 첫 여성 수석 증류사로 임명했다. 알렉스는 2020년 테네시 증류 협회Tennessee Distillers Guild의 첫 여성 회장으로 뽑히기도 했다.

하지만 세계는 여전히 여성의 이름을 딴 위스키 브랜드를 기다리고 있다. 잭 다니엘Jack Daniel's, 짐 빔Jim Beam, 조니 워커Johnnie Walker, 패피 반 윙클Pappy Van Winkle, 엘라이저 크레이그Elijah Craig 같은 브랜드 말이다. 아마도 언젠가는 '레이철 배리'나 '올드 헬렌' 같은 브랜드를 단 제품도 진열대에서 볼 수 있지 않을까?**

증류주 업계에 뒤처지지 않으려는 듯 미국 맥주 업계도 1990년대에 최초의 여성 브루 마스터를 배출했다.

밀러Miller의 퍼트리샤 헨리Patricia Henry는 1995년 미국 최초의 여성 맥주 공장 최고 관리자가 됐다. 1969년 화학 전공으로 대학을 졸업한 퍼트리샤는 1977년부터 밀러에서 일하기 시작했다. 이후 그녀는 미국 주요 맥주 회사에서 여성으로서, 그리고 흑인으로서 최초로 브루 마스터가 됐다.

---

* 메리앤 이브스는 2019년에 캐슬 앤드 키를 떠났다.

** 보다 덜 알려진 브랜드 중에는 여성의 이름을 딴 제품도 있지만, 그중 실제로 여성이 만든 위스키는 없다.

안호이저 부시의 첫 여성 브루 마스터 질 본Jill Vaughn은 1992년에 근무를 시작했다. 1992년에 식품과학 기술 석사 과정을 마친 질은 게시판에서 안호이저 부시의 채용공고를 보고 즉흥적으로 지원했다. 맥주에는 문외한이었던 그녀는 지원 후 도서관에 가서 양조 과학 관련 교재를 빌렸다. 질은 면접을 보러 가는 비행기에서 그 책들을 읽었고, 그녀의 맥주 관련 지식은 안호이저 부시의 면접관들에게 깊은 인상을 남겼다(비록 비행기에서 급히 공부한 것이었지만 말이다).

질은 안호이저 부시에서 삼십 년 가까이 일하며 버드 라이트 라임Bud Light Lime, 미켈롭 울트라Michelob Ultra 등 인기 맥주의 레시피를 개발했다. 가장 유명한 제품은 2005년 입사한 동료 브루 마스터 레베카 베넷Rebecca Bennett과 함께 만든 맥주들이다. 질과 레베카는 파티의 필수품이 된 버드 라이트 플래티넘Bud Light Platinum, 쇼크 탑Shock Top, 스트로베리타Straw-Ber-Rita 등의 히트작을 함께 개발했다. 레베카는 현재도 제인 킬브루Jane Killebrew를 비롯한 베테랑 브루 마스터들과 함께 안호이저 부시에서 일하고 있다.

안호이저 부시의 수석 브루 마스터는 대부분 여성이지만, 사실이는 업계에서 이례적인 일에 속한다. 여성 맥주 업계 종사자들을 위한 비영리 단체 핑크 부츠 소사이어티Pink Boots Society의 조사에 따르면 미국 내 브루 마스터의 99퍼센트가 남성이다. 레베카는 2014년 〈에센스Essence〉와의 인터뷰에서 다음과 같은 말을 하기도 했다. "사람들이 브루 마스터라고 하면 다들 수염 기른 남자를 떠올려요. 아프리카계 미국 여성인 저를 보면 깜짝 놀라죠."

▼ ▲ ▼

1980년대와 1990년대에는 맥주, 와인, 증류주 외에 새로운 카테고리의 술이 나타났다. 알코팝alcopop(알코올이 함유된 청량음료-옮긴이)은 숙취 지옥에서 날아온 악마처럼 등장해 세상을 혼란에 빠뜨렸다.

모든 것은 와인 쿨러wine cooler가 처음 등장한 1980년대 초에 시작됐다. 와인 쿨러는 저품질 와인에 저품질 주스, 설탕과 탄산음료를 섞은 알코올 음료였다. 와인 쿨러는 여러 가지 이유로 인기를 끌었다. 일단 가격이 저렴했고, 와인보다 (때로는 맥주보다) 알코올 함량이 낮아 주류 관련 법의 규제를 덜 받았다. 게다가 알록달록한 색깔에 알코올 맛도 별로 나지 않으니 술에 익숙하지 않은 초보 음주자나 술맛은 싫지만 취하고는 싶은 사람들에게 매력적으로 다가갔다.

와인 쿨러는 인기를 끌었지만 1991년 큰 문제에 부딪혔다. 그해 1월 미국 의회에서 와인에 부과하는 소비세를 무려 다섯 배나 인상한 것이다. 이는 더 이상 예전처럼 저렴한 비용으로 와인 쿨러를 만들 수 없다는 얘기였다. 적어도 진짜 와인을 쓰면서는 불가능했다. 그러다 누군가 와인을 값싼 맥아술로 대체하면 되겠다는 생각을 했고, 그렇게 알코올alcohol과 청량음료pop를 합한 알코팝이 탄생했다.

1990년대에는 탄산이 든 알코팝 붐이 일어났다. 지마Zima, 마이크스 하드 레모네이드, 스미노프 아이스 등이 큰 인기를 끌었다 (맥주보다 알코올 함량이 높은 경우도 있었지만). 사람들은 대개 알코팝을 진짜 술로 치지 않았고, 맥주나 위스키처럼 남성성과 연관 짓지도 않았다. 알코팝은 알록달록하고 단맛이었다. 그리고 광고에는 알코팝을 마시는 멋지고 섹시한 젊은 여성이 등장했다(텔레비전의 증류주 광고에 여성의 출연을 금지하는 법이 폐지된 것이 1987년이었다. 그렇기 때문에 광고에서 여성이 맥주나 증류주를 마시는 모습을 보는 것은 상대적으로 생소한 일이었다).

알코팝은 술에 대한 지식이나 취향이 없어도 부담 없이 주문할 수 있는 음료였다. 마시고 나서 얼굴을 찌푸릴 일도 없었고, 주변의 비웃음을 살까 봐 걱정할 필요도 없었다. 많은 이에게 알코팝은 취할 수 있는 탄산음료였다. 알코팝은 여성을 대상으로 광고하는 상품이 거의 없던 시절 여성을 타깃으로 삼았던 거의 유일한 음료기도 하다. 여성들은 알코팝 구매로 호응했다. 이 때문에 알코팝은 '계집애 술Bitch Brew'이니 '계집애 맥주Bitch Beer'니 하는 여성 혐오적인 별명을 얻게 됐다.

달달한 맛의 알코팝이 광범위하게 인기를 끌며 몇 가지 심각한 문제가 생겼다. 맛이 탄산음료와 비슷하고 색깔까지 알록달록하니 청소년들이 마시기 시작한 것이다. 미국 공익과학 센터Center for Science in the Public Interest에서 2001년 실시한 설문 조사의 결과는 충격적이었다. 17~18세 청소년의 51퍼센트가, 14~16세 청소년의 35퍼센트가 알코팝을 마셔본 적이 있다고 답한 것이다. 정말 우려할 만한 결과였다.

솔직히 말하자면 알코팝은 별로 맛이 없었다. 대부분 품질이 좋지 않은 맥아술과 인공 색소, 자극적인 감미료를 섞어 제작했기 때문이다. 알코팝을 마셔본 1980년대생과 1990년대생들에게 아버 미스트Arbor Mist(와인과 과일향, 고과당 콘시럽을 섞어 만든 알코올 음료-옮긴이) 병을 보여주면 진공청소기를 보고 덜덜 떠는 고양이처럼 질색을 할 것이다. 파티에서 아버 미스트 몇 병으로 취해본 적이 있는 사람이라면 다음 날 아침 뇌가 안전한 장소를 찾아 두개골을 필사적으로 탈출하려고 하는 것 같았던 그 지독한 숙취를 기억할 것이다.

2000년대 말이 되자 알코팝은 십 대들조차도 찾지 않는 한물간 음료가 됐다. 알코팝은 여성용 술도 아니고 그냥 모든 연령층에게 별로 매력적이지 않은, 어딘가 모자란 음료로 인식됐다. 이러한 이유로 알코팝은 쇠퇴의 길을 걸었다. 하지만 술맛이 덜 나는 술에 대한 수요는 여전히 존재한다. 최근 몇 년간 일종의 알코올 탄산수인 셀처seltzer와 캔 칵테일, 캔 와인 스프리처wine spritzer 등이 다수 출시됐다. 이런 제품들은 시럽으로 단맛을 낸 알코팝보다 좋은 원료를 쓰고 있으며, 술의 쓴맛을 싫어하는 사람들도 쉽게 마실 수 있도록 만들어졌다.

주류 회사들은 여전히 여성 고객에게 어떤 제품을 내놓고 어떻게 광고해야 할지 감을 잡지 못하고 있다. 이들 기업은 여성을 독립적인 타깃 고객층으로 설정하고 별도의 노력을 기울이는 대신 기존 제품에 단맛만 추가한 저품질 제품을 여성용이라고 내놓고 있다. 재미있는 것은 와일드 터키가 여성용 버번으로 홍보했던 아메리칸 허니 같은 제품은 사실 남성들이 더 많이 소비하고 있지만 여전히 여성용 술로 인식된다는 사실이다.

▼ ▲ ▼

첫 블렌딩한 250주년 한정판의 성공 이후 조이 스펜스는 애플 에스테이트에서 열 종류의 새로운 럼을 블렌딩했다. 현재까지 판매중인 고급 제품들의 라벨에는 조이의 서명이 인쇄되어 있다.

럼에 대한 조이의 열정은 대단했다. 또한 조국인 자메이카와, 럼이 자메이카를 대표하는 증류주라는 사실에 대해서도 큰 자부심을 지니고 있었다. 조이는 마스터 블렌더로 일하는 동시에 애플턴 에스테이트의 브랜드 홍보 대사로서 전 세계를 순회하며 자메이카 럼을 널리 알렸다. 갈색 곱슬머리에 전염성 강한 미소를 지닌 조이는 누구에게나 친근한 인상을 줬다.

베시 윌리엄슨이 그랬듯, 조이 또한 자신이 사랑하는 럼이라는 술의 세계로 사람들을 끌어들이기에 최적의 인물이었다. 조이의 말 한 마디 한 마디는 마치 그녀가 블렌딩한 럼처럼 탁월한 전문성과 뜨거운 열정의 훌륭한 조합을 보여준다. 자메이카 정부는 럼 산

업에 기여한 그녀의 공로를 인정하여 2005년 장교 계급에 해당하는 훈장을 수여했다.[*]

여기서 멈추지 않고 조이는 자메이카 럼을 한 단계 더 발전시키고자 했다.

그녀는 동료 전문가들과 팀을 꾸려 자메이카 럼의 지리적 표시 자격을 획득을 추진했다. 지리적 표시란 정해진 법과 규정을 지켜 생산한 산물에 대해서만 특정 국가나 지역의 이름을 사용할 수 있게 하는 일종의 인증 제도다. 지리적 표시는 주류뿐 아니라 치즈, 과일 등에도 적용될 수 있다. 이를테면 장소의 이름이 상표가 되는 것이다.

예를 들어 샴페인은 프랑스의 샹파뉴 지역에서만 생산될 수 있고, 버번은 미국에서만 생산될 수 있다. 다른 곳에서 생산된 제품은 스파클링 와인이나 옥수수 위스키라는 명칭을 써야 한다. 지리적 표시가 왜 필요할까? 구매자의 입장에서는 지리적 표시를 확인함으로써 자신이 사는 제품이 품질 규정을 만족한 제품이며 실제 그 지역에서 만들어졌다는 사실을 확인할 수 있다. 샴페인이라고 표시된 제품을 구매하면 그것이 샹파뉴 지역에서 생산된 스파클링 와인이라는 점을 알 수 있는 것이다.

지리적 인증을 지닌 맥주나 와인, 증류주 등은 종종 마법 같은 능력을 발휘한다. 술 한 잔을 통해 그 술이 생산된 지역의 정수를

---

[*] 2017년에는 사령관급 훈장을 받았다.

맛보는 것은 실로 짜릿한 일이다. 제대로 만든 술에는 그것이 만들어진 지역의 토양, 날씨, 물뿐 아니라 만든 사람들의 정성과 기술까지도 담겨 있다. 우리는 그러한 술을 마시며 우리가 사랑하는 장소를 떠올리기도 하고, 언젠가 가보고 싶은 곳을 떠올리기도 한다. 어느 쪽이든 그 술 한 잔과 마주한 순간 우리는 아주 작지만 친밀한 방식으로 그것이 만들어진 장소를 경험할 수 있다.

2008년 자메이카 럼은 지리적 표시제를 신청할 수 있는 기본 요건을 통과했다. 조이는 럼을 '자메이카 럼'이라고 부르고자 할 때 충족해야 할 정확한 규칙을 정하는 작업에 참여했다. 자메이카의 특정 지역에서 자연 여과된 석회수 사용, 첨가물 금지 등의 기술 및 성분 관련 규정 외에 한 가지 중요한 규정이 있었다. 바로 발효와 증류를 모두 자메이카에서 진행해야 한다는 규정이었다. 다시 말해 규정을 통과한 원료를 미국으로 실어 날라 그곳에서 럼을 만들면, 그 제품은 자메이카 럼이라고 부를 수 없다는 의미다.

지리적 표시는 자메이카 럼을 찾는 소비자에게도 중요했지만, 자메이카를 위해서도 중요한 일이었다. 이를 획득함으로써 자메이카의 럼 산업과 일자리를 지켜낼 수 있게 되었기 때문이다.

그리고 마침내 2016년 자메이카 럼은 지리적 표시제를 승인받았다. 조이의 노력 덕분이었다.

이듬해, 애플턴 에스테이트는 조이의 마스터 블렌더 취임 20주년을 축하하는 '조이 애니버서리 블렌드Joy Anniversary Blend'를 출시했다. 이 블렌드에는 25년산 럼, 35년산 럼과 함께 조이가 입사한 해인 1981년산 럼과 그녀가 가장 선호하는 증류기의 럼이 담겼다. 조이는 애플턴에 들어와서 만든 럼 중에 이 블렌드가 가장 마음에 든다고 밝혔다. 조이 애니버서리 블렌드는 2017년 올해의 럼으로 선정됐다.

조이는 사십 년 가까운 세월을 근무하며 여전히 애플턴의 마스터 블렌더 자리를 굳건히 지키고 있다. 애플턴의 증류소 투어 프로그램은 그녀의 이름을 따서 명명됐다. 조이는 애플턴에서 근무하는 틈틈이 학생들에게 무료 화학 교육도 제공하고 있다.

애니버서리 블렌드가 출시된 그해, 조이는 세계 최대의 주류 박람회이자 축제인 테일스 오브 더 칵테일Tales of the Cocktail에서 그랜드 데임 상Grand Dame Award을 수상했다. 칵테일 및 증류주 업계에서 가장 영향력 있는 여성에게 수여하는 상이었다.

상을 받은 조이는 주류 업계에서 여성의 중요성을 강조하며 다음과 같이 소감을 밝혔다.

> 주류 업계에서 일하는 모든 여성들에게 찬사를 보냅니다. 증류소에 있는 여성들만을 의미하는 것이 아닙니다. 우리는 바텐더이고 바의 운영자입니다. 우리는 홍보대사이자 의사 결정권자입니다. 또한 트렌드를 선도하는 사람들이자 멘토입니다. 가장 중요한 것은, 우리 모두가 친구라는 사실입니다. 우리는 성별, 피부색, 혈통, 성적 지향, 종교에 관계 없이 모두를 환영하는 포용적인 업계를 만들기 위해 한마음 한뜻으로 노력하고 있습니다.

조이 스펜스는 애플턴 에스테이트에서 역사를 만들었다. 그녀는 여성들이 전 세계의 증류소로 진출할 수 있는 문을 열었다. 그리고 1990년대가 끝나갈 무렵, 이번에는 여성들이 바텐더로서 다시 한번 역사를 만들 시기가 다가왔다.

14장

칵테일 르네상스 시절의 바텐더들

2000년대

칵테일은 수십 년째 암흑기에 갇힌 채 2000년을 맞이했다. 칵테일 업계는 특히 1990년대 알코팝의 등장 이후 더욱 어두운 시간을 보냈다. 그러나 다행히도 변화가 다가오고 있었다.

1980년대 후반, 뉴욕의 록펠러 센터는 대대적인 레노베이션을 단행했다. 65층에 위치한 레스토랑 레인보우 룸Rainbow Room은 확장과 인테리어 공사를 거쳐 1930년대를 연상시키는 화려한 모습으로 다시 태어났다. 새로운 수석 바텐더 데일 디그로프Dale DeGroff 는 금주법 시대 음료에서 영감을 받은 레시피들로 칵테일 혁명의 토대를 마련했다.

1990년대 내내 레인보우 룸은 새로운 칵테일 운동의 구심점 역할을 했다. 디그로프는 자신의 기술을 공유하고, 칵테일 제조와 레시피 개발에 열정적인 바텐더를 지도하고 양성했다. 현대 칵테일 르네상스의 아버지라고도 불리는 디그로프에게는 유명한 수제자가 셋 있었는데, 그중 두 명은 여성이었다. 이들 중 크래프트 칵테일을 대중에게 가장 성공적으로 알린 제자의 이름은 줄리 라이너 Julie Reiner였다.

줄리는 하와이에서 나고 자랐다. 그러다 가족이 플로리다로 이주했고, 그녀는 그곳에서 대학에 진학했다. 대학 졸업 후에는 샌프란시스코로 갔다. 취업 후 몇몇 기업에서 회사 생활을 했지만 모두 지루하게 느껴졌다. 평생 사무직으로 일하고 싶지 않다고 생각한 줄리는 파크 55 호텔에서 칵테일 웨이트리스로 일하기 시작했다. 린다 푸스코Linda Fusco라는 이름의 바 지배인이 줄리에게 칵테일 제조법을 알려줬고, 그렇게 스타가 탄생했다.

1998년, 줄리는 칵테일 르네상스의 중심인 뉴욕에 도착했지만 바텐더 일자리를 찾는 것은 쉽지 않았다. 2017년 〈스릴리스트Thrillist〉와의 인터뷰에서 줄리는 당시를 회상하며 이렇게 말했다. "바에 들어가서 바텐더 자리를 찾는다고 하면 웨이트리스로 일해 보는 건 어떠냐고 묻더라고요." 지배인에게 남자 바텐더들보다 훨씬 잘할 수 있다고 어필했지만 기회는 주어지지 않았다.

그러다 누군가 워싱턴 스퀘어 호텔의 바에서 지배인을 구하고 있다는 소식을 알려줬다. 줄리는 이 자리에 지원했고, 처음으로 지배인 직을 맡아 근무하게 됐다.

호텔에 위치한 바의 이름은 C3였다. 그리고 그곳에는 새로운 에너지가 절실히 필요했다. 길거리에서 보면 거기에 바가 있다는 것조차 알아채기 힘들 정도로 전혀 눈에 띄지 않았다. 다행히 줄리는 이 일의 적임자였다.

그녀는 넘치는 창의력과 호기심을 활용하여 C3의 음료 메뉴를 완전히 개편했다. 그녀는 자신만의 비법으로 클래식 칵테일을 변형하기도 하고 새로운 칵테일을 개발하기도 했다. 막 피어나고 있던 뉴욕 칵테일 업계는 줄리의 이러한 모험을 반겼다. 대화를 즐기는 외향적인 성격, 그리고 그 성격이 그대로 드러나는 유쾌한 웃음은 줄리를 빛나게 했다.

2000년, 줄리의 애플 마티니가 〈뉴욕타임스〉에 소개됐다. 줄리는 시판되는 보드카를 사용하지 않고 그래니 스미스라는 품종의 사과를 보드카에 침출하여 사용했다. 몇 달 후 〈뉴욕타임스〉는 줄리가 만든 또 다른 칵테일 프렌치 77을 소개했다(브랜디와 샴보드라는 리큐르로 만든, 프렌치 75라는 칵테일의 변형이었다). 이후 〈뉴욕매거진〉에서도 줄리에 대한 기사를 썼다.

하지만 C3의 관리자들은 줄리의 인기에 기뻐하기는커녕 지배인이 바 자체보다 유명해지는 상황을 못마땅하게 생각했다. 결국 C3는 줄리를 해고했다. 그리고 해고는 그들이 그녀에게 준 최고의 선물이 됐다.

2000년대 새로운 밀레니엄의 시작과 함께 새로운 여성용 술이 등장했다. 줄리 라이너가 뉴욕 칵테일 업계에서 명성을 높이고 있던 그 시기, 가장 유명하고 가장 악명 높은 여성용 술이 뉴욕에 나타났다. 바로 코스모폴리탄이었다.

코스모폴리탄의 기원에 대해서는 다양한 이야기가 존재한다.*
한 가지 확실한 것은 1980~1990년대 미국 전역의 여러 칵테일
바에서 이 음료가 이미 떠돌고 있었다는 사실이다. 들어가는 재료
는 보드카와 라임 주스, 트리플 세크라는 오렌지 리큐르, 그리고 코
스모폴리탄의 그 유명한 핑크빛을 내는 크랜베리 주스다. 1995년
데일 디그로프가 바텐더로 있던 레인보우 룸에서 그래미 파티가
열렸는데, 여기서 마돈나가 코스모폴리탄을 손에 들고 있는 모습
이 사진에 찍혔다.

큰 인기를 끈 TV 드라마가 아니었다면 코스모폴리탄은 아마도
그저 애호가들이 가끔 찾는 칵테일로 남았을 것이다. 코스모폴리
탄은 1999년 드라마 〈섹스 앤 더 시티Sex and the City〉 두 번째 시
즌 두 번째 에피소드에서 처음 등장했다. 당시 이 드라마는 미국
여성들의 취향을 좌지우지했다. 젊은 직장인들은 〈섹스 앤 더 시
티〉에 나오는 명품 구두와 가방을 원했다. 칵테일도 마찬가지였다.

2000년 무렵 코스모폴리탄은 사라 제시카 파커Sarah Jessica
Parker가 연기한 주인공 캐리를 대표하는 칵테일이 됐고, 선풍적인
인기를 끌었다. 모든 것이 코스모폴리탄을 위해 준비된 것 같은 완
벽한 순간이었다. 우아하고 세련된 마티니 글라스에 담긴 매력적

---

* 그중 가장 믿을 만한 것은 마이애미의 셰릴 쿡Cheryl Cook이라는 바텐더가 1985년
개발했다는 설이다. 셰릴은 마티니 글라스에 담는, 그러나 마티니보다 더 대중적으
로 사랑받을 수 있는 칵테일을 만들고자 했다.

인 핑크색의 코스모폴리탄은 젊은 여성들이 원하는 모든 것을 상징하는 음료였다. 코스모폴리탄은 드라마에 등장하는 것들 중 가장 '구매할 만한' 것이기도 했다. 몇 천 달러씩 들여 명품 가방을 살 수는 없었지만, 코스모폴리탄 정도는 부담 없이 마실 수 있었다.

코스모폴리탄은 대놓고 여성스러운 술이었다. 당시 가장 인기 있는 칵테일은 마티니였다. 마티니 잔에 담긴 깔끔하고 무색 투명한 마티니는 언제나 남성 사업가를 떠올리게 했다. 같은 마티니 잔에 담겼지만 코스모폴리탄은 핑크색이었다. 미국 문화에서 핑크는 좋은 의미로든 나쁜 의미로든 늘 여성을 나타내는 색이었다.

〈섹스 앤 더 시티〉의 두 번째 시즌 이전에는 술과 관련된 여성 인플루언서가 존재하지 않았다. 여성들은 보드카 소다, 그리고 보드카 소다와 비슷하지만 왠지 심심한 보드카 마티니 외에는 뭘 주문해야 할지 몰랐다. 대부분은 바텐더에게 가서 자기가 아는 것만 주문했다. 그러나 이제는 캐리가 마시던 음료를 주문할 수 있었다. 마티니가 전문직 남성을 위한 음료였다면, 코스모폴리탄은 전문직 여성을 위한 음료였다.**

곧 바텐더들은 코스모폴리탄 만들기에 신물이 났다. 그러다 몇 년 후 마침내 유행이 지나가고 코스모폴리탄도 예전의 반짝이던 빛을 잃었다. 〈섹스 앤 더 시티〉 극장판이 개봉한 2008년에는 코

** 줄리 라이너는 크랜베리가 아닌 블러드 오렌지를 쓴 코스모폴리탄 레시피를 만들었다.

스모폴리탄도 식상한 칵테일이 되어버렸다.

빈자리를 채우기 위해 서둘러 등장한 또 다른 핑크색 술은 로제 와인이었다. 로제 와인은 레드 와인과 화이트 와인을 혼합한 것이 아닌 별도의 과정을 거쳐 생산되는 와인의 한 종류다. 포도 껍질의 색깔이 포도즙에 일부 스며들어 만들어지는 로제는 실제로 가장 오래된 유형의 와인 중 하나다. 2000년대 중반, 로제는 과거 코스모폴리탄이 인기를 모았던 것과 비슷한 이유로 새로운 유행이 됐다. 여성스럽고, 새롭고, 왠지 고급스러웠기 때문이다(포도 작황이 기록적으로 좋았던 2005년, 캘리포니아산 로제가 엄청나게 생산되어 저렴하게 팔린 것도 인기에 한몫했을 수 있다).

와인이 큰 인기를 끌게 된 기반을 다진 또 다른 여성 배우의 활약이 있었다.

2001년 개봉한 〈브리짓 존스의 일기 Bridget Jones's Diary〉는 〈오만과 편견 Pride and Prejudice〉을 현대적으로 재해석한 헬렌 필딩 Helen Fielding의 1996년 소설을 원작으로 한 영화다. 르네 젤위거 Renée Zellweger가 연기하는 주인공 브리짓이 선택한 술은 화이트 와인, 그중에서도 샤르도네였다. 그러나 브리짓과 샤르도네의 관계는 캐리와 코스모폴리탄의 관계와는 사뭇 달랐다.

코스모폴리탄이 성공을 상징하는 술이었던 데 반해, 샤르도네는 성공 근처에도 가지 못한 여성의 술이었다. 브리짓은 제대로 하는 게 하나도 없는 삼십 대 백인 직장 여성의 모습을 그려냈다. 브리짓은 담배를 끊으려고, 살을 빼려고, 더 나은 직장을 찾으려고,

좋은 남자를 만나려고, 그리고 술도 적당히 마시려고 애쓰지만 맘대로 되는 일은 하나도 없다. 화이트 와인은 브리짓과 같이 스트레스와 좌절감에 빠진 영미권 여성들을 위한 술이 됐다.

영화의 개봉과 함께 샤르도네 판매량이 증가했다. 2005년 영국의 연간 와인 소비량은 1995년에 비해 거의 두 배 증가했다. 이른바 브리짓 존스 효과로 1995년 4억 6400만 갤런(약 17억 리터)이었던 전체 와인 판매량이 2005년에는 7억 300만 갤런(약 26억 리터)으로 훌쩍 뛰며 와인 산업이 크게 활성화됐다.

캐리나 브리짓의 음주는 그것이 일상적인 삶의 일부로 그려졌다는 점에서 이전과 달랐다. 이전에도 TV나 영화에 술을 마시는 여성이 등장하긴 했지만, 대부분 익살스러운 모습으로 묘사됐다. 그러나 드라마에서 익숙하게 보는 장면들, 즉 아버지가 맥주를 마시거나 낚시 여행에서 술을 마시는 모습, 남성들이 퇴근 후 친구들과 한잔하러 술집에 가는 모습처럼 여성의 음주를 자연스러운 일상의 일부로 그린 작품은 거의 없었다. 브리짓 존스의 경우 다른 모든 문제들처럼 과음으로도 문제를 겪는 캐릭터로 그려지지만 〈섹스 앤 더 시티〉에 등장하는 여성들은 다르다. 이들은 친구들과 술집에 가는 것을 평범한 일상의 일부로 그린다.

음주 문화에 나타난 이러한 규범의 변화는 2000년대에 여성 아티스트들이 발표한 수많은 파티 음악에도 반영됐다. 작가 가브리엘 모스Gabrielle Moss는 '파티 한도 초과Party out of Bounds'라는 글에서 케샤Ke$ha, 케이티 페리Katy Perry, 핑크P!nk 등 여성 아티스트들의 노래를 분석했다. 모스에 따르면 이들의 노래는 2000년대에 나타난 여성의 쾌락, 독립성, 신체적 자율성의 의미 변화를 전형적으로 보여준다. 이러한 파티 걸 팝 음악은 여성이 술에 취해도 아무도 비난하지 않고 위험에 처할 일도 없는 장소, 즉 '술 취함의 유토피아drunktopia'에 대한 환상을 그린다. 파티 걸 팝은 술에 취한 여성들이 파멸에 빠지지 않고 스스로를 행복하게 만든다는 서사를 지닌 파티 찬가의 한 장르였다.

2000년대 들어 주류 수입 관세의 하락, 세금 인하, 사회적 시선의 변화 등의 요인이 복합적으로 작용하며 중국 여성의 음주도 증가했다. 미국과 마찬가지로 중국에서도 퇴근 후 음주 문화가 발달했는데, 사회에 진출하는 여성이 증가하면서 음주에 쓸 수 있는 수입도 증가했고 이는 퇴근 후 술집에 가는 여성의 증가로 나타났다. 2000년에는 술 마시는 남성의 수가 여성의 열세 배였는데, 2010년에는 여성의 음주가 크게 늘며 다섯 배로 줄어들었다.

비슷한 변화가 한국, 싱가포르를 비롯한 다른 나라에서도 나타났다. 2000년대 말레이시아와 싱가포르의 경우 술을 마시는 젊은 여성의 수가 남성보다 많았다. 한국에서는 막걸리와 소주 회사들이 여성을 겨냥한 새로운 술을 내놓기 시작했다. 특히 과일 막걸리는 꽤 큰 인기를 끌었다. 소주 회사들 역시 고리타분한 이미지를 벗고 젊은 층에게 어필하기 위해 새로운 브랜딩으로 변신을 시도했다. 주류 업계는 전통에 얽매이지 않고 변화했고, 여성의 공공장소 음주에 대한 사회의 오랜 부정적 인식 또한 사라지기 시작했다.

C3에서 해고된 줄리는 이제 무슨 일이든 자유롭게 할 수 있었다. 그녀는 뉴욕이 더 많은 크래프트 칵테일을 원한다는 것을 알고 있었다. 사람들은 크래프트 칵테일을 마시고 싶어 했고, 기자들은 그러한 칵테일에 대한 기사를 쓰고 싶어 했다. 줄리는 자신만의 바를 차릴 때가 왔음을 깨달았다.

때마침 세 명의 투자자가 나타났다. 남매였던 이들은 뉴욕에서도 음주의 불모지였던 플랫아이언 지구에 바를 열고 싶어 했다. 코시 남매는 이 지역에 훌륭한 바를 개업한다면 장사가 아주 잘 될 것이라고 믿었다. 이들은 줄리의 이력과 언론에 보도된 내용을 보고 깊은 인상을 받았지만 한 가지를 더 요구했다. 공동 투자금이었다. 그러나 바텐더들은 일반적으로 큰돈을 가지고 있는 경우가 드물었다. 줄리는 부모님에게 사정을 설명하고 6만 달러를 빌렸다. 그리고 코시 남매와 파트너가 되어 개업 준비에 들어갔다.

코시 남매와 줄리는 1920년대에 지어진 아르데코 양식의 바를 찾았다. 적당한 장소를 물색하고 새롭게 단장하는 등 십팔 개월에 걸친 준비 끝에 2003년 5월 마침내 플랫아이언 라운지Flatiron Lounge가 문을 열었다. 플랫아이언은 열 명 남짓한 손님을 앉혀 놓고 복잡하고 비싼 크래프트 칵테일을 만들어주는 작은 바가 아닌, 뉴욕 최초의 대중적인 대형 크래프트 칵테일 바였다.

홍보 대행사를 고용할 여유가 없었던 줄리는 자신이나 자신의 칵테일을 소개한 적이 있는 모든 기자를 라운지에 초대했다. 곧 바에는 손님들이 북적였다. 플랫아이언 라운지는 패션이나 음악 업계 사람들로 가득한 지역에 위치해 있었다. 새롭고 힙한 바에서 새롭고 힙한 칵테일을 마시려는 손님들이 몰려들었다.

줄리는 칵테일을 즐기러 오는 모든 이에게 다가갈 수 있도록 메뉴를 디자인했다. 그녀가 만든 유명한 칵테일도 다수 포함했다. 줄리는 칵테일에 익숙하지 않은 사람도 부담 없이 즐길 수 있는 가벼운 느낌의 칵테일을 만드는 데 집중했다. 어려운 칵테일로 고객을 위축시키고 싶지 않았다. 그녀가 원하는 것은 칵테일로 더 많은 사람의 마음을 사로잡는 것이었다. 코스모폴리탄을 주문하는 손님에겐 코스모폴리탄을 만들어줬다. 하지만 줄리와 동료들은 손님이 칵테일의 세계를 조금씩 더 알아갈 수 있도록 색다른 시도를 권하는 것도 잊지 않았다.

줄리의 배우자이자 사업 파트너가 된 수전 페드로프Susan Fedroff는 칵테일 시음 세트라는 기발한 아이디어를 떠올렸다. 미니 칵테일 세 잔으로 구성된 이 세트에는 손님들에게 생소할 만한 증류주나 평소에는 시도하지 않을 만한 색다른 풍미를 담았다. 칵테일에 익숙하지 않은 대중을 크래프트 칵테일의 세계로 인도할 수 있는 혁신적인 아이디어였다. 이 시도는 큰 성공을 거뒀다.

플랫아이언 라운지는 대중에게 칵테일의 즐거움을 소개하는 데 다른 어떤 바보다도 진심이었다. 시음 세트 칵테일들은 대중적인 인기를 얻었고 라운지를 찾는 고객들은 코스모폴리탄과 마티니를 넘어서 새롭고 모험적인 칵테일을 시도해보기 시작했다. 재스민 차를 우려낸 보드카로 만든 베이징 피치라는 줄리의 칵테일은 인기 있는 고정 메뉴가 됐다.

플랫아이언은 업계 최고의 바텐더를 양성하는 교육의 장이 되기도 했다. 줄리는 플랫아이언에서 일하고자 하는 여성 바텐더들을 환영했다. 칵테일 제조 경험이 전혀 없는 여성들의 용기를 북돋고 교육하여 바텐더로 키워내기도 했다.

2000년대 초반만 해도 정확한 계량을 하는 바텐더가 드물었다. 우선 계량 자체가 별로 필요하지 않았다. 계량이 필요한 복잡한 레시피의 칵테일은 만들지도 않았기 때문이다. 그러나 플랫아이언에서는 칵테일 제조 시 각 재료의 양을 정확히 계량하도록 교육했다. 줄리는 모든 바텐더에게 지거jigger(술의 양을 계량하는 바텐딩 도구)를 사용하게 했다. 칵테일을 잘 만드는 것도 중요하지만, 매번 같은 맛과 품질로 만드는 것이 더 중요했다. 누가 만드느냐에 따라 맛이 계속 달라지는 술은 곤란했다.

밀려드는 손님들의 주문을 소화해내기 위해 줄리와 바텐더들은 제조 과정을 효율화할 방법을 찾았다. 주문이 가장 많은 칵테일들의 경우 필요한 증류주와 리큐르를 미리 정확히 계량하여 혼합한 후 별도의 병에 담아두고 활용했다. 플랫아이언이 개발한 시스템은 다른 크래프트 칵테일 바에도 영향을 주었고, 바텐딩이 이루어지는 방식에 변화를 가져왔다.

플랫아이언 라운지가 개업과 동시에 큰 성공을 거두자 코시 남매는 또 다른 바를 오픈하자고 제안했다. 이 제안을 듣고 줄리와 수전은 곧바로 한 인물을 떠올렸다. 바로 데일 디그로프의 또 다른 여성 수제자 오드리 손더스Audrey Saunders였다.

오드리는 삼십 대 초반에 바텐딩을 시작했다. 데일 디그로프의 세미나를 들은 후 칵테일에 관심을 가지게 된 그녀는 공짜로 일할 테니 자신을 제자로 받아달라고 했다. 데일은 흔쾌히 수락했고, 일 년 후 오드리는 레인보우 룸의 특별 행사에서 그를 도와 일할 만큼 성장했다. 1999년에는 데일 디그로프가 맨해튼에 있는 자신의 바 블랙버드Blackbird에서 오드리를 고용하여 함께 일했다.

이 시기 오드리는 자신만의 칵테일 레시피를 활발히 개발했는데, 그중 다수가 훗날 현대의 클래식 칵테일로 자리 잡았다. 오드리는 진을 좋아했다. 수십 년 전 보드카에 밀려 잊힌 그 영롱하고 맛있는 증류주를 무척 사랑했다. 2000년대에 진은 촌스러운 술이 되어 있었지만 오드리는 진을 다시 멋진 술로 만들고 싶었다. 그녀는 진 진 뮬Gin-Gin Mule 등의 진을 활용한 칵테일을 개발했다. 이 칵테일은 오드리 손더스의 시그니처 칵테일이 되어 현재 전 세계의 바에서 판매되고 있다.

오드리는 2001년 칼라일 호텔의 전설적인 바 베멀먼즈Bemelmans에서 음료 기획자로 일하기 시작했다. 충분한 자격과 경험을 갖춘 오드리였지만, 그녀는 남성으로만 이루어진 바텐더 조합에 가입할 수 없었다. 베멀먼즈 또한 조합에 속해 있었기 때문에 오드리는 음료를 직접 만들 수 없었다. 그래서 그녀는 완고한 구닥다리 바텐더들을 붙잡고 자신이 개발한 최신 칵테일을 만들어달라고 설득했다. 베멀먼즈의 바텐더들은 처음에는 내켜 하지 않았지만 결국 오드리의 맛있는 칵테일이 그들의 마음을 돌렸다. 그 결과 베멀먼즈는 칵테일 명소로 다시 태어났다.

하루는 오드리가 플랫아이언 라운지를 찾았다. 코시 남매는 여전히 새로운 바를 구상 중이었고, 오드리는 남매 중 한 명인 케빈 코시Kevin Kossi와 대화를 나누게 됐다. 그로부터 이 주 후 줄리와 수전은 베멀먼즈를 찾아 오드리와 대화를 나누며 새로운 바를 구상했다. 그 자리에서 페구 클럽Pegu Club에 대한 아이디어가 탄생했다.

줄리는 플랫아이언이 오픈한 지 이 년이 채 되지 않은 상황에서 자신의 이름을 걸고 또 다른 바를 여는 것은 너무 이르다고 생각했다. 그래서 새로운 바는 오드리가 맡기로 했다. 그녀는 플랫아이언 라운지의 지하 공간에 작업실을 차리고 놀라운 칵테일 메뉴들을 계획하기 시작했고, 2015년 1월 베멀먼즈를 떠났다.

새로운 바의 이름으로 낙점된 '페구 클럽'은 금주법 이전 시대의 진 베이스 칵테일에서 따온 것이었다. 오드리가 가장 좋아하는 증류주를 반영하는 이름이었고, 칵테일 애호가들로 하여금 바의 성격을 한눈에 파악할 수 있게 해주는 이름이기도 했다.

페구 클럽은 2005년 8월 문을 열었다. 오드리는 뉴욕 칵테일계의 기대에 부응하고자 직접 뽑은 올스타 팀으로 바텐더를 구성했다. 칵테일에 있어서라면 한 치의 오차도 허용하지 않는 그녀였던 만큼 올스타 팀은 숙련된 직원들로만 꾸려졌다. 플랫아이언과는 달리 페구 클럽에서는 코스모폴리탄 류의 칵테일을 팔지 않았다. 보드카에 익숙해져 있던 손님들의 입맛을 크래프트 칵테일의 세계로 이끄는 것을 목적으로 했기 때문이다. 메뉴에 코스모폴리탄이나 럼앤콕이 없다고 화를 내는 손님도 일부 있었다. 그러나 대부분은 바텐더가 제공하는 새로운 칵테일에 관심을 보였다.

개업 일 년 만에 페구 클럽은 뉴욕 최고의 칵테일 바로 자리 잡았다. 줄리는 또다시 새로운 칵테일 바를 구상하기 시작했다.

▼ ▲ ▼

일본에서는 마치다 에미가 사케의 세계에 변화를 몰고 오고 있었다.

에미는 일본 군마현에 위치한 마치다 주조의 토우지(사케 양조 장인)다. 그녀의 가족은 백삼십 년 넘게 양조장을 운영해 왔지만 가족 내에서 토우지가 나온 것은 이번에 처음이다. 오랫동안 사케 양조장의 경영과 제조는 분리되어 있었고, 소유주들은 양조에 관여하지 않았다. 장인들은 전국의 양조장을 떠돌며 한 해 한 해 다른 양조장에서 사케를 만드는 게 일반적이었다. 마치다 가문은 마치다 주조를 오너 양조 체제로 전환하기로 결정했고, 가문의 장녀인 에미가 집으로 돌아와 그 일을 맡았다.

어린 시절 에미는 한 번도 토우지가 되겠다는 꿈을 꿔본 적이 없었다. 1975년생인 그녀는 한창 사케의 인기가 하락하던 시절에 성장기를 보냈다. 조부모님 시절에는 부정을 탄다는 이유로 양조장 근처에도 갈 수 없었다. 그러나 스물다섯 살이 되던 2000년, 에미는 직장 생활에 지쳐 고향의 양조장으로 돌아와 일하기 시작했다. 양조장 일을 시작한 후 에미는 한 번도 뒤돌아보지 않았다.

에미는 책을 보며 공부하고 선배들에게 가르침을 받으며 양조를 배웠다. 사케 양조는 고됐지만, 에미는 곧 그 일에 빠져들었다. 쌀을 나르고 섞는 작업은 힘들었고 양조장의 모든 장비와 직원도 관리해야 했다. 남자 직원들은 에미의 지시에 따르지 않았고, 일부 고객은 여자가 만든 술이라며 구매를 거부하기도 했다.

새로운 시도를 좋아하는 에미의 성격도 처음에는 걸림돌이었다. 그녀는 기존의 방식을 존중했지만, 새로운 방법 또한 실험하고 싶었기에 양조 과정을 개선하고 최고의 사케 양조법을 찾기 위해 온 정성을 쏟았다. 양조장 일을 시작하고 일 년 후 에미는 결혼을 했다. 남편은 에미를 따라 성을 마치다로 바꾸고 양조장에 합류했다.

에미가 양조장에 합류하고 고작 육 년 후, 마치다 주조의 사케는 각종 대회에서 상을 받기 시작했다. 2006년 일본의 전국신주감평회에서 금상을 수상했고, 에미는 이 상을 받은 최초의 여성 토우지가 됐다. 그 이후에도 마치다 주조의 프리미엄 사케들은 일곱 차례나 금상을 수상했다. 모두 에미가 양조장에 합류한 후 처음으로 일어난 일들이었다.

이러한 성공의 이면에는 에미 자신의 독창성과 열정 외에도 다

른 여성 토우지들의 든든한 지원이 있었다. 에미는 사케 양조 여성
회에 가입하여 뜻이 맞는 업계인들과 교류하며 많은 도움을 받았
다. 사케 양조 여성회는 현재 스무 명가량의 회원을 보유하고 있다.

일본에는 현재 약 1,500곳의 사케 양조장이 존재한다. 그중 여
성 토우지가 일하고 있는 곳은 쉰 곳에 불과하다. 그러나 그 수는
분명 서서히 늘고 있다. 그리고 마치다 에미는 그 선두에 서 있다.

▼ ▲ ▼

페구 클럽이 성공을 거두고 줄리 라이너는 이제 다른 바에 자신
의 이름을 올리는 것도 괜찮겠다는 생각을 갖게 됐다. 그 무렵 줄
리는 수전과 함께 브루클린의 코블힐 지역으로 막 거처를 옮긴 참
이었다. 괜찮은 크래프트 칵테일 바가 한 곳쯤 있을 법한 지역인데
이상하게도 찾아볼 수가 없었다. 줄리와 수전은 코블힐에 가게를
열기로 했다.

2008년 문을 연 클로버 클럽Clover Club은 개업과 동시에 성공
을 거뒀다. 줄리는 금주법 이전 시대에서 영감을 받은 메뉴로 누구
나 찾을 수 있는 편안한 분위기의 바를 꾸렸다. 클로버 클럽이라는
이름은 진과 라즈베리 시럽으로 만든 금주법 이전 시대 칵테일에
서 따온 것이었다.

클로버 클럽은 개업 일 년만인 2009년 테일스 오브 더 칵테일
행사에서 최고의 신규 칵테일 라운지로 선정됐다. 줄리 라이너는

클로버 클럽의 폭발적인 성공으로 국제적인 주류와 바 커뮤니티에서도 활동하게 됐다. 사 년 후 클로버 클럽은 미국 최고 칵테일 바와 최고의 하이 볼륨 칵테일 바에 선정됐고, 같은 해 줄리는 최고의 멘토상을 수상했다.

최고의 멘토상은 뉴욕의 그 어떤 바 소유주보다 열정적으로 여성들을 교육하고 실력 있는 바텐더를 양성해온 줄리에게 딱 맞는 상이었다. 줄리는 2015년 〈그럽 스트리트Grub Street〉와의 인터뷰에서 늘 여성이 일하기 좋은 환경을 조성하고, 더 많은 여성에게 "바텐더의 자리에 설 수 있는" 기회를 제공하고 싶다고 얘기했다.

줄리가 가장 최근 오픈한 칵테일 바 레옌다Leyenda는 이런 철학을 잘 보여준다. 레옌다의 바텐더 아이비 믹스Ivy Mix는 현재 칵테일 업계의 가장 영향력 있는 젊은 여성 중 한 명이다.

아이비는 레드 훅의 포트 디파이언스Fort Defiance라는 바에서 처음 바텐더 생활을 시작했다. 이후 클로버 클럽에서 줄리와 함께 일하며 멘토링을 받았다. 아이비는 열아홉 살 때 과테말라를 여행하며 접한 메즈칼과 라틴풍 칵테일에 특히 큰 열정을 지니고 있었다. 이러한 칵테일을 위주로 선보이는 바를 만들고 싶다는 소망을 지니고 있었지만, 신입 바텐더로서 투자자를 찾는 게 쉽지 않았다. 그녀는 자신의 소망을 줄리에게 밝혔고, 줄리는 기꺼이 동업자가 되어 클로버 클럽 바로 맞은편에 새로운 바를 오픈하기로 했다.

2015년, 레옌다가 문을 열었고 아이비는 테일스 오브 더 칵테일에서 올해 최고의 바텐더 상을 수상했다. 2019년에는 바 기획

부문에서 제임스 비어드James Beard 상 후보에 올랐다.

아이비는 줄리의 또 다른 제자이자 각종 수상 경력이 빛나는 바텐더 리네트 마레로Lynnette Marrero와 협력하여 스피드 랙Speed Rack이라는 여성 바텐딩 대회를 만들었다. 리네트도 플랫아이언 라운지에서 줄리와 함께 근무하며 멘토링을 받은 경험이 있었다. 남성 위주의 바텐딩 업계에 불만을 품은 아이비와 리네트는 여성 바텐더들의 실력을 많은 이에게 선보이는 한편 자선기금도 마련할 수 있는 행사를 기획했다. 2012년 처음 시작된 스피드 랙은 미국 전역의 도시에서 예선을 거친 참가자들이 뉴욕에서 결승전을 치르는 스피드 바텐딩 경연이다(결승전에는 줄리가 심사위원으로 참여하기도 한다). 티켓 판매로 발생한 수익금은 현재까지 100만 달러에 달하며, 모두 유방암 연구를 위해 사용됐다.

레옌다를 오픈한 해에 줄리는 첫 칵테일 책 『크래프트 칵테일 파티The Craft Cocktail Party』를 출간했다. 줄리는 칵테일이나 증류주 애호가가 아니더라도 누구나 쉽게 크래프트 칵테일을 즐길 수 있도록 하는 데 초점을 맞췄다. 줄리는 바의 전반적인 기획에 대한 자문과 직원 교육을 제공하는 믹스트레스 컨설팅Mixtress Consulting이라는 회사를 창업했다. 타임스스퀘어 하얏트 호텔을 비롯한 뉴욕 최고 호텔의 바들이 그녀의 컨설팅을 받았다. 클로버 클럽의 파트너이자 동료 바텐더인 톰 메이시Tom Macy와 함께 소셜 아워 칵테일Social Hour Cocktails이라는 캔 칵테일 브랜드를 런칭하기도 했다. 이 모든 일을 수행함에 있어 줄리 라이너가 중요하게 생각한 것은 단 하나, 모두가 칵테일을 재미있게 즐길 수 있도록 하는 것이었다.

안타깝게도 플랫아이언 라운지는 임대료 폭등을 감당하지 못하고 2018년 문을 닫았다. 그러나 클로버 클럽과 레옌다는 여전히 운영되고 있으며, 여성 바텐더들을 지원하고자 하는 줄리의 사명 또한 계속되고 있다.

2019년에는 〈월드 50 베스트 바World's 50 Best Bars〉가 칵테일 전문가이자 익히 알려진 여성 혐오주의자인 찰스 슈만Charles Schumann에게 국제 아이콘 상을 주는 사건이 벌어졌다. 슈만은 수년 동안 여러 인터뷰에서 여성 바텐더에 대한 왜곡된 견해를 밝힌 바 있었다. 〈플레이보이 Playboy〉 독일판 인터뷰에서는 "바는 여성이 있을 곳이 아니다. 중요한 인물은 항상 남성이다"라고 말했고, 〈재팬 타임스Japan Times〉 인터뷰에서는 여성은 바에서 "필요 없다"고 말하기도 했다. 줄리 라이너는 슈만의 어처구니없는 말을 면전에서 들은 경험이 있었다. 그녀는 슈만의 바텐더 인생을 다룬 다큐멘터리에 짧게 출연한 적이 있는데, 그는 카메라가 돌고 있는 것도 아랑곳하지 않고 오후 세 시 이후에는 '진짜' 바텐더들이 일을 할 수 있도록 여성 바텐더들이 자리를 비켜줘야 한다고 말했다. 그가 말한 '진짜' 바텐더는 물론 남성을 뜻했다.

슈만의 수상 소식을 들은 줄리는 즉시 인스타그램에 "성차별과 여성 혐오가 시대의 아이콘이 되어서는 안 됩니다. 멍청이에게 상을 주는 행위를 중단해주세요. 위대한 업적이 잘못된 행동의 변명이 될 수는 없습니다. 정신 차리세요"라는 내용의 게시물을 올렸다. '#womenbehindthebarafter3(여성도 세 시 이후에 바텐딩을 할 수 있다)'라는 해시태그와 함께였다.

그녀의 게시물과 해시태그는 급속도로 퍼져나갔다. 여성 바텐더들은 세 시 이후에 바에서 일하는 자신의 모습을 찍어서 올렸다. 닷새 후 슈만은 상을 반납하겠다는 입장을 밝히며 사람들이 자신의 발언을 "심하게 오해"하여 "상처를 받았다"고 말했다.

줄리는 수많은 여성 바텐더 및 바 주인들과 함께 아이콘 상 선정 위원회에 공식적으로 문제를 제기했다. 일주일 후 〈월드 50 베스트 바〉 측은 사과문을 발표하고 2020년 수상자 선정 시에는 양성평등 관련 사항을 함께 고려하겠다고 약속했다.

앞으로 주류 업계의 시상식에서 성차별 문제가 어떤 방식으로 해결되어 나갈지는 아직 알 수 없다. 한 가지 확실한 것은 줄리 라이너는 포용성을 키우기 위한 싸움을 결코 멈추지 않을 것이라는 사실이다. 그녀는 여성들은 자신을 환영하는 바에 반드시 찾아온다는 것을, 여성을 환영하는 바에서 훈련받은 바텐더는 반드시 빛나는 재능을 발휘한다는 사실을 보여주는 산증인이다.

15장

모든 술이
여성의 술이다

2010년대

자, 드디어 여기까지 왔다.

로셀의 비너스가 절벽에 새겨지고 2만 5천 년이라는 세월이 흘렀고, 맥주를 사랑했던 세계 최초의 양조업자 여성들이 닌카시를 찬양하는 노래를 부르던 시절로부터도 4천 년이라는 세월이 흘렀다. 긴 세월이 흘렀지만 여성들은 여전히 자신들이 만든 양조라는 산업의 온전한 일부가 되기 위해 안간힘을 쓰고 있다.

술이 금지되고, 불법화되고, 심지어 극형에 처할 수 있는 중범죄였던 시대에도 여성들은 멈추지 않고 발효주와 증류주를 만들고, 팔고, 마셨다. 수천 년에 걸친 억압에도 불구하고 이들은 이 모든 것의 시작, 맥주 양조를 멈추지 않았다. 닌카시 여신이 현재 어디에 있는지는 모르지만, 아마도 자신의 유산을 착실히 이어나가고 있는 모든 양조업자들에게 술잔을 들어 건배를 외치고 있을 것이다.

흑인 여성 최초로 남아프리카공화국에 마이크로 브루어리microbrewery(특색 있는 크래프트 맥주를 만드는 소규모 양조장-옮긴이)를 설립한 아피웨 눅사니 마웰라Apiwe Nxusani-Mawela 같은 이를 향해서 말이다.

1984년생인 아피웨는 이스턴케이프주에 위치한 음고만지라는 작은 마을에서 자랐다. 그녀는 일찍부터 과학과 맥주에 관심을 보였다. 부모님은 아피웨가 의학을 전공하기를 바랐지만, 그녀는 11학년 때 참여한 요하네스버그 대학교 방문 프로그램에서 양조 과학이라는 분야에 매료되어버렸다. 아피웨는 어려서부터 가족이 집에서 움콤보티(수수 맥주)를 만들고 마시는 모습을 보며 자랐고 양조 기술을 접한 후에는 맥주의 매력에 푹 빠졌다. 생화학, 수학, 미생물학, 물리학, 공학까지 맥주 양조에 관련된 모든 학문이 매력적으로 느껴졌다.

아피웨는 비트바테르스란트 대학교 이과대학에서 학사 학위를 받고 프레토리아 대학교에서 미생물학을 전공으로 우등 학위를 받았다. 그녀는 대학을 졸업하자마자 맥주의 세계에 뛰어들었다. 2006년 졸업생 채용 프로그램을 통해 사우스 아프리칸 브루어리South African Breweries에 입사했고, 이듬해부터 양조를 시작했다.

십팔 개월간 진행된 인턴십을 마친 아피웨는 마스터 브루어를 꿈꾸게 됐다. 그녀는 사우스 아프리칸 브루어리에 근무하면서 국제적인 교육기관인 양조 증류 협회Institute of Brewing and Distilling 교육 과정을 이수하고 마스터 브루어 자격증을 획득했다. 이와 동시에 아피웨는 양조 증류 협회에서 트레이너로 활동할 수 있는 자격을 지닌 최초의 흑인 아프리카인이 되었다.

가족은 아피웨를 집으로 불러 그녀의 학업과 커리어를 잘 이끌어준 조상에게 감사하는 전통 의식을 치르기로 했다. 집에서 어머니와 이모들과 움쿰보티를 만들어 마시며 즐거운 시간을 보내던 그녀는 문득 한 가지 사실을 깨달았다. 자신이 사우스 아프리칸 브루어리에서 일하며 수년간 *서양식* 양조 기술과 레시피에만 치중했다는 사실이었다. 아피웨의 가족들은 이미 수 세대에 걸쳐 자신들만의 기술과 레시피로 맥주를 양조해왔는데 말이다. 아피웨는 아프리카 여성들의 오랜 맥주 양조 역사를 공부했다. 그렇게 그녀의 일과 인생은 완전히 달라졌다.

▼ ▲ ▼

한편 21세기에 접어들고 이미 꽤 오랜 시간이 지난 시점까지도 대부분의 미국 주류 회사들은 여성을 대상으로 제대로 된 제품을 내놓지 못하고 있었다. 코스모폴리탄 열풍 이후 여성용 술 세계는 여전히 커다란 공백으로 남아있었다. 배서니 프랭클Bethenny Frankel이 나타나 그 공백을 멋지게 채우기 전까지는 말이다.

모든 동네에 크래프트 칵테일 바가 있는 것도 아니었고, 모두가 그런 칵테일을 마실 수 있는 것도 아니었다. 대부분의 사람이 접하는 칵테일은 체인 레스토랑에서 나오는 감미료와 인공 시럽 범벅의 다디단 음료였다. 〈진짜 주부들〉 시리즈에 출연하며 유명세를 얻은 배서니 프랭클은 시럽 범벅의 칵테일과 대척점에 서 있는 병 칵테일 제품을 출시하며 여성 중심의 음료 시장에 뛰어들었다. 그녀가 내놓은 음료는 칵테일에 모든 미국 여성의 영원한 고민거리인 다이어트를 접목했다. 끊임없이 체중 감량을 강요받는 여성들이 관심을 보일 수밖에 없는, 실로 혁신적인 아이디어였다.

2009년에 출시된 스키니걸Skinnygirl 병 칵테일은 짧은 기간에 엄청난 성공을 거뒀다. 가장 처음 출시된 스키니걸 마가리타는 셰이커를 든 날씬한 여성의 실루엣이 그려진 불투명한 병에 담겨 판매됐다. 스키니걸 칵테일은 성공의 모든 요소를 갖추고 있었다. 우선이미 알코올이 첨가된 음료여서 다른 술과 섞을 필요가 없다는 점이 바쁜 여성들에게 어필했다. 열량도 6온스에 150칼로리밖에 되지 않아 다이어트 중인 사람에게도 부담 없었다. 무엇보다 750밀리리터 한 병이 20달러도 되지 않았다. 모두에게 완벽한 가격이었다.

스키니걸 마가리타에 이어 스키니걸 코스모, 스키니걸 와인 등의 제품이 연이어 출시됐다. 스키니걸의 유행은 주류 업계로 빠르게 옮겨 붙었다. 2010년에서 2011년 사이 '스키니'라는 단어를 넣은 음료가 533퍼센트 증가했다. 『스키니티니Skinnytinis』, 『스키니진 칵테일Skinny Jeans Cocktails』 등 스키니의 유행에 편승한 칵테일 책도 출간됐다.

문제는 스키니걸 칵테일 시리즈의 열량이 실제로는 그렇게까지 낮지 않았다는 점이다. 클래식 칵테일 중 하나인 올드패션드는 무지방이며 보통 한 잔에 176칼로리다. 병에 담긴 시판 믹스가 아닌 라임 주스로 만든 마가리타는 153칼로리 정도다. 스키니걸 코스모의 열량은 일반 코스모폴리탄과 거의 비슷한 95칼로리다. 스키니걸 와인의 경우 5온스당 100칼로리인데, 일반 레드 와인은 5온스당 124칼로리, 화이트 와인은 116칼로리다. 버번 1.5온스에 얼음을 더하면 대개 124칼로리 정도다. 큰 바나나 한 개의 열량은 121칼로리다. 이 모든 열량 따지기가 무의미하게 느껴진다면, 실제로 *무의미하기* 때문이다.

그러나 배서니의 스키니걸 칵테일은 간편하고 저렴했으며, 무엇보다 그동안 누구도 진지하게 타깃으로 삼지 않았던 여성 소비자층을 제대로 겨냥했다. 스키니걸 제품의 홈페이지에는 '*여자라면 스키니걸 칵테일을 안다*'는 문구가 쓰여 있다. 스키니걸 칵테일은 날개 돋친 듯 팔려나갔다. 그녀는 그렇게 다른 주류 회사가 건드릴 생각도 하지 못한 시장에서 성공을 거뒀다.

▼ ▲ ▼

2010년대에 떠오른 또 다른 여성 음주 트렌드는 선의와 연대만큼이나 악의와 조롱에도 이용됐다.

'와인맘'이라는 표현은 2010년 중반 미국, 케냐, 영국 등의 소셜 미디어를 통해 빠르게 퍼졌다. 일과 육아를 오가며 백만 가지의 일들을 정신없이 처리하고 마침내 한숨 돌린 엄마들은 하루의 끝에 와인을 마시며 휴식을 취하는 모습을 셀카로 찍어서는 #winemom(와인맘)'이라는 해시태그와 함께 게시했다. 엄마들은 와인맘 해시태그를 통해 일과 육아에 대한 스트레스를 나누며 서로 공감하고 유대감을 형성했다. 여성들은 스스로를 와인맘으로 지칭했다. 와인맘은 비록 엄마로서 최선을 다하고 있기는 하지만 그 모든 일을 감당하기가 쉽지는 않음을 표현하는 말이었다. 이들은 드라마나 영화 속 등장인물이 와인 병이나 거대한 잔을 들고 꿀꺽꿀꺽 마시는 GIF 파일을 게시하며 농담 반 진담 반으로 자신들이 느끼는 피로와 힘겨움을 표현했다.

와인맘이라는 용어를 조롱의 표현으로 사용하는 사람도 있었지만, 일부 여성들은 결혼 전의 정체성을 조금이나마 되찾아주는 표현으로서 기꺼이 이 호칭을 받아들였다. 와인맘이라는 표현은 여성의 정체성은 모성으로만 정의할 수 없음을, 엄마도 사람임을 상기시켜주는 표현이 됐다. 여성들은 스스로를 와인맘이라 부름으로써 사람들이 '엄마'라고 했을 때 떠올리는 무던하고 수수한 주부라는 전통적인 이미지에 저항했다. 이 표현이 유행하자 상점들은 와인맘 티셔츠, 와인잔, 컵받침, 장식품 등을 팔기 시작했다.

사실 와인맘들이 한 일은 지난 수 세기 동안 여성들이 이미 해온 일이다. 스마트폰과 와이파이만 없었다 뿐이지, 수백 년 전에 일와이프들도 부엌에서 에일 한 잔을 마시며 스트레스를 풀었다. 다만 와인맘이 유행하며 여러 세대에 걸쳐 여성들이 사적인 영역에서 즐겼던 음주가 밖으로 드러났을 뿐이다. 그런데 와인맘이라는 용어가 유행하며 한쪽에서는 비난의 목소리가 일기 시작했다.

와인맘이 폭음을 미화한다는 주장이 등장했고, 여성들이 문제 해결 대신 술에 의존한다는 비난이 일었다. 그러나 와인맘이 유행하며 실제 폭음이 증가했는지 보여주는 연구 결과는 없다. 자녀가 없는 여성들은 평균적으로 자녀가 있는 여성보다 술을 더 많이 마신다. 남성 또한 여성보다 평균적으로 술을 더 많이 마시지만 아빠들을 '비어대디'라고 부르며 비난하지는 않는다. 수십 년 동안 드라마들은 퇴근 후 돌아와 맥주 캔을 따는 아빠들의 모습을 자연스럽게, 당연히 그럴 자격이 있는 모습으로 그려왔다. 그러나 이십사 시간 내내 일해야 하는 엄마들에게는 퇴근이라는 것이 없다. 그렇기 때문에 공개적으로 술을 마시고 이를 게시하는 와인맘의 모습이 문제적으로 보이는 것이다.

▼ ▲ ▼

아프리카 여성의 양조 역사에 대해 알게 된 아피웨는 맥주 양조에 아프리카의 전통 기술과 재료를 활용하기로 결심했다.

그녀는 더 많은 지식을 배우기 위해 남아프리카 대학교에서 운영하는 '아프리카 쇄신을 위한 사고 리더십' 프로그램에 등록했다. "아프리카 대륙과 아프리카인의 정치적·경제적·사회적·문화적 쇄신"을 위한 훈련을 제공하고자 기획된 프로그램이었다. 아피웨는 2020년 남아공의 농업 관련 미디어 〈푸드 포 음잔시 Food for

Mzansi〉 인터뷰에서 다음과 같이 말했다. "제 마음은 아프리카를 향해 뛰기 시작했습니다. 저는 양조 산업을 통해 아프리카의 발전에 기여하고 싶었어요. 그래서 '내 공간 안에서 아프리카의 위상을 높일 수 있는 방법이 뭘까?'라는 질문을 스스로에게 던져봤습니다."

2014년 아피웨는 사우스 아프리칸 브루어리를 떠났다. 이후 동업자를 찾은 그녀는 키알라미에서 브루호그Brewhogs라는 브루어리를 창업했다. 아피웨는 남아프리카공화국에서 마이크로 브루어리를 설립한 최초의 흑인 여성이자 남아프리카 최초의 흑인 여성 브루 마스터가 됐다.

일 년 후 그녀는 마음속에 품어왔던 프로젝트를 실행에 옮겼다. 브루스터 크래프트Brewster's Craft라는 양조 회사를 차린 것이다. 브루스터 크래프트는 남아프리카공화국 최초로 흑인 여성이 지분의 과반수를 소유한 양조 회사였다. 단순히 맥주만 만드는 회사가 아니었다. 아피웨는 이 회사를 통해 양조업에 종사해온 여성들의 역사를 기억하고 다시 자리를 되찾을 수 있도록 돕고자 했다. 요하네스버그의 로데포르트에 위치한 브루스터 크래프트는 양조 기술을 주제로 한 공인 교육과 함께 품질 평가 서비스를 제공한다. 더 많은 여성이 맥주를 만들 수 있도록 돕고, 이들이 만든 맥주의 품질이 업계 표준에 부합하는지 확인해주는 것이다.

이 년 후인 2017년 아피웨는 브루스터 크래프트에 집중하기 위해 브루호그의 지분을 매각하고 정리했다. 그녀가 브루스터 크래프트에서 만든 첫 맥주는 수수 필스너로, 움콤보티의 전통적인 맛과 느낌은 그대로 살리면서 걸쭉한 느낌은 없앴다. 아피웨는 전원이 여성으로 구성된 양조팀을 꾸리고 얌켈라 음바카자 Yamkela Mbakaza를 수석 양조자로 임명했다. 그녀는 더 많은 여성을 고용했고, 양조가 남성의 일이라는 고정관념을 깨기 위해 끊임없이 노력했다.

아피웨는 거기서 멈추지 않았다. 그녀는 양조 증류 협회의 아프리카 대표로 선출된 데 이어 남아프리카 맥주 협회 Beer Association of South Africa 회장으로도 선출됐다. 또한 바쁜 와중에도 짬을 내어 남아프리카 크래프트 맥주 협회 Craft Brewers Association of South Africa 이사로도 활동했다. 그녀는 이러한 역할들을 수행함으로써 아프리카 대륙 곳곳의 흑인 여성 양조업자들을 지지하고 지원했다.

2019년 아피웨는 아프리카, 과학, 여성 양조업자라는 열정의 대상을 모두 담은 아주 특별한 맥주를 만들어내게 된다.

▼ ▲ ▼

한편, 도리스 엥겔하르트 Doris Engelhard는 독일 말레스도르프 Mallersdorf 수녀원 소속의 수녀다. 이 수녀원은 힐데가르트 폰 빙엔이 홉에 대한 글을 쓰던 12세기부터 양조를 해온 수녀원 중 하나다. 도리스 수녀는 1961년 어린 학생 신분으로 수녀원에 머물렀는데, 수녀들의 다정한 보살핌을 받으며 자신도 언젠가 수녀가 되고 싶다는 꿈을 품게 됐다. 도리스의 아버지는 그녀가 손을 써서 일할 수 있는 직업을 가지기를 원했고, 도리스는 농사일에 관심이 있었다. 수녀들은 그 두 가지를 한꺼번에 할 수 있는 일이 있다며 양조장에서 일해볼 것을 권했고 도리스는 1966년 양조장의 수녀들 밑에서 견습 생활을 시작했다.

직접 해보니 그 일이 무척이나 마음에 들었다.

도리스는 1969년 인근의 직업학교에서 양조 과정을 수료하고 양조 전문가 자격증을 받았다. 이후 수녀원에서 서원을 하고 수녀로서 서품을 받았다. (이 책을 쓰는 현재도) 일흔한 살의 나이로 여전히 맥주를 만들고 있는 그녀는 현역으로 활동하는 마지막 양조 전문가 겸 수녀다. 도리스 수녀가 언제나 혼자였던 것은 아니다. 그러나 다른 수녀원의 양조장들이 문을 닫고 모든 양조 수녀들이 은퇴하면서 결국은 혼자 남게 됐다.

도리스 수녀의 하루는 보통 새벽 다섯 시 삼십 분 동료 수녀들과 함께 하는 합창 기도로 시작된다. 그러나 일요일은 조금 다르다. 일요일에는 평소보다도 더 이른 새벽 세 시에 일어나 맥주 양조를 준비한다. 계절마다 다른 맥주를 만드는데, 그 레시피는 매년 바뀐다. 수녀원의 양조 전통은 중세적이지만 도리스 수녀의 맥주 레시피와 양조 설비는 더없이 현대적이다. 그녀의 맥주는 다행스럽게도 힐데가르트 시대의 맥주와는 전혀 다르다.

도리스 수녀의 맥주에는 방부제가 전혀 들어가지 않기 때문에 가능한 빨리 마시는 게 좋다. 인근 지역에서만 판매되며 배송은 불가능하다. 그러니 이 훌륭한 맥주를 마셔보고 싶다면 직접 독일을 방문하는 수밖에 없다. 도리스 수녀는 모두에게 하루에 맥주 한 잔을 권한다고 한다. 물론 자신 또한 거르지 않고 하루 한 잔씩 성실하게 마시고 있다.

맥주는 도리스 수녀의 열정이다. 그녀는 맥주를 만드는 것도 마시는 것도 좋아한다. 양조라는 일 자체, 맥아의 구수한 냄새, 맥주를 마시고 기뻐하는 사람들의 모습은 모두 그녀에게 큰 행복을 가져다준다. 그녀에게 양조는 어쩌면 신을 섬기는 방식인 것이다.

▼ ▲ ▼

수 세기에 걸쳐 전통을 이어가는 여성이 있는 반면, 새로운 전통을 만들어가는 여성도 있다. 오랜 세월 술 만들기를 멈추지 않은 여성들은 21세기에 들어 마침내 서로 연결되어 대규모로 조직화되기 시작했다.

2015년, 캘리포니아 와인 업계의 여성 스무 명의 이야기를 담은 『와인 업계의 여성들Women of the Vine』이라는 책을 내놓은 데버러 브레너Deborah Brenner은 와인·증류업계 여성 심포지엄Women of the Vine and Spirits이라는 최초의 국제 행사를 조직했다. 주류 업계에 종사하는 여성들을 마침내 한자리에 모아 그 규모를 세상에 알리는 한편, 이들을 지원하는 국제적인 공동체를 만드는 것이 목적이었다. 행사는 큰 성공을 거뒀다.

이 심포지엄은 주류 업계에 종사하는 여성의 역량과 권익 강화를 위한 조직으로 발전했다. 남성만 참가할 수 있었던 고대 그리스의 심포지엄과는 완전히 반대되는 성격이었다. 와인·증류업계 여성 모임은 여성에 대한 지원을 제공하는 세계 최고의 회원제 조직 중 하나다. 이 모임은 장학금과 멘토링, 교육을 제공하고 다양성 증진을 위한 프로그램을 개발하고 장려한다. 데버러 브레너는 2018년 〈와인 인수지애스트Wine Enthusiast〉가 뽑은 '올해의 사회적 선지자'로 선정되기도 했다.

업계에 더 많은 여성이 진출하는 것도 중요하지만, 모든 여성이 포함될 수 있도록 하는 것도 중요하다. 와인 업계는 여전히 백인 위주로 돌아가고 있으며, 흑인 전문가들은 여전히 인종 차별을 경험하고 있다. 유명 소믈리에 타히라 하비비Tahiirah Habibi는 흑인들의 와인 문화를 기념하고 인식을 개선하기 위해 휴 소사이어티Hue Society를 설립했다. 이 단체는 흑인 와인 애호가들이 서로 소통할 수 있는 공동체를 만들고 와인에 대한 교육을 제공하는 것을 목표로 한다. 또한 타히라는 〈와인 인수지애스트〉의 표지에 등장한 최초의 흑인 여성이다.

2020년에는 와인 저널리스트이자 컨설턴트인 줄리아 코니Julia Coney가 '흑인 와인 전문가들Black Wine Professional'이라는 웹사이트를 만들었다. 줄리아는 주류 잡지 〈임바이브Imbibe〉 인터뷰에서 다음과 같이 말했다. "웹사이트를 만든 목표는 하나입니다. 흑인 전문가들을 일터로 끌어들이고, 그들이 무료 봉사가 아니라 제대로 된 급여를 받고 일할 수 있게 하는 거죠."

증류주 업계의 여성들도 서로 뭉치고 있었다. 2018년 니콜라 나이스가 증류주 생산에 종사하는 여성들을 모아 여성 칵테일 연합Women's Cocktail Collective을 공동 설립했다. 연합의 목적은 "함께 하면 더욱 강해진다는 신념으로 알코올 음료 업계에 종사하는 모든 여성의 목소리를 증폭하고 전파하는 것"이다.

연합의 회원 중에는 피스코(페루와 칠레에서 생산되는 포도 브랜디) 회사인 마추 피스코Macchu Pisco도 있다. 마추 피스코는 자매지간인 멜라니 애셔Melanie Asher와 리지 애셔Lizzie Asher가 함께 설립한 회사다. 멜라니와 리지는 포도를 재배하는 페루 남부 지역 여성 노동자들과 공정 무역을 기반으로 거래하고 여성 수확자 협동조합에 공정한 임금을 보장한다. 스페인의 식민 지배에 저항하기 위해 남미의 여성들이 몰래 술을 양조했던 때로부터 오백 년이 넘는 세월이 흘렀지만, 여성들은 여전히 가족을 부양하고 공정한 대우를 받기 위해 술을 활용하고 있다.

여성 칵테일 연합을 설립하기 몇 년 전, 니콜라 나이스는 코디얼 스타일의 진 브랜드 폼프 앤드 웜지를 개발하여 런칭했다. 집에서 자신만의 코디얼 레시피를 작성하고 증류주를 만들었던 빅토리아 시대의 가정 요리사들에게 경의를 표하는 의미였다. 다수의 대형 주류 회사에서 수년간 시장 조사와 브랜드 컨설팅 업무를 해온 니콜라는 여성들이 지닌 엄청난 소비력을 뻔히 알면서도 이를 적극적으로 공략하지 않는 기업들을 이해할 수 없었다. 여기에서 기회를 본 니콜라는 여성 소비자를 염두에 두고 진 제품 개발과 브랜드화를 진행했다. 그녀가 기획한 폼프 앤드 윔지는 출시 첫해에 로스앤젤레스, 샌프란시스코, 뉴욕에서 열린 세 개의 주류 품평회에서 금메달을 차지했고, 국제 증류주 대회에서는 더블골드 메달을 받았다.

2017년에는 폰 위버Fawn Weaver가 엉클 니어리스트Uncle Nearest 라는 위스키 브랜드를 내놓으며 미국 역사상 최초로 주요 주류 브랜드를 소유한 흑인 여성이 됐다. 엉클 니어리스트는 미국에서 흑인 최초로 수석 증류사가 된 니어리스트 그린Nearest Green을 기리기 위해 만든 브랜드다. 노예로 태어난 그는 잭 다니엘에게 위스키 제조법을 가르친 인물이었다. 남북전쟁 이후 니어리스트 그린은 새로 설립된 잭 다니엘 증류소의 첫 수석 증류사가 됐다. 폰 위버는 니어리스트 그린의 유산을 발굴하는 한편, 엉클 니어리스트 재단Uncle Nearest Foundation을 설립하여 그가 위스키 역사에 남긴 영향을 기리고 있다. 엉클 니어리스트는 흑인의 이름을 딴 최초의 위스키 브랜드이기도 하다.

폰 위버는 엉클 니어리스트의 맛을 설계하기 위해 미국 최초의 흑인 여성 수석 증류사를 고용했다. 빅토리아 버틀러Vicoria Butler는 니어리스트 그린의 현손녀玄孫女(손자 또는 손녀의 손녀－옮긴이)인데, 증류사의 길을 걷고 있는 것으로 보아 피 속에 위스키가 흐르는지도 모르겠다. 엉클 니어리스트는 2017년 출시된 이래 열다섯 개 이상의 주요 주류 품평회에서 수상했으며, 매년 제품이 출시될 때마다 상을 받고 있다. 폰 위버는 앞으로 엉클 니어리스트라는 브랜드와 재단을 더 확대해나갈 계획이다.

같은 해 미셸 디 아우구스티노Michelle di Augustino는 누아르 킹 코냑Noir King Cognac이라는 브랜드로 최초의 흑인 여성 소유의 코냑 회사를 설립했다. 미국의 흑인들은 제2차 세계대전 당시 프랑스로 파병된 흑인 군인들이 코냑에 대한 애정을 가지고 귀국한 이래 꽤 오랫동안 코냑을 즐겨왔다. 랩과 힙합 음악계는 1990년대와 2000년대, 그리고 지금까지 코냑과 흑인 공동체의 관계를 더욱 발전시켜왔다. 랩이나 힙합곡 중에는 '헤네시'나 '코냑'이라는 단어가 등장하는 곡이 천 곡 이상 존재하며, 매건 더 스탤리언Megan Thee Stallion의 2018년 앨범 〈티나 스노우Tina Snow〉에도 〈코냑 퀸Cognac Queen〉이라는 곡이 수록되어 있다.

한때 전원이 남성으로만 구성됐던 바텐더 길드는 마침내 2016년 패멀라 위즈니처Pamela Wiznitzer를 회장으로 선출하며 오십여 년 만에 첫 여성 회장을 맞이했다. 줄리 라이너의 클로버 클럽 오픈을 도왔던 프랭키 마샬Franky Marshall은 미국 바텐더 길드의 부회장을 역임했다. 1960년대와 1970년대에 여성의 권리를 위해 싸운 수많은 활동가들 덕에 현재 여성 바텐더의 비율은 60퍼센트에 이른다.

티키 문화 또한 다시 번성하고 있다. 2018년에는 럼 전문가 새년 머스티퍼Shannon Mustipher가 바텐더들과 티키 음료 애호가들의 모임인 위민 후 티키Women Who Tiki를 만들었다. 머스티퍼는 바 내의 다양성 확대를 위해서도 적극적으로 활동하고 있으며, 2019년에는 『티키: 현대의 트로피컬 칵테일Tiki: Modern Tropical Cocktails』이라는 훌륭한 책을 내놓으며 백여 년 만에 대형 출판사를 통해 칵테일 책을 출간한 최초의 현직 흑인 바텐더가 됐다.[*]

초키 톰Chockie Tom은 뉴욕 퀸즈에서 정기적으로 열리는 팝업바 둠 티키Doom Tiki의 공동창업자다. 둠 티키는 인종 차별과 문화 도용이 없는 티키 문화를 목표로 한다. 둠 티키는 뛰어난 원주민 바텐더들의 작품을 선보이는가 하면, 머라이어 쿤켈Mariah Kunkel과 협력하여 모금한 기금으로 원주민 문화나 태평양 문화를 지원하는 단체를 후원하기도 했다. 쿤켈은 서비스업에 종사하는 오세아니아계 미국인들의 단체인 파시피카 프로젝트Pasifika Project의 공동 설립자다. 초키 톰은 둠 티키를 통해 멋진 티키 음료를 제공하면서도 그동안 티키 문화에 내재되어 있던 문제를 해결해나가기 위해 노력하고 있다. 둠 티키에서는 티키 신들이 조각된 잔이 아닌 고양이나 파인애플 모양의 잔에 음료를 담아서 제공한다.

현재 미국에 열다섯 개 남짓 남은 레즈비언 바를 지키기 위해 노력하는 여성들도 있다. 2020년 영화제작자인 에리카 로즈Erica Rose와 엘리나 스트리트Elina Street가 "미국에 남아 있는 레즈비언

---

[*] 그전에 나온 책은 1917년 출간된 톰 불록Tom Bullock의 『이상적인 바텐더The Ideal Bartender』라는 책이다. 톰은 금주법 시대 이전에 일했던 흑인 바텐더다.

바를 기념하고, 지원하고, 보존하고자" 하는 목적으로 레즈비언 바 프로젝트를 시작했다. 이들은 레즈비언 바를 보존하고자 하는 이유를 다음과 같이 웹사이트에 밝혔다.

> 공간을 잃으면 힘과 타당성, 공동의 안전과 세대 간 대화에 대한 접근성을 잃게 된다.

▼ ▲ ▼

술을 즐기는 여성들 또한 단체를 조직했다. 2011년 페기 노 스티븐스Peggy Noe Stevens는 버번이 할아버지들이나 마시는 술이라는 인식을 바꾸기 위해 여성 중심의 버번 애호가 모임인 버번 위민Bourbon Women을 만들었다. 이 모임의 목표는 회원에게 버번 관련 교육을 제공하고 버번 생산자들로 하여금 여성을 염두에 둔 제품을 출시하게 하는 것이다. 첫해에는 전체 회원 수가 300명에 불과했지만, 현재는 미국 전역에 지부를 두고 있다.

2016년에는 사마라 리버스Samara Rivers가 증류주 업계와 흑인 소비자 간의 연결 고리가 되고자 블랙 버번 소사이어티Black Bourbon Society를 설립했다. 리버스는 버번 회사들이 흑인을 외면함으로써 얼마나 많은 소비자를 놓치고 있는지 이 단체를 통해 직접 보여주고자 했다. 블랙 버번 소사이어티의 페이스북 그룹 가입자가 1만 6천 명을 돌파하는 등 큰 호응이 있자, 리버스는 주류 기업과 브랜드들의 조직 내 포용력 향상을 돕는 컨설팅 그룹 다이버시티 디스틸드Diversity Distilled를 설립하기도 했다.

한편 유럽, 일본, 베네수엘라, 중국 등 세계 곳곳에서 여성 위스키 클럽이 생겨나고 있다. 스피리트 오브 네로Spirit of Nero는 인도 최초의 여성 위스키 클럽이다. 이 클럽은 매달 개최하는 모임에서 위스키 이해도를 높이고 참여를 장려하기 위한 강연을 진행한다. 별도의 회비도 없고, 행사에서는 음식과 위스키를 무료로 제공한다. 인도에서는 1997년 전면적인 금주법을 시행했으나 이 년 만에 폐지됐다. 일부 주는 여전히 금주법을 고수하고 있지만, 현재 인도는 각종 주류, 그중에서도 와인 소비가 빠르게 늘고 있다. 2004년에서 2020년 사이 인도의 와인 소비량은 세 배 증가했다. 빠르게 성장하는 시장에서 가장 빠르게 성장하는 소비자 집단은 바로 여성이다.

지금까지 살펴본 다양한 예시들은 음료 산업과 지역 사회를 더 나은 곳으로 만들고자 하는 놀라운 여성들의 노력 중 극히 일부에 불과하다. 지금 이 순간에도 수많은 이들이 노력하며 술의 세계를 넓혀가고 있다.

▼ ▲ ▼

2014년 국제 여성 합동 양조의 날International Women's Collaboration Brew Day 행사가 최초로 개최됐다. 양조업자인 소피 드 론드Sophie de Ronde가 핑크 부츠 소사이어티와 함께 기획한 행사였다. 양조 업계에서 여성에 대한 인식을 재고하기 위해 열린 이 행사는 세계 여성의 날인 3월 8일에 개최됐다. 첫해에는 다섯 개국에서 육십 명의 여성 양조업자가 참여하여 모두가 유나이트Unite(통합)라는 이름의 페일 에일을 만들었다. 이듬해에는 십일 개국에서 팔십 명이 참가했다. 아피웨 눅사니 마웰라는 요하네스버그에서 열린 이 해 행사의 조직을 도왔다.

2019년 행사에서는 사우스 아프리칸 브루어리가 특별한 맥주를 만들고 싶어 했다. 이들은 아피웨에게 양조 과정을 맡겼고, 그녀는 맥주 자체와 병의 라벨에 강하고 독립적인 여성의 특성을 담아내고자 했다. 아피웨가 다른 여성 양조자들과 협력하여 만든 이 맥주의 레시피는 후에 '볼드 브루Bold Brew(대담한 맥주)'라고 불리게 됐다. 전적으로 여성들이 기획하고 생산한 맥주 볼드 브루는 2019년 3월 8일에 출시됐는데, 라벨에는 태양을 떠받친 여성을 상징하는 아트워크가 담겼다.

아피웨는 볼드 브루가 여성 양조업자들에게 영감을 주기를, 그리고 이 맥주를 통해 여성들이 양조 업계에 더 큰 매력을 느끼기를 바랐다. 그녀는 맥주 산업이 젊은 여성에게 좋은 기회가 될 수 있음을 알리기 위해 고등학교에서 강연을 하기 시작했다. 아피웨가 자신의 일에 대해 이야기하는 것을 들으면 학생들이 그녀의 지적이고 차분하면서도 자신감 넘치는 모습에서 얼마나 큰 영감과 감동을 받을지 쉽게 짐작할 수 있다. 남아프리카 대학교의 학생 잡지 인터뷰에서 아피웨는 다음과 같이 말했다. "오늘날 우리가 벌이는 투쟁은 길을 닦는 일입니다. 우리가 이 길을 닦음으로써 다음 세대가 우리가 겪은 일을 겪지 않아도 됩니다. 지금은 남성들이 지배하는 분야라고 해도 언젠가는 여성이 일하는 게 당연한 날이 올 것입니다."

한편 브루스터 크래프트는 톨로카지Tolokazi라는 맥주와 사과주 라인을 출시했다. 톨로카지는 아피웨가 속한 씨족 집단의 이름이다. 이 브랜드는 아피웨의 가족과 가문 내에서 오랜 세월 맥주를 만들어온 선조들뿐 아니라 아프리카의 모든 여성 양조자들을 기리기 위해 만든 브랜드다. 톨로카지 생산에 사용되는 원료는 모두 아프리카 특산물이며, 브루스터 크래프트는 이 브랜드를 글로벌 무대로 진출시킬 계획이다.

아피웨 눅사니 마웰라는 양조 업계에서 가장 중요한 인물 중 하나이자 선구자지만, 시대를 앞서간 여성은 아니다. 주류 업계의 그 어떤 여성도 시대를 앞서가지는 못했다. 모든 것은 이미 수천 년 전에 시작됐기 때문이다.

여성들은 오랜 세월 노력하여 이제 겨우 다시 원점으로 돌아왔을 뿐이다. 여성의 권리는 진전되어 왔지만, 여성의 힘을 두려워한 정부와 제도의 억압으로 다시금 후퇴하기도 했다. 여자들은 여전히 싸움과 승리, 패배와 싸움을 반복하고 있다. 그동안 한 가지 변하지 않은 것이 있다면 그녀들의 회복력이다.

세계 곳곳에서 여성들이 주류 업계에 진출하고 있지만, 여성이 술을 마시는 일조차 허락되지 않는 나라도 여전히 존재한다. 여성이 공공장소에서 술을 마실 수 있는지 여부는 사회가 여성을 대하는 방식을 고스란히 보여주는 척도다.

어떤 술을 마시든 이제 우리는 그 술의 역사 속에 여성이 있었다는 사실을 알고 건배할 수 있다. 어떤 술이 다른 술보다 더 좋고, 고급스럽고, 남성적이다는 얘기는 무의미하다. 양조장에서, 포도밭에서, 주류 판매점에서, 그리고 술집에서 주위를 한번 둘러보자. 이제 자연스럽게 알게 됐을 것이다. 그곳은 남성만큼이나 여성도 있어야 할 자리다.

눈앞의 모든 술이 여성의 술girly drinks이다.

지금까지 우리는 수천 년 동안 이어져온 여성과 술, 음주의 역사를 살펴봤다. 이제 우리는 무엇을 해야 할까? 여기서 어디로 나아가야 하는 걸까?

하모니 문 콜란젤로Harmony Moon Colangelo는 이 질문에 매일 답하고 있다.

하모니는 오하이오주 클리블랜드의 사이드 퀘스트Side Quest라는 바에서 수석 바텐더로 일하고 있다. 파란 머리칼에 키가 큰 하모니는 2016년부터 사이드 퀘스트에서 일했지만, 용기를 내어 바텐딩 세계에 뛰어들기까지는 친구들의 긴 설득이 있었다고 한다. 그녀는 2020년 내게 이런 이메일을 보냈다. "이전에는 거의 소매업 쪽에서만 일했습니다. 보수적인 오하이오에서 트랜스젠더 여성으로서 서비스업에 종사하는 건 상상이 되지 않았어요. 팁을 받아야 생계 유지가 가능한 텐데, 손님들이 제게 팁을 줄 것 같지는 않았거든요. 하지만 가장 오래 알고 지낸 친구가 바텐딩이 제 천직이라고 몇 년을 설득했어요. 그래서 친구가 일하는 바 두 곳에서 보조 바텐더로 일을 시작했고, 그 후 바텐더가 됐습니다."

이제 원하면 거의 모든 여성이 바나 술집에 갈 수 있다. 그러나 안타깝게도 바에 들어갔을 때 자신이 있을 장소가 아니라는 불편한 느낌을 받는 여성도 있다. 더 많은 여성이 자유롭게 술집에 갈 수 있게 하는 것도 중요하지만, 모든 여성이 그 문화를 즐길 수 있게 하는 것도 중요하다. 많은 장애 여성이 바에 가는 것을 꺼린다. 휠체어나 이동 보조기구로는 화장실과 바 카운터는 물론 테이블에도 접근하기 어려운 경우가 많기 때문이다. 많은 바와 술집이 테이블과 좌석의 높이를 낮추지 않음으로써, 바 카운터 일부의 높이를 조정하지 않음으로써, 화장실 접근성을 개선하지 않음으로써 수많은 잠재 고객을 놓치고 있다. 미국의 경우만 보아도 장애인의 소비력을 5천 억 달러에 달하는 것으로 추산하고 있다.

바와 술집은 여전히 네트워킹과 사교, 공동체 활동에서 중요한 역할을 하는 공간이다. 다행히 논알코올 음료를 구비하는 술집이 증가하는 추세지만, 더 확대되어 모든 술집에 적용되어야 한다. 세상에는 여러 이유로 술을 마시지 못하거나 마시지 않는 여성들도 있다. 개인적인 이유든, 건강이나 종교상의 이유든, 아니면 그냥 마시기 싫어서든, 술을 마시지 않는 여성들도 이러한 공공장소를 이용할 수 있도록 논알코올 메뉴가 확대되어야 한다. 술을 마시지 않는 이들에게도 수돗물이나 탄산음료 외의 선택지가 필요하다.

하모니는 지난 수년간 바텐더로 일하며 바가 점점 따뜻하고 포용적인 공간으로 변모해가는 모습을 지켜보았다. 물론 그녀 자신도 그러한 변모를 위해 함께 노력해왔다. 다음은 다시 그녀에게 받은 이메일이다.

"눈앞의 광경이 맘에 들지 않으면 직접 그 광경을 바꾸면 된다는 마음가짐으로 제가 일하는 바에서 성소수자 중심의 행사들을 더 많이 개최하려 노력했습니다. 매달 퀴어 중심의 행사를 몇 개씩 기획했어요. 한 달에 한 번씩 성소수자 만남 행사도 가졌는데, 각자가 지향하는 성별의 대명사를 스티커로 붙여 정확한 정체성을 표현할 수 있게 했습니다. 이러한 행사에서는 전통적인 게이 바에서 흘러나오는 팝 음악이 아닌 퀴어 아티스트들의 음악을 주로 틀었습니다. 퀴어 제작자들이 만들거나 퀴어 이야기를 다룬 영화나 TV 프로그램을 상영하고, 각 행사를 위해 특별한 칵테일 메뉴를 개발하기도 했죠."

바로 이 특별 칵테일 메뉴 덕에 하모니는 칵테일의 역사를 새로 만들게 됐다.

하모니가 성소수자 행사를 위해 기획한 특별 칵테일들은 큰 인기를 끌었다. 코로나19 사태로 2020년 임시 휴업을 결정한 사이드 퀘스트의 소유주가 하모니에게 칵테일 레시피를 모아 책으로 내보는 것은 어떻겠냐고 제안했다. 그렇게 『퀴어 칵테일의 1년A Year of Queer Cocktails』이라는 책이 출간되며 하모니는 칵테일 책을 쓴 최초의 트랜스젠더 여성이 됐다. 초판 판매 수익금은 모두 코로나로 인해 생계를 잃은 사이드 퀘스트의 직원들을 위해 사용됐다.

2020년 하모니는 클리블랜드 지역 최고의 바텐더 후보에 올랐고, 최고의 바텐더 상을 수상했다. 그녀는 후보에 오른 바텐더 중 유일한 여성이었다.

그렇다면 하모니는 칵테일 바에서 주로 어떤 음료를 주문할까? 올드패션드다. 술을 만들고 마시는 여성의 오랜 역사, 이보다 더 '올드패션드'한 것도 없을 것이다.

이 책을 마무리하는 이 순간에도 전 세계는 여전히 코로나19의 영향에서 완벽히 벗어나진 못하고 있다. 유서 깊은 바와 수많은 술집들이 코로나19의 여파로 폐업했다. 오드리 손더스의 전설적인 페구 클럽도 그 여파를 피하지 못했다. 많은 주류 회사가 생산을 중단했고, 다른 산업과 마찬가지로 주류 산업의 미래 또한 불투명하다.

그러나 여성들은 수많은 역경 속에서도 항상 술을 만들고 마실 방법을 찾아왔다. 이러한 오래된 끈기가 희망을 준다. 어떤 미래가 닥치든, 확실한 건 그곳에 여성이 있을 것이라는 사실이다. 여성들은 증류업자로서, 양조자로서, 바텐더로서, 그리고 그저 술을 마시고픈 한 사람으로서 4천 년에 걸친 억압을 견디며 살아남았다. 그런 여성이 이겨내지 못할 것은 이제 없으니, 건배!

국제적인 전염병이 유행하는 가운데 연구 집약적인 세계사 책을 집필하는 것은 정말 어려운 일이었다. 그러나 많은 이들의 도움 덕에 이 책을 무사히 완성할 수 있었다.

우선 이 모든 일을 가능하게 한 나의 에이전트 브래디 맥레이놀즈에게 감사한다.

처음 기획한 아이디어를 훨씬 멋지게 만들어준 편집자 피터 조셉에게도 감사의 말을 전한다. 피터와 함께 이 책을 만들 수 있어 정말 행복했다.

편집과 관련하여 많은 도움을 준 그레이스 타워리에게도 고마운 마음을 전한다.

홍보 담당자이자 슈퍼히어로인 로라 지아니노 덕에 지금까지 제정신을 유지할 수 있었다. 리아 페론, 리네트 킴, 이던 처치, 바네

사 웰스를 비롯한 하노버 스퀘어 프레스 팀의 능력자들에게도 꼭 고맙다는 말을 하고 싶다.

로스앤젤레스 공립 도서관의 방대한 자료와 지원이 없었다면 아마 이 책은 탄생하지 못했을 것이다. 가능하다면 도서관의 모든 사서에게 위스키를 한 병씩 선물하고 싶은 마음이다. 나의 질문에 답해주고 수많은 상자를 뒤져 자료를 찾아준 사서들에게 감사의 마음을 전한다.

일본 여성의 역사와 관련하여 도움을 준 질리언 반트에게도 감사한다.

소주에 관해 묻는 갑작스러운 이메일에 성실히 답변해준 한국의 박현희에게도 고맙다는 말을 하고 싶다.

귀중한 시간을 내어주고 이 주제에 대한 대화를 나눠준 아피웨 눅사니 마웰라, 니콜라 나이스, 하모니 문 콜란젤로를 비롯한 모든 여성들께 고마운 마음을 전한다. 베트남 술에 대한 궁금증을 풀어준 트란 응우옌도 빼놓을 수 없다.

코로나19가 지나가고 여행이 좀 더 안전해지면 이 책을 지지해준 모든 이에게 술을 한잔 사고 싶다. 특히 그래디 헨드릭스에게는 꼭 마티니를 한잔 사야겠다. 호주에 대한 모든 성가신 질문에 답해준 션 쿡에게도 마찬가지다.

언제나처럼 훌륭한 조언으로 내가 하는 일들을 지지해주고, 마감 중에도 팟캐스트를 계속 진행할 수 있도록 도와준 좋은 친구 브리 그랜트에게도 감사의 마음을 표한다. 무한한 지지와 긍정을 나누는 독서 커뮤니티를 꾸려가게 해준 팟캐스트 〈리딩 글래스Reading Glasses〉의 청취자들에게도 감사하다.

언제나 나를 믿어준 로렌 파네핀토와 제러미 램버트가 나의 삶에 함께하고 있다는 사실에도 늘 감사한 마음이다. 내 뇌가 녹는 것을 막아준 심리상담사 크리스에게도 고맙다는 말을 전한다.

연구와 집필에 시달리는 긴긴 밤 든든한 동반자가 되어준, 내가 제일 좋아하는 버번 위스키 버펄로 트레이스Buffalo Trace에게도 고맙다. 상주 작가를 찾고 있다면 꼭 지원하고 싶다. 상주 작가를 고용해본 적이 없더라도 괜찮으니 꼭 연락해주기를 바란다.

도서관에서 수많은 책을 옮기면서 이 책을 집필하는 동안 나와 고양이들을 돌보고, 저녁밥을 먹으면서도 끊임없이 늘어놓는 나의 얘기를 들어주고, 이 책이 좋은 책이라는 믿음을 가지게 해주고, 내가 아직 제정신이라고 이야기해준 제러미 램버트에게 특별히 큰 감사와 사랑을 전한다. 함께하는 하루마다 더 큰 감사와 사랑을 느끼게 하는 제러미에게 버번보다도 당신을 더 사랑한다는 말을 꼭 하고 싶다.

마지막으로 나의 가장 친한 친구, 첫 독자, 그리고 이 책이 존재할 수 있게 해준 장본인 로렌 파네핀토에게 특별한 감사를 전한다. 로렌은 이 책을 쓰자고 말해줬고, 모든 내용에 있어 전문적인 지식과 조언을 아끼지 않았으며, 다 망했다며 구석으로 숨어버린 나를 동굴에서 꺼내줬다. 책에 실릴 최고의 시각 자료들을 찾아준 노력에도 감사한다.

나의 삶에서, 그리고 이 책의 집필 과정에서 로렌이 준 도움을 열거하자면 다시 책 한 권을 써도 모자랄 것이다. 정말 사랑한다는 말과 함께, 늙어서 할머니가 될 때까지 전 세계의 멋진 바를 돌아다니며 같이 칵테일을 마시자는 말을 전하고 싶다.

- Alexander, John T. *Catherine the Great: Life and Legend*. Oxford University Press, 1989.

- "Alfred the Great: Law Code on Anglo-Saxon Women (ca. 893 CE)." *World History: Ancient and Medieval Eras*, ABC-CLIO, 2020.

- Ambrose, Hugh, and John Schuttler. *Liberated Spirits: Two Women Who Battled over Prohibition*. Penguin, 2018.

- "America's Beer, Wine & Spirits Retailers Create 2.03 Million Jobs & $122.63 Billion in Direct Economic Impact." American Beverage Licensees, October 23, 2018. https://ablusa.org/americas-beer-wine-spirits-retail\-ers-create-2-03-million-jobs-122-63-billion-in-direct-economic-impact/.

- Anderson, E. N. *Food and Environment in Early and Medieval China*. Philadelphia: University of Pennsylvania Press, 2014.

- Appleby, John C. Women and English Piracy, 1540-1720: Partners and Victims of Crime. Boydell & Brewer, 2013.

- Bailey, Mark. *Of All the Gin Joints: Stumbling through Hollywood History*. Chapel Hill, NC: Algonquin Books, 2014.

- Baker, Phil. *The Book of Absinthe: A Cultural History*. Grove/Atlantic, 2007.

- Bardsley, Sandy. "Nuns: Medieval World." *Daily Life through History*, ABC-CLIO, 2020.

- Barndt, Jillian Rose. "Women of the Rear Palace: Naishi no kami and the Fujiwara Clan." Master's thesis, University of Alberta (Canada), 2013.

- Barnett, Richard. *The Book of Gin: A Spirited History from Alchemists' Stills and Colonial Outposts to Gin Palaces, Bathtub Gin, and Artisanal Cocktails*. Grove/Atlantic, 2012.

- Bayles, Jaq. "Profile: Joy Spence." *Drinks International*, July 13, 2012. https://drinksint. com/news/fullstory.php/aid/3121/Profile:_Joy_Spence.html.

- Bennett, Judith M. *Ale, Beer, and Brewsters in England: Women's Work in a Changing World, 1300-1600*. New York: Oxford University Press, 1996.

- Bennett Peterson, Barbara, ed. *Notable Women of China: Shang Dynasty to the Early Twentieth Century*. London: Taylor & Francis Group, 2000. ProQuest Ebook Central.

- Bernstein, Gail Lee, ed. *Recreating Japanese Women, 1600-1945*. University of California Press, 1991.

- Berry, Jeff. Beachbum *Berry's Potions of the Caribbean: 500 Years of Tropical Drinks and the People behind Them*. New York: Cocktail Kingdom, 2014.

- Blumenthal, Karen. *Bootleg: Murder, Moonshine, and the Lawless Years of Prohibition*. New York: Roaring Brook Press, 2011.

- Brennan, Thomas *E. Public Drinking in the Early Modern World: Voices from the Tavern, 1500-1800*. London: Pickering & Chatto, 2011.

- Brennan, Thomas E. "Taverns and the Public Sphere in the French Revolution." In *Alcohol: A Social and Cultural History*. Mack Holt, ed. 107-120, Oxford: Berg, 2006. https://doi. org/10.5040/9781350044609-ch-007.

- Brooks, Polly Schoyer. *Cleopatra: Goddess of Egypt, Enemy of Rome*. New York: HarperCollins Publishers, 1995.

- Brown, Sally, and David R. Brown. *A Biography of Mrs. Marty Mann: The First Lady of Alcoholics Anonymous*. Simon and Schuster, 2011.

- Bryceson, Deborah Fahy. "Alcohol." In *Encyclopedia of Western Colonialism since 1450*, edited by Thomas Benjamin, 29–33. Vol. 1. Detroit: Macmillan Reference USA, 2007. Gale in Context: World History.

- Burns, Eric. *The Spirits of America: A Social History of Alcohol*. Philadelphia: Temple University Press, 2004.

- Buss, Carla Wilson. "Sources: Great Lives from History; Notorious Lives." *Reference & User Services Quarterly* 47, no. 1 (2007). https://doi.org/10.5860/rusq.47n1.85.2.

- Carrigan, Matthew A., Oleg Uryasev, Carole B. Frye, Blair L. Eckman, Candace R. Myers, Thomas D. Hurley, and Steven A. Benner. "Hominids Adapted to Metabolize Ethanol Long Before Human-Directed Fermentation." *Proceedings of the National Academy of Sciences* 112, no. 2 (January 13, 2015): 458–63. https://doi.org/10.1073/pnas.1404167111.

- "Catherine, II, the Great." In *Historic World Leaders*, edited by Anne Commire. Detroit: Gale, 1994. Gale in Context: World History.

- Chang, Kwang-chih. *Food in Chinese Culture: Anthropological and Historical Perspectives.* New Haven: Yale University Press, 1977.

- Chartres, J. A. Review of *The English Alehouse: A Social History, 1200–1800,* by Peter Clark. *The Economic History Review,* n.s., 38, no. 3 (August 1985): 449–51. https://doi.org/10.2307/2597002.

- Civil, Miguel. "A Hymn to the Beer Goddess and a Drinking Song." In *Studies Presented to A. Leo Oppenheim:* June 7, 1964, edited by R.D. Biggs and J. A. Brinkman. Chicago: Oriental Institute of the University of Chicago, 1964.

- Clark, James G., ed. *The Culture of Medieval English Monasticism.* Woodbridge, Suffolk, UK: Boydell & Brewer, 2007.

- Conrad, Barnaby, III. *Absinthe: History in a Bottle.* San Francisco: Chronicle Books, 1988.

- Cooke, Anthony. *A History of Drinking: The Scottish Pub since 1700.* Edinburgh: Edinburgh University Press, 2015.

- Corrigan, Vincent J. "Hildegard of Bingen." In *Icons of the Middle Ages: Rul\-ers, Writers, Rebels, and Saints,* edited by Lister M. Matheson, 1:355. Santa Barbara: Greenwood Publishing Group, 2012.

- Costantino, Roselyn. "And She Wears It Well: Feminist and Cultural De\-bates in the Performance Art of Astrid Hadad." In *Latinas on Stage,* edited by Alicia Arrizón and Lillian Manzor. Berkeley: Third Woman Press, 2000.

- Crush, Jonathan, and Charles H. Ambler. *Liquor and Labor in Southern Africa.* Athens: Ohio University Press, 1992.

- Daryaee, Touraj. *Sasanian Persia: The Rise and Fall of an Empire.* New York: Bloomsbury Publishing, 2014.

- Davis, Angela Y. *Blues Legacies and Black Feminism: Gertrude Ma Rainey, Bessie Smith, and Billie Holiday.* New York: Knopf Doubleday Publishing Group, 2011.

- Dietler, Michael. 2006. "Alcohol: Anthropological/Archaeological Perspectives." *Annual Review of Anthropology* 35, no. 1 (2006): 229–49.

- Donahue, John F. *Food and Drink in Antiquity: Readings from the Graeco-Roman World; A Sourcebook.* London: Bloomsbury Academic, 2015.

- Donovan, Pamela. *Drink Spiking and Predatory Drugging.* New York: Palgrave Macmillan US, 2016.

- Dudley, Robert, and Aeon. 2016. "How the Drunken Monkey Hypothesis Explains Our Taste for Liquor." *The Atlantic,* December 19, 2016. https://www.theatlantic.com/science/archive/2016/12/drunken-monkey/511046/.

- Duis, Perry. *The Saloon: Public Drinking in Chicago and Boston, 1880-1920.* Champaign: University of Illinois Press, 1999.

- Dunbar-Ortiz, Roxanne, and Dina Gilio-Whitaker. *"All the Real Indians Died Off":* *And 20 Other Myths about Native Americans.* Boston: Beacon Press, 2016.

- Duncan, Todd C. "Black Bourbon Society Founder Seeks Diversity in Spir\-its Industry." *Atlanta Journal-Constitution,* May 12, 2020. https://www.ajc.com/entertainment/personalities/black-bourbon-society-founder-seeks-diversity-spirits-industry/7hsSQj m989gLFL7NSGd6HL/.

- Durham, William H., and Jane H. Hill, eds. *Annual Review of Anthropology.* Vol. 35. Palo Alto, CA: Annual Reviews, 2006.

- Dyhouse, Carol. *Girl Trouble: Panic and Progress in the History of Young Women.* London: Zed Books, 2014.

- Egan, Ronald. *The Burden of Female Talent: The Poet Li Qingzhao and Her History in China.* Cambridge: Harvard University Press, 2014.

- Elam, Earl H., and James Haley. 1984. "Apaches: A History and Culture Portrait." *American Indian Quarterly* 8, no. 1 (Winter, 1984): 62–64. https://doi.org/10.2307/1184164.

- Elliott, Barbara. 1992. Review of *Constructive Drinking: Perspectives on Drink from Anthropology,* edited by Mary Douglas. *Free Associations* 3, no. 1 (1992): 143–46.

- Endolyn, Osayi. "The First Cocktail Book by an African American Bartender in More Than a Century." *Los Angeles Times,* April 2, 2019. https://www.lat\-imes.com/food/la-fo-tiki-modern-tropical-cocktails-20190402-story.html.

- Erdoes, Richard. *Saloons of the Old West.* New York: Gramercy Books: 1997.

- Ewan, Elizabeth. 1999. "'For Whatever Ales Ye': Women as Consumers and Producers in Late Medieval Scottish Towns." In *Women in Scotland c.1100–c.1750,* edited by Elizabeth Ewan, Maureen M. Meikle, and Evelyn S. New\-lyn, 125–37. East Linton, Scotland: Tuckwell Press, 1999.

- Ewing, Hope. *Movers & Shakers: Women Making Waves in Spirits, Beer, and Wine.* Los Angeles: Unnamed Press, 2018.

- Falkowitz, Max. "Heart & Sool." *Imbibe,* May/June 2019.

- Fearn, Esther. "Moll Cutpurse." In *Encyclopedia Britannica.* https://www.britannica.com/biography/Moll-Cutpurse.

- Fetter, Bruce. Review of *Potent Brews: A Social History of Alcohol in East Africa, 1850–1999,* by Justin Willis. *African Studies Review* 46, no. 3 (December 2003): 134–35. https://doi.org/10.2307/1515053.

- Fetters, Ashley. "The Many Faces of the 'Wine Mom.'" *The Atlantic,* May 23, 2020. https://www.theatlantic.com/family/archive/2020/05/wine-moms-explained/612001/.

- Fleming, Alice. *Alcohol: The Delightful Poison.* New York: Delacorte Press, 1975.

- Foreman, Amanda, dir. *The Ascent of Woman.* United Kingdom: BBC2, 2016.

- Forsyth, Mark. *A Short History of Drunkenness.* London: Viking, 2018.

- Fox, Anne, and Mike MacAvoy. *Expressions of Drunkenness (Four Hundred Rabbits).* New York: Taylor & Francis, 2010.

- Fragner, Bert G., Ralph Kauz and Florian Schwarz. *Wine Culture in Iran and Beyond.* Wien: Austrian Academy of Sciences Press, 2014. http://www.jstor.org/stable/j.ctt1vw0ps2.

- Garrett, Brianne. "How Black Women in Wine—and Their Allies—Are Banding Together to Achieve Better Representation." *Forbes,* November 6, 2019. https://www.forbes.com/sites/briannegarrett/2019/11/06/how-black-women-in-wineand-their-alliesare-banding-together-to-achieve-better-representation/.

- Gately, Iain. *Drink: A Cultural History of Alcohol.* New York: Penguin, 2008.

- Gaytán, Marie Sarita. ¡Tequila!: Distilling the Spirit of Mexico. Stanford: Stan\-ford University Press, 2014.

- Gies, Frances, and Joseph Gies. *Daily Life in Medieval Times: A Vivid, De\-tailed Account of Birth, Marriage and Death; Food, Clothing and Housing; Love and Labor in the Middle Ages.* New York: Barnes & Noble Books, 1990.

- Govender, Ishay. "The Underground Spaces Where Drinking While Female Was a Radical Act." *Wine Enthusiast Magazine,* March 8, 2020. https://www.winemag.com/2020/03/08/ladies-drinking-rooms-history/.

- Govender-Ypma, Ishay. 2019. "The Singapore Sling: Colonialism, Gender Roles and Pink Drinks for Pale People." *Wine Enthusiast Magazine,* September 7, 2019. https://www.winemag.com/recipe/the-singapore-sling-colonialism-gender-roles-pink-drinks-for-pale-people/.

- Graves-Brown, Carolyn. *Dancing for Hathor: Women in Ancient Egypt.* New York: Bloomsbury Publishing, 2010.

- Groom, Susanne. *At the King's Table: Royal Dining through the Ages.* London: Merrell, 2013.

- Guy, Kolleen M. *When Champagne Became French: Wine and the Making of a National Identity.* Johns Hopkins University Press, 2007.

- Hailwood, Mark. *Alehouses and Good Fellowship in Early Modern England.* Boydell & Brewer, 2014.

- Hambly, Gavin R. G. Review of *Nur Jahan: Empress of Mughal India,* by Ellison Banks Findly. *American Historical Review* 99, no. 3 (June 1994): 954–55. https://doi.org/10.2307/2167895.

- Hamilton, Roy W. *The Art of Rice: Spirit and Sustenance in Asia.* Seattle: University of Washington Press, 2004.

- Hamilton, Tracy Brown. "The Meditations of Europe's Last Brew\-master Nun." *The Atlantic,* October 2, 2014. https://web.archive.org/web/20160413031323/http://www.theatlantic.com/international/ar\-chive/2014/10/the-meditations-of-europes-last-brewmaster-nun/380967/.

- Hayward, Hurricane. "What We Learned at Appleton Master Blender Joy Spence's Rum Tasting at The Mai-Kai." *The Atomic Grog,* August 14, 2019. http://www.slammie.com/atomicgrog/blog/2019/08/14/appleton-master-blender-joy-spence-to-host-rare-rum-tasting-at-the-mai-kai/.

- Hebbar, Prajakta. "In High Spirits." *Indian Express,* September 23, 2012.

- Herlihy, Patricia. *The Alcoholic Empire: Vodka & Politics in Late Imperial Russia.* Oxford University Press, 2003.

- Heron, Craig. *Booze: A Distilled History.* Toronto: Between the Lines, 2003.

- Hildegard. *Hildegard Von Bingen's Physica: The Complete English Translation of Her Classic Work on Health and Healing.* Translated by Priscilla Throop. Inner Traditions / Bear, 1998.

- Hoalst-Pullen, Nancy, and Mark W. Patterson. *National Geographic Atlas of Beer: A Globe-Trotting Journey through the World of Beer.* Washington, DC: National Geographic Books, 2017.

- Hockings, Kimberley, and Robin Dunbar. *Alcohol and Humans: A Long and Social Affair.* Oxford University Press, 2020.

- Höllmann, Thomas Ottfried. *The Land of the Five Flavors: A Cultural History of Chinese Cuisine.* New York: Columbia University Press, 2014.

- Holman, Bianca. "Hennessy's Popularity Is Not Due to Hip Hop. The Story Is Much Deeper Than That." *VinePair,* September 13, 2016. https://vinepair.com/articles/hennessys-popularity-is-not-due-to-hip-hop-the-story-is-much-deeper-than-that/.

- Hoog, Tycho van der. *Breweries, Politics and Identity: The History behind Namibian Beer.* Basel, Switzerland: Basler Afrika Bibliographien, 2019.

- Huggins, Mike. *Vice and the Victorians.* London: Bloomsbury Publishing, 2015.

- Hurt, Jeanette. "A Short History of Women Working Behind the Bar." *Thrillist,* February

14, 2017. https://www.thrillist.com/culture/women-bartender-history.

- Jackson, Lee. *Palaces of Pleasure: From Music Halls to the Seaside to Football, How the Victorians Invented Mass Entertainment.* Yale University Press, 2019.

- James, Margery Kirkbride, and Elspeth M. Veale. *Studies in the Medieval Wine Trade.* Oxford, Clarendon Press, 1971.

- Jeffreys, Henry. "Five Minutes with Joy Spence from Appleton Estate." *Master of Malt Blog,* June 6, 2019. https://www.masterofmalt.com/blog/post/five-minutes-with-joy-spence-from-appleton-estate.aspx.

- Jennings, Justin, and Brenda J. Bowser. *Drink, Power, and Society in the Andes.* 2009. https://doi.org/10.5744/florida/9780813033068.003.0001.

- Jochens, Jenny. *Women in Old Norse Society.* Ithaca: Cornell University Press, 1998.

- Joffe, Alexander H. "Alcohol and Social Complexity in Ancient Western Asia." *Current Anthropology* 39, no. 3 (1998): 297–322. DOI:10.1086/204736

- Johnston, Ruth A. "Beverage Production in Medieval Europe." In *World History: Ancient and Medieval Eras,* ABC-CLIO, 2020.

- Kia, Mehrdad. *Daily Life in the Ottoman Empire.* Santa Barbara: Greenwood Publishing Group, 2011. ABC-CLIO.

- Kladstrup, Don, and Petie Kladstrup. *Champagne: How the World's Most Glamorous Wine Triumphed over War and Hard Times.* New York: HarperCollins, 2006.

- Koehler, Robert. *Korean Wines & Spirits: Drinks That Warm the Soul.* Irvine: Seoul Selection, 2016.

- Kond⁻o, Hiroshi. *Sake⊠: A Drinker's Guide.* Tokyo: Kodansha International, 1992.

- Krishna, Priya. "The Definitive History of the Cosmopolitan." *PUNCH,* September 11, 2019. https://punchdrink.com/articles/definitive-history-cosmopolitan-cosmo-vodka-cranberry-cocktail/.

- Larsen, Jeanne. "Li Qingzhao." In *Asian Poets,* edited by Rosemary M. Can\-field Reisman, 53–60. *Critical Survey of Poetry.* Ipswich, MA: Salem Press, 2012. Accessed April 8, 2020. Gale eBooks. https://link.gale.com/apps/doc/CX4000200010/GVRL?u=lapl&sid=GVRL&xid=c4707c16.

- Lee, Lily Xiao Hong, and Sue Wiles, eds. *Biographical Dictionary of Chinese Women: Tang through Ming,* 618–1644. Armonk, NY: M. E. Sharpe, 2014. Accessed June 23, 2020. ProQuest Ebook Central.

- Lefkowitz, Mary Rosenthal, and Maureen B. Fant. *Women's Life in Greece and Rome: A Source Book in Translation.* Baltimore, MD: Johns Hopkins Uni\-versity Press, 2016.

- Legodi, Nancy. "TMALI Alumna Adds Feminine Flair to an Ancient Craft." *Younisa* no. 1 (2020): 10–11. https://www.unisa.ac.za/static/corporate_web/Content/News%20 &%20Media/Publications/younisa/docs/Younisa%20Issue%201%202020%20web.pdf.

- Levin, Carole, Anna Riehl Bertolet, and Jo Eldridge Carney. *A Biographical Encyclopedia of Early Modern Englishwomen: Exemplary Lives and Memorable Acts, 1500–1650.* Taylor & Francis, 2016.

- LeWine, Howard. "Drinking a Little Alcohol Early in Pregnancy May Be Okay." *Harvard Health Blog,* January 29, 2020. Accessed March 3, 2021. https://www.health. harvard.edu/blog/study-no-connection-between-drinking-alcohol-early-in-pregnancy-and-birth-problems-201309106667.

- Li, Qingzhao [Ch'ing-Chao]. *Li Ch'ing-Chao: Complete Poems.* Translated by Kenneth Rexroth and Ling Chung. New York: New Directions, 1979.

- Li, Qingzhao [Ch'ing-Chao]. *The Complete Ci-Poems of Li Qingzhao: A New English Translation.* Translated by Jiaosheng Wang. Philadelphia: Department of Oriental Studies, University of Pennsylvania, 1989.

- Lim, Wei-Yen, Chee Weng Fong, Jacqelene Meow Ling Chan, Derrick Heng, Vineta Bhalla, Suok Kai Chew. "Trends in Alcohol Consumption in Singapore 1992–2004." *Alcohol and Alcoholism* 42, no. 4 (July 2007): 354–61. https://doi.org/10.1093/alcalc/ agm017.

- Lindblom, Jeanette. "Women and Public Space: Social Codes and Female Presence in the Byzantine Urban Society of the 6th to the 8th Centuries." PhD diss., University of Helsinki, 2019. https://helda.helsinki.fi/handle/10138/300676.

- Ling, Sally J. *Run the Rum In: South Florida During Prohibition.* Charleston, SC: History Press, 2007.

- Locker, Melissa. "The Mixologist Who Shook Up Bartending's Boys' Club." *Brooklyn Based,* December 4, 2019. https://brooklynbased.com/2019/11/15/womenbehindthebarafter3-reiner-clover-club-50-best/.

- Lomnitz, Larissa. "Patterns of Alcohol Consumption among the Mapuche." *Human Organization* 28, no. 4 (Winter 1969): 287–96. Accessed December 1, 2020. http:// www.jstor.org/stable/44125043.

- "Lucha Reyes." Strachwitz Frontera Collection. Accessed December 1, 2020. http:// frontera.library.ucla.edu/artists/lucha-reyes.

- Lukacs, Paul. *Inventing Wine: A New History of One of the World's Most Ancient Pleasures.* New York: W.W. Norton, 2013.

- Lyman, Stephen, and Chris Bunting. *The Complete Guide to Japanese Drinks: Sake, Shochu,*

Japanese Whisky, Beer, Wine, Cocktails and Other Beverages. Tuttle Publishing, 2019.

- Maddocks, Fiona. *Hildegard of Bingen: The Woman of Her Age*. London: Faber & Faber, 2013.

- Mancall, Peter C. *Deadly Medicine: Indians and Alcohol in Early America*. Cornell University Press, 1997.

- Mannheimer, Emma. "How 'Sex and the City' Ruined the Cosmo." *Vice*, November 29, 2017. https://www.vice.com/en/article/mb9q58/how-sex-and-the-city-ruined-the-cosmo.

- "Maria the Jewess." In *Encyclopedia of World Biography Online*. Vol. 32. Detroit, MI: Gale, 2012. Accessed June 11, 2020. Gale in Context: World History.

- Markham, Gervase. *Countrey Contentments, Or, The English Huswife: Contain\-ing the Inward and Outward Vertues Which Ought to Be in a Compleate Woman : As Her Skill in Physicke, Surgerie, Extraction of Oyles, Banqueting-Stuffe, Ordering of Great Feasts, Preseruing All Sorts of Wines, Conceited Secrets*. By J.B. for R. Jackson, 1623.

- Marre, Oliver. "Girl, Interrupted." *The Guardian*, March 18, 2007. https://www.theguardian.com/uk/2007/mar/18/monarchy.features.

- Martell, Nevin. "Skinny Sipping." *FSR*, January 2013. https://www.fsrmagazine.com/skinny-sipping.

- Martin, A. Lynn. *Alcohol, Sex and Gender in Late Medieval and Early Modern Europe*. London: Palgrave Macmillan, 2001.

- Martin, Pete. "Pago Pago in Hollywood." *Saturday Evening Post*, May 1, 1948.

- Martin, Scott C. *Devil of the Domestic Sphere: Temperance, Gender, and Middle-Class Ideology, 1800–1860*. De Kalb: Northern Illinois University Press, 2010.

- Masiwa, Duncan. "Master Brewer Sees a Fizzing Future for African Beer." *Food for Mzansi*, February 14, 2020. https://www.foodformzansi.co.za/mas\-ter-brewer-sees-a-fizzing-future-for-african-beer/.

- Mazzeo, Tilar J. *The Widow Clicquot: The Story of a Champagne Empire and the Woman Who Ruled It*. HarperCollins, 2009.

- McAvey, Marion S. "Moll Cutpurse." In *Great Lives from History: Notorious Lives*, edited by Carl L. Bankston. Hackensack, NJ: Salem, 2007.

- McGovern, Patrick E. *Uncorking the Past: The Quest for Wine, Beer, and Other Alcoholic Beverages*. Berkeley: University of California Press, 2010.

- McNamara, John. "Saint Brigid." *In World History: Ancient and Medieval Eras*, ABC-CLIO, 2020. http://ancienthistory.abc-clio.com.ezproxy.lapl.org/Search/Display/593524.

- McNie, Maggie. *Champagne.* Faber & Faber, 1999.

- Meacham, Sarah Hand. *Every Home a Distillery: Alcohol, Gender, and Technology in the Colonial Chesapeake.* Baltimore: Johns Hopkins University Press, 2009.

- Medicine, Beatrice. *Drinking and Sobriety among the Lakota Sioux.* Altamira Press, 2007.

- Minnick, Fred. *Whiskey Women: The Untold Story of How Women Saved Bourbon, Scotch, and Irish Whiskey.* Potomac Books, 2013.

- Montalbano, Mara. "How Many Calories Do Skinnygirl Cocktails Really Save You?" *VinePair,* April 14, 2015. https://vinepair.com/wine-blog/how-many-calories-do-skinnygirl-cocktails-really-save-you/.

- Morales, Mónica P. *Reading Inebriation in Early Colonial Peru.* London: Routledge, 2016. https://doi.org/10.4324/9781315603735.

- Mortimer, Ian. *The Time Traveler's Guide to Medieval England: A Handbook for Visitors to the Fourteenth Century.* Simon and Schuster, 2009.

- Moss, Gabrielle. "Party Out of Bounds: Booze, the Pleasure Principle, and Party-Girl Pop." *Bitch Media,* May 18, 2011. https://www.bitchmedia.org/article/party-out-of-bounds.

- Murdock, Catherine Gilbert. *Domesticating Drink: Women, Men, and Alcohol in America, 1870–1940.* Baltimore: Johns Hopkins University Press, 2002.

- Nice, Dr. Nicola. "Episode 398: Wouldn't It Be Nice." Interview by Damon Boelte, Sother Teague, and Greg Benson. *The Speakeasy,* September 24, 2020. Podcast audio. https://heritageradionetwork.org/episode/wouldnt-it-be-nice.

- Obayemi, Ade M. U. "Alcohol Usage in an African Society." In *Cross-Cultural Approaches to the Study of Alcohol: An Interdisciplinary Perspective,* edited by Michael W. Everett, Jack O. Waddell, and Dwight B. Heath. Berlin: De Gruyter Mouton, 1976.

- O'Brien, Christopher Mark. *Fermenting Revolution: How to Drink Beer and Save the World.* Post Hypnotic Press, 2011.

- O'Connor, Kaori. *The Never-Ending Feast: The Anthropology and Archaeology of Feasting.* New York: Bloomsbury, 2015.

- Olsson, Sven-Olle R. "Fermented Beverages Other Than Wine and Beer."

- In *Encyclopedia of Food and Culture,* edited by Solomon H. Katz, 631–634. Vol. 1. New York: Charles Scribner's Sons, 2003. Gale In Context: World History. https://link.gale.com/apps/doc/CX3403400222/WHIC?u=lapl&sid=WHIC&xid=d65f350.

- Opler, Morris Edward. *An Apache Life-Way: The Economic, Social, and Reli\-gious*

Institutions of the Chiricahua Indians. University of Nebraska Press, 1996.

- Osborn, Matthew Warner. *Rum Maniacs: Alcoholic Insanity in the Early American Republic.* University of Chicago Press, 2014.

- Pasulka, Nicole. "The History of Lesbian Bars." *Vice*, August 17, 2015. https://www.vice.com/en/article/8x443v/the-history-of-lesbian-bars.

- Phillips, Laura L. *Bolsheviks and the Bottle: Drink and Worker Culture in St. Petersburg, 1900–1929.* De Kalb: Northern Illinois University Press, 2000.

- Phillips, Rod. *French Wine: A History.* Oakland: University of California Press, 2016.

- Phillips, Rod. *A Short History of Wine.* Vancouver: Whitecap Books, 2015.

- Pierce, Gretchen, and Áurea Toxqui. *Alcohol in Latin America: A Social and Cultural History.* Tucson: The University of Arizona Press, 2017.

- Powers, Madelon. "Women and Public Drinking, 1890–1920." *History Today* 45, no. 2 (February 1995): 46–52.

- Prakash, Om. *Foods and Drink in Ancient India: From Earliest Times to C. 1200 A.D.* Munshi Ram Manohar Lal, 1961.

- Pyörälä, Eeva. "Comparing Drinking Cultures: Finnish and Spanish Drink\-ing Stories in Interviews with Young Adults." *Acta Sociologica* 38, no. 3 (1995): 217–29. Accessed September 24, 2020. http://www.jstor.org/sta\-ble/4200967.

- Rageot Maxime, Angela Mötsch, Birgit Schorer, David Bardel, Alexandra Winkler, et al. "New Insights into Early Celtic Consumption Practices: Organic Residue Analyses of Local and Imported Pottery from Vix-Mont Lassois." *PLOS ONE* 14, no. 6 (June 19, 2019): e0218001. https://doi.org/10.1371/journal.pone.0218001.

- Roberts, Benjamin. *Sex and Drugs Before Rock 'n' Roll: Youth Culture and Masculinity During Holland's Golden Age.* Amsterdam: Amsterdam University Press, 2012.

- Rorabaugh, W. J. *Prohibition: A Concise History.* New York: Oxford University Press, 2018. https://public.ebookcentral.proquest.com/choice/publicfullrecord.aspx?p=5205547.

- Rose, Susan. *The Wine Trade in Medieval Europe 1000–1500.* London: A&C Black, 2011.

- Rotskoff, Lori. *Love on the Rocks: Men, Women, and Alcohol in Post-World War II America.* University of North Carolina Press, 2003.

- Salinger, Sharon V. *Taverns and Drinking in Early America.* Baltimore: Johns Hopkins University Press, 2004.

- Sasges, Gerard. "Drunken Poets and New Women: Consuming Tradition and Modernity in Colonial Vietnam." *Journal of Southeast Asian Studies* 48, no. 1 (2017): 6–30. Gale in Context: World History.

- Sasges, Gerard. *Imperial Intoxication: Alcohol and the Making of Colonial Indochina.* Honolulu: University of Hawaii Press, 2017.

- Schiff, Stacy. *Cleopatra: A Life.* New York: Little, Brown, 2010.

- Schrad, Mark Lawrence. *Vodka Politics: Alcohol, Autocracy, and the Secret History of the Russian State.* New York: Oxford University Press, 2014.

- Seltman, Charles Theodore. *Wine in the Ancient World.* London: Routledge & Kegan Paul, 1957.

- Sen, Colleen Taylor. *Feasts and Fasts: A History of Food in India.* London: Reaktion Books, 2014.

- Serrant, Laura. "The Silences in Our Dance: Black Caribbean Women and Alcohol (Mis) Use." In *Women and Alcohol: Social Perspectives,* edited by Patsy Staddon, Pg. #119-137 . Bristol: Bristol University Press, 2015. https://doi.org/10.2307/j.ctt1t89dmt.13.

- Shirley, Glenn. *"Hello, Sucker!": The Story of Texas Guinan.* Austin: Eakin Press, 1989.

- Simonson, Robert. *The Old-Fashioned: The Story of the World's First Classic Cocktail, with Recipes and Lore.* Ten Speed Press, 2014.

- Simonson, Robert. *A Proper Drink: The Untold Story of How a Band of Bar\-tenders Saved the Civilized Drinking World.* Ten Speed Press, 2016.

- Sismondo, Christine. *America Walks into a Bar: A Spirited History of Taverns and Saloons, Speakeasies and Grog Shops.* New York: Oxford University Press, 2011.

- Smith, Gregg. *Beer in America: The Early Years, 1587–1840; Beer's Role in the Settling of America and the Birth of a Nation.* Boulder, CO: Siris Books, 1998.

- Smith, Lesley, and David Foxcroft. "Drinking in the UK: An Exploration of Trends." https://www.jrf.org.uk/sites/default/files/jrf/migrated/files/UK-alcohol-trends-FULL.pdf.

- Smith, Robert J., and Ella Lury Wiswell. *The Women of Suye Mura.* Chicago: University of Chicago Press, 1982.

- Snodgrass, Mary Ellen. *Encyclopedia of Kitchen History.* Routledge, 2004.

- Snyder, Solomon H., Paul R. Sandberg, Barry L. Jacobs, and Jerome Jaffe. *The Encyclopedia of Psychoactive Drugs.* New York: Chelsea House Publishers, 1992.

- "Spirited Women Who've Run the World of Spirits." ASW Distillery, March

- 8, 2018. https://www.aswdistillery.com/crafted-with-characters/2018/3/8/spirited-women-whove-run-the-world-of-spirits.

- Spude, Catherine Holder. *Saloons, Prostitutes, and Temperance in Alaska Territory.* Norman: University of Oklahoma Press, 2015.

- Standage, Tom. *A History of the World in 6 Glasses.* Bloomsbury USA, 2006.

- Stegall, Gwendolyn. "A Spatial History of Lesbian Bars in New York City." Master's thesis, Columbia University, 2019. https://doi.org/10.7916/d8-k46h-fa23.

- Stuart, Walton. *Out of It: A Cultural History of Intoxication.* Three Rivers Press, 2003.

- "Supreme Court Historical Society." The Supreme Court Historical Society. https://supremecourthistory.org/learning-center/text-books-supreme-court-decisions-womens-rights-milestones-to-equality/justice-for-beer-drinkers-craig-v-boren-429-u-s-190-1976/.

- Swanson, Sonja. "The Secret History of Makgeolli, the Korean Alcohol with a Yogurt-Tart Taste." *Los Angeles Times,* May 1, 2019. https://www.latimes.com/food/la-fo-homemade-makgeolli-korean-alcohol-20190501-story.html.

- Thompkins, Gwen. "Forebears: Bessie Smith, the Empress of the Blues." NPR, January 5, 2018. https://www.npr.org/2018/01/05/575422226/fore-bears-bessie-smith-the-empress-of-the-blues.

- Tlusty, Beverly Ann. "Crossing Gender Boundaries: Women as Drunk\-ards in Early Modern Augsburg." In *Ehrkonzepte in der Frühen Neuzeit,* edited by Sibylle Backmann, 185–98. Berlin: De Gruyter, 2018. https://doi.org/10.1515/9783050073576-011.

- Todd, Janet, and Elizabeth Spearing, eds. *Counterfeit Ladies: The Life and Death of Mal Cutpurse; The Case of Mary Carleton.* London: Routledge, 2018. https://doi.org/10.4324/9781315477855.

- Toner, Deborah. Review of *Distilling the Influence of Alcohol: Aguardiente in Guatemalan History,* edited by David Jr. Carey. *Hispanic American Historical Review* 94, no. 4 (2014): 709–10. https://doi.org/10.1215/00182168-2802858.

- Tracy, Sarah W. *Alcoholism in America: From Reconstruction to Prohibition.* Baltimore: Johns Hopkins University Press, 2009.

- Transchel, Kate. *Under the Influence: Working-Class Drinking, Temperance, and Cultural Revolution in Russia, 1895–1932.* Pittsburgh: University of Pittsburgh Press, 2006.

- Tsjeng, Zing. *Forgotten Women: The Scientists.* Octopus Publishing Group, 2018.

- Tyldesley, Joyce. *Cleopatra: Last Queen of Egypt.* London: Profile, 2011.

- Unger, Richard W. *Beer in the Middle Ages and the Renaissance.* Philadelphia: University of Pennsylvania Press, 2004.

- Unwin, P. T. H. *Wine and the Vine: An Historical Geography of Viticulture and the Wine Trade.* London: Routledge, 2010.

- Vivante, Bella. *Daughters of Gaia: Women in the Ancient Mediterranean World.* Praeger, 2007.

- Vivante, Bella, ed. *Women's Roles in Ancient Civilizations: A Reference Guide.* London: Greenwood Press, 1999.

- Vora, Shivani. "From Chemist to Cocktails: Meet the Rum Industry's First Female Master Blender." *Fortune*, October 24, 2015. https://fortune.com/2015/10/24/female-master-blender/.

- Warner, Jessica. *Craze: Gin and Debauchery in an Age of Reason; Consisting of a Tragicomedy in Three Acts in Which High and Low Are Brought together, Much to Their Mutual Discomfort; Complete with Stories, Some Witty and Some Not, Conducive to Meditation on Recent Events.* New York: Random House Trade Paperbacks, 2003.

- Wolfram, Herwig. *History of the Goths.* Translated by Thomas J. Dunlap. University of California Press, 1990.

- Wolputte, Steven van, and Mattia Fumanti. *Beer in Africa: Drinking Spaces, States and Selves.* Münster: LIT Verlag, 2010.

- Wondrich, David. *Imbibe! Updated and Revised Edition: From Absinthe Cocktail to Whiskey Smash, a Salute in Stories and Drinks to "Professor" Jerry Thomas, Pioneer of the American Bar.* Penguin Publishing Group, 2015.

- Wong, Eugene C., Jean H. Kim, William B. Goggins, Joseph Lau, Samuel Y. S. Wong, and Sian M. Griffiths. "Chinese Women's Drinking Patterns Before and After the Hong Kong Alcohol Policy Changes." *Alcohol and Alcoholism* 53, no. 4 (July 2018): 477–86. https://doi.org/10.1093/alcalc/agy010.

- Young, James Harvey. Review of *Brewed in America: A History of Beer and Ale in the United States,* by Stanley Baron. *Journal of American History,* Volume 49, Issue 2, Pages 349–350. September 1962. https://doi.org/10.2307/1888660.

- Zharkevich, Ina. *War, Maoism and Everyday Revolution in Nepal.* Cambridge: Cambridge University Press, 2019.

걸리 드링크

1판 1쇄 인쇄 2023년 5월 19일
1판 1쇄 발행 2023년 6월 14일

지은이 맬러리 오마라
옮긴이 정영은

발행인 양원석 **편집장** 차선화
책임편집 차지혜 **디자인** 신자용, 김미선
영업마케팅 윤우성, 박소정, 이현주, 정다은, 백승원

펴낸 곳 ㈜알에이치코리아
주소 서울시 금천구 가산디지털2로 53, 20층 (가산동, 한라시그마밸리)
편집문의 02-6443-8862 **도서문의** 02-6443-8800
홈페이지 http://rhk.co.kr **등록** 2004년 1월 15일 제2-3726호

ISBN 978-89-255-7639-8 (03900)